Adil Zulfikarpašić

Eine politische Biographie
aus dem heutigen Bosnien

Untersuchungen zur Gegenwartskunde Südosteuropas

Herausgegeben vom Südost-Institut
Schriftleitung: Franz-Lothar Altmann
Band 33

Adil Zulfikarpašić

Eine politische Biographie
aus dem heutigen Bosnien

Milovan Đilas
Nadežda Gaće

Ins Deutsche übersetzt und eingeleitet
von Jens Reuter

R. Oldenbourg Verlag · München 1996

Die Deutsche Bibliothek – CIP-Einheitsaufnahme

Đilas, Milovan:
Adil Zulfikarpašić : eine politische Biographie aus dem heutigen Bosnien / Milovan
Đilas ; Nadežda Gaće. Ins Dt. übers. und eingeleitet von Jens Reuter. – München :
Oldenbourg, 1996
(Untersuchungen zur Gegenwartskunde Südosteuropas ; Bd. 33)
ISBN 3-486-56252-5
NE: Gaće, Nadežda:; GT

© 1996 Südost-Institut München

Druck: Druckerei Appl, Wemding

Inhaltsverzeichnis

Einleitung

Ein blutiger Krieg, der im Frühjahr 1992 begann und im Herbst 1995 sein hoffentlich definitives Ende gefunden hat, rückte Bosnien nachdrücklich in das Bewußtsein der Weltöffentlichkeit. Doch die hochkomplizierten historischen Gegebenheiten dieses Landes, seine ethnische und religiöse Vielfalt, erschwerten das Verständnis der aktuelle Vorgänge. Schon die schlichte Frage nach den Hauptopfern des Krieges sorgte bei normalgebildeten Westeuropäern für Verwirrung und Ratlosigkeit. Sind die bosnischen Muslime eine Religionsgemeinschaft oder eine Nation? Weshalb nannten sie sich gegen Ende des Krieges Bosniaken? Gibt es einen Unterschied zwischen Bosniaken und Bosniern?

Das vorliegende Buch gibt nicht nur auf diese Fragen Antwort, es behandelt die zentralen Probleme der bosnischen Geschichte und Gegenwart. Und dies geschieht in einer originellen Form. Milovan Đilas[1], Kampfgefährte Titos und berühmtester Dissident im sozialistischen Jugoslawien, befragt Adil Zulfikarpašić, Sproß eines alten bosnischen Adelsgeschlechts, über sein Leben. Doch der daraus resultierende ungemein fesselnde biographische Erzählstrang ist nur eine Seite dieses Buches. Zulfikarpašić nimmt die an ihn gerichteten Fragen zum Anlaß, sein enzyklopädisches Wissen über seine Heimat auszubreiten. Dabei entsteht ein Abriß der bosnischen Geschichte von den ältesten Zeiten bis in die blutige Gegenwart. So erhält der Leser eine fundierte Darstellung über das Wirken der Bogumilen in Bosnien. Die darauf fußende spezifische Ausprägung des Islam in dieser Region wird ausführlich erörtert. Die Wirtschafts- und Sozialgeschichte Bosniens erschließt sich uns durch die sorgfältige Schilderung des Verhältnisses zwischen Leibeigenen und Feudalherren. Detailliert geht Zulfikarpašić auf die tragischen Folgen der Agrarreform ein, die nach dem Ersten Weltkrieg durchgeführt wurde und die Lebensgrundlage des bosnischen Adels vernichtete. Hier handelte es sich nicht um eine soziale Maßnahme zugunsten armer Bevölkerungsschichten, sondern „die Türken", wie die Adelsschicht auch genannt wurde, sollten ihrer Lebensgrundlage beraubt werden.

Das Buch läßt vor unseren Augen die längst versunkene Welt des bosniakischen Adels wiedererstehen. Sitten, Gebräuche und grundlegende Anschauungen dieser Aristokratie kommen zu Sprache, doch auch die Lebensumstände der einfachen

---

[1] Đilas verstarb im Frühjahr 1995.

muslimischen Bauern werden geschildert. Das Verhältnis zwischen Muslimen und den mit ihnen auf bosnischem Boden lebenden Christen – d. h. den katholischen Kroaten und den orthodoxen Serben – war keine mulikulturelle Idylle. Man tolerierte, man respektierte einander, ohne jedoch die Lebensweise und die Anschauungen der „Anderen" gründlich zu kennen und zu verstehen. Wesentlich in diesem Zusammenhang war, daß die bosnischen Serben und Kroaten bereits im 19. und naturgemäß auch im 20. Jahrhundert mit dem nationalistischen Bazillus aus Belgrad und Zagreb infiziert wurden. So entwickelten sie kein spezifisch bosnisches Nationalgefühl, sondern fühlten sich primär als ein Teil des serbischen bzw. kroatischen Volkes insgesamt. Die Folgen hieraus sind bis in die Gegenwart spürbar, und zwar in der Tendenz zur Teilung Bosniens nach ethnischen Gesichtspunkten. Zulfikarpašić hat diese Tendenz immer leidenschaftlich bekämpft. Er tritt auch heute für ein einheitliches multinationales Bosnien ein.

Der biographische Handlungsstrang des Buches schildert die Kindheit und Jugend des Erzählers in seiner Heimatstadt Foča. Der weitere Lebensweg führt den Sproß reicher Aristokraten in die kommunistische Partei und zu den Tito-Partisanen. Er lernt die politische Arbeit in der Illegalität, kämpft im Zweiten Weltkrieg gegen die Besatzer und erlebt parallel dazu den gnadenlosen Bürgerkrieg. Von den Ustasche zunächst zum Tode verurteilt, wird er zu zwanzig Jahren Gefängnis begnadigt. Dann gelingt ihm die Flucht. Er wird Zeuge brutaler Vertreibungen in Ostbosnien und sieht verwüstete Orte, die Schauplatz entsetzlicher Massaker waren. Diese traumatischen Erlebnisse lösen die Furcht aus, daß sich die furchtbaren Ereignisse einmal wiederholen könnten. Eine Furcht, die den Erzähler sein ganzes Leben lang nicht losläßt und die zu einer wichtigen Triebfeder seines politischen Handelns wird. Zulfikarpašić ist konsequent. Nach dem II. Weltkrieg bricht er mit dem Tito-Regime, weil ihn dessen Ungerechtigkeit, Korruption und moralische Haltlosigkeit abstoßen, und geht in die Emigration. Nach seiner Rückkehr in die Heimat zu Beginn der neunziger Jahre gründet er gemeinsam mit Alija Izetbegović die Partei der Muslime in Bosnien. Doch auch hier kommt es zum Bruch, weil Izetbegović alle liberalen Grundsätze verrät und aus der SDA eine intolerante und einseitig religiös orientierte Partei macht. Gleichzeitig setzt er auf die militärische Karte und sucht die Konfrontation mit den Serben, obwohl er wissen mußte, daß die Muslime diesem Gegner nicht gewachsen waren. Zulfikarpašić sieht, daß seine schlimmsten Befürchtungen Wirklichkeit zu werden drohen. In einem verzweifelten Versuch, das Unausweichliche doch noch abzuwehren, reist er zu Milošević nach Belgrad und schließt mit ihm einen historischen Kompromiß, d. h. ein Abkommen, das den Muslimen für ihren Verbleib in Jugoslawien international garantierte Menschen- und Minderheitenrechte sichert. Alija Izetbegović torpediert dieses Abkommen, danach wird der Krieg unvermeidlich.

Die Liebe zu Bosnien zieht sich wie ein Leitmotiv durch dieses Buch. Man spürt, daß hier jemand erzählt, der an dieses Land gebunden ist und der diese Bindung trotz der in der Emigration verbrachten Jahrzehnte niemals verloren hat. Angesichts der tragischen Ereignisse in Bosnien und der völligen Zerstörung der Heimatstadt Foča handelt es sich um eine unglückliche Liebe, die jedoch nicht in Resignation endet.

München, im Mai 1996   Jens Reuter

Vorwort

Dieses Buch wurde auf Grund eines Gespräches geschrieben, das Mitte März 1994 in der gemütlichen Umgebung des Budapester Hotels „Corvinus-Kempinski" geführt wurde. Adil Zulfikarpašić, Mittsiebziger, ist noch immer jugendlich schwungvoll, und wenn er die Gelegenheit bekommt, etwas für sein Bosnien-Herzegowina tun zu können, beantwortet er gern alle ihm gestellten Fragen. Ihm gegenüber saßen Milovan Đilas – Dissident, Politiker und Schriftsteller – der Mann, dessen Leben eng mit der Gründung jenes Jugoslawien zusammenhing, das soeben zerfallen war, und ich, Nadežda Gaće, Journalistin und Publizistin. Die Idee zu diesem Buch ist, würde ich sagen, spontan gekommen. Die Gespräche, die ich in den letzten zwei oder drei Jahren mit den beiden geschätzten Gesprächspartnern führte, endeten ungeachtet des Themas immer auf dieselbe Weise – mit der Tragödie Bosniens. Das Thema, das damals die ganze Welt in seinen Bann zog, zwei ausgezeichnete Kenner der Verhältnisse und der Mentalität, die mit dem unmenschlichen Krieg in Bosnien verwoben ist, und die aufgewühlten Gefühle, sobald von Bosnien die Rede ist – das waren die Komponenten, die zu der Idee führten, dieses Buch zu schreiben. Ich habe notiert und zusammengefaßt, was zwei Zeugen des Jahrhunderts, wie es Adil Zulfikarpašić und Milovan Đilas sind, über die aktuelle politische Situation und ihre historischen Hintergründen dachten und sagten. Leider konnte weder Sarajevo noch eine andere bosnische oder herzegowinische Stadt als Gesprächsort gewählt werden. Milovan Đilas lebte in Belgrad, die politischen Umstände machten es Adil Zulfikarpašić unmöglich, Anfang 1994 nach Serbien zu reisen. Zürich, ständiger Wohnort Zulfikarpašićs, war damals von Belgrad furchtbar weit entfernt, statt zwei brauchte man zwanzig Stunden, um dorthin zu kommen. Da Đilas derartigen Strapazen nicht gewachsen war und zudem regelmäßig Medikamente einnehmen mußte, ergab sich Budapest als die von den Umständen erzwungene erste Wahl.

Auf den Weg nach Budapest machten wir uns fast gleichzeitig, Herr Đilas und ich mit dem Wagen aus Belgrad und Herr Zulfikarpašić mit dem Flugzeug aus Zürich. Wir unterhielten uns über die Orte, durch die wir fuhren, über die Herkunft ihrer Namen und die mit ihnen verbundenen historischen Ereignisse. Wir sprachen über die Geschichte der Wojwodina und vermieden sorgfältig, zum ungezählten Mal auf ein und dasselbe Thema zurückzukommen – wie durfte und wie konnte es geschehen, daß die Idee von der Aufteilung Bosniens die Oberhand gewann – die Aufteilung, von der man doch seit Jahrhunderten wußte, daß sie mehr Opfer als jedes andere denkbare Ergebnis fordern würde und daß sie unvermeidlich zum Krieg und zu endlosem Blutvergießen führen mußte. Das einheitliche Bosnien gehörte einem jeden, es war der Reichtum aller, die dort lebten, die es liebten, die es bereisten, dieses Land, das nun aufgeteilt und zerstückelt werden sollte. Die Teilungsidee bereitet der Bevölkerungsmehrheit unsägliche Leiden und ist eine Schande für jene, die alles begonnen haben und die die Seiten der Geschichte weiterhin mit Mord und Vernichtung füllen.

Die Begegnung und das gemeinsame Abendessen begannen anekdotisch. Đilas und ich, der ungarischen Sprache nicht mächtig, von der Reise müde und an derart exklusive Restaurants nicht gewöhnt, machten Fehler bei der Bestellung von Speisen. Unsere Scherze darüber hatten einen Sinn, bis die von uns bestellten Gerichte serviert wurden: Es war nicht das, was wir erwartet hatten, aber es war erheblich besser als die Speisen, die ansonsten serviert wurden. Darauf meinte Đilas: „Sehen Sie Nadja, mag die Vernunft auch irren, der Instinkt siegt." Leider ist das aktuelle Ergebnis des Konfliktes zwischen Vernunft und Instinkt ein völlig anderes, wenn von Bosnien die Rede ist.

Wenn zwei Persönlichkeiten wie Milovan Đilas und Adil Zulfikarpašić Gespräche führen, hat der Journalist und Redakteur nur ein einziges Problem – er muß auf eine Reihe von Assoziationen verzichten, die im Laufe des Gesprächs aufkommen und die, wenngleich interessant, nicht niedergeschrieben werden, da sie nicht in die geplante Buchkonzeption passen.

Wir waren bemüht, dem Leser dieses Buches zu erläutern, woher die Kraft und die Motive stammen, die Adil Zulfikarpašić dazu bewegen, so hartnäckig auf seinem politischen Ziel zu beharren, einen einheitlichen und demokratischen Staat Bosnien-Herzegowina zu errichten. Wir wollten nachzeichnen, wie seine Standpunkte entstanden oder sich allmählich herauskristallisierten, was für Lehren aus der Geschichte Bosniens zu ziehen sind, welche historische Chancen verpasst wurden und welch dunkle Wolken nach wie vor über Bosnien aufziehen.

Adil Zulfikarpašić ist nicht nur Zeitzeuge, er ist auch eine jener Persönlichkeiten, die die heftigen Gärungsprozesse auf dem Balkan im Zwanzigsten Jahrhundert mitgeprägt haben. Ein Beg der Herkunft nach, ein Liberaler aus Überzeugung , Emigrant, reicher und erfolgreicher Geschäftsmann, Kämpfer für den demokratischen Wandel im früheren Jugoslawien und in seinem Bosnien, Politiker europäischer Prägung ,und vor allem ein unbeugsamer Bosniak – auch damals, als sich die aktuellen „großen Bosniaken" dessen schämten, Angst hatten, sich vor dem Bosniakentum fürchteten und ihn wegen seines Bosniakentums hassten. . . Der Verlauf der Ereignisse wie die unheilvolle Koinzidenz der Umstände stürzten den ganzen Balkanraum – und vor allem Bosnien – in einen ungeahnten Kataklysmus. Bereits in den sechziger Jahren hielt Zulfikarpašić eine ernste Krise nach dem Zusammenbruch des Kommunismus für möglich, wobei er jedoch hoffte, daß die sich schon damals abzeichnenden Leidenschaften durch Vernunft zu bewältigen wären.

Wenngleich äußerst geschickt in allen geschäftlichen Entscheidungen, außerordentlich gebildet und mutig, so lauerten auf Zulfikarpašić bei der Rückkehr ins aktive politische Leben Bosnien-Herzegowinas eine Reihe von Fallen. Sie waren der Grund, aus dem es ihm nicht gelang, das gesetzte Ziel auch nur annähernd zu erreichen – eine friedliche Umwandlung Bosnien-Herzegowinas aus der balkanischen und sozialistischen in eine moderne bürgerliche Gesellschaft. Die europäischen Gepflogenheiten und die kulturelle Tradition der adeligen Familie Zulfikarpašić mußten vor der Oberflächlichkeit und Unzuverlässigkeit der jugoslawischen politischen Szene kapitulieren. Seine guten Ideen, Wünsche und Aktionen zur Konfliktvermeidung fielen nicht immer auf fruchtbaren Boden und stießen bei den politischen Gegnern und sogar bei seinen Mitarbeitern nicht immer auf Verständnis.

Um verständlich zu machen, wie es zur heutigen Tragödie gekommen ist, wird in diesem Buch den historischen Erinnerungen und Aussagen von Adil Zulfikarpašić volle Aufmerksamkeit geschenkt. Wie buntgemischt die Motive mit realen Interessen. Mythen und ererbten Vorurteilen sind, wird offenkundig, wenn wir betrachten, was der Krieg wem gebracht hat. Die aktuellen politischen Gärungen werden im zweiten Teil des Buches behandelt. Sie sind an und für sich äußerst interessant, da Adil Zulfikarpašić eine der aktivsten Figuren der bosnischen politischen Szene ist und in seinem Bosniaken-Institut alle relevanten Materialien über Bosnien und die Bosniaken sammelt. Dokumentarisch erfaßt sind dort auch all die Ereignisse, an denen er selbst nicht beteiligt war, die aber den Gang der Dinge entscheidend bestimmt haben. Ein wesentlicher Grund für das Böse, was in Bosnien geschehen ist und weiterhin geschieht, liegt indes in der Geschichte dieses Landes, ganz besonders in seiner neueren Geschichte. Der erste Teil des Buches ist den Erinnerungen Adil Zulfikarpašićs an seine Kindheit gewidmet, an die mit der Familie verknüpften Geschichten und Erzählungen, an seine Kriegsjahre und das Leben in der Emigration. Im Laufe des Gesprächs kam die Fähigkeit Herrn Zulfikarpašić voll zum Ausdruck, eine Idee durch Jahrhunderte zu verfolgen und sich dabei von der Chronologie der Ereignisse zu lösen. So verknüpften sich Schritt für Schritt die Segmente einzelner Geschichten mit ihren historischen und aktuellen Determinanten, und allein durch die literarische Begabung Adil Zulfikarpašićs fügten sie sich zu einer konsistenten Geschichte Bosniens, seiner historischen Zwänge und Bedingtheiten un der Gewalt, die man seinem historischen Erbe angetan hat.

Die verlorene erste Runde des Kampfes um die zivilisatorische Wiedergeburt Bosnien-Herzegowinas erfüllt Adil Zulfikarpašić mit Trauer, doch sie entmutigt ihn nicht. Er bleibt sich selbst treu und bemüht sich beharrlich, das multikulturelle und multiethnische Bosnien, so wie es im Laufe der Jahrhunderte von den Gewittern auf dem Balkan geformt wurde, zu retten.

Budapest, 22. März 1994 Nadežda Gaće

1. Herkunft

Đilas: Herr Zulfikarpašić, lieber Freund! Ich bin kein Journalist, ich mache keine Interviews. Obwohl ich mich vor vielen Jahren mit Politik befasst habe, bin ich politisch nicht aktiv. Da Sie sich aber noch immer aktiv mit Politik befassen, werden wir politische Themen, vor allem die aktuellen nicht vermeiden können. Darin wird uns Frau Gaće Hilfe leisten, die auch besser informiert ist. Als Schriftsteller finde ich Sie besonders interessant und anziehend. Ihre politischen Anschauungen kenne ich im großen und ganzen. Doch für mich sind Sie eine Persönlichkeit, die stärker als jeder andere mehrere Epochen Bosniens in sich enthält und zum Ausdruck bringt. Ich habe daher den Wunsch und die Absicht, Sie durch Fragen dazu anzuspornen, sich als Persönlichkeit vorzustellen: dies ist von übergreifender Bedeutung und von bleibendem Wert, da Sie wahrscheinlich die letzte Persönlichkeit sind, die in sich die wichtigsten Epochen Bosniens verknüpft, und ich vielleicht der einzige Schriftsteller bin, der bestrebt ist, Sie zu veranlassen, diese Seite Ihres Wesens kundzutun, wozu Sie in jeder Hinsicht in der Lage sind.

Ich muß sagen, daß ich die Geschichte Bosniens nur oberflächlich, nur in großen Zügen kenne; über das islamische Bosnien weiß ich noch weniger, weshalb es keinen Sinn hat, davon zu sprechen. Das sollte uns jedoch nicht stören, da ich den Zugang zu Ihnen, wie ich bereits gesagt habe, nicht als Historiker, sondern als Schriftsteller suche.

Im übrigen ist allein Ihre Abstammung Geschichte an sich, ein Ausdruck der Geschichte, wenn nicht aller Bosniaken, so doch eines beträchtlichen Teils von ihnen. Also lassen Sie uns mit Ihrer Abstammung, oder wie die Bosniaken sagen würden, mit Ihrem Odžak (heimatlichen Haus) anfangen.

Aus den früheren Gesprächen mit Ihnen weiß ich, daß Sie dem großen Čengić-Stamm entstammen. Das ist eine der bekanntesten Adelsfamilien in Bosnien, die in der montenegrinischen Geschichte ebenfalls eine beachtliche Rolle spielte und auch in der serbischen epischen Volksdichtung sehr präsent ist. Man wird nicht so ohne weiteres zum Helden von Volksliedern, ob nun den eigenen oder denen des Feindes. Auch das muß man sich verdienen. Und es ist auch nicht leicht, berühmter Abstammung zu sein: Es bedeutet Ansporn und Inspiration, aber auch schwere Pflichten und ein ausgeprägtes Verantwortungsbewußtsein.

Seit wann heißen Sie Zulfikarpašić und wann haben Sie den Namen Čengić aufgegeben?

Zulfikarpašić: Die Familie Čengić besteht aus mehreren Zweigen. Von meinem direkten Ahnen, Zulfikar-Pascha, stammen die Zulfikarpašići ab, ferner die Alajbegovići und die Pašići von Foča, die ausgestorben sind. Zulfikar-Pascha Čengić, der Großvater meines Vaters war Sandschak-Beg von Zvornik, ein bekannter Held und Pascha. Eine Zeitlang lebte er auch in Serbien, in Valjevo, später in Zvornik und in Foča. Er führte das Heer an, das Drobnjak befriedete, als die Uskoken von Drobnjak in Friedenszeiten immer wieder Bosnien angriffen, Vieh raubten und Menschen töteten. Später zog Zulfikar-Pascha Čengić, auch Miljevina nach seinem Stammhaus und Wohnort genannt, im Frühjahr 1812 mit den Truppen von Foča über Crkvica und Jezero nach Komarnica. Smail-Aga zog mit einem anderen Heer von Bosniaken von Gacko über Piva in Richtung Dubrovsko. Jenes Jahr sei „Miljevinas Jahr" genannt worden, und „noch immer erinnere man sich in Drobnjak daran mit Entsetzen", berichtet Andrija Luburić[1] in seinem Buch „Die Drobnjaken", das 1930 in Belgrad erschienen ist. Dieses Ereignis und der Heldenmut der Drobnjaken und des Zulfikar-Pascha wurden laut Luburić sowohl von Moslems wie auch von Orthodoxen besungen. Bis zum Zweiten Weltkrieg blieb auch die Korrespondenz von Zulfikar-Pascha mit dem Fürsten Miloš[2] und dem Vladika Petar II. Petrović[3] bewahrt. Nach Zulfikar-Pascha Čengić erhielten seine Nachkommen den Familiennamen Zulfikarpašić-Čengić. Mein Vater pflegte mit beiden Namen zu unterzeichnen. Auch auf den Zeugnissen aus meiner Grundschule stehen die beiden Namen. Später, ich war noch jung, gaben wir den Namen Čengić auf.

Đilas: Jener Heereszug fand 1817 statt, im Volkslied heißt es:

„Hast Du den Pascha Miljevina gesehen
und mit ihm den Čengić Smail-Aga?"

Pascha Miljevina lebte in der ersten Hälfte des 19. Jahrhunderts. Ich würde jetzt gern hören, ob Sie mir eine andere Geschichte bestätigen können oder nicht. Soweit ich weiß, ist Zulfikar ein Personenname, der vom Doppelspitzenschwert des Propheten abgeleitet wurde.

Zulfikarpašić: Nicht vom Schwert des Propheten, sondern vom Schwert Hazreti Alijas, des Schwiegersohns des Gesandten Gottes und vierten Kalifen.

Đilas: Es gibt auch andere Interpretationen, wonach es dabei um den Tilut geht, den stumpfen Teil eines gezähnten Schwertes.

Zulfikarpašić: Das Zulfikar-Schwert kann in einer Reihe von Museen besichtigt werden. Es ist an der Spitze gespalten wie die Zunge einer Schlange. Der Name

---

[1] Andrija Luburić, montenegrinischer Historiker und Schriftsteller in der Zeit zwischen den beiden Weltkriegen.

[2] Miloš Obrenović (1780–1860), Inspirator und Führer des zweiten serbischen Aufstandes, serbischer Fürst seit 1830.

[3] Petar II. Petrović Njegoš (1813–1851), montenegrinischer Vladika (Herrscher, Bischof) und Dichter (Werke: Der Bergkranz, Der falsche Zar Šćepan Mali usw.).

Zulfikar ist in Persien, Pakistan und in der ganzen islamischen Welt sehr populär, und Krieger pflegen ihn ihren Kindern zu geben.

Đilas: Den Namen Zulfikar gibt es auch bei uns, auch noch in unserer Zeit: Zuko, zum Beispiel, Zuko Džumhur⁴, der Maler.

Nach meinen Erkenntnissen stammen die Čengići aus Mesopotamien. Aus meinen Gesprächen mit Ihnen, oder habe ich dies vielleicht irgendwo gelesen, weiß ich, daß sie Fürsten waren, die sich gegen den Sultan erhoben. Der Sultan ließ jeden niedermetzeln, von dem er meinte, er habe es verdient, und siedelte danach die übriggebliebenen Fürsten zwangsweise in Bosnien an, wobei er ihnen bestimmte Privilegien einräumte. Wann war das, und was wissen Sie darüber?

Zulfikarpašić: Vor der Ankunft der Osmanen in Kleinasien zog Ende des dreizehnten Jahrhunderts ein Turkmenenstamm – ursprünglich angesiedelt in der Region zwischen Aralsee und Pamir – aus Angst vor den Horden Dschingis-Khans nach Süden, ließ sich in der Region von Anatolien-Kurdistan (Nordirak und Persien) nieder und errichtete dort ein Königreich, das sich einige Jahrhunderte lang behaupten konnte. Es war dies das Sultanat des Akkoyunlu-Stammes. Es entwickelte ein fein ausgearbeitetes und gerechtes Steuersystem, hatte eine für jene Zeit ausgezeichnete Verwaltung, eine fähige Regierung und ein gut organisiertes Heer mit einer berühmten Kavallerie. An der Spitze stand eine erbliche Monarchie, und der erste Sultan, dessen Namen im Jahre 1300 erwähnt wurde, hieß Tur-Ali Beg. Aus dieser Familie verzeichnet die Geschichte mehrere Sultane, der berühmteste war Uzun Hassan. Die Dogenschatzkammer von Venedig bewahrt bis auf den heutigen Tag sein Geschenk, einen nach Schönheit und Reinheit einzigartigen Smaragd. Uzun Hassan führte Krieg gegen Sultan Mohammed II⁵, den Eroberer Bosniens. Verheiratet war er mit Katarina-Despina Komnen, Tochter des byzantinischen Kaisers. Sie war die vierte Tochter eines byzantinischen Imperators, die an den Akkoyunlu-Hof verheiratet wurde. Im Vatikan-Museum gibt es ein Schreiben von Papst Paul aus dem Jahre 1471 an Uzun Hassan, in dem er gebeten wurde, die Truppen des Herzogs von Savoyen und des Grafen von Montferrat⁶ auf ihrem Weg nach Jerusalem passieren zu lassen. Die Akkoyunlu herrschten in Egil, Diyarbakir und Mardin⁷.

---

⁴ Zulfikar Zuko Džumhur (1920–1990), bosnischer Maler, Karikaturist, Journalist und Schriftsteller. (Wichtigste Werke: Nachruf auf eine Provinzstandt, Wanderlust, Briefe aus Asien).

⁵ Mohammed II. der Eroberer (1432–1481), türkischer Sultan zwischen 1451 und 1481. Er eroberte 1453 Konstantinopel und 1463 Bosnien. Ihm wird die Eroberung von zwei Kaiserreichen, vierzehn Königreichen und an die zweihundert Städten nachgesagt.

⁶ Bonifaz I. von Montferrat, italienischer Graf, König von Thessalonike, 1202 Führer des Vierten Kreuzzuges.

⁷ Städte in Nordmesopotamien (Ostanatolien,Türkei).

Die Länder der Akkoyunlu wurden 1518 vom Sultan Selim Javus[8] erobert und seinem Reich angeschlossen, er vertrieb die Akkoyunlu-Familie in die Stadt Tschangri, dem letzten Herrscher, Isfendiar-Beg, gab er jedoch in Freundschaft seine Tochter zur Frau. Isfendiar-Beg war folglich der Sohn des Sultans Akkoyunlu und einer byzantinischen Prinzessin, gleichzeitig Schwiegersohn des berühmten Sultans Selim. Sein Sohn, Kara Osman-Han wurde um das Jahr 1550 nach Bosnien als Militärkommandant, oder wie einige behaupten, als Statthalter entsandt. Die Bande des Blutes verbanden ihn mit den drei zu jener Zeit mächstigsten Dynastien sowie einigen arabischen Dynastien, aus denen einige seiner Akkoyunlu-Ahnen ihre Gattinnen gewählt hatten. Er ließ sich in Borije im Zagorje-Gebiet nieder, wo der erste Hof der Čengić-Sippe erbaut wurde. Der Name der Sippe wandelte sich im Lauf der Zeit von Čengrlić zu Čengić, und der Name Akkoyunlo fiel ganz weg. Kara Osman-Han hatte neun Äpfel in seinem Wappen. Ein jeder stand symbolisch für eine Herrscherfamilie seiner Ahnen. Aus noch unerforschten Gründen führten die Herrenhäuser der Čengić-Begs eine unterschiedliche Anzahl von Äpfeln auf ihren Wappen. Die Čengić-Sippe von Miljevina und Rataj hatte drei Äpfel auf ihrem Wappen.

Die Čengići waren sehr erfolgreiche Soldaten. Sie stellten im Bosnien der osmanischen Zeit mehr als vierzig Paschas. Einige wurden berühmt wie Ali-Pascha Čengić, der bis nach Venedig kam und Dalmatien eroberte; ferner Bećir-Pascha, der bei Ozija fiel, Džafer-Pascha, Zulfikar-Pascha, Smail-Aga und eine Reihe anderer. Hamdija Kreševljaković[9], Mitglied der Akademie der Wissenschaften, schrieb in seiner Monographie über die Čengić-Sippe, daß es allein in Zagorje zu Beginn des XIX. Jahrhunderts sieben Herrenhäuser und Höfe gab: Borije, Jelašca, Kuta, Mjehovina, Hotovlje, Zelumići und Vihovići. In der Drina-Region waren es acht: Rataji, Miljevina, Srbotina, der Hof bei Ustikolina, Foča, Potpeć, Lokve und Višegrad. Dazu kamen: Pljevlje, Boljanići, Srdjevići, Lipnik und Presjenica.

Beinahe alle Herrenhäuser und Höfe wurden im Lauf von Kriegen niedergebrannt, wobei auch Dokumente von unschätzbarem Wert vernichtet wurden – Fermane sowie ganze Bibliotheken... Nur noch auf seltenen Zeichnungen und Bildern sind

---

[8] Selim I., Javus (der Scharfsinnige) genannt, (1467–1520) herrschte zwischen 1512 und 1520. Dem Osmanenreich schloß er Ägypten, den größten Teil Kurdistans und Mesopotamiens an; er wurde zum Schutzherren von Mekka und Medina, besiegte Persien und erweiterte das Reich bis an die Gestade von Tigris und Euphrat.

[9] Hamdija Kreševljaković (1888–1959), einer der berühmtesten bosnischen Historiker. Er veröffentlichte an die 300 Werke. (Wichtigste Werke: Hauptmannsbezirke in Bosnien-Herzegowina, Innungen und Gewerbe in Bosnien-Herzegowina, Alte bosnische Städte, Sarajevo während der Okkupation 1878, Sarajevo in der Zeit der österreich-ungarischen Verwaltung).

diese Bauwerke zu sehen. Der Reiseschriftsteller und Historiker Evlija Čelebija[10], der – wie ich meine – 1664 zum zweiten Mal durch Bosnien reiste, beschrieb den Hof Ali-Paschas Čengić im Zagorje: „Das Herrenhaus Čengić besteht aus einem Hof (curia nobilitaris) groß wie eine Festung, der rund dreihundert Zimmer hat, Divanhan (Empfangs- und Beratungsraum), Bäder, Küchen, Lagerstätten und Ställe für zweitausend Pferde. In diesem Land werden solche Herrenhäuser oder Höfe „Odžak" genannt..." Die Zimmerzahl scheint mir übertrieben, das Landgut war jedoch groß und reich."

Đilas: Diese Herrenhäuser wurden, wie ich glaube, zur Zeit des Zweiten Weltkrieges von den Partisanen nicht zerstört.

Zulfikarpašić: Sie wurden zum Teil im Ersten Weltkrieg und nach dem Ersten Weltkrieg zerstört. Dann hat an ihnen der Zahn der Zeit genagt, weil die Čengić-Begs wegen der Agrarreform und ihrer daraus resultierenden Verarmung nicht in der Lage waren, sie zu renovieren. Einige brannten im Lauf des Zweiten Weltkrieges ab und wurden nie wieder aufgebaut. Viele verkamen so zu Ruinen. In den sechziger Jahren bewilligte das Amt für Denkmalspflege von Bosnien-Herzegowina die erforderlichen finanziellen Mittel, um das Herrenhaus am Rataj zu renovieren. Kurz vor Beginn der Bauarbeiten wurde der Turm in die Luft gesprengt, und das Amt verzichtete darauf, das imposante Gebäude wiederaufzubauen. Es gab keine Ermittlungen, die Behörden kannten offensichtlich die Urheber dieses barbarischen Aktes, wollten sie aber nicht verfolgen, ja, ich habe sogar den Verdacht, daß sie selbst mit im Spiel waren. Aus der Emigration schlug ich der Regierung Bosnien-Herzegowinas vor, das Rataji-Herrenhaus auf meine Kosten zu renovieren und es dem Schriftstellerverband Bosnien-Herzegowinas zu stiften, doch mein Vorschlag wurde nicht akzeptiert.

Đilas: Ich erinnere mich an dieses Herrenhaus noch aus Kriegszeiten, ich wußte allerdings nicht, daß es der Čengić-Sippe gehörte.

Zulfikarpašić: Doch, es ist eines der schönsten und größten Herrenhäuser der Čengić-Begs.

Đilas: Das bedeutet, daß meine Erkenntnisse, wonach der Familienname Čengić vom Musikinstrument Čeng (eine Art Tamburin) oder der Čengija (Tänzerin) abgeleitet wurde, unzutreffend sind.

Zulfikarpašić: Nachdem Sultan Selim die Länder der Akkoyunlua-Dynastie erobert und vereinigt hatte, vertrieb er diesen Stamm in die Stadt Čangri in Anatolien. Die Sippe trug nach ihrer Ankunft in Bosnien den Namen Čengrlić, der bald zu Čengić abgewandelt wurde.

---

[10] Evlija Čelebi (1611–1682), türkischer Schriftsteller und Diplomat. Bereiste im Dienst der Hohen Pforte den Großteil des Osmanischen Reiches und beschrieb seine Eindrücke in einer Reisebeschreibung (Seyahatnama), einem Werk von zehn Bänden.

Ðilas: Wenn ich Ihre Ausführungen richtig interpretiere, sind die Čengići im Grunde eine Militäraristokratie. Sie mußten allerdings, wie ich annehme, auch über Landbesitz verfügt haben.

Zulfikarpašić: Wir haben auch große Besitzungen erhalten. Bosnien wurde im Grunde immer unter den Begs aufgeteilt. Die berühmtesten Begs stammten aus der Militäraristokratie, gefolgt von jenen Begs, die mit ihrem Reichtum dazu beitrugen, daß Kriege geführt werden konnten. Doch in der Hierarchie der bosnischen Beg-Sippen waren am bekanntesten und berühmtesten immer jene, die hochgerühmte Helden und Eroberer hervorgebracht hatten.

Ðilas: Es gibt demnach mehrere Zweige der Čengić-Sippe. Welchem entstammen Sie?

Zulfikarpašić: Väterlicherseits bin ich ein direkter Nachkomme von Zulfikar-Pascha. Die wichtigsten Herrenhäuser der Čengic-Begs befanden sich im Zagorje, in Rataji und am Hof bei Ustikolina. Dies waren die drei wichtigsten Herrenhäuser dieses Zweiges der Čengić-Begs, jenes in Lipnik ist neuereren Datums und wurde als Residenz Smail-Agas Čengić bekannt. Smail-Aga Čengić gehörte nicht zum Stamm der reicheren Čengići, er war aber ein großer Held, gerecht und großmütig, und er war kein Unterdrücker. Als junger Mann trat er in den Dienst des osmanischen Heeres und machte sich einen Namen als Held, er bekam den Titel eines Aga und ließ sich in Lipnik nieder, von wo aus er die Herzegowina bewachte und Montenegro kontrollierte. Seinen Tod hat Mažuranić[11] literarisch behandelt, wodurch er zu einem der bekanntesten Mitglieder der Čengić-Sippe wurde. Doch in der Familie selbst hatte er nicht diesen Status, und zwar wegen seiner Haltung zur Bewegung des Hauptmanns Hussein Gradaščević[12] und wegen des Mordes an Fejsalaj-Beg Čengić, der zusammen mit dem „Drachen von Bosnien", einen Aufstand organisiert hatte. Er war General und hatte für den Sultan einen Aufstand in Syrien und Agypten niedergeschlagen und dafür mehrere Auszeichnungen bekommen. .Es gab auch andere Paschas aus der Čengić-Sippe, die mit drei Tughs[13] ausgezeichnet wurden und die

---

[11] Ivan Mažuranić (1814–1890), kroatischer Ban, Dichter und Politiker, sein Werk „Der Tod von Smail-Aga Čengić" wurde in viele Sprachen übersetzt.

[12] Hauptman Hussein Gradaščević, alias der Drache von Bosnien, (1802–1833), bosnischer Adliger, Führer der Bewegung für die Autonomie Bosniens im Jahre 1831. Er erhob sich gegen die osmanischen Behörden, und organisierte den Aufstand von 1831; nach dem Sieg über die Türken auf dem Amselfeld 1831 wurde er zum Wesir und bosnischen Statthalter bestellt. Der Aufstand wurde nach dem Verrat der herzegowinischen Anführer und der Niederlage Husseins sowie der herzegowinischen Truppen auf dem Schlachtfeld von Sarajevo Mitte 1832 niedergeschlagen. Hussein fand Zuflucht in Ôesterreich und begab sich nach dem Abschluß der Verhandlungen mit den osmanischen Behörden nach Istanbul, wo er 1832 starb. Er wurde in Istanbul beerdigt.

[13] Roßschweif als Zeichen der Paschawürde. Der Rang eines Paschas bestimmte sich nach der Anzahl seiner Tughs.

die gesamte Kavallerie des Osmanischen Reiches anführten und große Schlachten auf verschiedenen Kriegsschauplätzen schlugen und den Serasker-Titel[14] trugen.

Ðilas: Ich glaube, daß es nicht unangebracht ist, zu erwähnen, daß der Tugh als Ehrenzeichen ein Roßschweif war, damit ein Symbol der Kavallerie – drei Tughs würden etwa einem Dreisternegeneral bei uns entsprechen.

Ich möchte noch etwas klarstellen. Zu Beginn des sechzehnten Jahrhunderts verbot der Sultan, das Lehen, – den Zijamet – in Bosnien Fremden, d. h. Nicht-Bosniaken zu gewähren. Das war, soweit ich weiß, eine Ausnahme in der osmanischen Geschichte. Es würde bedeuten, daß die Čengići mit dem osmanischen Heer nach Bosnien gekommen sind und ihre Landgüter wegen ihrer militärischen Verdienste erhielten.

Zulfikarpašić: Sie verdienten ihren Besitz als Militäraristokratie. Bosnien hatte im Osmanischen Reich stets eine Sonderstellung. Der Sultan war auch als religiöses Oberhaupt anerkannt, doch in Bosnien regierten die Ajani, der bosnische Adel und sein Rat, während die für Bosnien zuständigen Militärgouverneure großen Einschränkungen unterlagen. Als der Sitz dieser Gouverneure zum Beispiel in Travnik war, hatte der Militärgouverneur nicht das Recht, in Sarajevo, das Hauptstadt und Handelszentrum war, länger als zwei Tage zu bleiben, um ihm keine Gelegenheit zu geben, seine Stellung und seinen Einfluß zu mißbrauchen. Den Staatsbesitz konnte er nicht wie anderswo im Osmanenreich verschenken oder zum Nießbrauch überlassen. Es war ihm auch nicht erlaubt, wie ein Richter Urteile zu fällen.So lagen die Dinge bis zur Zeit von Omer Pascha Latas[15], als Sarajevo zum Sitz des Militärgouverneurs wurde[16].

Ðilas: Man muß den Begriff „Staatsbesitz" erläutern. Unter dem Sultan gehörte das Land dem Sultan, tatsächlich aber befand es sich im Staatsbesitz.

Nun möchte ich auf die Volksdichtung zurückkommen. Wie ich Ihnen bereits gesagt habe, werden die Čengići in der Volksdichtung häufig erwähnt. In einem Volkslied werden vier Čengići besungen: Bećir-Pascha, sein Sohn Osman-Beg, Hassan-Beg und Saka Smail-Aga. Die letzten zwei kamen nach dem Volkslied „Bosniaken vor Moskau" im einem Krieg gegen die Russen ums Leben. Interessanterweise benutzte auch Vuk den Ausdruck „Bosniaken"[17].

---

[14] Oberkommandierender des Heeres, der nur den Großwesir über sich hatte.

[15] Omer Pascha Latas (1806–1871), islamisierter Unteroffizier, später türkischer Marschall, geboren in der Lika. Im Jahre 1850 wurde er nach Bosnien entsandt, wo er sich des Massenmordes am bosnischen Adel schuldig machte, indem er einen erhelichen Teil der bosnischen Intelligenz und des Adels ausraubte und zugrunde richtete.

[16] Im Laufe der osmanischen Herrschaft wurde der Sitz des bosnischen Statthalters mehrmals gewechselt. Die Hauptstädte waren Foča (1418–1436), Sarajevo (1436–1553), (1638–1699), (1827–1828), (1832.1839), (1850–1878), Banja Luka (1553–1638), Travnik (1699–1827), (1828–1832), (1839–1850).

[17] Vuk Stefanović Karadžić (1787–1864), serbischer Sprachforscher, Volkskundler und Histo-

Zulfikarpašić: Das war damals die einzige Bezeichnung. Heute hingegen gibt es darüber – so merkwürdig das ist, Diskussionen.

Đilas: Mir ist jetzt nicht ganz klar, wer der Beg von Rataji war.

Zulfikarpašić: Das war Bećir-Pascha, mein direkter Vorfahre mütterlicherseits, Oberkommandierender im russisch-türkischen Krieg 1737. Sein Sohn Osman-Beg wurde von den Russen gefangengenommen. Der Legende nach brachte er es bis zum russischen General. Sein jüngerer Sohn wurde als Džafer-Pascha bekannt.

Đilas: Im Volkslied heißt es, daß er von Laisavić ermordet wurde, was natürlich nicht unbedingt stimmen muß. Im Volkslied „Foča und die Frauen von Foča" wird Hassan-Pascha aus Foča erwähnt. War er ein Bruder jenes Bećir-Pascha aus dem Lied „Bosniaken vor Moskau"?

Zulfikarpašić: Ich glaube nicht. Der Bruder Bećir-Paschas hieß Jahja-Beg Čengić Zade, Hauptmann von Banjaluka. Bećir-Pascha Čengić kam bei Ozija (Otschakow) ums Leben, wo er Befehlshaber der Garnison und der Festung war. Der Wesir gab seine Zustimmung zum Rückzug (im Grunde war dies ein Verrat), doch Bećir-Pascha wollte die Festung nicht preisgeben. Sie wurde in Brand gesteckt, es kam zu mehreren Explosionen in den Pulverkammern. Viele Bosniaken, rund achttausend kamen damals ums Leben. Dieses Ereignis spiegelte sich in vielen Volksliedern wider. Bečir-Pascha erhielt das Land vom Sultan, ich bin im Besitz eines Original-Fermans, worin geschrieben steht, daß er neben den Landgütern, die er bereits besessen hatte, für seine militärischen Verdienste vom Sultan auch ein großes Lehen bekam. Im Ferman wurden auch die Rechte seiner Nachfolger in bezug auf das Lehen genau festgelegt.

Đilas: Damit wir das Gespräch über Ihre Abstammung fortsetzen können, wäre es meiner Meinung nach sinnvoll, einige Worte über Smail-Aga zu sagen, da es Dinge gibt, die nur Sie allein wissen können. Die historischen Fakten sind mir mehr oder weniger bekannt, ich kenne auch die Sagen über Smail-Aga. Smail-Aga ist wichtig, weil er Bestandteil sowohl der montenegrinischen wie auch der bosnischen Geschichte ist.

Ich will Ihnen sagen, was mir über ihn bekannt ist. Er wurde 1788 in Jelašac bei Kalinovik geboren. 1809 und 1810 nimmt er am Krieg gegen Karađorđević-Serbien teil. Als es 1831 zum Aufstand des Statthalters Hussein Gradaščević kam, ergriff er die Partei des Sultans und blieb diesem gemeinsam mit Rizvanbegović Ali-Pascha treu. Gegen Smail-Aga wurde eine montenegrinische Verschwörung eingeleitet, die zum Ziel hatte, ihn mit Hilfe von Novica Cerović zu töten. Novica war der Hauptakteur. Novica hatte dafür auch persönliche Gründe, doch nicht soviele wie Njegoš.

---

riker, sammelte Volksdichtung, Geschichten und Redewendungen. Er unternahm eine Sprachreform, indem von ihm die Volkssprache in die Literatur nach dem Prinzip „ein Laut, ein Buchstabe" eingeführt wurde. Sein Grundprinzip lautete: „Es wird geschrieben wie gesprochen und gelesen wie geschrieben."

Novicas Vater, der Pope Milutin, war in Pljevlje ermordet worden, und deshalb war Novica auf Muslime, Türken etc. alles andere als gut zu sprechen. . Njegoš hingegen hatte ebenfalls einen persönlichen Grund. Smail-Aga Čengić hatte in Grahovo – soweit ich weiß, war dies keine große Schlacht – zehn Mitglieder der Petrović-Sippe niedergemetzelt; anderen Quellen zufolge waren es sogar zwölf gewesen. Die erste Ziffer scheint mir glaubwürdiger. Unter den Opfern war auch ein noch sehr junger Bruder von Njegoš. Wie Sie wissen, war Njegoš, dessen dichterische Qualitäten wir einmal beiseite lassen wollen, ein strenger und rachsüchtiger Herrscher. Der Überlieferung nach beteiligten sich am Angriff auf Smail-Aga Čengić außer den um Novica gescharten Drobnjaken auch einige Einwohner von Gornji Moravci. Das Volkslied deckt sich im großen und ganzen mit den historischen Tatsachen und der Volksdichtung über Smail. Es gab also eine Verschwörung, und in dieser Verschwörung spielte nach dem Volkslied auch Šujo Karadžić eine Rolle, der sich zeitweise auch als Heiduck einen Namen machte. Smail-Aga kannte ihn gut. Sie unterhielten seltsame Kontakte. Er pflegte, Smail-Aga zu besuchen. Smail-Aga aber kannte ihn als Heiducken. Man erzählt sich, daß er Smail-Aga eines Nachts töten wollte, doch sein Gewehr versagte und Smail-Aga sagte: „Dieser elende Hund, ganz sicher wollte er schießen." Dies sind lediglich Geschichten. Mich interessiert, was noch weitgehend im dunkeln liegt: Hat Ali-Pascha Rizvanbegović[18], der in Smail-Aga einen Nebenbuhler witterte, zusammen mit Njegoš an der Verschwörung gegen Smail-Aga teilgenommen? Denn es ist eine Tatsache, daß Ali-Pascha Rizvanbegović nach Smail-Agas Tod ein Heer gegen die Drobnjaken entsandte, dies hatte jedoch eher eine Alibi-Funktion. Er stand in regem Briefwechsel mit Njegoš, hat ihm jedoch den Mord an Smail-Aga niemals verübelt. Es gibt ein Volkslied, das die Existenz einer gewissen Rivalität zwischen Smail-Aga und Rizvanbegović bestätigen könnte.

„Schütze Stolac, gib Počitelj niemals auf, lasse deine Augen nicht von Mostar, in Mostar schlummert eine böse Schlange, die böse Schlange Čengić Smail-Aga."
In Montenegro pflegte man häufig vom „gewaltigen Smail-Aga" zu reden, wie ich mich gut erinnern kann. Der „Gewaltige" bedeutete jedoch nicht der „Gewalttätige", sondern stand für einen Helden, eine angesehene, starke und mutige Persönlichkeit. In der montenegrinischen mündlichen Überlieferung ist Smail-Aga eine epische Persönlichkeit. Was das Gedicht von Mažuranić betrifft, so ist es zwar vom künstlerischen Standpunkt sehr gut, doch geht es an den Tatsachen vorbei.

---

[18] Ali-Pascha Rizvanbegović Stočević (1783–1851), bosnischherzegowischer Adliger, Wesir und herzegowischer Statthalter (1832–1851). Nach Herzegowina führte er Oliven, Mandeln, Tabak, Reis, Südfrüchte und Gemüse ein. Er förderte bedeutend die Wirtschaft und erhob den Lebensstandard. Obwohl er sich im Namen der Porta an der Bewätigung der Bewegung Gradaščevićs für die Selbständigkeit Bosniens 1831/32 beteiligte, wurde er vom Omer-Pascha Latas 1851 gemeuchelt.

Schon der Anfang ist falsch: „In Stolac, seiner Festung, ruft Smail-Aga seine Diener zu sich. . .“ In Stolac lebte ja Rizvanbegović. Sie könnten sicher etwas dazu sagen, ich möchte Ihnen aber gleich noch eine Zusatzfrage stellen: Welches psychologische Echo hatte der Tod Smail-Agas auf Ihre Sippe, denn ich vermute, daß dies eine große Tragödie war, eine große Niederlage der Čengić-Sippe und aller Muslime. Smail-Aga war sehr berühmt, so daß Njegoš im Zusammenhang mit seinem Tod auch diplomatische Schwierigkeiten bekam: Er mußte sich vor den Russen rechtfertigen. Vielleicht könnten Sie hier einige neue Momente ins Spiel bringen, die bis jetzt unbekannt waren? Und ich möchte Sie auch fragen, was für ein psychologisches Echo rief dieses Ereignis bei der Čengić-Sippe hervor?

Zulfikarpašić: Smail-Aga war eine charismatische Persönlichkeit. Anscheinend war er bei Freund und Feind hoch geachtet. Er war ziemlich wortkarg, gerecht, wenngleich ihn Mažuranić in seinem Werk als großen Tyrannen darstellt. Er befürwortete eine korrekte Politik den Montenegrinern gegenüber, was aus zahlreichen Worten, aber auch Taten hervorging. Er war ein Rivale von Ali-Pascha Rizvanbegović. Als General rief man ihn nach Syrien, um den bekannten Aufstand niederzuschlagen, weil sein Ruf schon legendär war, uns tatsächlich kehrte er überhäuft mit Auszeichnungen des Sultans zurück.

Đilas: Lassen Sie sich ganz kurz unterbrechen: Soweit ich weiß, war er mit seinen fünfundzwanzig Jahren noch sehr jung, als er Muselim[19] von Gacko wurde.

Zulfikarpašić: Ja. Er war auf jeden Fall ein Rivale von Ali-Pascha Rizvanbegović. Zwischen ihnen herrschte ganz sicher Argwohn. In der Familie wurde darüber nicht offen gesprochen, doch unser bekannter Dichter Safvet-Beg Bašagić[20] zum Beispiel, der auch Smail-Aga Čengić besungen hat, spielt an mehreren Stellen darauf an, daß Ali-Pascha Rizvanbegović in den Tod von Smail-Aga Čengić verwikkelt war. Ich persönlich habe aus zahlreichen Gesprächen den Eindruck gewonnen, daß es zwischen ihnen eine Verbindung gab. Mein Vater hat sehr lange gelebt, er wurde hundert Jahre alt; als junger Mann diente er im türkischen Heer, und von

---

[19] Stellvertreter des Paschas im Sandžak

[20] Safvet-Beg Bašagić – Mirza Safvet, geboren 1870 in Nevesinje, gestorben 1934 in Sarajevo, bosniakischer Schriftsteller, Wissenschaftler, Politiker, Dichter und Übersetzer. Er gehörte zu den wichtigsten bosniakischen Historikern und Dichtern. Eine Zeitlang war er Präsident des bosnischen Parlaments, Gründer mehrerer Blätter und Vereinigungen, Befürworter der Idee von der nationalen Eigenständigkeit der bosnischen Muslime. Er besaß eine berühmte Manuskriptsammlung, die er an die Pressburger Universitätsbibliothek verkaufen mußte, da ihm Jugoslawien die Pension eines Universitätsprofessors und Parlamentspräsidenten verweigerte. Auch heute noch gehören seine Werke in Bosnien zur meistgelesenen Literatur. (Wichtigste Werke: *Frühobst aus dem herzegowinischen Wald, Bosniaken und Herzegowiner in der türkischen Literatur, Kurzes Lehrbuch über die Geschichte Bosnien-Herzegowinas*).

ihm hörte ich über diese Dinge. Bei uns wurde es nicht in der Öffentlichkeit gesagt, man hegte jedoch den Verdacht, daß Ali-Pascha in den Mord verwickelt war. Ich muß gleichwohl betonen, daß Smail-Aga in der Čengić-Familie nicht jene Rolle spielte wie einige andere Paschas, zum Beispiel Bećir-Pascha, Džafer-Pascha, Ali-Pascha.

Đilas: Nur zur Ergänzung, Sie wissen das bestimmt: Der Mord an den herzegowinischen Statthaltern bei Ostrog war zwischen Njegoš und Ali-Pascha verabredet worden. War dies vielleicht auch mit Smail-Aga der Fall?

Zulfikarpašić: Man zweifelt daran, doch die historischen Tatsachen deuten darauf hin. Es gibt Beweise, daß sich Ali-Pascha mit dem Vladika Petar II. Petrović in Dubrovnik traf, wo sie die Beilegung von Streitigkeiten besprachen und jeder der beiden bestrebt war, den anderen zu überlisten. Er entsandte angesehene Adlige nach Ostrog, weil sie ihm bei seinem Vorhaben im Wege waren, ihre Ämter mit seinen eigenen Söhnen zu besetzen. Die berühmtesten unter ihnen waren Hassan-Beg Resulbegović, Bašaga Redžepašić und Statthalter Osman Mušović, die sich auf „Treu und Glauben" zum Vladika begaben, um mit ihm zu verhandeln.

Vom Volk wurde der Vladika wegen des Mordes an den bosniakischen Parlamentariern verurteilt. Darüber schrieb ich bereits 1953 in einem Essay, wobei ich Gagić, den russischen Konsul in Dubrovnik, zitierte, der dem Vladika vorwarf, gegen den Willen des montenegrinischen Senats und Volkes die Tötung der Türken angeordnet zu haben. Er stellte gleichzeitig die Frage, wie sich der Vladika vor der Welt zu rechtfertigen gedenke, wenn er schon von den Montenegrinern selbst deswegen verurteilt werde. Auch der Biograph des Vladikas, Tomanović, warf ihm vor, er habe zu Friedenszeiten – als es galt, die freundschaftlichen Beziehungen zu vertiefen – angeordnet, die herzegowinischen Abgeordneten, die nach Montenegro kamen, um strittige Grenzfragen zu besprechen, aus dem Hinterhalt zu ermorden.

Was Smail-Aga anging, so durfte Ali-Pascha keinerlei Spuren hinterlassen, da Smail-Aga am Hof in Istanbul ziemlich beliebt war. Schon ein schwerwiegender Verdacht hätte ihn das Leben gekostet.

All das, was Sie von Njegoš erzählen, wurde in der Čengić-Sippe bekannt. Eines unserer Volkslieder spricht von sieben Mitgliedern der Petrović-Sippe, die niedergemetzelt wurden; ein anderes wiederum, wie auch Sie sagen, von zehn oder zwölf. Dies dürfte stimmen. Es handelte sich nämlich um einen offenen Konflikt, und solche Schlachten zwischen Bosniaken und Montenegrinern kamen sehr häufig vor. Im Volkslied heißt es: „Der blitzende Säbel des Aga-Čengić erschlug sieben Petrovići, auf dem weiten Grahovo-Feld zur Schande des Fürsten von Brdjani." Im nächsten Vers, gesprochen von Smail-Aga, heißt es weiter: „Ich erfüllte den kaiserlichen Willen und tötete auf dem Kampfplatz von Grahovo die zehn Petrovići, die adeligen Falken."

Đilas: Ich möchte die Geschichte nur ergänzen: Die Petrovići kamen von einer Hochzeit und waren angetrunken.

Zulfikarpašić: Da habe ich meine Zweifel. Ich denke, es ist eher ein rechtfertigender Erklärungsversuch, an den die Montenegriner glaubten. Smail-Aga hätte niemals Hochzeitsgäste angegriffen. Das hätte er als Schande empfunden. Die Petrovići waren auf Ruhm und Heldentaten aus, als sie den Einwohnern von Grahovo zur Hilfe kamen. Der Tod der Petrovići in der Schlacht mit Smail-Aga hatte für die Montenegriner eine tragische, erniedrigende Dimension. Njegoš selbst fühlte sich tief verletzt, weil in dieser Schlacht seine Familienmitglieder – alles junge Leute, unter ihnen auch sein Bruder – getötet worden waren. Er wollte an Smail-Aga Rache nehmen. Soweit mir bekannt ist, wußte Ali-Pascha, daß Njegoš Smail-Aga töten wollte. Er wußte auch von dem bevorstehenden Feldzug Smail-Agas, doch er warnte ihn nicht. All das deutet darauf hin, daß er selbst die Finger im Spiel hatte. Zudem war er ein Mann, der solche Dinge schon zuvor getan hatte. Allein die Tatsache, daß er seine Gegner, die bosnischen Adligen, nach Ostrog entsandte, um sie dort von Montenegrinern töten zu lassen, lässt den logischen Schluß zu, daß er dieses Verhaltensmuster auch auf Smail-Aga Čengić angewendet hat – einen Mann, jünger als er, fähiger und noch dazu ein größerer Held, mit anderen Worten, ein fast übermächtiger Rivale für ihn.

Es ist bemerkenswert, daß zwischen der Čengić-Sippe und den montenegrinischen Fürsten ein ritterliches Verhältnis herrschte. Wir gingen zum Beispiel Patenschaftsverhältnisse mit den Montenegrinern ein. Meine Familie nahm zwei Mal montenegrinische Fürsten und Heerführer zu Paten, und bekannt ist auch, daß ein Enkel von Smail-Aga, der gegen die österreich-ungarische Okkupation kämpfte, in Montenegro Asyl erhielt. Zu den Serben in Serbien und den Orthodoxen aus Bosnien hatten wir keine derart positive Einstellung wie zu den Montenegrinern. In meiner Familie wurde häufig von montenegrinischen Helden gesprochen. Und voller Anerkennung sagte man: „Er war ein Held" oder „Das war ein Mann". Daher bin ich überzeugt, daß die Ermordung Smail-Agas in der Čengić-Sippe mit Sicherheit einen Schock auslöste, besonders weil man offensichtlich gegen alle ritterlichen Regeln verstoßen hatte, indem man Smail-Aga-Čengić aus dem Hinterhalt ermordete. Deshalb blieb ein besonders hoher Grad an Erbitterung zurück. In meiner Familie betrachtete man diesen Mord als eine Schande für Montenegro. Smail-Aga kam nicht im Duell, nicht in offener Schlacht, wie dies in Grahovo der Fall war, ums Leben, sondern er wurde mitten in der Nacht aus dem Hinterhalt getötet. Er war das Opfer eines heimtückischen Angriffs Smail-Aga Čengić wurde in der Čengić-Sippe als großer Held betrachtet.

Dilas: Vor dem Krieg, ich meine den Krieg von 1941, habe ich, wenn ich mich richtig erinnere, in der „Politika" einen Bericht über die Enkelin oder Urenkelin Smail-Agas gelesen, die irgendwo in der Türkei lebte. Sie sprach nicht unsere Sprache, sondern Türkisch und wurde sehr ungehalten, als man vor ihr den Namen Smail-Agas erwähnte. Sie besaß noch immer einige Gegenstände Smail-Agas. Gibt es eigentlich direkte Nachkommen, und falls ja, kömnnen Sie sie beim Namen nennen?

Zulfikarpašić: Seine direkten Nachkommen leben leider nicht mehr in Bosnien, sondern in der Türkei. Ich habe sie in Bursa besucht. In ihrem Besitz befinden sich die Fermane, die Zeugnis ablegen von den Heldentaten Smail-Agas, für die er dann vom Sultan belohnt wurde. Es handelt sich um die Witwe und die zwei Töchter von Riza-Beg Ilova, einem direkten Nachkommen Smail-Agas, Selma und Lejla. Die jüngere, Lejla, spricht Bosnisch und arbeitet in einem Reisebüro. Sie ist sehr gescheit und lebt mit ihrer Mutter, einer vornehmen Dame. Die Töchter von Riza-Beg besitzen tatsächlich einige phantastische Fermane. In ihrem Besitz befindet sich auch der wichtigste Ferman, der im Jahre 1498 der Akkoyunlu-Sippe ausgestellt wurde und der der zweitälteste Ferman in der ganzen Geschichte ist. Er wurde dem Fürsten Akkoyunlu überreicht und in meiner Familie aufbewahrt. Zur Zeit Österreich-Ungarns befand er sich im Museum Bosnien-Herzegowinas. Der Vater von Riza-Beg Čengić hatte ihn nur für 24 Stunden ausgeliehen, um ihn abzuschreiben, doch er nahm ihn mit in die Türkei, wo er sich noch heute im Besitz seiner Familie befindet. Seine Nachkommen hatten versprochen, mir den Ferman zu geben. Als sie im Gespräch mit mir vom Bosniaken-Institut in Zürich hörten, wo es auch einen geeigneten Ausstellungsraum – eine kleine Galerie – gibt, erklärten sie, sie wollten das Institut besuchen und diesen Ferman sowie den Ferman von Smail-Aga Čengić dem Institut schenken. Weil ich ungeduldig war und die Sache möglichst rasch in meinen Händen haben wollte, schlug ich der Witwe vor, mir den Ferman zu verkaufen., der ja in Wirklichkeit Eigentum meiner Familie war. Sie ging ohne ein Wort über diesen Vorschlag hinweg. Später schrieb ich einen Brief und bot ihr 50.000 Dollar für den Ferman, sie fühlte sich dadurch offensichtlich beleidigt und hat mir nie wieder geantwortet. Immerhin besitze ich eine sehr gelungene Photokopie des Fermans sowie eine Studie über ihn und die Geschichte der Akkoyunlu-Sippe, verfaßt kurz vor Beginn des Zweiten Weltkriegs von Professor Minorski von der Universität London.

Nadežda: Wo, haben Sie gesagt, lebt die Dame?

Zulfikarpašić: In Bursa. Ihr Vater befaßte sich mit Literatur, er schrieb Erzählungen und war Abgeordneter im Parlament der Türkischen Republik. Er besuchte mehrmals Bosnien, da er dort Familienangehörige hatte. Er half unseren Leuten, wo immer er konnte.

Đilas: Ich hätte eine weitere Frage im Zusammenhang mit Smail-Aga Čengić. Die Montenegriner haben Lipnik, wo sich die Grabstätte von Smail-Aga befindet, 1876 erobert. Unter ihnen befanden sich auch Fürst Nikola und Novica Cerović. Montenegrinische Soldaten wollten den Nišan – den Grabstein – zerschlagen, weil seine Inschrift besagte, Smail-Aga sei aus dem Hinterhalt ermordet worden. Doch Novica, der in die montenegrinische Tradition und Geschichte als edler und kluger Mann eingegangen ist, ließ das nicht zu. Er sagte: Männer, laßt das sein! Ihr müsst wissen, auf Erden haben wir Smail-Aga gehasst, doch im Himmel werden wir die besten Freunde sein, dort werden wir uns lieben, dort gelten keine irdischen Maßstäbe.

Das kann man bei Holaček, einem tschechischen Journalisten nachlesen. Wissen Sie etwas darüber, gibt es noch andere Aufzeichnungen?

Zulfikarpašić: Ich habe ebenfalls davon gehört, aus derselben Quelle, doch nähere Einzelheiten sind mir nicht bekannt. Meine Ahnen sind zumeist auf dem Schlachtfeld ums Leben gekommen und nicht im Bett gestorben. In Familien dieser Art herrscht eine besondere Logik: Man achtet den Feind, wenn er sich als edler Held erweist. Man hat Respekt vor dem Gegner, der sich im Kampf als ebenbürtig zeigt. Als Zulfikar-Pascha Čengić 1834 einen Feldzug gegen Montenegro unternahm, um die Montenegriner für Brandstiftungen in den Regionen von Foča und Gacko zu bestrafen, vernahm er unweit von Cetinje Kanonendonner. Auf seine Frage, weshalb man mit Kanonen schieße, erhielt er zur Antwort, man trage den Vladika Peter I. zu Grabe und man habe ihn von Ostrog nach Cetinje gebracht, um ihn ein letztes Mal dem Volk zu zeigen. Zulfikar-Pascha zog seine Truppen zurück, um die Feierlichkeiten nicht zu stören. Ich werde nie vergessen, wie meine Mutter Zahida – sie entstammte ebenfalls der Familie Čengić – ich bin nämlich sowohl väterlicher- wie auch mütterlicherseits ein Čengić – reagierte, als ich mich 1941 entschloß, mich den Partisanen anzuschließen. Sie liebte mich sehr und sagte: „Ich weiß, deine Freunde sind dort, geh auch du und achte auf deinen guten Namen, beschmutze ihn nicht!" Sie war also eine Frau, die ihren Sohn über alles liebte, und doch war es ihr sehr wichtig, keinen Feigling zum Sohn zu haben, der dem Familiennamen womöglich Schande machen könnte. Man lebte noch in dieser Tradition, und auch meine Mutter hielt sich daran. Für sie war eines der wichtigsten Elemente in meiner Erziehung, mich zur Achtung der Familientradition anzuhalten.

Đilas: Wie Sie wissen, heiratete man in den Beg-Familien in der Regel untereinander, nur ungern entschied man sich für Ehepartner des nächstniederen Ranges, darunter kam eine Heirat ohnehin nicht in Frage. Die Schwester von Smail-Aga Čengić war, soweit ich weiß, mit Osman-Pascha Skopljak, dem Wesir von Skutari, verheiratet.

Sie haben schon gesagt, wie viele Paschas es in Ihrer Familie gibt. Wir wollen das nicht wiederholen, doch um der Leser willen sollten wir etwas über die Besitztüme sagen. Es gibt zwei Arten von Besitz: den Besitz, der als Lehen, d. h. als Timar oder Zijamet verliehen wurde, und der persönliche Besitz – der Čitluk, der sogenannte Begluk. Die erstgenannten Besitzarten dehnten sich weiträumig aus und umfaßten viele Dörfer, die letztgenannten waren nicht sehr viel kleiner. Kennen Sie die Besitztümer Ihrer Familie?

Zulfikarpašić: Vor der Agrarreform besaß mein Vater 500 Höfe mit Leibeigenen, also 500 Landwirtschaften mit der entsprechenden Anzahl von Bauern, die ihm gehörten. Wie es zu dieser Konzentration von Besitz in der Hand einzelner Familien kam, ob durch Heirat oder Verkauf und Tausch, weiß ich nicht. Ich weiß nur, daß mein Vater große Besitzungen in der Nähe von Srebrenica hatte, und daß meiner Familie große Güter zwischen Sarajevo und Rogatica gehörten. Großen Besitz hatten wir auch in Miljevina, und unweit von Foča hatten wir einen großen Wald, der als größter privater Waldbesitz in Jugoslawien betrachtet wurde. Die Agrarreform erfaßte den Waldbesitz nicht, da sie sich nur auf den Ackerboden bezog. Zum Glück konnten wir den Wald behalten und ihn auch industriell ausbeuten, was uns einen gewissen Wohlstand sicherte. Andere Beg-Familien hatten nicht soviel Glück und gerieten nach der Agrarreform zumeist an den Bettelstab.

Die Türkei beruhte vor allem auf ihrer militärischen Hierarchie, so daß sie entgegen einem weitverbreiteten Glauben keinen brutalen Feudalismus kannte. Die Leibeigenen schlossen mit dem Gutsherren stets einen Privatvertrag über die Nutzung des Bodens ab, den sie bestellten. In der Regel mußten sie ein Drittel der Getreide- und Obsternte den Gutsherren abliefern. Bei der Heuernte war es die Hälfte, weil diese keinen größeren Arbeitseinsatz erforderte.In der gesamten Periode der osmanischen Herrschaft hatte der Beg keinerlei Recht, einen Leibeigenen gegen einen anderen auszutauschen oder ihn von seinem Hof zu vertreiben, es sei denn er hätte sich an einer Meuterei beteiligt oder einen Mord begangen. Der Beg hatte auch nicht die Jurisdiktion über den Leibeigenen. Die Rechtsprechung oblag ausschließlich dem Staat, im Streit zwischen einem Beg und seinen Leibeigenen sprach der Kadi das Urteil. Dieses Verhältnis war demnach ganz anders, als es in unserer Literatur dargestellt wird. Das sieht man erst heute in aller Klarheit, nachdem in türkischen Archiven Gerichts- und Handelsregister (Tefter) gefunden wurden, die beschreiben, was sich in der Region zwischen Ungarn und der Adria ereignet hat.

Es gibt schriftliche Zeugnisse, die bestätigen, daß diese Rechtsverhältnisse auf der Basis von Verträgen beruhten; daraus wird ersichtlich, daß das Land den Begs gehörte, die dieses Land geerbt oder seinerzeit zu Lehen bekommen hatten. Eine andere Art von Besitz war im Umkreis der Herrenhäuser zu finden – das waren die Höfe im Besitz der Begs, die von ihnen selbst, von Pächtern oder Tagelöhnern bearbeitet wurden. Wer kein Herrenhaus besaß, hatte zumindest ein mehrstöckiges Haus mit einem Gästehaus. Hierbei ging es um Land, das nicht von Leibeigenen, sondern von Tagelöhnern bestellt wurde.

Nach dem Ersten Weltkrieg wurde zunächst all das Land beschlagnahmt, auf dem die Verhältnisse der Leibeigenschaft herrschten, und dies geschah nur in Bosnien. Die Reform wurde weder in Serbien noch in der Wojwodina durchgeführt. Teilweise erfaßte sie auch die freien Bauern, und zwar in Dalmatien, in Bosnien und Makedonien. Meiner Meinung nach ging man ganz gezielt auf diese Weise vor, um die muslimische Bevölkerung in Jugoslawien einem Verarmungsprozeß zu unterwerfen. Deren Landbesitz stellte tatsächlich einen großen Reichtum dar und erstreckte sich über riesige Flächen.

Bosniaken zogen in den Krieg

Sie müssen wissen, daß die Muslime in Bosnien-Herzegowina diejenigen waren, die
in den Krieg zogen, während die Leibeigenen, die Christen, nicht kämpfen mußten,
sondern nur eine sogenannte Schutzsteuer an den Staat zu entrichten hatten. In diesem Sinne waren sie privilegiert.es gab zahlreiche Kriege und sie verwüsteten das
Land. Sehen Sie, die Muslime, die Bosniaken, waren im Vergleich zu den Christen
nicht gleichberechtigt, da die Hohe Pforte viel mehr lokale Krieg als Kriege im Herzen des eigenen Reiches führte. Bosnien war ein Grenzland und feindliche Einfälle
geschahen sehr häufig. Die Bosniaken waren diejenigen, die an diese immerwähren-
den Gefechten teilnahmen, gleichzeitig stellten sie Soldaten auch für die großen
Schlachten, so daß sie auf allen Kriegsschauplätzen ständig präsent waren: In Persi-
en, Russland, Afrika, und auch in allen europäischen Kriegen, in die das Osmanische Reich verwickelt war. Sie hatten einen ungeheuren Blutzoll zu entrichten,
während die Zahl der Leibeigenen gleichzeitig erheblich zunahm, weil sie keine
Kriegsopfer zu beklagen hatten.

Die Bevölkerungszunahme erfolgte so zu Lasten der Bosniaken; die Ursache lag im
Institut der Leibeigenschaft und im organisatorischen Prinzip des türkischen Staates, der ausschließlich Muslime in den Krieg ziehen ließ, während die anderen im
schlimmsten Fall als Hilfstruppen wie Köche oder Trainsoldaten dienen mußten.
Reichere muslimische Bauern, die nur einen oder überhaupt keinen Sohn hatten,
zogen oftmals selbst in den Krieg. Damit ihr Land dennoch bestellt wurde, überli-
essen sie es häufig ihrem christlichen Nachbarn gegen die Hälfte des Ertrags, damit
die Familie überleben konnte. Oftmals wurden diese Männer verwundet oder sie
fielen in der Schlacht, und so wurden dann die Nachbarn zu Erben des Landes
oder sie begründeten ein neues Leibeigenschaftsverhältnis. Es ist wichtig zu wissen,
daß durch die Agrarreformen nicht nur den Begs und Agas ihr Land genommen
wurde, sondern daß dies auch jenen ärmeren Muslimen widerfuhr, die ihren Boden
aus einer Notlage heraus ihren Nachbarn zur Bestellung überlassen hatten. Wenn
vom Bodenbesitz in Bosnien- Herzegowina gesprochen wird, so gibt es mancherlei
Mißverständnisse. Man muß vor Augen haben, welches System in der Türkei
herrschte, und daß dieses System dann später von Österreich geerbt wurde. Mehr
als die Hälfte des Bodens in Bosnien war immer sogenanntes Ärarland, d.h. es befand sich in Staatsbesitz. Auch etwa neunzig Prozent der Wälder und alles Weideland gehörten zum Ärarbesitz.

Im türkischen Bosnien-Herzegowina lebten vor 1878 rund 800.000 Muslime und
600.000 Orthodoxe, doch nach der österreich-ungarischen Okkupation wanderten
an die 250.000 Moslems in die Türkei aus. Zu dieser Zeit wurden die Serben zur
Mehrheit. Die freien Bauern in Bosnien waren vorwiegend Muslime, die zusammen
mit den Begs und Agas mehr als drei Viertel des Bodens in ihrem Besitz hatten,

während Orthodoxe und Katholiken vorwiegend als Leibeigene muslimisches Akkerland bestellten. Diese Angaben gelten für die Zeit vor 1878.

Nadežda: Bosnien war größtenteils ein Agrarland.

Nach heutigen Kriterien waren damals alle Länder Agrarländer, doch zu jener Zeit war in Bosnien ein unverhältnismäßig großer Teil der Bevölkerung in der Landwirtschaft tätig, so daß jede Agrarreform äußerst schwerwiegende Folgen haben mußte. Wie lagen die Dinge vorher, welche Verhältnisse herrschten unmittelbar vor der Agrarreform?

Zulfikarpašić: Vor der Agrarreform war die bosnische Bevölkerung vorwiegend von der Landwirtschaft abhängig, der Anteil von Geschäftsleuten und Handwerkern war gering. Mit dem Handwerk befaßten sich wiederum vorwiegend Muslime. Auch der Handel befand sich zur türkischen Zeit größtenteils in muslimischen Händen. Die Landbevölkerung, die rund 80 Prozent der Einwohner ausmachte, wurde binnen kurzem ruiniert. Vor dem Beginn der österreich-ungarischen Verwaltung, bzw. in den letzten Tagen der türkischen Verwaltung, gab es in ganz Bosnien-Herzegowina vielleicht maximal 50.000 Agas und Begs. Im Zuge der österreich-ungarischen Verwaltung wurde ein ein Gesetz vorbereitet, um dieses Land fakultativ aufzukaufen, bezahlt werden sollte es zum Teil von den Bauern, teilweise aber auch vom Staat. So sollte die Agrarreform auf zivilisierte Weise durchgeführt werden.

Die Agrarreform im Königreich der Serben, Kroaten und Slowenen war nicht von dieser Art. Die Landbesitzer bekamen eine Entschädigung, die in ihrer Höhe den ein- oder zweijährigen Erträgen ihrer Güter entsprechen sollte. Doch die Summe wurde nicht bar bezahlt, sondern in Form von Gutscheinen, deren Wert bald auf ein Zehntel des ursprünglichen Wertes gesunken war. Diese Gutscheine hat damals Milan Stojadinović[21] an der Börse aufgekauft. Über Nacht ließ er ein neues Gesetz verabschieden, dementsprechend die Gutscheine staatlicherseits zum Nominalwert zu bezahlen waren. So wurde die Agrarreform in Bosnien zum Raub von Besitz und Gütern, und zwar auf hinterhältige und an Völkermord grenzende Weise. Ich erinnere mich an die Familien meiner Verwandten, die Čengić-Begs, die große, wunderschöne Häuser in Foča hatten. Über Nacht hatten sie buchstäblich jede Existenzgrundlage verloren. Das war eine furchtbare Tragödie. Man kann nur ahnen, wieviel Leid und Schmerz sie hinter einer noblen Haltung verbargen.

Ich bedauere sehr, daß wir keine Schriftsteller hatten, die die Tragödie dieser Menschen hätten beschreiben können, die aus Stolz nicht zugeben wollten, daß sie hungrig und mittellos waren. Und so starben sie, eingesperrt in diese wunderbaren Häuser, in einer Umgebung, der sie nicht zeigen konnten und auch nicht zeigen durften, daß sie an den Bettelstab gekommen waren. Es waren Menschen, die im Geiste eines ausgeprägten Stolzes erzogen waren, und deshalb nahm ihre Armut,

---

[21] Milan Stojadinović (1888–1961), serbischer Politiker, Finanzminister und Präsident der jugoslawischen Regierung, schloß einen Dreierpakt mit Hitler.

ihre Mittellosigkeit auch so dramatische Formen an. Dies galt um so mehr, als ihre Tragödie vor der Gesellschaft verheimlicht wurde, und das ganze Ausmaß ihres Leidens und ihres durch nichts verdienten Unglücks unbekannt geblieben ist.

Đilas: Auch ich habe als junger Mann in Bijelo Polje das tragische Schicksal der ehemaligen Begs kennengelernt: Sie siechten in äußerster Armut dahin, unfähig, sich der neuen Zeit und den gänzlich anderen Verhältnissen anzupassen, lebten sie wie die Ausgestoßenen. Es ist quälend und unfaßbar schwer, seinen Stolz in Hunger und Hoffnungslosigkeit zu bewahren. Oft halfen ihnen ihre ehemaligen Leibeigenen mit diesem oder jenem aus, doch sie nahmen diese Hilfe voller Scham an, wie einen Almosen. Ihre Söhne fanden sich halbwegs zurecht, indem sie Unterricht gaben oder Handel trieben. Doch wie entsetzlich war diese schändliche Armut erst für die Frauen und Mädchen, die in den Höfen hinter hölzernen Fenstergittern verborgen waren und die den Lauf der Dinge nur unzureichend verstehen konnten, der sie über Nacht in einen ausweglosen Abgrund von Leid und Unglück gestürzt hatte. Die Tragödie der Angehörigen einer Klasse, einer Religion oder eines Volkes ist immer eine menschliche, und in jeder Hinsicht menschliche Tragödie... Das tragische Motiv des Untergangs der Begs hat mich tief bewegt und gleichzeitig angezogen. In meinem Roman „Welten und Brücken" habe ich dieses Motiv benutzt, doch nicht umfassend und nicht tief genug: Doch Tragödien veralten nie – es werden sich Dichter finden, die sich ihrer annehmen.

Hierüber könnten wir noch lange reden, das Thema verdient dies auch. Doch wir müssen uns an unser vorgegebenes Thema halten, an Ihre Persönlichkeit, Ihre Erlebnisse und Anschauungen.

Ich möchte zur Agrarreform etwas als Erläuterung hinzufügen. Die Reform im Jahre 1919 war ein revolutionärer Akt, gerichtet gegen den Feudalbesitz, genauer gesagt gegen die Überreste des Feudalbesitzes. Größtenteils gehörte er den Muslimen. Die Reform hatte ganz gewiß auch eine politische Dimension, sie sollte die herrschende Klasse, die herrschende islamische Schicht schwächen. Doch in Serbien gab es damals meiner Kenntnis nach kaum Großgrundbesitz. In der Wojvodina gab es ihn schon: das Königreich tastete den Großgrundbesitz in der Wojvodina nicht an, weil es sich um kapitalistischen Großgrundbesitz handelte, bei dem es nur den Tagelöhner und den Eigentümer gab, während Leibeigene und Feudalherren dort nicht existierten. Nach der Revolution führten die Kommunisten auch in der Wojvodina eine Agrarreform durch, sie erwies sich vom wirtschaftlichen Standpunkt her als verfehlt.

Zulfikarpašić: Ich sagte bereits, daß dies falsch war, denn die Vernichtung großer Güter verringert stets die Produktionskapazitäten. Eben dies geschah durch die erste Agrarreform, als der muslimische Großgrundbesitz sozusagen parzelliert wurde. Ich möchte noch etwas dazu sagen. Daß all das nur die eine Absicht verfolgte, die muslimische Bevölkerung zu vernichten, wird daraus deutlich, daß die Agrarreform nur in jenen Gebieten durchgeführt wurde, wo die Muslime Landbesitzer waren,

Mit Jasmin Bešlagić, einer externen
Mitarbeiterin des Bosniaken-Instituts

Das Bosniaken-Institut in Zürich

Adil, Vlado Gotovac, Miko Tripalo und Ivo Banac, in Bled, Mai 1994

Dr. Hilmija Akkoyunlu Zulfikarpašić,
Adils Bruder

Husein-Beg Zulfikarpašić, Portrait
(Öl auf Leinwand, Ismet Mujezinović)

Adils Bruder Sabrija, 1942 in Foča
von Tschetniks ermordet

Adil in der Emigration, 1949

Mit der Familie in der Türkei, 1971; in der ersten Reihe: Dr. Ahmed Akkoyunlu, Dr. Nermin und Prof. Gihad Gürson

Mit der Schwester Hasiba Hasibović und ihrer Familie in Nizza, 1989

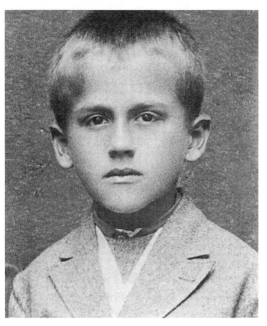

Adil als Student

Adil als kleiner Junge, 1927

Adil in Sarajevo, 1945

Adil in Gefangenschaft,
in einem Gefängnis der Nazis

Adil bei der Gründungsversammlung der Partei der Demokratischen Aktion (SDA) in Sarajevo, Mai 1990

Adil bei einem Meeting der SDA in Foča, August 1990

Das Stammhaus der Čengići bei Ustikolina

Ruine des Herrenhauses der Čengić-Sippe in Rataji, 1990

Panorama von Foča (Öl auf Leinwand, V. Pavlinić, nach einer Photographie aus dem Jahre 1898)

Modell eines traditionellen bosniakischen Hauses

Das Innere eines reichen bosniakischen Hauses

Das Herrenhaus der Čengić-Sippe in Rataji
(Aquarell, Eduard Laidolf, 1881)

Familiencharta – der
Ferman des Sultans Bećir-
Pascha, aus dem Jahre 1740

Das Herrenhaus der Čengić-Sippe in Miljevina
(Öl auf Leinwand, Vlado Pavlinić, rekonstruiert nach einer Photograp[hie]
von 1903)

aber nirgendwo sonst. Durchgeführt wurde sie auch in Dalmatien, gegen die dortigen freien Bauern, doch ein gleich großes Stück Land wurde dort 56 mal höher bezahlt als in Makedonien oder Bosnien. Schon das ist der Beweis, daß es hier weder um irgendwelche gesetzlichen Vorschriften noch um soziale Maßnahmen ging. Wissen Sie, oftmals wollen wir manche Tatsachen einfach nicht wahrhaben, doch dann kehren sie wie ein Bumerang zurück und treffen uns noch schwerer. Und so wurde auch diese Agrarreform von keinem einzigen Schriftsteller und keinem einzigen Soziologen als das dargestellt was sie war, eine Methode zur Vernichtung eines Teil der Bevölkerung. Heute, nach all den Tragödien, die wir erlebt haben, kann ich sagen, daß dies aus religiösen Motiven geschah. Man wollte die Muslime in Jugoslawien in eine gesichtslose Masse verwandeln, sie ihres Besitzes, ihrer Rechte berauben und ihnen damit das Rückgrat brechen. Man betrachtete die Agrarreform damals als eine historische Gelegenheit, um den Kampf gegen die Türken ein für allemal zu beenden. Der Ablauf der Ereignisse trug spezifisch balkanische Züge, er hatte ein großes religiöses Motiv und eine große nationalistische Dynamik, die auch den nationalistischen Bewegungen von heute ihre Lebenskraft verleiht. Eben dieser Fanatismus wurde in die Phrasen sozialer Maßnahmen, der Liquidierung des Feudalismus und patriotischer Taten gekleidet. Meiner Meinung nach war es eine typische Abrechnung, der Schlußakt des Kampfes gegen die Muslime, die irrtümlich als Überreste der türkischen Herrschaft und nicht als das dargestellt wurden, was sie waren – Ureinwohner, autochthone Bevölkerung.

Đilas: Sind Sie nicht der Meinung, daß die Agrarreform auch aus Angst vor der Oktoberrevolution und Sozialunruhen durchgeführt wurde? In Jugoslawien gab es damals revolutionäre Bewegungen, nicht wahr?

Zulfikarpašić: Nein, ich glaube nicht, daß dies von Bedeutung war für die Leute, die die Reform durchführten. König Alexander und seine Kamarilla ließen sich von anderen Beweggründen leiten. Wäre die Agrarreform von der Oktoberrevolution beeinflußt worden, hätte sie ohne weiteres auch die Wojwodina und andere Großgrundbesitzregionen erfaßt. In Bosnien wurde der Großgrundbesitz aufgeteilt, sogar arme Moslems, sogar einfache Bauern kamen um ihren kleinen Besitz.

Đilas: Ihre Einwände gegen die Agrarreform beziehen sich darauf, daß sie nicht stufenweise, unter Berücksichtigung der wirtschaftlichen Lage aller und nicht nur einiger Bevölkerungsschichten durchgeführt wurde. Ich bin der Meinung, daß die Reform unumgänglich war. Eine andere Frage ist jedoch, wie man sie hätte durchführen sollen.

Zulfikarpašić: Die Agrarreform hätte in jedem Fall so durchgeführt werden müssen, wie dies Österreich-Ungarn bereits früher versucht hatte. Auf fakultativer Grundlage, wobei man die Begluks unangetastet gelassen hätte. Natürlich auch das Land, das die Eigentümer selbst bearbeiteten und das damit außerhalb des Leibeigenschaftsverhältnisses stand. Erst recht von der Reform verschonen müssen hätte man das Land der muslimischen Bauern, die teilweise ihren eigen Grund und Boden bearbeiteten, teilweise aber in Leibeigenschaftsverhältnissen zu ihren nichtmuslimischen Nachbarn standen. Es bleibt jedoch eine unwiderlegbare Tatsache, die sich durch nichts rechtfertigen läßt, daß die Agrarreform Formen und Tendenzen des Schlußakts eines politischen Kampfes aufwies, eines Kampfes gegen die Überreste der – wie man auf dem Balkan dachte – „türkischen" Bevölkerung. Mit Hilfe der Agrarreform wurde eine systematische Kolonisierung des enteigneten Landes vorgenommen; man brachte Familien aus Montenegro, Serbien und der Lika, aber auch serbische Familien aus Bosnien, die überhaupt nicht in einem Leibeigenschaftsverhältnis gestanden hatten.

2. Heim und Entscheidung

Đilas: Meine Vorfahren sind nicht so berühmt wie die Ihrigen, doch auch sie kamen bei Kämpfen ums Leben, zumeist bei Kämpfen mit Montenegrinern, in Kämpfen untereinander. Es gab auch solche, die im Kampf gegen den Feind, gegen Türken und österreichische Truppen gefallen sind – nach einem von ihnen bekam ich meinen Namen. Meine direkten Vorfahren starben durch die Hand von Landsleuten: mein Ururgroßvater, mein Großvater und mein Vater – er wurde von jugoslawischen Albanern – Ballisten – ermordet; mein älterer Bruder wurde von Tschetniks getötet, mein jüngerer Bruder von der Polizei Nedićs: Als wir darüber sprachen, sagte mein Sohn „Dann wird mir wohl nichts anderes übrigbleiben, als zu warten, bis man mich pfählt.“

Die Đilasi entstammen der zahlenmäßig weit größeren Sippe der Vojinovići: Mit ihnen sind wir verwandt, mein Vater behandelte sie immer als wären sie Angehörige der Djilas-Sippe. Wir trennten uns gegen Anfang des 19. Jahrhunderts von dem Vojnović-Zweig. Đilas ist ein Kosename und bedeutet so viel wie springen oder hüpfen. Die Đilasi sind eine kleine Sippe, angesiedelt im Bezirk von Nikšić, aus diesem Bezirk sind auch die Vojinovići, sie zogen aber weg, zumeist in den Sandschak. Einer bei den Vojnovići verbreiteten Legende nach gab es unter ihnen auch Fürsten, doch diese Überlieferung erscheint höchst unsicher, bei Ihnen hingegen ist all das durch Fermane des Sultans bestätigt. Wie fühlen Sie sich, als Nachkomme einer so großen und berühmten Familie? Soweit ich feststellen kann, sind Sie ein Mann mit ausgeprägtem Stolz. Haben Sie noch andere Gefühle?

Zulfikarpašić: Ich muß zugeben, daß ich all das meinem Vater, Husein-Beg, zu verdanken habe, meine häusliche Erziehung, die ich als moralische Pflicht aufgefaßt habe. Ich erinnere mich an eine Begebenheit aus meiner Kindheit. Ich war erst neun Jahre alt, als mein Bruder heiratete. Mein Vater rief mich zu sich und sagte: „Hör zu, mein Sohn, bei uns in unserer adeligen Familie ist es Sitte, daß du die Stütze deiner Schwägerin wirst. Du hast fünf Schwestern und eine Mutter, deine Schwägerin aber kommt als Fremde in unser Haus, du mußt auf ihrer Seite stehen, ohne zu fragen, ob sie recht hat oder nicht, du mußt sie immer verteidigen, weil so bei uns der Brauch ist.“ Schon als Kind sah ich mich in zahllosen Fällen damit konfrontiert, daß ich etwas Besonderes tun mußte, um mich an die alten Bräuche und Regeln zu halten. Es waren dies keine Privilegien, sondern viel mehr Pflichten. Ich kann mich erinnern, daß es in Sarajevo ein vornehmes Geschäft mit Namen „Kočović“ gab, das dem Vater von Bogoljub Kočović, Autor des bekannten Werkes

„Opfer des Zweiten Weltkrieges", gehörte. Er hatte englische Kinderkonfektion und schickte Pakete nach Foča, damit ich drei oder vier Anzüge auswählte. Ich war noch sehr klein, noch in der Volksschule, als ich meine alten Anzüge an meine Schulkameraden verteilte, meine Mutter zog mich deswegen zur Verantwortung, mein Vater meinte jedoch: „Wenn du siehst, daß deine Freunde etwas nicht haben, mußt du ihnen dies geben, ohne um Erlaubnis zu fragen. Das ist deine Pflicht." Er überzeugte mich davon, daß ich als Adliger immer die Wahrheit sagen, den Schwächeren verteidigen und mich so und keinesfalls anders verhalten müsse. Hier liegen die Ursachen dafür, daß ich mich auch später an diese Werte gehalten habe.

Mein Vater brachte mir bei, wie ich meine Achtung gegenüber älteren Menschen, besonders angesehenen Leuten, seinen Freunden und Bekannten zu bezeugen hätte. Ich erinnere mich sogar, was er mir im Hinblick auf den Popen Kočović sagte: „Wenn du ihm begegnest, beugst du dich über seine Hand, so als ob du sie küssen möchtest, er wird dir dies nicht erlauben, da du ein Sohn von Zulfikarpašić bist, du aber machst diese Geste." Was zum Beispiel unseren nächsten Nachbarn Milan Hadživuković betraf, so pflegte mein Vater zu sagen: „Merk dir gut, dein Nachbar ist für dich wichtiger als deine Verwandten." Ich wuchs in einer Familie auf, in der wie in anderen Beg-Familien auch religiöse, nationale und soziale Toleranz traditionell gepflegt wurde. Ich sah nie, daß sich mein Vater mit einem Armen anders unterhielt als mit einem gleichgestellten Beg oder einem Staatsmann. Mein Vater war eine sehr angesehene Persönlichkeit, zu ihm kamen die unterschiedlichsten Menschen, doch mit Geringschätzigkeit begegnete er niemandem. Stets war der Respekt vor den Menschen spürbar. Ein Adliger ist stolz, aber nicht hochmütig, das ist sehr wichtig.

Man erkennt einen Menschen ohne gute Erziehung in dem Moment, da er an die Macht gekommen oder reich geworden ist – er benimmt sich dann hochmütig. Ein Beg darf sich so etwas nie erlauben.

Ansonsten wurde ich sehr streng erzogen, mein Vater war ein sehr strenger Mann, er verlangte von mir Fleiß und Pünktlichkeit. Ich mußte immer pünktlich vor Einbruch der Dunkelheit zu Hause sein. Mein Vater schlug mich nie, es herrschte jedoch eine feste Ordnung, die die Verhaltensregeln, die Lebensweise bestimmte. Es wird nicht tagtäglich gesagt: du bist der und der, doch von Zeit zu Zeit machte mich mein Vater, wenn er mir Pflichten auferlegte, darauf aufmerksam, ich hätte diese Pflichten als sein Sohn, Čengić, Zulfikarpašić, Moslem, Bosniake und ähnliches mehr zu erfüllen. Er wies mich häufig darauf hin, was sich ein Muslim nicht erlauben dürfe, daß er sich so und so verhalten müsse, daß er auf Reinlichkeit ebenso wie auf seine Ehre zu halten habe usw. Auch die religiösen Pflichten verwoben sich in meinem Falle mit den anderen Pflichten und wurden mir auf sanfte Weise auferlegt, so daß ich später – nachdem ich Kommunist geworden war – niemals die Achtung gegenüber den religiösen Gefühlen anderer Menschen verloren habe.

Đilas: Seit wann leben Ihre Čengići in Foča? **Erzählen** Sie uns, bitte, von Ihrem Vater, von seinem Rang, von Ihrer Mutter, dem Großvater, von Ihren Brüdern und Schwestern und ihrer Ausbildung, sowie von der Familie im weiteren Sinne – vielleicht ganz kurz, damit wir dann mit anderen Dingen fortfahren können.

Zulfikarpašić: Jede große Beg-Familie hatte ihr Herrenhaus, ihre Residenz. Der Sitz meiner Familie, der Čengić-Sippe, befand sich in Miljevina.

Đilas: In Miljevina leben Serben.

Zulfikarpašić: Nicht nur Serben, es gibt Muslime, die in Miljevina immer in der Mehrheit waren. Noch im Jahre 1991 machten Muslime rund 55 Prozent der dortigen Bevölkerung aus. Alle Serben dort waren Leibeigene meiner Familie. Dies gilt für die Elez, Čančar, Marić und andere. Man pflegte in der nahegelegenen Stadt auch ein Haus zu besitzen, wo man überwinterte. Und somit waren die Begs von Miljevina auch in Foča ansässig. In Foča besaßen wir mehrere Häuser, ich könnte sie nicht alle beschreiben, und ich weiß auch nicht, wie sie in Besitz meiner Familie gelangten und wozu sie dienten.

Ich weiß, daß sich im Zentrum der Statdt ein großer Konak (Palast) befand, in dem früher einmal die Residenz von Zulfikar-Pascha war, nicht sein Wohnhaus, sondern sein Amt mit den dazugehörigen Amtsräumen. Dann hatten wir noch ein geräumiges Haus, das besonders schön gelegen war, man hatte den Blick auf ganzes Foča, auf Donje Polje. Dieses Haus hatte sechzehn Zimmer. Es bestand aus zwei Teilen: einem Konak, einem nur für Männer reservierten Teil, wo mein Vater freitags seine Besucher empfing, und aus einem anderen Teil, in dem die Familie lebte. Es gab dort zwei Höfe, einen für Frauen und einen für Männer, daneben Remisen für die Kutschen und einen Garten. Neben dem Hof für Frauen erstreckte sich noch eine weite Fläche, umgeben von einer Mauer, dort leuchtete alles grün wie in einem Blumenhaus; auch hier war eine Küche, der sogenannte Mutvak, unsere Sommerküche, die nur zu dieser Jahreszeit benutzt wurde. Im Sommer pflegte mein Vater dort zu sitzen und seinen Nachmittagskaffee zu trinken. Seit eh und je war dort auch ein Pferdestall für Jagdpferde – mein Vater war nämlich Jäger – sowie ein Zwinger nur für Jagdhunde. Bei uns war es nicht Sitte, die Hunde in den Hof oder ins Haus zu lassen, doch die Jagdhunde liebte man sehr und verwöhnte sie. Als mein Vater im Jahre 1936 starb, war er einhundertvier Jahre alt, wie einige sagten, andere gaben ihm nur hundertzwei Jahre, in jedem Fall war er über hundert Jahre alt. Ich war damals fünfzehn.

Die Mutter – eine Nachfahrin von Bećir-Pascha

Als mein Vater in seinen späten Achtzigern zum letzten Mal heiratete – er heiratete insgesamt viermal – war meine Mutter achtzehn Jahre alt. Meine Mutter war aus Rataji und stammte von Čengić-Beg ab, einem direkten Nachkommen Bećir-Paschas. Meine Mutter war eine gebildete Frau. Sie sprach auch etwas Türkisch, in ihrer Kindheit hatte sie Privatlehrer, wie das bei den Beg-Familien üblich war, und ich habe von ihr viele lehrreiche Dinge erfahren. Natürlich unterschied sich ihre Ausbildung von jener im Westen. Man hatte damals Religionslehrer, Lehrer für gutes Benehmen, für Allgemeinbildung usw. Eine Erziehung in dieser Art erhielt in ihrer Kindheit auch meine Mutter. Sie erzählte mir, daß in jedem Jahr Lehrer aus Istanbul jeweils für ein paar Monate ins Haus kamen, um sie zu unterrichten. Ich habe diesen Unterricht niemals analysiert, ob man an die einzelnen Fächer systematisch heranging, wie man dies in Europa tat, doch in jedem Fall war meine Mutter dem Benehmen und den Kenntnissen nach eine sehr gebildete, vernünftige, intelligente Frau, die vieles wußte, und von der man mancherlei lernen konnte. Ich konnte das gut beurteilen, denn ich habe sie noch als reifer Mann erlebt, da sie erst nach dem Zweiten Weltkrieg starb.

Mein Vater besaß eine große Bibliothek mit Büchern in arabischer, türkischer und unserer Sprache. Er las regelmäßig Zeitungen, als er sehr alt war, mußte ich sie ihm laut vorlesen. Ich erinnere mich an die Reportagen aus dem Spanischen Bürgerkrieg, ich las sie laut vor und machte mich so mit diesen Problemen bereits als Kind vertraut. In jenen Jahren gelangte ich auch zu meinen ersten „kindlichen" Erkenntnissen auf der politischen Ebene. Hitler tauchte damals auf und mein Vater bekundete große Verachtung für ihn, allein weil er enge Kontakte zur deutschen und österreichischen Aristokratie unterhielt. Für ihn war er ein „Anstreicher". Er hielt Hitler nicht für qualifiziert, ein Land wie Deutschland mit politischer Tradition und einer Aristokratie zu führen. Ich erinnere mich noch gut an einen Besuch des Grafen von Hessen, der meinen Vater zur Jagd aufzusuchen pflegte. Er fragte ihn: „Husein-Beg, wann kommst du nach Deutschland." Er antwortete: „Wenn Hitler weg ist." Ich erinnere mich daran. Mein Vater war für mich eine faszinierende Persönlichkeit, zu der ich blindes Vertrauen hatte, und folglich hatte ich schon als Kind begriffen, daß dieser Hitler ein großes Übel sein mußte.

Das Land gehörte den Bosniaken

Mein Vater mochte Spaho[22] nicht, aus dem einfachen Grunde, daß er glaubte, er sei mitschuldig an der Agrarreform oder habe zumindest nichts zu ihrer Verhinderung getan. Heute halte ich das Urteil meines Vaters für ungerecht. Spaho konnte nicht viel tun, um die Agrarreform zu verhindern. Mein Vater gehörte zum Verband der früheren Großgrundbesitzer, diese Vereinigung forderte die Korrektur der durch die Agrarreform verursachten Ungesetzlichkeiten sowie eine gerechte Bezahlung

---

[22] Mehmed Spaho 1883–1939, Präsident der *Jugoslawischen Muslimischen Organisation*, mehrfach Minister im Jugoslawien der Zwischenkriegszeit.

des Bodens. Bevor die Agrarreform in Kraft trat, war der Besitz meines Vaters gleichbedeutend mit ungeheurem Reichtum. Die Gegend um Sokolac bei Sarajevo gehörte uns, ferner Miljevina, Kapeš, weite Regionen um Srebrenica und Wälder um Foča. Dieser Besitz wird auch heute noch als das Land des Begs bezeichnet und gehört zu einem der schönsten Jagdreviere Bosniens. Uns gehört auch der von der Firma „Varda" – später „Maglić" – ausgebeutete Wald. Als ich 1990 nach vielen Jahren zurückkehrte, erfuhr ich, daß dieser Wald nicht durch die Agrarreform weggenommen wurde, was sehr interessant ist. Die Kommunisten glaubten, ihre Macht werde ewige Zeiten dauern, so daß für diesen großen Komplex lediglich die Expropriierung durchgeführt wurde. Und folglich erhielt ich jenen Teil zurück, von dem ich in Sarajevo beweisen konnte, daß er mir gehörte. Der Wald war auf unseren Namen eingetragen, und da ich durch Testament zum einzigen Erben meines Vaters geworden war, schlug die Firma „Maglić" ein Arrangement vor: Ich sollte auf Schadenersatz verzichten, nachdem ja der Wald 40 Jahre lang von der Firma ausgebeutet worden war; dafür würde ich 50 Prozent der Aktien der Firma und all ihrer technischen Ausrüstung bekommen. Ich wollte sie modernisieren, ein großes Unternehmen aus ihr machen, das den Wald auch in Zukunft industriell ausbeuten würde. Bereits zu Zeiten des alten Jugoslawien nahmen wir Kontakte zu italienischen Geschäftsleuten auf. Italiener kauften bei uns Holz, da unser Wald an Ahorn und teurem und seltenen Edel-Ahorn reich war. Alles im allem handelt es handelt sich dabei um Privatwälder und ich habe einen großen Besitzanteil.

Đilas: „Maglić"?

Zulfikarpašić: Ja, „Maglić". Wir hatten große Wälder bei Zelengora und Ravna Gora. Auf meinem Land wurde jenes Denkmal errichtet und das Hotel in Tjentište. Das ist mein Privatbesitz. Sie waren bestimmt schon mal dort.

Đilas: Das ist wirklich ein schönes Motiv aus verrückten Zeiten.

Zulfikarpašić: Die Landschaft ist wunderbar, es gibt dort sehr viele wunderschöne Jagdreviere, für Gemsen, zum Beispiel. Wir in Foča gingen dort seit eh und je auf die Jagd, da sich dort in der Nähe unsere Häuser befanden: Zagorje, Miljevina, Rataji. Jahrhundertelang befand sich die Residenz des Čengić-Beg in Foča. Das war ein Zweig, den mein Vater beerbt hatte. Er besaß mehrere Jagdhäuser am Ravna Gora. Ein Bruder meines Vaters, Sulejman-Beg, hatte in Foča mehrere Häuser. Er war ebenfalls eine angesehene Persönlichkeit. Ich kann mich aber kaum an ihn erinnern, da ich erst sechs oder sieben Jahre alt war, als er starb.

Nadežda: Kehren wir jetzt wiederum zu Ihrem Vater zurück. Welche politische Anschauungen und Interessen vertrat er?

Zulfikarpašić: Mein Vater war an die 25 Jahre lang – zu Zeiten Österreich-Ungarns und danach Jugoslawiens – Bürgermeister von Foča. Er war Mitglied des bosnischen Parlaments, wie auch der Vakuf-Versammlung. Während des österreichischungarischen Einmarsches beteiligte er sich am bewaffneten Widerstand – auch Cerović berichtete davon. Das ist Ihnen wahrscheinlich nicht unbekannt, da anläßlich seines Todes alle jugoslawischen Zeitungen darüber berichteten. Die „Politika", die Zagreber „Jutarnji list" und andere brachten Artikel mit seinen Fotografien, und beschrieben, wie er als junger Mann am Kampf gegen Österreich-Ungarn beteiligt war, wie er zusammen mit dem Mufti Šemsekadić[23] aus Pljevlje gegen die Okkupation kämpfte und in Srebrenica für den Kampf auch Leibeigene anwarb.

Während der österreichisch-ungarischen Herrschaft stand er Firdus[24] politisch nicht nahe, obwohl er mit ihm befreundet war, er gehörte vielmehr zu der kleineren Gruppe von Menschen, die auf die Gefahren aufmerksam machten, die sich aus der Politik Serbiens gegenüber Bosnien ergaben. Während Firdus die Partei von Šerif Arnautović und Mustaj-Beg Fadilpašić[25] ergriff, die in bezug auf Österreich die Ideen von Džabić[26] verfolgten und später auch die Zusammenarbeit mit den Serben aufnahmen, vertrat mein Vater, der an der Grenze Bosnien-Herzegowinas zu Montenegro und Serbien lebte, andere politische Anschauungen. Er kämpfte gegen Österreich-Ungarn, um so die türkische Verwaltung in Bosnien zu bewahren und nicht, um sich von ihr zu befreien. Für ihn bedeutete die Invasion Österreich-Ungarns das Eindringen eines fremden Elements in seine Heimat. Wäre der Vertrag von San Stefano in Kraft geblieben und hätte es nicht den Berliner Kongreß gegeben, hätte Montenegro den größten Teil, wenn nicht sogar die ganze Herzegowina erobert. Und wenn Serbien Bosnien erobert hätte, so hätte das nach Meinung meines Vaters das Ende der Muslime in Bosnien-Herzegowina bedeutet, da damals noch immer nach dem Gesetz „cuius regio illius religio"[27] regiert wurde. Unter dieser Parole wurde Serbien von Muslimen und jenen Serben gesäubert, die sich zum Islam bekehrt hatten. In Užice und in Valjevo stellten Muslime, d.h. Serben islamischen

---

[23] Mehmed Efendi Šemsekadić (1827–1887), Mufti von Pljevlje, angesehener Führer des Aufstandes gegen die Okkupation Bosniens durch Österreich-Ungarn 1878 und Kommandant der Bosniakentruppen, bewies große strategische Fähigkeiten in Kämpfen mit österreichischen Truppen. Er starb in Istanbul, wo er seit der Okkupation als Gast des Sultans lebte.

[24] Ali-Beg Firdus (1864–1910), seit 1907 Führer der Bewegung für konfessionelle und Bildungsautonomie der Muslime und Präsident des Exekutivausschusses der Volksorganisation – der ersten muslimischen politischen Partei.

[25] Mustaj-Beg Fadilpašić (?-1912), einer der Führer der Bewegung für die konfessionelle und Bildungsautonomie der Muslime, Abgeordneter im Landesparlament und erster Präsident der Muslimischen Zentralbank.

[26] Ali Fehmi Efendi Džabić (1853–1918), Mufti von Mostar, seit 1899 Gründer und Führer der Bewegung für die Religions- und Bildungsautonomie der Muslime. Verfechter eines radikaleren Kampfes gegen die österreichisch-ungarische Verwaltung. Er reiste 1903 an der Spitze einer muslimischen Delegation nach Istanbul, die Rückkehr nach Bosnien wurde ihm von den österreichisch-ungarischen Behörden verweigert. Er veröffentlichte mehrere wissenschaftliche Werke, die als Meisterwerke der arabisch-islamischen Literaturtheorie betrachtet werden.

[27] Lateinischer Spruch: Wessen Land, dessen Religion.

Glaubens die Mehrheit dar. In Verhandlungen zwischen der Türkei und Serbien wurden sie zu Türken erklärt und mußten auswandern. Sie zogen nach Bosnien. Es gibt Hunderte von Familien in Tuzla, Šamac, Sarajevo und Foča, die aus Užice zugewandert sind – serbischsprachige Muslime. Es wiederholte sich dieselbe Geschichte, die sich vorher schon in Slawonien und in der Lika abgespielt hatte. Die Lika war zu 65 Prozent ein muslimisches Land. Als diese Region unter österreichisch-ungarische Herrschaft geriet, wurden die Muslime teilweise vertrieben, teilweise zum Katholizismus bekehrt. Bekannt ist der Priester Mesić, der in der Lika die Zwangsbekehrung zum Katholizismus leitete. Dies geschah auch anderswo. Mein Vater machte sich keine Illusionen darüber und meinte, daß die Muslime sehr nahe an ihrem unvermeidlichen physischen Ende gewesen wären, hätte die österreichisch-ungarische Okkupation nicht stattgefunden.

Obwohl er ein erbitterter Gegner der österreichischen Okkupation Bosniens war, sah er sehr rasch ein, daß die Türkei keine Alternative zu Österreich mehr bedeuten konnte, da sie endgültig verdrängt worden war. Die Gefahr sah er in Serbien und Montenegro, hinter denen Russland steckte; sie unternahmen alles, um Österreich aus diesen Gebieten zu verdrängen, was für die Bosniaken nur schlecht sein konnte.

„Der kranke Mann am Bosporus"

Mein Vater gehörte zu einer politischen Strömung, zu einer Elite, die gegen eine Annäherung an die Serben, gegen die Annäherung an das christlich-orthodoxe Element war und sich derartigen Bestrebungen widersetzte. Durch den Kampf um die Autonomie in Österreich-Ungarn kamen sich Serben und Bosniaken näher. Die Serben wollten die Agrarreform aus taktischen Gründen nicht verwirklichen, vielmehr gingen sie ein Bündnis mit den Bosniaken ein, bei denen sie noch kurz vor der Annexion Illusionen im Hinblick auf den Berliner Kongreß weckten und sie glauben machen wollten, der Sultan sei noch immer oberster Herrscher in Bosnien. Die politische Strömung, zu der auch mein Vater gehörte, war anderer Meinung. Diese Männer wußten, daß es für Bosnien nicht gut wäre, sich an die Türkei zu binden, deren Tage bereits gezählt waren. Hätten wir uns an Österreich-Ungarn gebunden, dann hätten wir einen starken Verbündeten gehabt, um die Emanzipation unseres Volkes auf der europäischen Bühne zu verwirklichen. Mein Vater trat später dafür ein, sich nicht länger auf die Türkei zu stützen – wozu uns die serbischen Politiker überreden wollten – zumal sie ja zum „kranken Mann am Bosporus" geworden war. Er trat dafür ein, daß wir uns auf Österreich-Ungarn stützten, um so die Zusammenarbeit zu entwickeln, die Agrarreform durchzuführen und den Eintritt ins Industriezeitalter zu schaffen. Zu Zeiten Österreich-Ungarns errichtete er in Foča ein großes Werk zur industriellen Nutzung des Waldes. Er betrachtete die Situation auf seine Weise. Meine Mutter war eine der ersten Frauen in Bosnien, die ihr Gesicht nicht verschleierte. Als Reis-ul-ulema war Džemaludin Efendi Čauševič[28] nach Bosnien gekommen; er war in der Cazinska Krajina geboren, hatte in der Türkei die höchsten Schulen absolviert hatte und interpretierte den Islam sehr modern, in seinem authentischen Geist, orientiert an sehr fortschrittlichen Ideen.

Im Gespräch mit meinem Vater sagte er einmal, der Koran schreibe den Frauen die Verschleierung ihres Gesichts überhaupt nicht vor, der Koran verlange von den Frauen nur ein dezentes Auftreten in der Öffentlichkeit; so sei es Vorschrift, daß die Frauen ihr Haar und ihre Scham bedeckten, keinesfalls jedoch ihr Gesicht. Und mein Vater empfahl meiner Mutter noch zur österreichisch-ungarischen Zeit, den Schleier abzulegen, und nach und nach folgten die übrigen Frauen in der Familie diesem Beispiel.

Den Sommer pflegten wir in Miljevina zu verbringen. Wir freuten uns sehr darüber, dort konnten wir reiten und auf die Jagd gehen. Diese schönsten Zeiten, um sie einmal so zu bezeichnen, als meine Familie große Landgüter besaß, habe ich nicht bewußt erlebt. Das Herrenhaus Miljevina gehörte zum Begluk und es war unser, bis es mein Vater verkauft hat. Das also ist die Geschichte meiner Familie in Foča, und da Zulfikar-Pascha in Foča Muteselim (Stellvertreter des Pascha) war und dort seinen Amtssitz mit den dazugehörigen Diensträumen hatte, war der ständige Wohnsitz meiner Familie jahrhundertelang in Foča.

Đilas: Wieviele Kinder hatte ihre Mutter?

Zulfikarpašić: Ich hatte einen Bruder, Sabrija, der von den Tschetniks ermordet wurde, und sechs Schwestern. Zwischen mir und meinem ältesten Halbbruder Alija gab es einen Altersunterschied von 55 Jahren. Sein Enkel wurde geboren, als er in Istanbul lebte, denn aus Protest gegen die Annexion Bosnien-Herzegowinas war er in die Türkei ausgewandert. Dieser Bruder schickte 1921 meinem Vater ein Telegramm „Gratuliere zum Enkelkind" – es war das erste Enkelkind meines Vaters – da damals aber gerade auch ich geboren worden war, telegraphierte mein Vater zurück: „Gratuliere zum Bruder". Mein Bruder trug einen Bart, ich ging mit ihm, – als ich fünf oder sechs Jahre alt war – in Sarajevo spazieren. Er war sehr stolz, als er auf die Frage, ob ich sein Enkel sei, antworten konnte: „Aber nein, er ist mein Bruder."

---

[28] Džemaludin Efendi Čaušević (1870–1938), islamischer Gelehrter, Theologe und Jurist. Reis-ul-ulema (oberster religiöser Führer der Muslime) von 1913 bis 1930. Die höchste religiöse Autorität in Bosnien in den letzten zwei Jahrhunderten. Großer Reformator, seine Anschauungen waren jenen von Afgani und Abdul nahe. Seine Anschauungen gelten unter dem muslimischen Klerus in Bosnien nach wie vor als Religionsquelle. Verfasser von hunderten von theologischen Werken. Zusammen mit Hafes Muhamed Pandža übersetzte er den Koran ins Bosniakische. Er war mutig und tapfer im Kampf mit den jugoslawischen Behörden, wenn es darum ging, die Rechte der Muslime zu verteidigen. Aus Protest gegen die Abschaffung der konfessionellen und Bildungsautonomie wollte er 1930 die Wiederwahl zum Reis-ul-ulema nicht akzeptieren.

Mein Vater hat viermal geheiratet. Er hatte nie zwei Frauen gleichzeitig, er ließ sich auch nie scheiden. Drei Frauen sind ihm gestorben. Meine Mutter überlebte ihn volle zwanzig Jahre.

Seine Söhne waren: Alija und Hilmo, die in die Türkei auswanderten und wieder den Familiennamen Akkoyunlu annahmen, ferner Ibrahim, Hassan, Hivzo, Hamdija, Sabrija und Adil. Die Töchter hießen: Arfa, Fatima, Haša, Zumruta, Hasiba, Hajrija, Hamijeta, Fahra und Šefika.

Bei uns zu Hause durfte man das Zimmer meines Vaters niemals ohne Erlaubnis betreten; das galt für die Kinder wie für alle anderen. Wurde man in sein Zimmer gerufen, blieb man an der Tür stehen, dann erhielt man vom Vater einen Auftrag oder man durfte ihm eine Mitteilung. machen. Am Ende des Gesprächs mußte man um Erlaubnis bitten, das Zimmer verlassen zu dürfen. Keiner seiner Söhne kam je auf die Idee, sich auf die Couch neben den Vater zu setzen, es sei denn, er wurde dazu aufgefordert, was nicht häufig geschah.

Ich kann mich erinnern – damals war ich noch ein Kind – daß meine ältesten Brüder, Alija und Hilmo – letzterer war Arzt und Professor in Istanbul, und beide waren damals fast sechzig Jahre alt – nie ins Zimmer meines Vaters gingen, wenn sie am Abend angereist waren, sondern daß sie immer den Morgen abwarteten. So war es Sitte. Am Morgen klopfte ein Diener an die Zimmertür des Hausherren und sagte ihm, der und der sei gekommen. Der Bruder stand vor der Tür und wartete, manchmal ließ ihn mein Vater auch eine geschlagene halbe Stunde vor der Tür stehen, was ich als sehr peinlich empfand. Erst dann durfte er das Zimmer betreten. Zunächst wurden meinem Vater die Grüße von jedem einzelnen Familienmitglied und Freund namentlich überbracht, erst dann durfte man Platz nehmen.

Đilas: Ich habe Photographien Ihrer Schwestern gesehen, sie waren nach der Pariser Mode gekleidet, sie waren bezaubernd, um nicht zu sagen kokett, sie waren wunderhübsch. Auch sie pflegten ihr Gesicht nicht zu verschleiern, nicht wahr?

Zulfikarpašić: Nein. Um jene Zeit ging auch meine Mutter nicht mehr verschleiert. Sie trug einen schwarzen Seidenmantel und eine Haube mit Schleier, mit dem sie aber nie ihr Gesicht bedeckte. Auf der Straße hatte sie stets Handschuhe an. Als wir zusammen mit meinem Vater ins Ausland reisten, nach Karlsbad und Bad Gastein, nahmen wir einen Salonwagen, und auch damals ging meine Mutter nie verschleiert.

Đilas: Das bedeutet, daß Ihre Familie im europäischen Sinne des Wortes emanzipierter war als andere, um diesen Begriff einmal zu benutzen. Allem Anschein nach befand sich Ihre Familie zur Zeit Ihrer Jugend in einer Übergangsphase von einer patriarchalischen zu einer modernen Familie.

Zulfikarpašić: Ich glaube, daß mein Vater sehr traditionell im bosnischen Geist erzogen war. Er pflegte niemanden zu siezen, gemäß den türkischen und bosnischen Regeln des guten Benehmens redete er jeden mit „du" an.

Es war dies eine Symbiose des Modernen mit dem Traditionellen, wie ich es auch in Japan beobachtet habe, wo bestimmte Gesellschaftskreise eine sehr moderne Lebensweise pflegen und sich gleichzeitig streng an die Tradition halten. So kommt zum Beispiel ein Bankdirektor in schwarzem Anzug und gestärktem weißen Hemd nach Hause, zieht den Kimono an und nimmt das Abendessen nach altem Brauch auf dem Boden sitzend zu sich. Das hat mich an die Lebensweise in meiner Familie erinnert. In meiner Familie lebte man streng nach den traditionellen Prinzipien, doch hielt man sich nicht an jene überkommenen Bräuche, die nicht länger im Einklang mit der Zeit und mit der Gesellschaft standen. Sehen Sie, meine Brüder Alija und Hilmo hatten in Wien studiert, und zwar zu Zeiten Österreich-Ungarns. Meine Mutter verschleierte sich nicht, meine Schwestern verschleierten sich nicht, wir lernten den Koran zu Hause, wir erhielten Religionsunterricht, wir beteten zu Gott und ernährten uns gemäß den moslemischen Speisegesetzen. Wenn mein Vater aber einen Empfang gab, wurden die Speisen je nach den Gästen entweder „a la franca" oder „a la turca" serviert. Auf jeden Fall muß gesagt werden, daß mein Vater emanzipiert war, ein liberaler Moslem, der die religiösen Bräuche streng einhielt. Allerdings sah er die Verschleierung der Frauen nicht als religiöses Gebot an. Und darum ging es ihm.

Đilas: Das steht auch nicht im Koran.

Zulfikarpašić: Natürlich nicht. Reis Džemaludin Čaušević hat ihn davon überzeugt, daß sich Frauen nicht verschleiern müssen, und er hat das akzeptiert.

Đilas: Nach dem Krieg sagten uns eure Geistlichen aus der Ulema-medžlis[29] der Koran schreibe den Frauen nicht vor, ihr Gesicht zu verschleiern.

Zulfikarpašić: Tut er auch nicht. Ich muß nun ein bißchen von unserem Thema abweichen. Ältester Brauch und heilige Pflicht im Islam ist die Reise nach Mekka, die noch zu Lebzeiten Mohammeds als Gebot etabliert wurde. Da der Hadsch jedes Jahr stattfindet, sind Gewohnheiten und Bekleidung bis heute dieselben geblieben. Man weiß, daß die Frauen in Mekka ihr Gesicht nicht bedecken, sondern eingehüllt in ein weißes Tuch an der Zeremonie teilnehmen. Hätten sich die Frauen in der Öffentlichkeit stets verschleiert, so würden sie es auch dort tun, vor Gott, an dem erhabensten Platz, den der Islam kennt. Dort aber waren die Frauen stets unverschleiert, und so ist es geblieben. Ich habe bereits erwähnt, daß der Islam den Frauen lediglich dezente Kleidung vorschreibt. Auch wird deutlich gesagt, welche Körperteile bedeckt sein müssen. Der Moslem, zum Beispiel, kann am Gebet teilnehmen, wenn er seinen Unterkörper in ein weißes Tuch gehüllt hat, die Frau hingegen muß auch ihre Brust, ihr Haar und – wie es heißt – ihre Scham bedecken. Wie man sich vor Gott zeigt, so darf man auch vor den Leuten auftreten. Eine Reihe von Moslems hielt sich daran und galt in Europa als emanzipiert. Nach dem Krieg hat mich gestört, in welchem Ausmaß und auf welche Weise die Partisanenbehör-

---

[29] höchstes Organ der islamischen Geistlichkeit in Sarajevo

den an das Problem herangingen: Der Fes als Kopfbedeckung der Männer wurde verboten, den Frauen riß man mit Gewalt den Schleier vom Gesicht. Ob es nun um religiöse oder traditionelle Bräuche geht, die Frage der Kleidung darf niemals Gegenstand staatlicher Gesetze und Repression, sondern muß Ausdruck des freien Willens der Menschen sein.

Nadežda: Ihr Vater hatte offenkundig einen großen Einfluß auf Sie, und zwar mehr als Mensch, nicht so sehr als Familienoberhaupt. Ich weiß, daß es nicht leicht ist, aus einer komplexen Beziehungen das Charakteristischste auszusondern. Dennoch möchte ich Sie bitten, daß Sie einmal versuchen, zu sagen, was entscheidend und wesentlich für diese Vater-Sohn-Beziehung war.

Zulfikarpašić: Sehen Sie, ich glaube, daß jeder Mensch in seinem Leben jemanden hat, der ihm am allerwichtigsten ist. Die faszinierendste Persönlichkeit in meinem Leben war mein Vater. Ich habe sehr viel über die Zeit nachgedacht, in der ich Kommunist gewesen bin. In der kommunistischen Partei war nämlich ein Element dieses Führungsstils präsent – der Personenkult wurde bis zum äußersten Extrem entwickelt. Können Sie sich zum Beispiel vorstellen, was in meiner Jugend Stalin für mich und meine Altersgenossen bedeutete? Damals war ich der Bewegung und der Idee vollkommen ergeben, ich empfand aber nie eine derartige Ergebenheit gegenüber einer Person, das war mir fremd, vielleicht deswegen, weil mein Vater niemanden als besser oder schlechter als sich selbst betrachtete. Ich wurde in diesem Geist erzogen, für mich war mein Vater die faszinierendste Persönlichkeit. Ich liebte und achtete ihn sehr. Ich hatte einen Nachbarn, Hadživuković, einen guten Freund, der von den Ustasche getötet wurde. Als wir Kinder waren, stahl er seinem Vater Zigaretten, das Wort „stehlen" war mir so gut wie unbekannt, da bei uns zu Hause nichts versteckt oder verschlossen wurde. Ich fragte diesen Freund, woher er die Zigaretten habe, er sagte: „Ich habe sie meinem Vater gestohlen. Kannst du das auch?" „Selbstverständlich", sagte ich. Im Korridor hatten wir eine Hauskasse, ich zog ein Säckchen mit Silbermünzen heraus und wir, vielleicht fünfzehn Kinder, kauften für dieses Geld Orangen, Süßigkeiten und manches andere, bis wir 100 Dinar ausgegeben hatten. Danach gingen wir an die Drina und begannen, die Münzen flach auf das Wasser zu werfen, so daß sie bis ans andere Ufer tanzten, wo ärmliche Kinder um sie zu raufen begannen. Irgendwann kam Omer-Beg Čengić, der Chef des Postamts, vorbei, er rief Žižas Vater, Milan Hadživuković an und sagte: „Hör mal, dein Sohn wirft 20-Dinar-Stücke ins Wasser." Als Hadživuković am Abend nach Hause kam, fragte ihn der Vater: „Woher hast du das Geld?" Er sagte: „Von Adil!" Er ging gleich zu meinem Vater und mein Vater rief mich zu sich ins Zimmer und sagte ernst: „Weiß du, es ist etwas passiert. Jemand hat allem Anschein nach Geld hier herausgenommen, ohne zu fragen. Wer könnte das sein, vielleicht deine Schwester?" Meine Schwester beteuerte ihre Unschuld, sie sagte, alles stünde offen und sei frei zugänglich, sie aber brauche dieses Geld nicht. Die ganze Zeit hindurch dachte ich darüber nach, was ich tun sollte. Der Vater hatte mich gelehrt, stets die

Wahrheit zu sagen, doch jetzt sah ich ein, daß ich etwas getan hatte, was nicht gut war. Während er so sprach, dachte ich nach, was ich tun sollte. Endlich sagte ich: „Ich habe das Geld genommen". „Ah," sagte er, „du hast es genommen. Warum hast du das getan, alles gehört sowieso dir, doch zum Wegwerfen ist nichts davon bestimmt." Ich war beschämt und ärgerte mich über den Nachbarjungen, meinen Freund, der mich dazu überredet hatte.

Das war die Methode, mit der mir mein Vater zeigte, was schlecht war und was man nicht tun sollte, ohne mich zu bestrafen. Er analysierte vielmehr, weshalb ich etwas getan hatte, und führte dann den Beweis, daß ich so etwas nicht tun durfte. Das war seine Erziehungsmethode, und ich habe viel von ihm gelernt. Ich erinnere mich gut an Kleinigkeiten. Er saß lesend oder schreibend, ich kam zu ihm und blickte ihm über die Schulter, er sagte: „Du darfst nie so nahe an jemand herantreten, daß du lesen kannst, was er schreibt. Das gehört sich nicht." Diese für den Alltag bestimmten Verhaltensregeln lernte ich von ihm, und ich habe sie nie vergessen.

Đilas: Sie lernten Ethik von ihm, und die Ethik ist die höchste Weisheit.

Zulfikarpašić: Ja, er hat es an mich weitergegeben. Ich erinnere mich an ein anderes Ereignis: Meine Schwester unterrichtete mich im Koran. Ich hatte einen Religionslehrer, aber bei uns wurde die Hatma (das laute Vorlesen des gesamten Korans) praktiziert; zum Schluß gab es eine kleine Feier. Man servierte Kuchen und Halva frisch aus dem Ofen, und die Atmosphäre war sehr feierlich, weil man soeben die Hatma beendet hatte. Zwei oder dreimal im Leben geschieht es, daß man den gesamten Koran laut vorliest: bei mir waren es sogar fünf Mal. Das eine Mal hatte ich es sehr eilig, ich wollte die Hatma so schnell wie möglich beenden, ja ich wollte sogar etwas überspringen, was natürlich verboten ist.

Meine Schwester hatte sich ihr Haar kurz schneiden lassen, und mein Vater wußte das nicht. Sie hatte Zöpfe, doch sie schnitt sie ab und band ein Kopftuch um, damit man das fehlende Haar nicht bemerken konnte. Ich sagte zu ihr: „Ich sage dem Vater, daß du dein Haar abgeschnitten hast, wenn du mich nicht behaupten läßt, daß ich fünf anstatt zwei Seiten vorgelesen habe." Sie tat etwas, ich weiß nicht mehr was, und ich sagte dem Vater, daß sie ihr Haar kurzgeschoren hatte. Er hörte mir zu und sagte: „Siehst du, es ist schlecht, daß du deine Schwester verrätst." Er verwies mich aus dem Zimmer. Er nahm nicht zur Kenntnis, was ich ihm erzählt hatte und er wollte mir dies auch zeigen. Die Schwester versteckte weiterhin ihr Haar und mein Vater fragte sie nie danach. Dies waren die Gründe, weshalb ich große Liebe für meinen Vater empfand und großes Vertrauen zu ihm hatte.

Als König Alexander in Marseilles ermordet worden war, kam ein gewisser Brajević des Weges, ein Montenegriner, eine Art Dichter, und sagte: „Kinder, weint, der König ist gestorben." Wir weinten. Ich kam weinend nach Hause. Mein Vater fragte mich: „Was hast du, warum weinst du?" Ich sagte: „Der König ist gestorben." „Du hast keinen König," sagte er, „er ist Schweinehändler. Du bist ein Zulfikarpašić, und er war nicht dein König, du mußt nicht um ihn weinen." Es war dies das erste Mal, daß ich von meinem Vater etwas Negatives über den Staat hörte. Nach einem islamischen Brauch, an den wir uns hielten, war man zum korrekten Verhalten gegenüber den Behörden verpflichtet. Ein Beg durfte keinen Konflikt auslösen, war kein Revolutionär.

Nadežda: In Ihrer Familie herrschten also patriarchalische Verhältnisse?

Zulfikarpašić: Ich bin in einer Kombination von religiöser und gleichzeitig patriotischer Erziehung aufgewachsen. In meiner Familie wie auch von den übrigen Hausbewohnern habe ich nie etwas Schlechtes über andere Menschen gehört. Als mein Vater mich zur Schule schickte, verbot er, mich physisch zu bestrafen. In Foča war es üblich, den Kindern auf die Finger zu hauen. Ich wurde nie geschlagen, erst später erfuhr ich, daß mein Vater in die Schule gegangen war, zum Dirketor und zum Lehrer, und sie entsprechend instruiert hatte.

Đilas: Waren Sie ein aufsässiges Kind?

Zulfikarpašić: Ja, ich war sehr aufsässig, und in meiner Familie galt ich als Hairsuz, ein Taugenichts, der ständig Probleme machte. Wenn ich zurückdenke, glaube ich aber, daß es nicht ganz so schlimm war.

Đilas: Auch bei mir lagen die Dinge ähnlich, ich wurde von allen geschlagen, weil ich so aufsässig war. Ich glaube, daß dies zu Unrecht geschah, daß man einfach übertrieb.

Zulfikarpašić: Vor ein paar Tagen traf ich einen Freund aus Kindertagen, er heißt Jokanović. Ich traf ihn im Ausland und er sagte zu mir: „Du hast mich einmal beinahe getötet!" „Wieso?" fragte ich. Er erzählte mir die Geschichte. Bei einem Spiel machte er einen Fehler und mußte ins „Gefängnis". Er erlitt beinahe einen Anfall von Klaustrophobie, als wir ihn auf meine Anordnung einsperrten. Ich kann mich nicht mehr daran erinnern. An etwas kann ich mich dennoch erinnern. Ich weiß, daß ich Probleme mit einigen meiner Lehrer hatte, ich war ein guter Schüler, aber ein aufsässiges Kind.

Nadežda: Ihre Bekannten aus jener Zeit sagen, daß sie schon immer eine starke Persönlichkeit waren und es verstanden, sich durchzusetzen. Man sprach von ihnen als von einem Mann, der die Leute um sich scharte. Man sagt, daß Sie schon als Kind eine Führernatur waren.

Zulfikarpašić: Als ich in Foča die Grundschule besuchte, habe ich tatsächlich einige ungewöhnliche Dinge getan. Die Schule wurde sowohl von muslimischen als auch von serbischen Kindern aus der Umgebung von Foča besucht. Es gab Kinder, die drei oder vier Kilometer zu Fuß gehen mußten, um zur Schule zu kommen und die zum Mittagessen nichts als ein Stück Brot mithatten. Ich brachte von zu Hause einen Kessel mit und sammelte bei verschiedenen Kaufleuten Nahrungsmittel, um ein Mittagessen zu kochen. Die Schule akzeptierte meine Idee. Ich kann mich nicht erinnnern, daß mir jemand diese Initiative suggeriert hätte, es hatte mir auch niemand gesagt, daß man etwas Ähnliches tun solle. Mit fünfzehn Jahre habe ich auch einige Feste organisiert. Dennoch glaube ich nicht, daß ich eine Art Führer war.

Es gibt auch entgegengesetzte Beispiele: Wir hatten einen Sportklub, wir waren die
Mannschaft aus der Stadtmitte, wo auch ich wohnte, und wir spielten gegen die
sehr armen Kinder aus Donje Polje. Wir hatten Fußballschuhe und Trainingsanzü-
ge, unsere Gegner waren barfuß und schossen zehn Tore gegen uns.
Meine Lehrerin war Fräulein Jeremić, eine Serbin. Sie wurde von meinem Vater
eingestellt, als er Bürgermeister war, und wahrscheinlich war es ihre erste Anstel-
lung. Bei der Erinnerung an sie wird mir warm ums Herz. Es gab auch einen gewissen Selimović, der uns in Gesang unterrichtete und mehrere Chöre leitete. Die
Schule war in einem schönen von Österreich-Ungarn gebauten Gebäude untergebracht. In Foča gibt es viele Häuser, die von Österreich errichtet wurden und einen
ziemlich hohen Standard aufwiesen. Die Klassenzimmer waren sauber und ordentlich.
Die Hauptschule besuchte ich ebenfalls in Foča und schon damals stand ich links.
Ich war Mitglied einer kommunistischen Jugendorganisation, die um jene Zeit entstand, wir hielten Treffen ab usw. Wegen Verbreitung von kommunistischer Litera-
tur und Flugblättern wurde ich der Schule verwiesen. Und so mußte ich meine
Hauptschulbildung in Rogatica fortsetzen. Kurz vor der kleinen Matura (mittleren
Reife) wurde ich zusammen mit weiteren zehn Schüler erneut von der Schule rele-
giert. Wir verloren auch das Recht, die Prüfungen in privatem Rahmen abzulegen.
Hamdija Šahinpašić, Abgeordneter der Organisation der Jugoslawischen Muslime
(JMO) aus Rogatica erreichte eine Annullierung der Strafe, und ich konnte meine
Ausbildung an der Handelsakademie in Sarajevo fortsetzen. Ich war damals bereits
politisch aktiv. Mehrmals wurde ich von der Schule verwiesen und ich besuchte
den Unterricht in Osijek und Banja Luka, am Ende mußte ich Privatprüfungen ablegen, da mir der weitere Besuch des Unterrichts an der Handelsakademie untersagt
wurde. Kurz vor dem Krieg schrieb ich mich 1940 an der Höheren Handelsschule
in Belgrad ein.
Đilas: Warum gingen Sie nach Belgrad und nicht nach Zagreb? Gab es dafür neben
praktischen, kommunikativen und materiellen Motiven auch einen besonderen
Grund? Zagreb hatte damals ausgezeichnete Handelsschulen, die besser als jene in
Belgrad waren.
Zulfikarpašić: Ohne Zweifel neigte ich als junger Mann mehr den Kroaten als den
Serben zu. Ich war in der Kroatischen Bauernpartei aktiv. Doch trotz alledem waren meine besten Freunde damals in Belgrad, viele meiner Kameraden aus Foča
waren dort, viele meine Freunde. Die meisten von ihnen studierten in Belgrad.
Zum Beispiel, Hamdija und Ismet Čengić, Tomo Vuković, Pavle Popović und
auch einige Verwandte. Einige von ihnen waren linksorientiert, Popović war bereits Parteimitglied, wegen Fraktionismus wurde er später aus der Partei ausgeschlossen. Etwas muß ich sagen: Die Belgrader Universität war, was die Aktivität
der Linken angeht, bedeutend wichtiger als die Zagreber, und das war für mich
ausschlaggebend. Ich war damals bereits Kommunist. Ich denke, es war eine inter-

essante Angelegenheit, wie ich den Zugang zum Kommunismus fand. Eine Gruppe von Kommunisten saß in Mitrovica im Gefängnis – Sie wissen das wohl besser als ich – und als sie entlassen wurden, erhielten sie von der Partei unter anderem den Auftrag, neue Mitglieder aufzunehmen und die Organisation wiederaufzubauen. Und so geschah es, daß Ramiz Sladić, der im Gefängnis von Mitrovica mehrere Jahre verbüßt hatte, nach Foča kam. Von ihm gibt es ein Portrait, das Moša Pijade[30] im Gefängnis angefertigt hat. Ich glaube, daß Ramiz aus Foča stammte. Er war Gewerkschaftler, Kommunist und Parteimitglied seit 1931 oder 1932, ich kann mich nicht mehr genau erinnern. Als er aus dem Gefängnis entlassen wurde, bekam er die Auflage, die Stadt Foča nicht zu verlassen. Er nahm mich in die Partei auf.

Đilas: Ja, ich weiß. An den Namen erinnere ich mich und ich glaube auch an die Person.

Zulfikarpašić: Obwohl ich damals von Ramiz Sladić in die Partei aufgenommen worden war, stellte später, als ich für Krleža[31] Partei ergriff, Hasan Brkić[32] meine Parteizugehörigkeit in Frage und behauptete, dieser Beitritt sei ungültig, da Sladić kein Recht gehabt habe, mich in die Partei aufzunehmen. Der Bewegung habe ich mich sehr früh angeschlossen, viele meine Freunde waren im Bund der Kommunistischen Jugend Jugoslawiens, während ich Ende des Jahres 1938 zum Parteimitglied wurde. Ich war siebzehn Jahre alt und zusammen mit Ramiz Sladić organisierte ich die erste Parteizelle in Foča.

Er lehrte mich Disziplin und konspiratives Verhalten. Zu jener Zeit waren das die elementarsten Fähigkeiten, die ein Parteimitglied besitzen mußte. Als er zum Beispiel ein Treffen in Ustikolina mit mir vereinbarte, mußte ich dorthin radeln und durfte keineswegs den Zug nehmen, weil er es so festgelegt hatte. Wurde zwischen uns ein Treffen am Mittwoch um drei Uhr vereinbart, durfte ich keine zwei Minuten zu spät kommen, dies hätte nämlich bedeutet, daß ich Probleme hatte, und das Treffen wäre automatisch um einen Tag verschoben worden. Die Pünktlichkeit, die ich zunächst bei meinem Vater gelernt hatte und die später auch in der Bewegung

---

[30] Moša Pijade (1890–1957), Politiker, Maler und Publizist. Zwischen den Weltkriegen wurde er als Mitglied der Kommunistischen Partei verhaftet und mehrfach zu längeren Gefängnisstrafen verurteilt. Nach dem Zweiten Weltkrieg hatte er eine Reihe von hohen Ämtern inne. Unter anderem: Parlamentspräsident und Vizeministerpräsident Jugoslawiens.

[31] Miroslav Krleža (1893–1881), wichtigster kroatischer Schriftsteller, Redakteur bei mehreren Zeitschriften, Chefredakteur der Enzyklopädie Jugoslawiens, jahrzehntelang an der Spitze der Jugoslawischen Lexikographischen Anstalt. Verfasste mehrere Romane, Dramen, Essays, Erzählungen, Gedichtsammlungen usw. (Die wichtigsten Werke: Der kroatische Gott Mars, Der Glembay-Zyklus, Kraljevo, Petrica Kerempuh, Fahnen, usw.).

[32] Hasan Brkić (1913–1965), kommunistischer Führer, einer der Organisatoren des antifaschistischen Aufstandes. Nach dem Zweiten Weltkrieg hatte er in Bosnien mehrere wichtige politische Posten inne.

wichtig war, machte ich zum Bestandteil meines Wesens, und sie hat mir in meinem
weiteren Leben sehr geholfen. In der Schweiz, wo ich lebe, lachen sogar die Schweizer über meine Pünktlichkeit: „Es ist zehn Uhr, Zulfikarpašić ist an der Tür," – Und
tatsächlich, da bin ich, Punkt zehn, keine Minute später, keine Minute früher.
Wenn ich im Auftrag der Partei nach Sarajevo reisen mußte, hatte ich dort immer
einen Kontaktmann. So lernte ich alle dortigen Aktivisten kennen: Ferid Čengić,
Boriša Kovačević, Avdo Humo[33] und andere, niemand stellte meine Parteimitgliedschaft in Frage, bis es zur „Pečat-Affäre" kam. Dann aber wurde eine wahre He-
xenjagd veranstaltet, es kam zu Fraktionskämpfen, Trotzkisten traten in Erscheinung usw. Ich erinnere mich an einen Freund, Šoća, der meiner Meinung nach alles
andere als ein ein Trotzkist war. Über Nacht aber erhielt er von der Partei diesen
Stempel und wir die Direktive, ihn total zu boykottieren. Der Boykott von Partei-
genossen bedeutete zu jener Zeit, daß man einander nicht einmal mehr begrüßen
und erst recht nicht miteinander Kaffee trinken durfte. Natürlich durfte man sich
nicht länger sehen und auch nicht miteinander sprechen. All das haben wir uns zu
jener Zeit bieten lassen.

Đilas: Haben Sie Ihr Studium abgeschlossen?

Zulfikarpašić: Damals nicht. Ich bin 1921 geboren und habe erst 1941 mit dem Studium begonnen. Das Studium habe ich später in der Schweiz beendet.

Đilas: Haben Sie sich der Studentenbewegung in Belgrad angeschlossen?

Zulfikarpašić: Ja, gleich als ich nach Belgrad kam. Ich erinnere mich an Lola Ribar[34], Sie, Burdžević[35] und noch einige Genossen, die an der Spitze der Bewegung
standen.

Ich war sehr jung, als ich der Kommunistischen Partei beitrat, das war zur Zeit des
Antifaschismus, in der Tito-Ära der Partei, als wir nach Verbündeten, nach Antifaschisten suchten. Man diskutierte, philosophierte und las bürgerliche Schriftsteller:
Romain Rolland war damals in Mode. Man las Toller, einen deutschen Schriftsteller,
Anatole France und andere. Ein Kommunist mußte die Literatur kennen – die französische, die deutsche und die italienische. Die Periode, in der ich der Partei beitrat,
war die Periode des offenen antifaschistischen Kampfes, der sowohl ein Kampf der
Linken als auch eine Modeerscheinung bei der Bourgeoisie war. Auch in Frankreich war damals die Linke die große Mode, doch auch bei uns war es nicht viel anders.

---

[33] Avdo Humo (1914–198?), Politiker und Literaturkritiker, Sekretär der Kommunistischen
Partei Bosnien-Herzegowinas, einer der Organisatoren des antifaschistischen Aufstandes,
mehrmals Bundesminister und Ministerpräsident Bosnien-Herzegowinas.

[34] Ivo Lola Ribar (1916–1943), Führer der kommunistischen Jugendbewegung, Mitglied des
Politbüros des Zentralkomitees der KPJ, einer der Organisatoren des Aufstandes.

[35] Rifat Burdžević, angesehener Führer der kommunistischen Bewegung an der Belgrader
Universität, Organisator des Aufstandes im Sandschak.

Đilas: Der spanische Bürgerkrieg teilte Europa in Faschisten und Antifaschisten.

Zulfikarpašić: Ja, das stimmt. Das war ein wichtiger Faktor, gerade zu jener Zeit trat auch ich der Partei bei. Die führenden Männer der Bewegung legten damals eine gewisse Toleranz an den Tag, weil sie die Demokraten als ihre Verbündeten betrachteten. Wir haben damals sehr aufrichtig mit den demokratischen Parteien zusammengearbeitet. Wir pflegten Zusammenarbeit mit der Kroatischen Bauernpartei und mit der Landwirtepartei, ich kannte mehrere Parteiführer persönlich. Es war also eine breitgefächerte antifaschistische Familie, der sich Menschen aus unterschiedlichen politischen Parteien zugesellten. Daneben – und das war ganz normal – gab es auch eine innerparteiliche Disziplin, die eine bestimmte Weltanschauung voraussetzte. Zu jener Zeit kam eine Strömung auf – Sie erinnern sich sicher daran – daß sich die Jugend in großer Zahl versammelte. Man machte Ausflüge, führte Debatten und Gespräche. Jemand, der eine Autorität in einer solchen Gruppe werden wollte, mußte viel gelesen haben, mußte seine eigenen Anschauungen über eine ganze Reihe von Angelegenheiten entwickelt haben. Und so war die kommunistische Bewegung, wie ich sie in meiner Jugend erlebt habe, ein intellektueller Wettkampf, ein Ringen um Wissen. Doch auch die Moral stand hoch im Kurs, man strebte danach, sein Wort zu halten, sich anständig zu benehmen, ein ehrlicher Mensch zu sein. Ich habe diesen Menschen grenzenlos vertraut. Auch heute noch habe ich Freunde aus jener Zeit. Esad Čengić, zum Beispiel, der neulich in Sarajevo verwundet wurde, war ein hoher Funktionär der OZNA, der späteren UDBA[36] und Minister. Ich würde für ihn die Hand ins Feuer legen, daß er auch damals keinen Menschen beleidigt hat, daß er nie im Leben gelogen hat, daß er seinem Gewissen entsprechend als ehrlicher Mensch gelebt hat. Als Sekretär des Ortskomitees von Sarajevo wurde er von der Gestapo verhaftet und monatelang einer speziellen Folter unterzogen. Er verriet niemanden, sagte kein einziges Wort. Er wurde gegen einen höheren deutschen Offizier ausgetauscht. Solche Leute wie ihn, solche außerordentlichen Persönlichkeiten, gibt es nur selten. Er war ein konstruktiver Denker, ein großer Patriot, ein starker Charakter, dazu ein stets hilfsbereiter und guter Kamerad.

Nadežda: Wie fühlten Sie sich zu jener Zeit, als eine neue, fortschrittliche und antifaschistische Idee geboren wurde? Betrachteten Sie sich damals als Bosniak?

Zulfikarpašić: Meine bosniakische Identität, die ich von zu Hause mitgebracht hatte, wurde nie in Frage gestellt. Wir kämpften damals für die Autonomie Bosnien-Herzegowinas, es gab also eine kleine Ernüchterung, man kämpfte nicht für die Teilung Bosniens. Es gab damals eine Jugendgruppe, die sich in einem Flugblatt für die Autonomie Bosnies aussprach, was sowohl bei rechtsorientierten Serben wie auch bei nationalistischen Kroaten auf heftige Kritik stieß. Wir kämpften gegen die Ljo-

---

[36] Uprava državne bezbednosti – Staatssicherheitsdienst.

tić-Anhänger[37], gegen die Frankovci[38], gegen das sogenannte „Junge Bosnien"[39], eine Gruppe der serbischen Tschetnik-Jugend. Wir setzten uns für ein gemeinsames Leben aller ein.

Zu jener Zeit fanden in Russland die berüchtigten stalinistischen Prozesse statt, unser Vertrauen in die Partei war dermaßen groß, daß wir an solche Dinge einfach nicht glauben wollten. Ich selbst war überzeugt, daß Tuchatschewski ein Spion war. Ich habe den entsprechenden Behauptungen Glauben geschenkt.

Đilas: Und selbst wenn man es nicht ganz glauben konnte, dann redete man sich eben ein, daß die Dinge so stünden. Ich erinnere mich, wie ich mir selbst etwas einredete, obwohl ich nicht hin und herschwankte.

Zulfikarpašić: Ja, so war es. Heute erscheint das undenkbar, doch damals schwankten wir nicht Wir waren von der Richtigkeit dieser Option fest überzeugt.

Đilas: Es gab noch etwas. Die Probleme der russischen Machthaber lagen für uns in weiter Ferne, wir empfanden Achtung gegenüber der Komintern und Liebe zur Sowjetunion, aber sie war so weit weg. Die Liebe wurde gepredigt, unsere wahren Probleme aber waren hier.

Der Kommunismus wurde in jener Periode in erheblichem Maße mit dem Antifaschismus identifiziert.

Zulfikarpašić: Ja, und das ist wesentlich, wenn ich sage, daß ich ihn mit solcher Begeisterung akzeptiert habe. Diese Periode des Antifaschismus hat eine eine intellektuelle Elite hervorgebracht.Das war schon merkwürdig, die Kommunisten waren die besten Schüler, sie waren in der Gesellschaft sehr geachtet, es waren Menschen, auf die man sich verlassen konnte.

Sie waren Meister ihres Handwerks. War ein Kommunist Drechsler von Beruf, so war er der beste Drechsler, war er Chauffeur, so war er ein ausgezeichneter Fahrer. Es waren äußerst konstruktive Menschen, mäßig auch in ihrem Alkoholkonsum. Diesen Typus von Kommunisten lernte ich kennen, ich hatte Umgang mit Arbeitern, ich lebte mit ihnen zusammen und ging mit ihnen zu Parteisitzungen. Das waren Menschen, die ihr Geld zumeist als Arbeiter verdienten, nicht allzu gut bezahlt, doch gut genug, um solide leben zu können. Es waren Menschen, die Wert auf Körperpflege legten, die auf Sauberkeit hielten und die Bücher lasen, um sich weiterzubilden.

Nadežda: Mich interessiert besonders, was Sie wohl geantwortet hätten, wenn Sie damals gefragt worden wären, was Sie eigentlich waren – Bosniak, Muslim oder

---

[37] Profaschistische Bewegung in Serbien zwischen den beiden Weltkriegen. Ihr Gründer war Dimitrije Ljotić.

[38] Der rechte Flügel der Kroatischen Rechtspartei, eines Vorläufers der Ustascha-Bewegung.

[39] Nationalistische Vereinigung der serbischen Jugend. Ein Mitglied dieser Organisation, Gavrilo Princip, verübte 1914 das tödliche Attentat auf den österreichisch-ungarischen Thronfolger Franz Ferdinand.

Kommunist? Besonders damals, als Sie sehr jung und in kommunistischen Kreisen aktiv waren, und als man Sie von der Schule verwiesen hat.

Zulfikarpašić: Ich hätte gesagt, ich sei Kommunist, und zwar ohne Wenn und Aber. Damals war ich überzeugter Atheist. Da gab es keinen Zweifel. Doch ich nahm Rücksicht auf andere, mit meiner Mutter und meinen Schwestern sprach ich nie darüber, da ich nun einmal so erzogen worden war. Ich hatte Freunde, die die Frage, ob es den Glauben, und ob es Gott gibt, in ihre Familie hineintrugen. Das gab es bei mir nicht. Als ich zur Schule kam, gab mir meine Mutter einen Talisman, ich nahm ihn mit größter Achtung entgegen und küßte ihr die Hand. Ich entwickelte gegenüber diesem Talisman eine Art fetischistischer Haltung, da er von meiner Mutter stammte, das hatte jedoch mit meinem Atheismus nichts zu tun. Ich bin kein halbherziger Mensch, und offensichtlich hat der Islam bei der Herausbildung meines Charakters eine große Rolle gespielt und vielleicht trug er dazu bei, daß ich mich für den Kommunismus entschied. Als ich jedoch aufhörte Kommunist zu sein, verlieh mir der Islam eine gewisse moralische Kraft, einen Rückhalt und stärkte gleichzeitig mein Nationalgefühl. Denn der Nationalismus kann auch positiv sein, wenn er richtig verstanden wird.

Đilas: Der Kommunismus erstickt das Nationalgefühl nicht, er unterdrückt nur die nationalistische Ideologie. Wir Kommunisten waren im Zweiten Weltkrieg nicht nur Antifaschisten, nicht nur der Kern der antifaschistischen Bewegung, sondern auf unsere Art auch jugoslawischer Nationalisten. Ansonsten hätten wir gar nicht siegen können.

Zulfikarpašić: Das stimmt, meine patriotischen Gefühle waren stark entwickelt, viel stärker als bei jenen, die sich heute als große Kroaten oder große Serben in die Brust werfen. Ich schämte mich dessen nie, denn ich sah darin nichts Schlechtes. Ich glaubte nicht, daß ich als Kommunist meine patriotischen Gefühle verbergen müßte. Ganz im Gegenteil, doch das Pathos der nationalistischen Ideologie war uns fremd. Fremd war uns auch der Gedanke, ein Serbe sei besser als ein Kroate, oder ein Kroate besser als ein Muslim. Es gab bestimmte Gefühle der Heimat gegenüber, man liebte sie, man war bereit, sie zu verteidigen. Ich denke, daß die Partisanenbewegung die Bereitschaft bewiesen hat, für die Verteidigung der Heimat auch das Leben zu geben. Man durfte kein Feigling sein, denn das wurde als die schlimmste Eigenschaft betrachtet, das war schlimmer, als sich von der Bewegung loszusagen. Aus diesem Grund nahm man aufopferungsvolle Kämpfer gern in die Partei auf, selbst wenn sie vielleicht bestimmte Vorurteile hatten, wie z. B. religiöse, nationale etc. Der Mut eines Kämpfers stand bei uns sehr hoch im Kurs.

3. Die Eiche von Foča und der Duft des Frühlings

Đilas: In Foča war ich während des Krieges, allerdings nur für kurze Zeit. Nach dem Krieg war ich mehrmals in der Stadt, meistens um Lachse zu fangen, und zwar mit den besten Fischern von Foča, mit Alija Sofradžija und mit den beiden Brüdern Čelik. Ich hatte kein Glück, obwohl ich einige Male zum Lachsangeln kam. Ein einziges Mal fing ich einen sieben Kilogramm schweren Lachs, was den Einheimischen keinerlei Respekt abnötigte: Bei ihnen zählte nur ein zwanzig oder mehr Kilogramm schwerer Lachs.

Ich hatte den Eindruck, daß Foča neben Mostar eine der schönsten Städte Bosniens war, die Lage der Stadt an zwei Bergflüssen ist einmalig: die Flüsse Drina und Čehotina sind sich wandelnde, doch niemals geringer werdende Schönheiten und Werte, und vergessen kann man sie gleichfalls nicht – sie sind Teil von Volksliedern und mündlicher Überlieferung, sie sind in das Leben der Menschen und in die Geschichte der Völker verwoben. In Bosnien kenne ich keinen Ort von vergleichbarer Schönheit, obwohl ich Bosnien ziemlich gut kenne.

Zulfikarpašić: Wenn ich von Foča spreche, bin ich wahrscheinlich subjektiv, wenn ich aber in aller Nüchternheit nachdenke, muß ich feststellen, daß ich nur wenige Orte kenne, die ein so mildes Klima aufweisen, die eine so herrliche Bergkette ihr eigen nennen, und solche prächtigen Bergflüsse – Drina, Tara, Piva, Čehotina. . . . Foča war – wenn Sie mit den Partisanen gekommen sind, haben Sie die Stadt vielleicht noch gesehen, bevor sie niedergebrannt wurde – Foča war einzigartig. Es gab kein einziges Haus ohne Ziegeldach, nicht einmal die einfachsten Hütten hatten ein Holzdach. Es war ein reiches Städtchen. Hier wurde Tabak angebaut, und früher, in der vorislamischen Ära, sogar Wein. Foča war eine Gartenstadt, jedes Haus hatte einen eigenen Garten.

Die Bewohner von Foča waren von eigener Art. Darüber gibt es zahlreiche Geschichten, daß die Stadt eine griechische Kolonie gewesen sei, und daß es hier Griechen gegeben habe, denn die Griechen sind große Händler vor dem Herren, und in dieser Beziehung stehen ihnen die Bewohner von Foča in nichts nach. Foča besitzt eine spezifische Mentalität, einen spezifischen Dialekt. Ich spreche nicht wie die Leute von Foča. Ich habe niemals so gesprochen, da man in meiner Familie die Čengić-Sprache sprach, nämlich die herzegowinische Mundart. Ich wurde in Foča geboren, in Foča erzogen, aber ich sprach anders als die Leute dort.

Ich mag Foča sehr, es ist wirklich eine schöne Stadt. Dort herrscht eine Bogumilenmentalität, man ist nicht militant, nicht aggressiv, kann vieles ertragen und besitzt
großes Beharrungsvermögen. Wenn man diese Menschen organisiert, wenn man
sie in Uniformen steckt, geben sie einen guten Soldaten ab, der jedoch ziemlich passiv ist und wenig Eigeninitiative zeigt. Unorganisiert und sich selbst überlassen, haben sie im Zweiten Weltkrieg mehr gelitten als irgendjemand sonst in Bosnien; doch
gleichzeitig waren sie als Soldaten ausgezeichnete Kämpfer, die zahlreiche bosnische Städte befreiten. Leider hat sich die Geschichte in unserer Zeit wiederholt. Es
ist kaum zu fassen, daß all dies noch einmal, auf noch schrecklichere Weise geschehen konnte. Heute gibt es mein Foča nicht mehr, seine Moscheen, seine Medressen
und Derwisch-Häuser. Seine malerische Architektur ist zerstört, die in Gärten ein-
gebetteten Herrenhäuser existieren nicht mehr. In Foča gibt es nicht einmal mehr
Bosniaken.

Đilas: Meine nächste Frage haben Sie schon beantwortet. Ich wollte wissen, ob Sie
Heimweh nach Foča haben. Nach der Heimat hat man sein Leben lang Sehnsucht,
doch nach Foča sehnt sich jeder zurück, der dort die Berge und Flüsse kennengelernt und die damit verbundene Lebensfreude einmal empfunden hat.

Zulfikarpašić: Ich hatte immer Heimweh nach Foča. Dort hatte ich einen schönen
Besitz in Miljevina, unweit von Foča, als Kleinkind ging ich zum Baden an die Drina und die Čehotina. Ich ging dort auf die Jagd und zum Fischen. Alles war so zau-
berhaft, so, wissen Sie. . . .

Nadežda: Vlado Pavlinić[40], selbst von Foča bezaubert, hat für Sie ein paar wunderschöne Gemälde mit Motiven der Stadt gemalt. . .

Zulfikarpašić: Pavlinić malte für mich neben Foča auch die Herrenhäuser der Čengić-Familie. Als Grundlage dienten die Gemälde eines österreichischen Malers, die
aber sehr klein waren. Pavlinić malte ein größeres Bild und bewies ein außerordent-
liches Gespür für das bosnische Ambiente.

Đilas: Ich wurde an der Tara geboren, der Fluß war nicht einmal fünf Minuten von
meinem Elternhaus entfernt. Die Tara ist dort nicht besonders wasserreich, mit
Ausnahme des Frühjahrs, wo sie daher kommt wie ein reißender Strom. Insgesamt
ist die Tara eine Einführung in die mächtige Schönheit der Drina.

Zulfikarpašić: Es ist merkwürdig mit der Drina, sie ist ein geheimnisvoller und sehr
erstaunlicher Fluß. Stellen Sie sich vor, man fing einen 28 Kilogramm schweren
Lachs, der zwei Meter lang war. In einem solchen Fluß! Wie lange brauchte er nur,
um so groß zu werden?

Đilas: Sie haben erwähnt, daß Sie auch Sportfischer waren.

---

[40] Vladimir Pavlinić (1929), kroatischer Publizist und Maler, Redakteur von „Glas koncila".
Wegen seiner politischen Anschauungen wurde er zu Gefängnisstrafen verurteilt. In der
Emigration arbeitete er als Redakteur von „Poruke slobodne Hrvatske", in Zagreb ist er
als Redakteur von „Croatia Monitor" tätig.

Zulfikarpašić: Ja, hin und wieder.

Đilas: Da haben wir etwas gemeinsam: Ich war ein passionierter Sportfischer, leider ging ich meinem Steckenpferd viel zu wenig nach.

Zulfikarpašić: Ich hörte in der Emigration, daß Sie nach Foča kamen, um zu fischen. Ich unterhielt nämlich ständigen Kontakt zu meinem Bosnien und zu Foča.

Đilas: Wurden in Foča Teferiči, d. h. festliche Ausflüge aufs Land veranstaltet? Waren sie gemischt in nationaler Hinsicht, waren auch Serben und Montenegriner dabei?

Zulfikarpašić: Ja selbstverständlich! Es kamen Montenegriner und auch Serben, die seit eh und je in Foča lebten.

Đilas: Haben sie an den Ausflügen teilgenommen oder haben sie ihre eigenen veranstaltet? Wohin gingen die Ausflüge?

Zulfikarpašić: In Foča ging das getrennt vor sich. Zu den Teferiči gingen die Muslime, während die serbisch-orthodoxen Bauern zum Beispiel anläßlich von Mariae Himmelfahrt feierten. An den kirchlichen Feiertage versammelte man sich auf dem städtischen Markt vor der Kirche, wo man zu den Klängen der Doppelflöte tanzte. Die Teferiči hingegen waren für Familien gedacht – in Foča waren sie ein rein muslimischer Brauch. Später, in meiner Jugend, machten wir bereits gemeinsame Ausflüge, an denen Jungen und Mädchen mit ihren Schulklassen teilnahmen. Die Ausflüge wurden von einem Schuldirektor – er hieß Vojvodić – eingeführt. Wir gingen beispielsweise zu Fuß über den Berg nach Čajniče, alle Schüler wanderten mit. Auch hier gab es wunderschöne Landschaften. Manchmal gingen die Mädchen allein auf ihre eigenen Teferiči. Meine Schwestern nahmen dann ein Taxi. Mit zwei oder drei Mietautos ging die Fahrt einige Kilometer am Flußufer entlang. Kelims wurden mitgenommen, auf denen man Kaffee trank. Das war im Sommer üblich. Dann gab es noch den sogenannten Alidjun, das entspricht dem „Ilindan" und bedeutet Elias-Tag. Dieser Brauch geht noch auf die Bogumilen zurück – an diesem Tag versammelten sich einige tausend Menschen um eine Eiche. Das ist ein rein bogumilischer Brauch.

Đilas: Das heißt, der Brauch hat sich bis auf den heutigen Tag erhalten.

Zulfikarpašić: Es gibt viele Bogumilenbräuche, die auch heute noch gepflegt werden. Die Bogumilen hatten keine Kirchen, sie begingen ihre Riten unter großen Bäumen, meist unter einer Eiche. Wahrscheinlich hat in der Form von Teferiči eine Reihe von Bräuchen überlebt. Ich habe das von meinen Religionslehrern erfahren, die sagten, diese Bräuche seien nicht religiöser Natur, sondern anderer Herkunft, man solle sie jedoch tolerieren.

Đilas: In Bijelo Polje und in Berane – Bijelo Polje war eine überwiegend moslemische Stadt, Berane dagegen nur zur Hälfte, wenn die Montenegriner dort nicht sogar mehr als 50 Prozent ausmachten – tauchten während der dreißiger Jahre in den Lokalen Kellnerinnen auf, die als Djizlije bekannt waren. Gab es in Foča auch Djizlije?

Zulfikarpašić: Die Djizlije waren wie Prostituierte. Ich erinnere mich, daß in Foča einige Leute Nachtlokale eröffneten, in denen Sängerinnen aus Sarajevo gastierten. In meinem ganzen Leben bin ich nur ein einziges Mal in solch ein Lokal gegangen, das mit unglaublich vielen Leuten vollgestopft war. Es war ein ziemlich großes Lokal. Der eine Inhaber war Serbe, der andere Muslim., und sie ließen Sängerinnen auftreten. Für zehn Dinar konnte man ein Lied bestellen. Es wurde dort viel getrunken, man amüsierte sich, und diese Frauen benahmen sich wohl auch recht ungeniert. Ob sie Djizlije waren, weiß ich nicht. Unter den Bewohnerinnen von Foča gab es solche Damen mit Sicherheit nicht.

Đilas: Allem Anschein nach traten sie erst zwischen den beiden Weltkriegen in Erscheinung. Früher gab es so etwas nicht.

Zulfikarpašić: Ganz gewiß nicht. Bei uns wurde viel geflirtet, man machte Spaß und scherzte miteinander, es gab den Corso im Stadtzentrum, bei dem man in Gruppen spazierenging, so daß es durchaus Unterhaltung und Amusement gab, all das jedoch in Maßen, wie es dem beherrschenden Einfluß der Familien entsprach. Es gab auch Orte, wo sich Jungen und Mädchen aus meiner Generation trafen und miteinander gingen. Auch ich kannte als junger Bursche Mädchen, die nichtislamischen Glaubens waren, und wir hielten Händchen, gaben uns vielleicht sogar einen Kuß. Es gab Mädchen unterschiedlicher Art, doch Prostitution, glaube ich, war in Foča bis zum Krieg völlig unbekannt.

Đilas: Ist Ihnen die Herkunft des Namens Foča bekannt? Foča ist ein vorislamischer Name. Hätten die heutigen Eroberer von Foča dies gewußt, so hätten sie den Namen wahrscheinlich nicht in Srbinje verändert! In der ersten Hälfte des fünfzehnten Jahrhunderts, vor der Ankunft der Türken also, nannte sich der Ort Hvoča und trug damit den gleichen Namen wie einige Dörfer in Metohien. Es gelang mir nicht festzustellen, was Hvoča bedeutet, wahrscheinlich hat man diese Frage noch nicht geklärt. Bei uns ist nämlich die Herkunft von rund einem Drittel aller Ortsnamen unbekannt.

Zulfikarpašić: Der Überlieferung nach stammt der Name von der armenisch-griechischen Bezeichnung für das im Wasser liegende Leder, da an dieser Stelle angeblich die ersten Gerber gelebt haben sollen. Foča ist jedenfalls eine alte Siedlung. Offensichtlich war die Lederverarbeitung das erste bekannte Handwerk, da der wasserreiche Ort bereits in der vorislamischen Ära an einer Handelsstraße lag. Der Weg von Dubrovnik führte das Bistrica-Tal entlang über Foča, Čehotina und weiter über den Sandschak in den Osten. Dort begann die Islamisierung Bosniens – Foča war der erste Punkt.

Die Bogumilen Ostbosniens, die unter den Angriffen ungarischer Truppen zu leiden hatten, kamen mit den Türken und dem Islam volle zehn Jahre früher in Kontakt als andere Regionen. Die erste Moschee wurde hier, in Ustikolina, errichtet, und hier geschah es vielleicht zum ersten Mal, daß Bogumilen freiwillig zum islamischen Glauben übertraten. Noch bevor osmanische Truppen die Drina überschrit-

ten, wurde dort eine Kolonie von Muslimen errichtet. Die dortigen Bogumilen traten zum Islam über und suchten bei den Türken um Schutz nach. Nach Meinung
zahlreicher Historiker bereitete dieses Ereignis den Boden für die Bekehrung der
Bogumilen zum Islam. Die osmanischen Streitkräfte waren offensichtlich nicht an
der Bekehrung der Bevölkerung zum Islam interessiert, dies lag nirgendwo in ihrem
Interesse, weder in Serbien noch in Griechenland oder in anderen Ländern, da die
Ungläubigen steuerpflichtig waren und folglich hatte die Armee ein größeres Interesse an Steuerzahlern als an Soldaten – denn Soldaten gab es genug. Menschen, die
sich zum Islam bekehrt hatten, galten als Freie und brauchten keine Schutzsteuer
zu zahlen. Es ist eine Tatsache, daß dieser Teil Ostbosniens den Islam freiwillig annahm und damit der freiwilligen Bekehrung der Bogumilen Tür und Tor öffnete.

Nadežda: Wann haben Sie Foča nach Ihrer Rückkehr aus der Emigration zum ersten Mal gesehen und was haben Sie dabei empfunden?

Đilas: Erzählen Sie uns bitte ein wenig über Foča, wann sind Sie aufgebrochen, um
die Stadt wiederzusehen? Als ich Anfang der achtziger Jahre in Foča war, konnte
ich die Stadt nicht wiedererkennen. War Ihre Mutter noch am Leben, als Sie zu-
rückkamen?

Zulfikarpašić: Nein, meinte Mutter war bereits gestorben. In Sarajevo hatte ich drei
Schwestern, die anderen waren bereits gestorben, ebenso alle Brüder. Das waren ja –
ebenso wie meine Halbbrüder – alles ältere Menschen. Ich hatte aber mehrere Neffen und andere weitläufigere Verwandtschaft. Natürlich hatte ich den starken
Wunsch, Foča zu besuchen. Ein wenig fürchtete ich den emotionellen Schock, da
sich vor der Aladža-Moschee die Grabstätte meines Vaters befand, der mir viel im
Leben bedeutete. Dort liegt auch mein Urgroßvater Zulfikar-Pascha-Čengić begraben.

Die Aladža-Moschee, um die sich zahlreiche Legenden ranken, gilt als die schönste
Mosche Bosniens und als eine der schönsten auf dem Balkan. Sie stellt eine Perle
der osmanischen Architektur und ein Musterbeispiel der Schule Sinans[41] dar. Am
rechten Ufer der Čehotina gelegen, einen Kilometer von ihrer Mündung in die Drina entfernt, ist die Moschee Wahrzeichen und Symbol der Stadt. Ihre Kuppel ist 20
Meter, das Minarett 36 Meter hoch. Sie wurde in weißem Stein erbaut, umgeben
von Mausoleen und dem bekannten Springbrunnen inmitten von Blumen und grünen Pflanzen. Die Dekoration im Innern übertrifft die Architektur. Sie ist in mehreren Farben gehalten und erhielt deshalb den Namen Aladža, was in der türkischen
Sprache „die Bunte" bedeutet. Sie wurde 1550/51 erbaut. Über dem Tor befindet
sich eine Inschrift, ein Zitat aus dem Koran: „Das Beispiel jener, die ihr Gut am

---

[41] Sinan Kodža (1489–1588), der grösste Architekt der osmanischen Ära, erbaute mehrere
Brücken, Hans, Medressen und Moscheen, die als Musterbeispiele der osmanischen Bau-
kunst betrachtet werden. Meisterwerke von ihm sind die Brücke von Višegrad, die Suley-
man-Moschee in Istanbul und die Selimiye-Moschee in Edirne.

richtigen Weg verteilen, ist einem Korn ähnlich, aus welchem sieben Ähren hervorsprießen, eine jede mit sieben Körnern."
Es gibt eine Unzahl von Monographien über die Aladža, unter denen die von Andrejević aus dem Jahre 1972 hervorragt. Vor dem Zweiten Weltkrieg gab es in Foča 18 Moscheen, von denen zwölf aus Stein errichtet wurden. Nebst drei Medressen[42] hatte Foča auch zwei Tekija[43]. All dies haben die Tschetniks im Laufe der Jahre 1992/93 zerstört, so daß von diesen Bauten keine Spur geblieben ist. Meine Mutter liegt in Sarajevo begraben. Als ich aus der Emigration zurückgekehrt war, besuchte ich ihr Grab und die Grabstätten meiner Geschwister. Ich wollte möglichst rasch nach Foča reisen. Meine Frau war noch immer in Zürich, und ich machte mich mit einem Freund aus Kindertagen auf den Weg nach Foča, und zwar ganz inoffiziell. Ich hatte nicht vor, jemanden zu besuchen, ich kannte nur noch wenige Leute, ja ich wußte nicht einmal, wenn ich dort besuchen sollte. Doch nach all dem, was ich dort sehen mußte, löste Foča bei mir einen großen Schock aus, und zwar im negativen Sinne.

Nach meinem Besuch im letzten Krieg geriet Foča mehrmals in Brand und wurde zerstört. Ich war in die Emigration gegangen, ohne mich von meiner Heimatstadt verabschiedet zu haben. Ich habe die Stadt gerade deshalb nicht besucht, weil alle Brücken zerstört waren, ich wollte sie nicht in diesem erbärmlichen Zustand sehen. Ich empfinde eine besondere Liebe zu dieser Stadt. Ich reiste über die Romanija, Rogatica und Goražde und machte einen Zwischenstopp im Čengić-Hof bei Ustikolina. Hier trank ich Kaffee mit einigen entfernten Verwandten. Zusammen mit ein paar Leuten aus Ustikolina setzten wir danach die Reise nach Foča fort.

Brücken an der Drina und Čehotina

Für mich war Foča eine faszinierende Stadt. Eine Stadt der Gärten, Obstgärten und der duftenden Blüten, eine relativ große Stadt, gelegen zwischen der Drina und Čehotina. Großzügig angelegt. Foča hatte mehrere tausend Einwohner und erstreckte sich über einige Kilometer entlang der Drina und der Čehotina: von Tabak bis Donje Polje die Drina entlang und von der Mündung der Čehotina an der Aladža-Mosche vorbei bis zum Dom. Jedes Haus hatte einen eigenen Hof und einen eigenen Garten. Ich lernte Foča als eine Stadt kennen, in der es nur ein paar größere Bauten – den Gerichtshof, die Sahat-kula (Uhrturm) und ein Hotel gab, die sich einigermaßen in das Stadtbild einfügten.
Als ich Foča später besuchte und all die Betonbauten sah – der Beton prägte das Stadtbild – war das für mich ein großer Schock. Doch es gab Oasen – die Moscheen

---

[42] Medresse – islamische juristisch-theologische Hochschule.
[43] Tekija – eine Derwisch- Kloster.

und der wunderschöne Hof, in dem mein Vater begraben liegt, waren wie früher. Ansonsten gab es in Foča nur wenige Überbleibsel der früheren Stadt. Unglaublich grob waren die Zerstörungen, die Neubauten geschmacklos. Für mich war es kaum faßbar, wie man auf einem so wunderschönen Gelände so monströs und ohne jeden Geschmack bauen konnte. Hätte nicht das Erscheinungsbild der Landschaft und das Ambiente von Drina und Čehotina die Architekten geradezu zwingen müssen, Häuser im traditionellen Stil zu errichten? Doch sie entschieden sich für primitive Betonbauten ohne einen Hauch von Geschmack, ohne rechte Funktion und ohne jede Schönheit. Auch die Einwohnerschaft von Foča hatte sich total verändert. Ich war in einem sehr schönen Hotel abgestiegen. Zufällig weilten dort Menschen, die sich später in widerwärtige Kreaturen und Mörder verwandeln sollten. Dort waren Herr Maksimović[44], ein gewisser Čančar und andere, sie begrüßten mich mit „guten Tag! Wie geht es Ihnen? Willkommen!" „ – sehr freundlich, sehr herzlich. Dann kamen andere hinzu, die sich vorstellten: Muftić, Selimović, Lojo und andere. Ich kenne diese Familien, die Leute persönlich waren mir allerdings unbekannt. Es waren Menschen um die vierzig, sie waren geboren, nachdem ich die Stadt bereits verlassen hatte. Ich kannte ihre Väter. Ich traf auch zwei Schulfreunde, Rasim Sirbubalo und Fehim Deović, wir saßen gemütlich zusammen, tranken Kaffee und unterhielten uns. Die Einwohnerschaft war eine gänzlich andere. Es gab viele Montenegriner in Foča. Früher waren es circa zehn Familien, jetzt mehr als tausend Menschen. Ich hatte Gelegenheit, einige von ihnen kennenzulernen. Einer der Montenegriner gehörte zur alten Familie Gagović. Er konnte sich an mich erinnern, er war ein Junge, als wir uns zum letzten Mal sahen, ich aber erinnerte mich sehr gut an seinen älteren Bruder Sveto.

Das Herrenhaus in Miljevina

Dann fuhr ich nach Rataji. Das Herrenhaus in Rataji war abgerissen, geblieben waren nur einzelne Mauern, äußerst kümmerliche Überreste. Ich sagte bereits, daß das Amt für Denkmalschutz das Haus wiederaufbauen wollte, doch zwei Wochen vor dem Beginn der geplanten Bauarbeiten hat jemand dort alles mit Dynamit in die Luft gesprengt. Jemand mußte ein Interesse daran haben, daß das Gebäude nicht renoviert würde. Danach ging ich nach Miljevina. Das ist mein Gut, mein Begluk, und ich kenne dort jeden Stein. Dort gab es auch den kleinen Fluß Miljevina sowie einen Teich unweit vom Herrenhaus. Nichts davon gibt es mehr.

---

[44] Vojislav Maksimović, Professor an der Philosophischen Fakultät in Sarajevo, später Abgeordneter der Serbischen Demokratischen Partei (SDS) im Parlament Bosnien-Herzegowinas, im Krieg war er einer der Organisatoren des Völkermörders an den Bosniaken.

Stattdessen hatte man ein Kohlebergwerk angelegt. Kohle hatte man auch früher in geringem Umfang gefördert, doch schonte man dabei die Natur. Ich brauchte mindestens eine Stunde, um festzustellen, an welcher Stelle ich mich befand, und wo früher unser Herrenhaus war. Ich konnte mich nicht zurechtfinden, so hatte sich alles verändert – sogar auf den Bergen hatte man Häuser gebaut. Ich stieß auf ein Haus und einen Stall, gebaut aus jenem feingemeisselten Stein, wie er für unser Haus typisch war. Das habe ich sofort wiedererkannt. Menschen aus der Umgebung hatten die Ruinen unseres Hauses benutzt, um sich selbst ein Heim zu bauen. Man sagte mir, all die Steine seien zusammengerafft worden, um daraus Häuser und Ställe zu bauen. In Europa sah ich, wie man Traditionen wahrt, wie alles geschützt wird, was einmal alten Familien oder dem Volk gehört hatte und wie man dies in Kulturdenkmäler umwandelt. Das, was ich damals in Miljevina sah, war wie ein Zeichen für mich. Ich spürte den üblen Geruch jenes primitiven Balkans, der fremde Schönheit nicht erträgt, nicht respektiert, sondern sie einfach zerstört.

Von dieser Reise in meine Heimatstadt kehrte ich ziemlich traurig nach Sarajevo zurück. In einem Interview sagte ich damals, ich sei sehr enttäuscht über das Aussehen meines Geburtsortes.

Ich brauchte mehrere Tage, um die Traurigkeit zu verdrängen, die mich nach meinem Besuch in Foča überkommen hatte. Früher war es eine so bezaubernde Stadt, nach der ich mich so sehr gesehnt hatte. Jetzt hatte ich die Überzeugung gewonnen, daß wir mit unserer Politik Bedingungen schaffen müßten, damit Bosnien in seinem wahren Geist und seiner echten Tradition wiederaufgebaut werden könnte.

Nadežda: Fühlen Sie sich durch den Namen Srbinje, wie Foča nach dem Willen der neuen Herrscher heißt, irritiert?

Zulfikarpašić: Das hat mich tief getroffen, und es zeigt die ganze Tragödie Bosniens auf brutalste Weise. Vor allem wird dadurch das Grundlegende und das Allerwichtigste vernichtet, was Bosnien einmal hatte: die konfessionelle, nationale und kulturelle Vielfalt. Jahrhundertelang berührten sich in diesem Raum Orient und Abendland, Islam und Orthodoxie, Serben und Bosniaken, ihre Kulturen, Bräuche und Mentalitäten. Natürlich, all das war höchst unterschiedlich, doch es gab auch eine Kultur der Gemeinsamkeit, Toleranz in der Rivalität und Wettbewerb in gegenseitigem Respekt.

Tausend Jahre hindurch bot Bosnien ein Beispiel dafür, daß die Unterschiede – die konfessionellen, nationalen und sonstigen – kein Hindernis sein müssen, um ein Gemeinwesen zu errichten. Bosnien hatte seine spezifische bosnische Gesellschaft, eine Gesellschaftsstruktur, die ein Land zum gemeinsamen Staat macht. In Foča war der Geist dieser Gesellschaft spürbar, und ich trug ihn mein ganzes Leben lang in mir.

Die bosnische Gesellschaft und ihr Geist wurden gewaltsam vernichtet, und zwar durch die Gleichmacherei der Bolschewisten und Tschetniks. Man vernichtete sie, um etwas Neues nach dem Motto „vita mea mors tua"[45] zu errichten, man säte den Tod, um das durch nichts bedrohte Leben anderer zu schützen. Es waren unerhörte Verbrechen, die Foča verwüstet und vernichtet haben, denn sie zerstörten die Grundlage und die Substanz, die Voraussetzung für das Leben in dieser Stadt waren. Ich weigere mich zu glauben, daß dies das Ende ist, daß man einen Stand der Dinge akzeptiert, der auf Morden und Verbrechen basiert, und daß sich auf diese Weise ausgerechnet in Foča – wo die echten Bogumilen lebten, die niemandem etwas Böses tun wollten – die Aggression auszahlt und belohnt wird. Es kann kein Bosnien ohne Städte wie Foča geben.

---

[45] Mein Leben dein Tod.

4. Heimat und Bosniakentum

Đilas: Eine jede Persönlichkeit wird durch Heimat und Geburtsort geprägt, und man kann sich davon nicht freimachen, so wie man sich ja Vater und Mutter nicht aussuchen kann. Die Heimat wächst sozusagen in die Persönlichkeit hinein, gleichgültig ob sich der Betreffende dessen nun mehr oder weniger bewußt ist. Und dies geschieht nicht nur durch Bewußtsein und Wahrnehmung, sondern durch die gesamte Existenz, die Arbeit, durch Bewußtsein und Wahrnehmung, sondern auch durch die gesamte Existenz, die Arbeit, sowie durch Art und Dauer des gemeinschaftlichen Erlebens. Montenegro mit all seinen Widersprüchen, und davon gibt es nicht eben wenig, spüre ich ständig in mir. Ich glaube, daß auch Sie auf ähnliche Weise Bosnien spüren. Was Bosnien betrifft, so muß ich sagen, daß auch ich in Bosnien verliebt bin, ich betrachte es als meine Heimat, wenngleich irgendwie anders als Montenegro. Ich träume nachts von seinen bezaubernden Flüssen, die leider gegenwärtig alle verseucht sind, von seinen Bergen, die eine unvergleichliche Eigenschaft haben. Sie ragen nicht so steil in den Himmel wie die Alpen, ihre Hänge sind weicher, man hat das Gefühl, daß sie absichtlich so geformt wurden, um den Menschen ein Gefühl der Erhabenheit und gleichzeitig auch der Wärme zu vermitteln. Für die bosnischen Menschen ist eine bunte Vielfalt von Mentalitäten, Figuren und Typen charakteristisch; die bosnischen Städte sind eine Mischung verschiedener Kulturen. Zu meiner Zeit, als ich ein Junge war, überwog der balkanisch-türkische Typ von Städten. Wo ist Bosnien in Ihrer Persönlichkeit, Ihrer Biographie, Ihrer Gefühlswelt, denn immerhin waren Sie ja ein Emigrant? Was ist Bosnien für Sie?

Zulfikarpašić: Jeder Mensch hat ein spezifisches Verhältnis zu seiner Heimat, und seine Heimatliebe setzt sich aus einer Reihe unterschiedlicher Elemente zusammen. Ich muß von meinem Geburtshaus ausgehen. Das Haus ist ein wichtiges Element im Leben des Menschen. Ich bin durch die ganze Welt gereist, doch nirgends habe ich einen Haustyp gesehen, der dem Menschen so angepaßt ist wie das Bosniakenhaus. Den Dimensionen nach ist es kein großes Haus, man kann die Decke fast mit hochgestreckter Hand berühren, doch alles darin wurde ausschließlich für den Menschen gemacht. Einen einzigen Raum kann man – und etwas Ähnliches habe ich nur noch in Japan gesehen – nach Bedarf in drei oder vier wunderbare Zimmer verwandeln, mit einer Matratze auf dem Boden wird es zum Schlafzimmer, am Morgen verpackt man die Matratze und macht daraus einen Raum mit Teppichen und Sitzkissen, in dem man sich bequem wie in einem Salon fühlt, und stellt man die Sofra (Tafel) auf den Boden, so wird der Raum in ein Speisezimmer verwandelt.

Wenn die europäische Mittelklasse – auch die Mehrheit der bosnischen Bevölkerung gehörte der Mittelklasse an – den Komfort und die Wohnkultur eines Bosniaken erreichen wollte, so braucht sie dafür mindestens drei oder vier unterschiedlich möblierte Zimmer, doch in einem bosniakischen Haus wird das mit einem einzigen Zimmer erreicht. Die bosnischen Häuser sind stets so gebaut, daß sie einen schönen Blick auf Berghänge oder einen Fluß gewähren. Der Bosniake will einen schönen Blick von seinem Fenster aus genießen. Ferner gibt es im Haus sehr viele Handarbeiten, so entsteht eine intime Atmosphäre, die ganz natürlich und der menschlichen Natur angepaßt ist. Diese intime Welt des Bosniakenhauses trägt man sein ganzes Leben lang in sich. Das ist ein sehr angenehmes Gefühl, das den Menschen ein ganzes Leben lang begleitet. In Foča hatten wir das große Haus von Zulfikar-Pascha, wir hatten auch moderne Empfangszimmer, die mein Vater in der österreichischen Zeit eingerichtet hatte, denn er bekam damals viel Besuch von ausländischen Persönlichkeiten. Doch das, was in meinem Herzen geblieben ist und mir eine spezielle Wärme geschenkt hat, ist jener Teil des Bosniakenhauses, der noch nicht durch den Einfluß neuer zivilisatorischer Bräuche verdorben war. In meinen Erinnerungen nimmt das Haus einen besonderen Platz ein.

Was die Natur Bosniens anbelangt, die Sie erwähnt haben, so ist sie etwas Besonderes. Wir sind nahe am Mittelmeer, das Klima ist kontinental, aber angenehm. Der Winter kann sehr hart und kalt sein, der Sommer heiß, der Herbst endlos lang und schön mit gelbrot gefärbten Baumkronen. Im Frühling der wunderbare Blütenduft. Ich komme aus Podrinje, der Gegend um die Drina, einer Obstgegend. Wenn in Foča die Baumblüte beginnt, dann sind die umliegenden Berge ein einziges Blütenmeer. Wir haben in Bosnien eine spezielle Konfiguration und Struktur der Natur. Als ich zum Beispiel als kleiner Junge zum ersten Mal mit meinem Vater nach Österreich, nach Badgastein reiste, sah ich riesige Alpengipfel, die auch mitten im Sommer schneebedeckt sind und beinahe demonstrativ die Nichtswürdigkeit des Menschen zeigen. Man fühlt sich wie verloren. Ähnliche Empfindungen hatte ich beim Besuch jener gotischen Kathedralen, die eigens gebaut wurden, um den Menschen im Angesicht Gottes klein und nichtig erscheinen zu lassen. Die Gebäude hingegen, deren Dimensionen dem Maß des Menschen adäquat sind, verleihen ein Gefühl der Intimität, und in Bosnien auch ein Gefühl der engen Verbundenheit mit der Natur. Als Kind und auch später, als ich in der Schweiz und in Österreich lebte, ging ich gerne in die Berge. Doch es ist ein ganz anderes Gefühl, wenn man unten am Fuß eines Berges steht und ihn nicht als Feind betrachtet, da man keiner echten Gefahr ausgesetzt ist und den Berg mit Leichtigkeit bezwingen kann. Eine ganz andere Sache ist es, wenn man von ganz unten die steilen Alpenhänge hinaufblickt. Man ist mit der Gefahr konfrontiert. Erst wenn man seine Heimat verlassen hat, kann man den wahren Wert all dessen ermessen, was man verloren hat. Erst jetzt erkennt man die eigenen Einstellung zu dem Milieu, dem man entstammt, gegenüber der eigenen Familie, von der man sich getrennt hat, und zu dem Haus, in dem man aufgewachsen ist. Dasselbe gilt auch für die Natur, die heimatlichen Berge, Täler und Flüsse. Mag die Emigration noch so Schweres mit sich bringen, im Kern hilft sie dem Menschen, denn wie das Gefängnis trägt sie dazu bei, den wahren Wert der Freiheit zu begreifen.

Đilas: Können wir unser Gespräche über die Natur fortsetzen? Ich reiste häufig durch Bosnien und hatte immer das Gefühl, daß abgesehen vom Flachland in der Posavina und Semberija ein jeder Berg, ein jeder Ort etwas Besonderes war, aber nichts Fremdes. Man hat den Eindruck, das all diese Berge und Orte nicht ihrer Form nach, sondern durch die Gefühle, die sie hervorrufen, einfach als eigene empfunden werden. Das ist die eine Seite. Auf der anderen Seite habe ich mich an Andrić erinnert, der sagt, wann immer er reist, habe er das Gefühl in Višegrad zu sein. Bei mir ist es anders: Wenn ich meinen Heimatort besuche, habe ich immer den Eindruck, von neuem geboren zu sein, wieder ein Knabe zu sein, der sich seiner Umgebung und seines Wesens bewußt wird.

Zulfikarpašić: Die Natur Bosniens und der Herzegowina kann man nicht mit einem einfachen Wort wie „zahm" oder „angenehm" erfassen. Am treffendsten könnte man sie meiner Meinung nach schildern, wenn man sagt, daß sie dem Menschen sehr gewogen ist, daß er die Möglichkeit hat, diese Natur allseitig zu erfassen und zu erleben. Sie versetzt ihn nicht in Angst und Schrecken oder gar in Panik. Sie ist fruchtbar und gibt ihm viel, und deshalb meine ich, daß die bosnische Natur sehr menschenfreundlich ist. Und daher ist kein Zufall, daß die Bosniaken ihre Heimat so sehr lieben, und es ist auch kein Zufall, daß Menschen, die nach Bosnien kommen, sehr rasch ein Gefühl dafür bekommen, wie angenehm man hier leben kann, und wie schön Bosnien ist. Das ist auch bei den Menschen ersichtlich, die gekommen sind, die sich in Bosnien angesiedelt haben. Zur Zeit der Türken und auch zur Zeit Österreich-Ungarns entschieden sich Leute, die zufällig nach Bosnien gekommen waren, schon nach kurzem Aufenthalt, dort für immer zu bleiben.

Bosnien bietet jedem das, was der Mensch von der Natur erwartet. Man weiß, daß Bosnien kein reiches Land ist, und viele seiner Einwohner haben wahrscheinlich kein poetisches Verhältnis zur Natur. Im tagtäglichen Daseinskampf werden die großen Schönheiten schlicht nicht wahrgenommen, und der Mensch denkt, die ganze Welt sei wie seine Heimat. Erst wenn ein Bosniak seine Heimat verlassen hat, überkommt ihn die Sehnsucht nach Bosnien und er spürt, wie sehr er sein Land liebt. Ich glaube, daß die Heimatliebe immer auch mit der Liebe zum eigenen Volk einhergeht.

Mein Vater gehörte der älteren Generation an. Den Volksliedern galt seine ganze Liebe. Damals gab es einen bekannten Gusla-Spieler in der Gegend von Foča. Wann immer er in die Stadt kam, besuchte er auch meinen Vater. Wir alle liebten die muslimischen Volkslieder unserer Heimat, die schön und endlos lang sind. Ich erinnere mich aus meiner Jugend an das Lied „Die Hochzeit von Dizdarević Meho", in dem die Volkstracht beschrieben wird. Fast eine halbe Stunde braucht das Lied, um Mehos Čakšire[46] detailliert zu schildern. Besungen wird das Heldentum, wie die Menschen, für ihre Heimat, für den Glauben, für den Kaiser und für Bosnien kämpfen, wie sie in die Schlacht ziehen. In solch einer Atmosphäre wuchs ich auf, und das hat großen Einfluß auf mich ausgeübt. Meine Liebe zur Heimat und meine patriotischen Gefühle habe ich offenkundig auch den Volksliedern zu verdanken. Zur Bezeichnung seiner nationalen Identität verwendete mein Vater ausschließlich das Wort „Bosniak": „Ich bin ein Bosniak", „Mein Vater ist ein Bosniak", „Wir sind Bosniaken".

Đilas: Bosnien ist geographisch, aber auch durch seine Mentalität – ich würde nicht sagen ethnisch – geteilt. Empfinden Sie nur den nördlichen Teil des Landes als Bosnien, oder zählt bei Ihnen auch die Herzegowina dazu? Gibt es in Ihren Empfindungen und Anschauungen irgendwelche Unterschiede zwischen diesen Teilen Bosnien-Herzegowinas?

Zulfikarpašić: Ich habe bereits gesagt, daß ich als Sprössling der Familie Čengić eine andere Mundart sprach als die in Foča übliche. Denn es war die Sprache meiner Familie. Mit dem harten „č", das mit besonderem Nachdruck gesprochen wurde. Meine Schwester war in Srebrenica mit dem Bezirksvorsteher Bešlagić verheiratet. Meine Mutter wollte sie besuchen, und deshalb meldete man mich aus der ersten Schulklasse ab, weil ich eine Zeitlang in Srbrenica zur Schule gehen sollte. Als ich dort angekommen war, erhielt ich von den Kindern den Spitznamen „Hero": Ich sprach Herzegowinisch und deshalb hieß ich Hero. Alle anderen sprachen eine schöne und weiche bosnische Mundart, die ich nicht kannte. Später gefiel mir diese Mundart sehr, ich benutzte sie aber nie. Mein ganzes Leben spreche ich so, wie ich es in meiner Familie gelernt habe, und ich glaube, das ist eine sehr reine Sprache. Mein Vater hat meine Aussprache immer wieder verbessert. Wenn ich zum Beispiel „opština" (Gemeinde) sagte, dann hat er mich verbesserrt: „općina". Bei uns sagt man häufiger „devojka" (Mädchen) als „djevojka", doch niemals darf man „jagnjetina" (Lammfleisch) oder „duvan" (Tabak) sagen, erlaubt sind nur „janjetina" und „duhan".

Die Herzegowina war für mich vom Gefühl und Verstand her immer ein Teil Bosniens. Wenn man von Sarajevo kommt und über den Berg Igman geht, oder wenn man von Foča kommt und das Treskavica-Gebirge passiert, so spürt man auf einmal den Duft des Mittelmeers und die Wärme des herzegowinischen Karsts, und man erlebt das voller Entzücken. Vielleicht als etwas Neues, aber doch als etwas Eigenes. Die Herzegowina ist für uns nichts anderes als unsere Posavina[47], die Krajina oder das Podrinje[48]. Foča, Sarajevo und Bosnien im allgemeinen empfinde ich immer als eine Einheit. Die Bewohner der Posavina, Krajina oder Herzegowina habe ich nie-

---

[46] Hosen
[47] Save-Niederung
[48] Drina-Niederung

mals als Fremde betrachtet. Wie man Bosnien anders sehen kann, ist mir bis zum heutigen Tag unverständlich. Ich wußte, daß Österreich-Ungarn die Bezeichnung Herzegowina unterstützt hat. Auch die Montenegriner insistierten gern auf der Existenz der Herzegowina, weil sie nämlich von jeher ein Auge auf dieses Gebiet geworfen hatten.

Đilas: Die Montenegriner sagen, die Herzegowina habe ein Auge auf sie geworfen und wolle sich ihnen anschließen, folglich müßte man in Montenegro darüber nachdenken, ob man dieses Angebot annehmen solle oder nicht. Doch vielleicht ist das eine Schutzbehauptung, hinter der sich die wahren Absichten verbergen.

Zulfikarpašić: Wenn man bedenkt, wie groß Bosnien bis zum Frieden von San Stefano war, mag ich das kaum glauben. Wir haben durch eine unglückliche Verkettung von Umständen Gebiete verloren. Auch der Sandschak ging verloren. Wie Sie wissen, war der Sandschak bis zum Berliner Kongreß integraler Bestandteil Bosniens. Den Sandschak hat man Bosnien weggenommen. So wie man der Hercegowina – beziehungsweise Bosnien – die Stadt Nikšić weggenommen hat. Die Angehörigen der jüngeren Generation lernen das nicht mehr und wissen das nicht.

Đilas: Sie sagen, daß der Sandschak ein Teil Bosniens war – aus meiner Jugendzeit weiß ich, daß sich die Muslime aus dem Sandschak immer als Bosniaken betrachteten. Bei Serben und Montenegrinern war das anders. Was die Zugehörigkeit zu einem Staat anbelangt – so ist das wieder ein anderes Problem.

Zulfikarpašić: Aus verschiedenen Dokumenten geht hervor, daß sich vor 150 Jahren auch die orthodoxen Einwohner des Sandschak als Bosniaken betrachteten.

Đilas: Auch ihre Lieder sind dieselben wie in Bosnien, und die Teferiči . . . . . .

Zulfikarpašić: Ja, alles ist gleich. Das war eine Provinz, die fünfhundert Jahre mit Bosnien, als ein Teil Bosniens gelebt hat. Doch das ist eine Frage der Weltanschauung. Ich bin in Jugoslawien geboren und gehöre zu jener Generation, die weder die Kroaten noch die Serben als etwas Fremdes oder gar Feindliches betrachtete. Solch eine Sicht der Dinge kann sich ein Bosniak auch gar nicht erlauben, schließlich hat er Serben und Kroaten zu Nachbarn. Ich muß zugeben, daß man mich zu einer toleranten Haltung gegenüber den serbischen Nachbarn erzogen hat. Doch ich muß gleichfalls zugeben, daß es auch eine Reihe von Dingen gab, die negativ waren – wir lernten einander nicht kennen. Wir wollten uns auch gar nicht kennenlernen. So wußte ich zum Beispiel sehr wenig über das Christentum, über seine Philosophie und Mystik, ebenso wenig über das Judentum. Erst in der Emigration habe ich mehr darüber erfahren, als ich als reifer Mann mit diesen Problemen konfrontiert wurde; und als ich dann die entsprechende Literatur las und mich eingehend mit den Dingen beschäftigte, erst dann begriff ich, wie wenig wir voneinander wußten. Es gibt viele Vorurteile, mit denen wir leben, und ein primitives Milieu neigt immer dazu, die Mitmenschen mehr oder weniger negativ zu beurteilen, um dadurch die eigenen Werte ins rechte Licht zu rücken.

Diese Mißverständnisse resultieren aus einer mangelhaften Kenntnis der Dinge. Ich war immer der Meinung, daß alle Aktivitäten im öffentlichen Leben darauf gerichtet sein sollten, daß die Völker einander besser kennenlernen und besser verstehen. Ich würde sagen, Bosnien hat schon immer darunter gelitten – und leider ist das auch heute noch so – daß wir voneinander nicht viel gewußt haben, obwohl wir doch so bunt gemischt zusammen lebten. Die Intimsphäre war tabu. Ein Tabu vor allen anderen war die religiöse Komponente. Ich muß sagen, daß mein Vater tolerant war, und daß ich von ihm niemals etwas Schlechtes über andere gehört habe. Doch ich erinnere mich daran, daß man uns beinahe im Haus einsperrte, sowie Weihnachten vor der Tür stand. Wenn ich das heute analysiere, so habe ich das Gefühl, daß unsere Eltern nicht wollten, daß wir das Weihnachtsfest mit seinen schönen Bräuchen wahrnahmen. Zu Ostern, zum Beispiel, bekamen wir von unserem serbischen Nachbarn Hadživuković und auch von unseren früheren Leibeigenen immer einen Korb Ostereier. Viele Leibeigene pflegten zum gleichen Anlaß, ihrem Beg eine Lammkeule zu schenken. Wenngleich die Agrarreform bereits durchgeführt war, und sich unser Verhältnis zu den früheren Leibeigenen geändert hatte, besuchten sie uns nicht selten und brachten bunte Eier und Schinken mit. Meine Mutter pflegte sie mit einem Stück Seife oder ähnlichem zu beschenken. Mein Vater war bereits tot. Es handelte sich einfach um die Achtung vor früheren Bräuchen. Zu islamischen Feiertagen Bairam, Ramadan oder Kurban Bairam schenkten wir unseren orthodoxen Nachbarn Fleisch und Süßigkeiten. Meine Schwester fragte mich neulich: „Kannst du dich noch daran erinnern, daß die Hadživuković- Familie unseretwegen nie Schweine gezüchtet hat. Sie nahmen Rücksicht auf die muslimische Umgebung."

In Foča selbst lebten Bosniaken und Serben vor der österreichisch-ungarischen Epoche nicht zusammen. Die Orthodoxen lebten in der Mahala[49], die Čerezluk genannt wurde. Sie hatten ihre eigenen Geschäfte auch im Stadtzentrum, doch sie wohnten in Čerezluk und in Varoš, wo es auch eine orthodoxe Kirche gab. Im Zentrum wohnten ausschließlich Muslime. Mit Beginn der österreichisch-ungarischen Zeit ließen sich viele serbische Familien im Stadtzentrum nieder. Ich hatte einen Nachbarn Niković, der aus Montenegro zugewandert war. Mit der anderen Nachbarfamilie Hadživuković verband uns besonders große Harmonie und wechselseitige Achtung. Unseretwegen haben sie, wie Sie sehen, nicht einmal Schweine gezüchtet. Ich kann mich nicht erinnern, daß irgendeine serbische Familie in Foča je Schweine hielt. Somit bestand ein Tabu, ein Respektieren anderer Sitten – obwohl ich wiederholen muß, es gab auch viel Unwissen den anderen betreffend. In meiner Familie kannte man die orthodoxen Bräuche nicht näher, und umgekehrt war es genau so. Von religiösen Inhalten und nationalen Besonderheiten gar nicht zu reden. In meinem späteren Leben habe ich all das nachgeholt, und dann sah ich auch ein, wie groß dieses Versäumnis auf meiner Seite war.

---

[49] Stadtviertel

Ðilas: Wie erleben Sie die Geschichte Bosniens? Ist die vorislamische Periode für Sie eher etwas Abstraktes und Intellektuelles, während sie die islamische Periode als Ihnen näher, wärmer und intimer empfinden? Spüren Sie hier einen Unterschied in Ihrem Bewußtsein und Ihren Gefühlen?

Zulfikarpašić: Ich glaube in Bosnien gibt es ein Phänomen, die starke gefühlsmäßige Bindung der Muslime an die vorislamische Geschichte Bosniens. Sie ist nur bei den Bosniaken anzutreffen. Wenn ich zum Beispiel an meine kroatischen und serbischen Freunde denke, so reduziert sich eigentlich alles auf den Versuch nachzuweisen, daß Bosnien vor Ankunft der Türken kroatisch oder serbisch, bzw. katholisch oder orthodox war. Bei den muslimischen Bosniaken hingegen empfindet die Intelligenz, die etwas davon versteht, eine unwahrscheinlich tiefe Verbundenheit und eine besondere Vorliebe für den bosnischen Staat, für die Bane, die bosnischen Könige und für das Bogumilentum. Und wenn ich mich noch so sehr als Muslim fühle, so hege ich doch eine intime und starke Sympathie für das patarenische und bogumilische Bosnien und seine Geschichte. Auf der Suche nach meiner Identität habe ich einige Zeit damit verbracht, auch die bosnische vorislamische Geschichte zu studieren. In Eurpa und auch in zahlreichen Museen der übrigen Welt konnte ich reichhaltige Spuren unserer Tradition und Kultur entdecken. In Nizza zum Beispiel, im Masen-Museum, existiert eine bekannte Sammlung von Goldmünzen. Sie umfaßt Münzen aus Spanien, England, Frankreich und Bosnien als die schönsten Exemplare, die zu jener Zeit geprägt wurden. Anderes Geld wird dort gar nicht erwähnt. Als ich die Sammlung zum ersten Mal sah, war ich tief bewegt von von der Tatsache, daß Bosnien im Mittelalter Münzen geprägt hat, die den Vergleich mit dem Geld der europäischen Großmächte nicht scheuen mußten. Im mittelalterlichen Bosnien gab es keine Todesstrafe. Es war der einzige Staat auf europäischem Territorium, der keine Todesstrafe kannte. Die Bogumilen hielten sich nämlich an folgendes Prinzip: Nur wer dir das Leben geschenkt hat, also Gott, hat auch das Recht, es dir zu nehmen. Im Kampf kann man sein Leben verlieren, doch nicht vor Gericht. Es erfüllt mich mit Stolz und Begeisterung, daß Bosnien solche Gesetze hatte. Und das gilt auch für die Stećci – unsere Bogumilengrabsteine – deren Inschriften darauf hinweisen, daß man sich einem Menschen nich unterwerfen soll.

Ðilas: Aber auch andere haben unter dem Einfluß der Bogumilen derartige Grabsteine errichtet.

Zulfikarpašić: Selbstverständlich. Jede Kultur breitet sich aus und hat ihren Einfluß. Die französische Wissenschaft hält das Bogumilentum für eine demokratische, autochthone, ursprüngliche Religion. Es ist weder eine Sekte des Katholizismus, noch eine Sekte der Orthodoxie, wie die katholische und die orthodoxe Kirche zu beweisen suchen. Das Bogumilentum hatte eine besondere Einstellung zu den Frauen, zur wechselseitigen Annäherung der Menschen und zum Warenhandel. Die Bogumilenpriester wurden aus der Mitte des Volkes gewählt, sie waren die klügsten und angesehensten Miglieder der Gemeinschaft. Sie hatten keinerlei Jurisdiktion inne, sie hatten lediglich das moralische Übergewicht auf ihrer Seite und sie verrichteten die Gebete. Sie konnten nicht einmal jemanden bestrafen, das fiel in die Kompetenz des Staates. Und im Staat herrschte ein unglaublich hohes Maß an Demokratie: alle waren gleich, die Herrscher konnten keine Entscheidungen treffen, wenn sie nicht vorher die übrigen Auserwählten aus den Reihen des Adels konsultiert hatten. Es zeigt sich, daß das Bogumilentum recht große Ähnlichkeiten mit dem Islam hatte. In jedem Fall haben mich die vorislamische Geschichten Bosniens und das Bogumilentum fasziniert.

Đilas: Wie ich schon sagte, bin ich kein Fachmann für bosnische Geschichte. Ich weiß, daß es ernstzunehmende Historiker gibt, die die Theorie von der Gleichsetzung der Bogumilen mit den Muslimen bestreiten, da ja sowohl Orhodoxe als auch Katholiken zum Islam übergetreten sind, während es eine erwiesene Tatsache ist, daß das Bogumilentum nach Ankunft der Türken sehr rasch verschwunden ist.

Zulfikarpašić: Was ist mit der Mehrheit der Bevölkerung passiert, wenn sie nicht zum Islam übergetreten ist? Leider existiert bei uns eine verzerrte serbische und kroatische Geschichtsschreibung, doch das gilt auch für unsere bosniakische Geschichte. Jeder Historiker auf dem Balkan krankt daran, daß er nicht primär die Wahrheit erforschen will, er möchte vielmehr seine These vom serbischen Bosnien, vom kroatischen Bosnien, oder von einem dritten Bosnien beweisen, und folglich sucht er nach Argumenten, die seine Meinung stützen. Hier gibt es unglaubliche Absurditäten. Es ist eine Tatsache, daß Rom und Ungarn viele Kriege inszenierten, daß sie zahlreiche Expeditionen zur Vernichtung der Bogumilen anführten. Wir befinden uns in einer unglücklichen Lage, denn die einzig verfügbare Dokumentation über die Bogumilen ist die Dokumentation der Inquisition, die – wie nicht anders zu erwarten – die Tatsachen in ein schiefes Licht rückt. Das ist gleichbedeutend damit, als würde man Hitlers Archiv über die Juden dazu benutzen, um eine Geschichte der Juden zu schreiben. So behauptet beispielsweise auch die kroatische Historikerin Nada Klaić – die die kroatische Historiographie widerlegt und gezeigt hat, daß Bosnien ebenso alt ist wie Serbien und Kroatien, und sogar noch älter als diese beiden, weil es schon im 9. Jahrhundert eine staatliche Form hatte – daß es viel weniger Bogumilen gegeben hat, als man gemeinhin annimmt. Allein die Tatsache, daß König Stjepan zweimal in seinem Leben die katholische Religion aufgegeben hat und zum Bogumilentum zurückgekehrt ist, zeugt von der Lebenskraft des Bogumilentums. Stjepan Tomašević[50] bekehrte sich erneut zum Bogumilentum, nachdem das römische Heer abgezogen war, denn der bogumilische Adel war der-

---

[50] Stjepan Tomašević, der letzte bosnische König, hingerichtet in Jajce im Jahre 1463. Ein Jahr zuvor hatte Tomašević die ungarische Herrschaft über Bosnien anerkannt; er erhielt vom Papst die Krone und lehnte es ab, Steuern an die Türkei zu zahlen.

art mächtig und stark, daß seine Krone in Gefahr geraten wäre, hätte er zu Rom und zum Katholizismus gestanden, auf dessen Seite er sich dem Anschein nach definitiv gestellt hatte. Mit den Türken hatte er einen Vertrag geschlossen, den er jedoch brach, und so fiel er beim Sultan Fatih in Ungnade. Als der Großwesir Mahmud-Pascha den König mit seinen Truppen in Jajce umzingelt hatte, gab er ihm sein Wort, man werde sein Leben schonen, wenn er sich ergeben und dem Sultan unterwerfen würde. Der König akzeptierte das Angebot. Als Fatih davon hörte, tadelte er den Großwesir und ließ den letzten bosnischen König Stjepan Tomašević hinrichten. .

Đilas: Aber der Sultan bekam die Fetva[51].

Zulfikarpašić: Fatih hatte die Meinung der islamischen Geistlichkeit über diese Angelegenheit eingeholt. Der Scheich-ul-Islam[52], der bekannte islamische Gelehrte Ali Bestami, stellte die Fetva gemäß einem Ausspruch Mohammeds aus, der lautet: „Laßt nicht zu, daß euch eine Schlange zweimal aus dem gleichen Loch beißt." Das war die Grundlage für das Urteil und die Hinrichtung. Später wurde das zum Gegenstand zahlreicher juristischer Diskussionen, weil eine ganze Reihe islamischer Gelehrter die Rechtfertigung dieses Akts, d.h. der Hinrichtung in Frage stellte. Man glaubt, Sultan Fatih hätte das gegebene Wort des Großwesirs respektieren müssen. Andere wiederum meinen, der Großwesir hätte sein Versprechen nicht im Namen des Sultans geben dürfen.

Die Türken haben Serbien, Griechenland, Bulgarien, Rumänien, Ungarn und eine ganze Reihe von Staaten des Mittleren Ostens, Afrikas und Europas erobert. Überall blieb der christliche Glaube unverändert und konnte bewahrt werden – das gleiche galt auch für die christlichen Institutionen: Klöster, Kirchen, Bibliotheken uns andere kulturelle Schätze.Was hätte es für einen Grund gegeben, nur in Bosnien Katholiken und Orthodoxe mit Gewalt zu islamisieren? Sind die Klöster, die nicht nur erhalten blieben, sondern sogar neu gebaut wurden, nicht der beste Beweis dafür, daß die muslimischen Bosniaken nur Bogumilen, bzw. Patarener gewesen sein können, die den Islam freiwillig angenommen haben?

Es steht fest, daß die Bogumilen verschwanden, sowie die Türken in Bosnien-Herzegowina auftauchten. Es steht aber auch fest, daß die türkischen Adligen aus Bosnien die Eroberer Ungarns waren, daß es sich hier um eine große historische Revanche handelte, denn Ungarn hatte jahrhundertelang versucht, die Religion der bosnischen Adligen zu vernichten. Als sich dieser Adel zu einer modernen Armee vereinigte und sich neue Kampftechniken zu eigen gemacht hatte, wurde Buda erobert, und das von einem bosnischen Heer und seinen Kommandanten, die mit den Ungarn noch alte Rechnungen zu begleichen hatten. Es ist meine tiefe Überzeugung, und dafür gibt es auch historische Beweise, daß das Podrinje, das heißt,

---

[51] Fetva (fatvah) – Verdikt der höchsten islamischen Institution oder Autorität.
[52] ältester religiöser Würdenträger im Osmanischen Reich

die Region um Foča, Ustikolina und Goražde – diese rein bogumilische Gegend – freiwillig zum Islam übergetreten ist und ihm Tor und Tür geöffnet hat, im Unterschied zu anderen Gebieten und Ländern, die von den Türken erobert wurden. Denn ein und dasselbe Regime galt für die Serben, die Griechen, die Albaner und alle übrigen, und natürlich galt es ganz genau so für die Bosniaken. Hätten die Bogumilen folglich nicht freiwillig zum Islam übertreten wollen, so hätten sie sich ebenso verhalten, wie dies die Serben getan haben. Eine Zwangsislamisierung gab es nicht. Es stellt sich jedoch die Frage: Was ist mit den Bogumilen passiert, wenn es keine Zwangsislamisierung gegeben hat? Wie konnte es geschehen, daß die Mehrheit der Bevölkerung den Islam annahm, und daß das Bogumilentum gleichzeitig von der Bildfläche verschwand? Wir wissen, daß die Bogumilen damals das dominierende Element Bosniens waren. Sultan Fatih traf die Entscheidung, den christlichen Glauben anzuerkennen und die Renovierung der Klöster ebenso zuzulassen wie die freie Ausübung des christlichen Glaubens. So wie die Haltung gegenüber den Griechen war, so war sie auch gegenüber den Serben und den übrigen. Und so war sie naturgemäß auch in Bosnien. Durch ihren Übertritt zum Islam konnten die Bogumilen Bosniens keine günstigere Stellung erlangen. Demzufolge gab es keine Gründe für eine Zwangsislamisierung, aber es gab den freiwilligen Übertritt. Doch dessen Ausmaß wollten die Historiker möglichst gering erscheinen lassen, um nachweisen zu können, daß es in Bosnien die Serben und Kroaten waren, die zum Islam übertraten. Warum hätten es die in Bosnien lebenden Angehörigen dieser Völker tun sollen, und weshalb hätten es dann die in Dalmatien oder Serbien lebenden nicht getan? Das wäre dann doch eine recht unlogische Annahme.

Đilas: Doch was war mit den Angehörigen der älteren Generation – zum Beispiel mit Ihrem Vater – die ja nicht wie Sie die einschlägigen historischen Werke gelesen haben? Empfanden auch sie die Geschichte Bosniens als Einheit? Empfanden sie das Bogumilentum auf die gleiche Weise?

Zulfikarpašić: Sie betrachteten Bosnien gerade deshalb als Ganzes, weil sie bessere Geschichtskenntnisse hatten als die heutige Generation. Mein Vater zum Beispiel kannte die Geschichte besser, als ich sie heute kenne. Ich glaube indes, das Bogumilentum hat die ältere Generation nicht so stark und anders erlebt. Ich weiß, daß mein Vater große Vorbehalte gegenüber den Türken hegte. Unter meiner weitläufigen Verwandtschaft gab es einen gewissen Ali-Beg Čengić, der seine Tochter einem türkischen Pascha zur Frau gab. In der Familie wurde das ganz so zur Kenntnis genommen, als sei sie für immer verloren. Die bosnischen Adligen gaben somit ihre Töchter den Osmanen nicht gern zur Frau. Es bestand ein gewisses Mißtrauen. Denn die letzte Herrschaftsperiode der Türken war die Ära ihres Niedergangs, eine Ära der Korruption, großer Unruhen, die Periode der Pressionen gegen Bosnien. All die Reformen, die die Türkei auf Druck Englands und Frankreichs zu Gunsten ihrer christlichen Untertanen durchgeführt hatte, waren nach Ansicht der Bosniaken unnötig, bedrohten ihre Existenz, bedrohten die Selbständigkeit Bosniens und die Authentizität der bosnischen Geschichte und Unabhängigkeit. Es ist eine Tatsache, daß Bosnien ein spezifisches Verhältnis zur Zentralmacht unterhielt. Wie ich bereits erwähnt habe, durften sich in der Zeit vor Omer-Pascha Latas nicht einmal die Gouverneure, die bosnischen Paschas, mehr als achtundvierzig Stunden lang in Sarajevo aufhalten. Dadurch waren sie in ihrer Macht beschränkt. Die Macht befand sich in den Händen der Söhne Bosniens. Aus Volksliedern und Gedichten ist erkennbar, wie unser Adel gegen Sultane, Wesire und Paschas kämpfte, die Bosnien verrieten, die es der christliche Welt ausliefern wollten.

Es ist eine Tatsache, daß sich die Generation meines Vaters mit der Türkei und der türkischen Geschichte fest verbunden fühlte, doch bei meinem Vater wie bei vielen anderen ging es nicht so weit, daß man sich mit der Türkei identifizierte, während diese Identifizierung bei den breiten Volksschichten, beim einfachen Volk, in hohem Maße vorfindbar war. Die türkische Sprache wurde in Bosnien am wenigsten verwendet. Man sprach sie viel häufiger auf den Märkten in Belgrad, denn dieser Sprache bedienten sich die Griechen, die Armenier und die serbischen Händler, während in Sarajevo kaum jemand auf das Türkische zurückgriff. Am Hof in Istanbul gab es von Anfang an Kanzleien, in denen die bosnische Sprache verwendet wurde. Natürlich behaupten kroatische Historiker, daß es sich dabei um eine kroatische Kanzlei handelte, daß man bei Hof Kroatisch sprach, während die Serben natürlich behaupten, daß Serbisch gesprochen wurde. Indes, man sprach ausschließlich die bosniakische oder bosnische Sprache, und die Menschen, die dort als Dolmetscher und Schreiber arbeiteten, stammten aus Bosnien.

Đilas: Als ich in Berane und Bijelo Polje weilte, bemerkte ich dort drei Arten von Einwohnern: die Muslime, die serbische, bzw. die orthodoxe Stadtbevölkerung, die nicht mit den Montenegrinern in die Stadt gekommen war, sondern schon früher, und die montnegrinischen Bewohner. Die serbische Bevölkerung hatte in ihrer Lebensweise und in ihrer Lebensauffassung viel mit den Muslimen gemeinsam, aber selbstverständlich gab es auch Unterschiede. Viele Serben waren mit Muslimen befreundet. Eine Tante meiner Mutter trug zum Beispiel Pluderhosen und den Jelek, eine ärmellose Weste, und auch ansonsten war sie ganz wie eine muslimische Frau gekleidet. Sowohl zur türkischen Zeit als auch später in der jugoslawischen Epoche ging sie häufig ihre muslimischen Freundinnen besuchen. Diese allerdings kamen nie zu ihr, luden sie jedoch zu sich ein. Vielleicht gingen sie zu anderen serbischen Familien, in diesem Falle aber habe ich das nicht bemerkt. Die Montenegriner standen völlig abseits, eingebildet und abweisend benahmen sie sich wie die Sieger, doch in allen Lebensformen waren sie primitiver als die übrigen. Die montenegrinischen Frauen und Mädchen waren anders, nicht nur physisch, sondern auch in der Art und Weise, wie sie mit den jungen Männern umgingen: Sie schnitten einem

gern das Wort ab, besonders wenn ein Dritter zuschaute. Die Serbinnen, die den alt-
eingesessenen Familien entstammten, waren zutraulicher und hatten sanftere Um-
gangsformen, mit ihnen konnte man sehr lustig sein und auch den einen oder anderen freizügigen Scherz machen, ohne daß sie sich beleidigt fühlten. Ich glaube, das
ist nicht nur auf eine bestimmte Lebensweise zurückzuführen, sondern auch auf
eine Lebensphilosophie, die sich mit der islamischen Zivilisation auf dem Weg
über die Städte und die dortige alteingesessene Bevölkerung auch unter den Serben
verbreitete. Das bezieht sich natürlich nicht auf die Bergbewohner der dinarischen
Rasse, sie blieben im wesentlichen, wie sie waren. Wenn ich das vereinfacht aus-
drücke: Anschauung und praktisches Verhalten dieser städtischen Serben spiegelten
die Einstellung wider, daß das Leben nicht nur aus Aufopferung, Heroismus und
Asketentum besteht. Eine solche Haltung wäre typisch für die Bergbewohner und
die orthodoxen Stämme, doch die städtisch-bürgerliche Schicht wollte das Leben
genießen und strebte nach Lebensfreude. Das setzte natürlich auch eine andere Einstellung zum Körper voraus.

Diese serbische Bevölkerungsschicht hat – philosophisch betrachtet – ein anderes
Verhältnis zum eigenen Körper: Der Körper ist ein Wert, ebenso wie die Seele, bei-
des sind keine getrennten Werte. Bei den Montenegrinern ist dies anders: Die Seele
ist außerhalb des Körpers, bzw. im Körper, wird aber als ein besonderer, separater
Wert betrachtet. Das wird auch bei Njegoš ersichtlich. In diesem Zusammenhang
möchte ich nur noch eines erwähnen – ich glaube, daß dies auch der erwähnten Lebensphilosophie entspringt: Alle Städte wurden in türkischer Zeit an sprudelnden
Quellen und Flüssen errichtet. Berane, zum Beispiel, wurde an der Lim und üppig
sprudelnden Quellen errichtet, ein Pascha hat die Stadt gegründet; es ist keine alte
Stadt, wenngleich es dort eine alte serbische Bevölkerung gibt, die zum Teil aus Kosovo und Metohien stammt. Auch die serbische Bevölkerung von Bijelo Polje ist
alt, soweit ich weiß, ist sie seit der Nemanjiden-Zeit hier ansäßig. Auch Bijelo Polje
liegt am Lim.

Zulfikarpašić: Alle Städte in Bosnien liegen an Flüssen oder ergiebigen Quellen.

Đilas: Die Türken pflegten den Wasserkult, sie hatten sogar professionelle Wasser-
prüfer. Ich glaube, das war nicht nur aus Liebe zum Wasser so. Das ist eine besondere Einstellung zum Leben – Man kann nicht angenehm und gemütlich leben,
wenn man kein Wasser hat. Was glauben Sie?

Zulfikarpašić: Wenn Sie mich gefragt hätten, wäre die Antwort die gleiche gewesen.
Ich wurde in einer Stadt geboren, in der die Familien Kujundžić, Kočović, Tošović
und Jeremić lebten – alte, städtische, orthodoxe Familien, deren Häuser sich von
den unsrigen kaum unterschieden, die im Haus Bäder hatten und sich ähnlich klei-
deten wie wir. Aus meiner Partisanenzeit kann ich mich an einen serbischen Bauern
erinnern, mit dem ich darüber sprach und der sagte, der Mensch solle nur zweimal
im Leben baden: „Wenn er geboren wird, und der Pope ihn tauft, und wenn er
stirbt. Das ist dann ein richtiger Mensch, der seinen natürlichen Geruch hat." Öf-

fentliche Brunnen sind charakteristisch für unsere Städte. Die Errichtung eines Brunnens oder öffentlichen Bades wird bei uns als edelste aller Stiftungen betrachtet. Allein in Sarajevo gab es rund hundert Brunnen. Einige von ihnen retteten die Stadt, als die Wasserleitung und die Wasserspeicher von Tschetniks blockiert wurden. Die alten Brunnen wurden zur wahren „Lebensquelle".

Was das gemeinsame Leben anbelangt, so ist interessant, daß die Serben auf dem Lande ihre Kleider aus anderen Stoffen als die Muslime anfertigten. In der Stadt hingegen gab es diesen Unterschied nicht. Von den Stoffen war Leinen ganz besonders populär. Was das Essen betrifft, so ernährten sich die orthodoxen Familien in der Stadt fast genau so wie wir – Pita, Baklava, Dolma[53] und Pilav sind Bestandteile ihrer wie unserer Küche. Dann zum Beispiel die Parfums – hier war das Rosenöl sehr beliebt – und auch der Schmuck war ähnlich, außerdem war man gewohnt, die Schuhe im Haus auszuziehen.

Wenn nur wenige Meter entfernt Nachbarn mit einem anderen Glauben wohnen, dann lernt man Toleranz schon von Kindesbeinen an, man lernt, sein eigenes Leben mit dem Milieu in Einklang zu bringen, in dem man lebt, und das seine eigenen Gesetze hat. Nicht nur die Gesetze des eigenen Hauses, daneben existieren die Gesetze einer bestimmten Straße, eines Stadtviertels einer Stadt. Als ich noch sehr jung war und anfing, mich mit Politik zu beschäftigen, gefiel mir das bäuerliche Element, es erschien mir einfacher, natürlicher, weil es keine Schwarz-weiß-Sicht der Dinge hatte, und in seinen Forderungen bescheiden und schlicht war. Gleichzeitig aber war die Landbevölkerung erheblich primitiver. Die in der Stadt geborenen Menschen besitzen die Kultur der wechselseitigen Toleranz, die Kultur der Mäßigung und die generelle Kultur. Sie haben das Bedürfnis, auch anderes und fremdes kennenzulernen. Eine der Tragödien des heutigen Krieges in unserem Land besteht darin, daß der nichturbane, um nicht zu sagen der halbwilde, jedenfalls aber der unzivilisierte Teil des Volkes zum Träger der kriegerischen Ereignisse geworden ist. In Sarajevo zum Beispiel identifizieren sich die urbanen Menschen – die alten serbischen Familien wie die Prnjatović, Besarević, Kočović – vollkommen mit der Stadt und auch mit ihren Nachbarn, den Bosniaken.Und trotz allem, was passiert ist, bleiben sie die Basis für ein eventuelles, gemeinsames neues Leben, das nach all dem Grauen beginnen wird.

Als ich nach all den Jahren zum ersten Mal wieder nach Sarajevo kam, stank das Zentrum, wo das Herz Sarajevos schlägt, entsetzlich nach Urin. In jedem Haustor mußte man Harnpfützen, häufig auch Kot überspringen. Das hat mich sehr schokkiert. Als ich neulich nach zwei Jahren wieder nach Sarajevo kam, in diese halbzerstörte, vernichtete und hungernde Stadt, war der Gestank wie durch ein Wunder verschwunden, er war nicht mehr da. Obwohl es riesige Müllberge gibt, stinkt Sarajevo nicht mehr. Man merkt, daß sich diejenigen, die auf derartige Weise in Sarajevo leb-

---

[53] gefüllte Paprika, Tomaten, Weinblätter etc.

ten und diesen Gestank anrichteten, inzwischen aus der Stadt zurückgezogen haben und sie jetzt aus den umliegenden Bergen mit Kanonen beschießen. Hier spürte ich den Unterschied zwischen einer urbanen und einer nichturbanen Mentalität. Diejenigen, die in den Bergen ringsum Befehle zur Vernichtung der Stadt geben, haben ihre Schulausbildung in Sarajevo absolviert und haben hier alles bekommen, was sie besitzen, und doch ist bei ihnen nur Haß und Feindschaft gegen die Stadt geblieben. Innerhalb einer Generation lassen sich offensichtlich urbane Lebensgewohnheiten und humane Kultur nicht erlernen.

5. Der Beg bei den Partisanen

Đilas: Wer von der Familie Zulfikarpašić hat außer Ihnen am Zweiten Weltkrieg teilgenommen? Wer hat sein Leben verloren, auf welche Weise und durch wen? **Zulfikarpašić:** Von meiner Familie im weiteren Sinne, d. h. von den Čengići in Foča, kamen rund vierzig Menschen ums Leben. Sie wurden von Tschetniks ermordet, vier wurden verhaftet und zwei von den Ustasche als Sympathisanten der Partisanen erschossen. Sulejman Zulfikarpašić, ein naher Verwandter, kam bei den Partisanen ums Leben, und auch Mustafa Alajbegović, ein Kämpfer der ersten Stunde. In meiner Familie gab es keine Ustascha-Sympathisanten, niemand unterhielt irgendwelche Kontakte zu ihnen. Mein einziger Bruder Sabrija war apolitisch, wie ich zugeben muß, doch abgesehen davon mehr oder weniger jugoslawisch orientiert. Er war Mitglied im „Sokol"[54] und „Gajret"[55] – einem projugoslawischen muslimischen Verband – der Ustascha gegenüber war er passiv. Er kümmerte sich nur um sein Landgut.

Im Jahre 1941 kam als Kommandant der Tschetniks ein gewisser Sergije Mihajlović nach Foča, ein Hauptmann russischer Abstammung, der ein schreckliches Blutbad in der Statdt anrichtete. Er war Kind russischer Emigranten. Er führte in Foča ein blutiges Regime ein. Auch mein Bruder wurde 1941 getötet, es geschah Ende November oder Anfang Dezember. Im Dezember, als ich bei den Partisanen war, begegnete ich im Zvijezda-Gebirge einer Gruppe geflohener Jungkommunisten aus Foča, die mir berichtete, daß mein Bruder kürzlich ermordet worden sei. Er wurde von den Tschetniks festgenommen, die seiner Frau gefolgt waren, als sie ihn besuchen wollte. Sie entdeckten ihn, zerrten ihn aus dem Haus und führten ihn an die Drina. Darüber, wie er getötet wurde, gibt es unterschiedliche Berichte: Einige behaupten, er sei erschossen worden, andere wiederum wollen wissen, man habe ihn mit einem Messer erstochen. Zwei oder drei Tage später fand man ihn tot an einem Weg entlang der Drina. Man hatte ihn nicht in die Drina geworfen, so daß er beerdigt werden konnte. Nach dem Krieg stieß ich auf zwei Leute, die mir das mitteil-

---

[54] Nationaler Sportverein der Slawen in Österreich-Ungarn, gegründet in Prag 1862. Seit 1929 war „Sokol" eine privilegierte Staatsorganisation im Königreich Jugoslawien.

[55] Kultur- und Bildungsverband der Muslime in Bosnien-Herzegowina. Der Verband wurde 1903 von Safvet-Beg Bašagić gegründet, der auch sein erster Präsident war. „Gajret" errichtete Schülerheime in bosnischen Städten und spielte eine große Rolle bei der Fortbildung der muslimischen Jugend.

ten, und als ich 1990 nach Bosnien zurückkehrte, zeigte mir ein Einwohner Fočas die Stelle, an der mein Bruder begraben wurde. Es gab kein Anzeichen dafür, daß hier eine Grabstätte war. Ich glaube, unmittelbar danach wurde Foča für kurze Zeit von Partisanen erobert; während des Krieges wechselte die Stadt an die fünfzig Mal ihre „Herrscher", zuerst waren dort Tschetniks, dann Partisanen, Italiener, Ustasche, dann erneut Tschetniks... Es war schrecklich.

Đilas: Sind Sie in den Jahren 1941 und 1942 im Zvijezda-Gebirge geblieben?

Zulfikarpašić: Ja, und dort erlebte ich einen „sibirischen Winter". Man sagte mir, die Partisanen hätten es gestattet, Opfer zu bergen und zu beerdigen. Da es damals keinerlei Amtspersonen gab, und schon gar keine religiösen, hat man sie wahrscheinlich auf allereinfachste Art bestattet. Mein Vater wurde vor der Aladža-Moschee begraben, wo auch schon mein Großvater Zulfikar Pascha Čengić ruhte. Bis zum aktuellen Krieg blieb sein Mezar (Grabmal) unversehrt. Ich war mehrmals dort. Der Mezar ist sehr imposant und, dort wurde auch ein Park angelegt, doch der Mezar von Zulfikar-Pascha blieb wie durch ein Wunder unangetastet, während das Grab meines Vaters im Krieg beschädigt wurde. Als die Tschetniks die Moschee zum Teil vernichteten, wurde auch die Grabstätte meines Vaters zerstört, doch nach dem Krieg ließ ich sie aus der Emigration wieder aufbauen. Das Grab wurde mit Steinen von der Insel Brač renoviert, und zwar als Kopie des Pertev-Pascha-Denkmals in Istanbul, eines Werks des bekannten Baumeisters Sinan, das mir sehr gefallen hatte. Nach langen Überlegungen, welches Grabmal ich meinem Vater errichten sollte, entschied ich mich für die Kopie und gab sie in den siebziger Jahren bei Steinmetzen von der Insel Brač in Auftrag. Die Partisanen wollten zunächst die Renovierung des Grabmals nicht zulassen, da aber mein Vater kein Kollaborateur und zudem Bürgermeister gewesen war, erhielt ich schließlich die Genehmigung.

Neulich hörte ich, daß sowohl die Aladža-Moschee als auch dieses Grabmal zerstört wurden. Die Fundamente der Moschee wurden aus dem Boden gerissen, und vom Grab meines Vaters und meines Großvaters ist keine Spur mehr geblieben.

Đilas: Sind im heutigen Krieg auch Angehörige von Ihnen ums Leben gekommen?

Zulfikarpašić: Ja. In Foča hatte ich keine nahen Angehörigen mehr, dafür aber in Sarajevo. Ein Verwandter von mir wurde von jener berüchtigten Granate zerrissen, die auf dem Marktplatz explodierte. Auch ein Enkel meines Bruders wurde tödlich verletzt. Er wurde am Bein getroffen, doch ein kleiner Granatensplitter drang auch in seine Lungen, man merkte dies aber nicht. Er wurde am Bein operiert, die Verletzung der Lunge wurde aber nicht entdeckt, auch er selbst bemerkte sie nicht. Er hatte Atemprobleme und dachte, sie seien durch die Wunde am Bein verursacht, erst später entdeckte ein Arzt, ebenfalls unser Verwandter von uns, wie es um ihn stand. Es war schon zu spät, die Lungenblutungen waren so stark, daß man nichts mehr unternehmen konnte, und mein Verwandter starb. Eine Enkelin meiner Schwester wurde schwer verwundet. Ihr Enkel wurde ebenfalls verwundet, man hat ihn zur Therapie nach Finnland geschickt. Vier oder fünf Personen aus meinem näheren Verwandtenkreis wurden in Sarajevo verletzt. Sie haben bestimmt von Esad Čengić, meinem Verwandten, gehört. Vor ein paar Tagen wurde auch er verwundet. **Đilas:** Ich kenne Esad. Und ich kann mich auch an jene eiserne Brücke erinnern, auf der man gefesselte Muslime erstach und sie danach in die Drina warf. Was wissen Sie von den blutigen Metzeleien in Foča während des Zweiten Weltkriegs? Foča ist heute zerstört, das heißt nicht eigentlich die Stadt, sondern alle ihre Moscheen. Wenn wir schon davon sprechen, sagen Sie bitte, was glauben Sie, weshalb haben die Tschetniks im Zweiten Weltkrieg die Moscheen nicht zerstört, wie dies jetzt geschehen ist?

Zulfikarpašić: Die Brücke über die Drina, auch Blutige Brücke genannt, war im Zweiten Weltkrieg Schauplatz des größten Blutbades an der bosniakischen Zivilbevölkerung. Hunderte von Einwohnern Fočas – alte Menschen, Frauen, Mädchen und Kinder – wurden auf der Brücke getötet. Einige junge Leute sprangen von der Brücke ins Wasser, und versuchten, sich tauchend zu retten. Nur dreien gelang dies, alle anderen ertranken im kalten Wasser oder starben im Kugelhagel. Die wenigen Überlebenden beschrieben später die Greuel.

Der bekannte slowenische Maler Božidar Jakac widmete der Blutigen Brücke mehrere Zeichnungen, ich selbst beschrieb 1957 im Fragment meiner Erinnerungen *„Der Weg nach Foča"* das Massaker wie folgt:

„Am anderen Ufer der Drina lag gespenstisch das früher einmal schöne und bunte Foča. Statt roter Dächer, weißer Häuser und bunter Gärten waren jetzt im Schnee nur noch ausgebrannte Ruinen zu sehen. Auf der Brücke nahm uns eine Patrouille in Empfang. Aus dem ehemaligen Zollhaus kam uns ein Partisan entgegen. Ich kannte ihn, es war Vojin Božović, ein Montenegriner. Er arbeitete seit langer Zeit in Foča, wir waren gute Bekannte. Wir reichten uns wortlos die Hand. Wir gingen zu Fuß über die Brücke. Sie war noch immer blutgetränkt. An der Brücke hingen stalaktitenähnliche blutige Eiszapfen. Unter diesem roten Baldachin schaukelte die Drina sanft die toten Körper, als wolle sie sie in den Schlaf wiegen. Am Ufer lagen aufgequollene Leichen von Frauen, Kindern und Männern in städtischer und bäuerlicher Kleidung. Einige Leichen waren nackt.

Hier auf der Brücke hat man die Männer abgeschlachtet, – erklärt uns Božović – Hauptmann Sergije Mihajlović und der Ortskommandant, der Pope Vasilije Jovičić, haben die Festnahme aller muslimischen Männer angeordnet. Danach wurden alle getötet, die größer waren als ein Kavalleriekarabiner. Doch getötet wurde nicht nur dort, sondern überall: auf Straßen, in Höfen und Häusern. Danach kamen Frauen und Kinder an die Reihe. Die Drina spuckte die Leichen an die Wasseroberfläche. Um das zu verhindern, schnitt man ihnen die Bäuche auf, danach gingen die Leichen unter.

– Wer hat das getan? – fragte ich.

Zumeist Leute aus der Stadt und serbische Tschetniks, doch von denen nur sehr wenige. Ohne Kampf und Widerstand hatten die Tschetniks Foča eingenommen, ohne

Kampf und Widerstand hatten sie es wieder verlassen. Als unsere Brigade und die Heeresabteilung Kalinovički eintrafen, flohen die serbischen Tschetniks sowie ein Dutzend Einwohner der Statdt, alle übrigen blieben dort, und es passierte ihnen nichts. Im Laufe von sechs Monaten hatten sich sich unter den Muslimen nur 12 Leute gefunden, die bereit waren, mit den Ustascha-Behörden zu kooperieren, doch in nur acht Stunden verwandelten sich fast alle Serben in Tschetniks und sie begannen damit, einen nach dem anderen abzuschlachten, ohne zu fragen, wer schuldig war und wer nicht. Unter den 16.000 Serben waren nicht einmal zwölf zu finden, die wenigstens einen einzigen Muslim oder seine Familie und seinen Besitz in Schutz genommen hätten – und so wurden achttausend Muslime im Bezirk Foča dahingemordet.

Das ist ein Schandmal, das niemand vom Antlitz meiner serbischen Mitbürger wird tilgen können. Das ist ein Verbrechen ohnegleichen.

Ich wurde in dieser Stadt geboren, ich wuchs gemeinsam mit Serben auf. Zwischen Muslimen und Serben herrschten gutnachbarliche Beziehungen. In Foča gab es keine getrennten Kaffeehäuser und Gaststätten. Zwar gab es muslimische und serbische Kulturvereine, doch wir gingen zu ihren Veranstaltungen wie sie zu unseren. Wir hatten gemeinsame Schulen, gemeinsame Spielplätze. Einige Jahre vor dem Zweiten Weltkrieg wurde eine Tschetnik-Vereinigung gegründet. Die Mitglieder erhielten Gewehre, und manchmal marschierten sie in serbischen Uniformen durch die Stadt, manchmal drohten sie uns. Während der siebenmonatigen Herrschaft des Unabhängigen Staates Kroatien gelang es dem Ustascha-Regime nicht, mehr als zwölf Mann für den Dienst bei den Ustasche zu mobilisieren – zwölf von achtunddreißigtausend Muslimen in der Region Foča. Das war deswegen so, weil man versuchte, die Muslime mit serbenfeindlichen Parolen anzuwerben. Diejenigen, die sich von der Ustascha anwerben ließen, waren zumeist gescheiterte Existenzen, Lumpenproletariat, also Leute, die die Muslime absolut nicht repräsentieren konnten. Im Laufe dieser sieben Monaten wurden im Gebiet Foča zwischen 20 und 30 Verhaftungen vorgenommen; all diese Menschen wurden wahrscheinlich erschossen. Sie wurden zunächst nach Sarajevo gebracht. Das löste Erbitterung unter den Muslimen aus. Viele angesehene Menschen intervenierten, um sie frei zu bekommen. Keiner der angesehenen Bürger von Foča hat das Verhalten der Ustascha in irgendeiner Weose gebilligt. In Foča wurde niemand erschossen, niemand beraubt, es gab keine Hausdurchsuchungen.

Von der Brücke bis Donje Polje bot sich kein besseres Bild. Die Häuser, die man nicht niedergebrannt hatte, sahen verlassen aus, Fensterscheiben und Türen waren eingeschlagen. Auf den Straßen gab es dennoch Menschen. Ich begegnete Partisanenpatrouillen, aber auch Stadtbewohnern. Es fiel mir schwer, sie zu erkennen, alle hatten sich verändert. Vor dem Gasthaus der Grujičić stand eine größere Schar moslemischer Frauen und Kinder, hie und da war auch ein Mann zu sehen. Sie hatten Töpfe in der Hand. Offensichtlich wurde dort etwas verteilt. Ich wollte mit jemandem reden. Ich sprang vom Pferd und verabschiedete mich von meinen Reisegefährten.

– Ich komme später nach.

Ich konnte die Gesichter nur mit Mühe erkennen. Sie betrachteten mich mit stumpfem und ausdruckslosem Blick. Ohne Begeisterung und Haß. Man sah, daß sie etwas Entsetzliches erlebt hatten.

– Worauf wartet ihr? – fragte ich.

– Es gibt Trockenobstbrei!

Aus den Reihen löste sich Ferida Mulabdić, eine Medizinstudentin, die mit den Partisanen sympathisierte. Ich konnte sie kaum erkennen. Ihr früher volles Gesicht war eingefallen. Der Glanz der Augen erloschen. Sie schien gealtert. Ich schlug ihr vor, mit mir zu kommen.

– Warte bitte, bis ich den Brei bekomme, meine Mutter ist hungrig, auch ich habe schon lange nichts gegessen.

– Komm mit mir, bei meinen Kurieren gibt es was für mich, ich gebe es dir. Bitte, erzähl mir, was ist passiert?

– Was soll ich dir erzählen, du kannst ja selbst sehen. Man weiß nicht, wo man beginnen soll.

Einige ältere Muslime zogen Leichen auf Karren an uns vorbei. Ein Pferd hatten sie nicht, so daß einige schieben, andere ziehen mußten.

– Siehst du, so geht das jetzt schon zehn Tage, seitdem die Partisanen gekommen sind, die Leute bergen die Toten auf den Straßen und in den Häusern und beerdigen sie.

Wir waren bei der Čehotina-Brücke angekommen.

– Alles passierte so unerwartet. Die Italiener wurden eines Tages unruhig. Die Partisanen bereiten einen Angriff vor, sagte man. In den frühen Morgenstunden verließ eine Domobranenschar mit ein paar Ustasche die Stadt in Richtung Borč, nachdem ihnen die Italiener gesagt hatten, daß man Foča den Tschetniks zu überlassen gedenke. Die Italiener zogen eine Stunde nach Mitternacht ab in Richtung Čajnič und Plevlje, verließen in der Nacht die Stadt, während die Tschetniks am Morgen in Foča einrückten. Alle serbischen Bewohner trugen plötzlich Kokarden und Gewehre. Rund zehn erklärten sich für Woiwoden, Hunderte für Kommandanten. Der Ortskommandant war der Pope von Foča, Jovičić. Alle Muslime mußten die Schlüssel von ihren Geschäften, aber auch Duplikate ihrer Haustürschlüssel abgeben. Doch niemand versuchte, die Tür aufzusperren, es wurde einfach eingebrochen. Am nächsten Abend begannen die Massaker.

Um meinen Vater und meinen Bruder abzuholen, kam Dejan Kočović, zusammen mit einigen Bauern und Dejans Schwester. Mein Gott, ich konnte es einfach nicht glauben, daß unsere Nachbarin, zu der wir so gute Beziehungen hatten, zu so etwas fähig war.

– Gut, aber was war mit Vladan Hadživuković, Vasilije Sunar, Slavko Mazić und anderen angesehenen Serben, die wir Muslime zu unseren Freunden zählten und die wir vor den Ustasche geschützt hatten?

– Vlado und Vasilije waren im Hauptausschuß des Ortskommandos und stellten den Erschießungsplan zusammen. Slavko war zusammen mit Boba Jojić für die Übernahme von Geschäften zuständig. Wir haben alles abgegeben. In Foča wirst du kein einziges muslimisches Haus finden, in dem noch irgendwelche Kleidung ist, geschweige den ein Kilo Mehl, um Brot zu backen. Unser gesamter Hausrat ist weggeschleppt. Doch am schrecklichsten waren die Nächte. Tagsüber wurden Leute abgeführt, um sie zu erschießen. Doch nachts drangen sie in die Häuser ein, und dann begann das Vergewaltigen und Verprügeln. Man hörte nur Hilfeschreie und Feuersbrünste. Aus der früheren Bezirksverwaltung und aus dem Gericht hatte man ein Gefängnis gemacht. Dort folterte man die Menschen, bevor man sie tötete. Auch auf Straßen und Plätzen konnte man die schrecklichsten Dinge sehen. Eines Tages wurde eine wahre Jagd veranstaltet. Eine Jagd auf Menschen. Sie nahmen Hunde und einige hundert Soldaten und gingen in die Berge, um Jagd auf jene zu machen, die bisher dem Tod entgangen waren. Wir hörten Gewehrfeuer an jenem Abend, man brachte sie nicht in die Stadt, man hat sie an Ort und Stelle getötet.

– Wir hatten eine Sympathisantengruppe in der Stadt, die Flugblätter druckte und unser Material verteilte. Was ist mit ihr passiert?

– Enes Čengić und sein Vater wurden schon in der ersten Nacht getötet, andere hat man später erschlagen, wieder andere wurden erhängt. Mit Ausnahme von Fajko Kurspahić, der sich irgendwo versteckt hatte, wurden alle ermordet. Der serbische Teil der Sympathisantengruppe ist hier, er arbeitet jetzt bei den Partisanen in der Propagandaabteilung.

– Wie haben sich die Serben verhalten?

– Passiv, der eine oder andere von ihnen trug sogar eine Tschetnikskokarde.

– Ist es den Mördern gelungen, zu entkommen, oder haben wir einige erwischt?

– Nur etwa zehn von ihnen sind entkommen, alle anderen sind hier, doch man hat sie in die Reihen der Partisanen aufgenommen, und sie haben ihre eigene Abteilung. Ihr Kommandant ist Strajo Kočović, selbsternannter Tschenik-Vojvode, einer der schlimmsten Mörder. Man hat nichts unternommen, um sie zu bestrafen."

Die muslimischen Bosniaken hatten es nicht verdient, daß man jetzt sie büßen ließ, sie waren weder die Ursache noch das Instrument einer Politik, die Repression und Verbrechen an Juden und Serben auf ihre Fahnen geschrieben hatte.

Unter den Völkern Bosniens herrschte traditionell Disziplin, und wir kannten die Grenzen, die man nicht überschreiten durfte. Es gab Konflikte, doch es gab gewisse Grenzen, die man nicht überschritt. Mit dem Erscheinen Hitlers, mit der Ermordung der Juden, mit der Ermordung eines Volkes ohne jeden Grund geschah es zum ersten Mal in der Geschichte Bosniens, daß ein Staat den Massenmord organisierte.

In der Emigration schrieb ich darüber, wie ich den Krieg, den Bürgerkrieg und die Massaker in Bosnien erlebt hatte. Juden und Serben wurden über Nacht außerhalb des Gesetzes gestellt. Serbische Kirchen wurden versiegelt.

Ðilas: Das gab es auch in Foča?

Zulfikarpašić: Überall gab es das. Die Kirchen wurden versiegelt, das Eigentum beschlagnahmt und geraubt, Priester verhaftet, Bischöfe erschlagen. Bischof Zimonjić, ein Freund meines Vaters in Sarajevo, wurde verhaftet, ich weiß nicht einmal, wo sein Grab ist. Zum ersten Mal geschah es, daß der Staat die Ausrottung eines Volkes organisierte. In Bosnien war so etwas nie zuvor geschehen. Das war ein Schock für die Muslime. Die Resolutionen der Muslime, z. B. von Sarajevo, Mostar und Banja Luka zeigen, daß die bosniakische Intelligenz und der muslimische Klerus dies als Gotteslästerung, als eine Katastrophe betrachteten, an der man sich nicht beteiligen durfte, die man verurteilen mußte. In Europa ist dies das einzige Beispiel, daß gegen Hitler und gegen ein Regime von seinen Gnaden Unterschriften gesammelt und die Rassenpolitik, der Mord an Juden und Serben und die Plünderung ihres Eigentums verurteilt wurden. Diesen Protest haben die muslimischen Bosniaken im Jahre 1941 öffentlich erhoben. Unterzeichnet haben die Resolutionen Muslime – Richter, Lehrer, Professoren, Geschäftsleute und die hohe muslimische Geistlichkeit. Natürlich gibt es in jedem Volk extreme Elemente, es gab sie auch unter den Bosniaken, es gab diejenigen, die mit dem Ustascha-Regime sympathisierten, die es unterstützten und sich aktiv daran beteiligten. Sie glaubten wahrscheinlich, die Zeit sei gekommen, um mit den Serben abzurechnen. Insgesamt gesehen jedoch war die Haltung der Muslime positiv.

Mein Freund Branko Pešelj[56], Professor an der Georgetown Universität, hat einmal geschrieben, die Tschetniks hätten damit begonnen, Kroaten und Muslime zu töten, und dies sei das Ziel ihrer Bewegung gewesen . Ich erwiderte ihm in der Zeitschrift *„Bosanski Pogledi"* wie folgt: Nicht die Serben haben das organisiert, sondern die Serben sind in die Wälder geflohen, um nicht dahingemetzelt und ermordet zu werden. Ich erinnere mich zum Beispiel, daß Menschen aus der Umgebung von Foča, Hunderte von ihnen, nach Nevesinje gingen, um Pferde zu kaufen. Dort wurden sie von den Ustasche verhaftet und ermordet. Das wurde ruchbar. Daraufhin erfolgte eine Welle von Festnahmen und Massakern an Serben auf dem Dorf und an Juden in der Stadt, so daß die Menschen in die Wälder flohen, um ihr nacktes Leben zu retten. Dann schloß sich ein Teil ihrer Intelligenz und des Offizierkorps den Tschetniks an und führte die Massen an bei den Massakern an unschuldigen Bosniaken.

---

[56] Branko Pešelj (1909–1992), Professor für Völkerrecht und Verfasser mehrerer wissenschaftlicher und politischer Studien, Mitglied der Demokratischen Alternative und einer der Führer der Kroatischen Bauernpartei.

Der Krieg hat die Tabus ausgelöscht

Im Krieg wird es gefährlich, wenn Tabus vernichtet werden. Unter normalen Verhältnissen darf man weder stehlen noch töten, weil man sich dafür vor Gericht verantworten muß. Dann verändert sich plötzlich die Situation, wo man das doch tun kann, wo das Tabu verschwunden ist, und psychologisch entsteht so eine Atmosphäre der Gewalt, der Ungerechtigkeit, der Rache. Ich weiß sehr gut, welch großes verbrecherisches Potential in unserem Land gegeben ist. Da wir Partisanen von Anfang an mit jenen Aufständischen zusammenarbeiteten, die sich später Tschetniks nannten, und da wir gemeinsame Stäbe hatten, erlebten wir, wie ihre Offiziere und Kommandanten mit der Propaganda begannen, an all ihren Verlusten seien die „Türken" schuld. So bezeichneten sie die Bosniaken. „Jetzt müssen wir die Gelegenheit nutzen, um sie alle zu töten!"

Sehen Sie, wir Bosniaken mußten die Zeche dafür zahlen, daß die von den Ustasche und den Tschetniks veranstalteten Massaker ungesühnt blieben. Die Westherzegowina, die Region von Ljubuško, stellte die größte Zahl von Mördern, von dort kamen Luburić[57] und andere Ustasche, die in Bosnien gemordet und gebrandschatzt haben. In der Westherzegowina wurde in der gesamten Kriegszeit kein einziger Schuß abgefeuert, da diese Region einerseits von der Neretva und andererseits von Kroatien geschützt wurde, während mein Foča, wo es keine Ustasche gab, immer wieder anderen Herrschern zum Opfer fiel. Wir mußten folglich die Zeche der anderen bezahlen.

So entstand jene Atmosphäre der Vernichtung sämtlicher Tabus, die Atmosphäre des straflosen Massakers an einem ganzen Volk, und so passierte es zum ersten Mal, daß Serben ihre muslimischen Nachbarn ungestraft töten konnten, ebenso wie es ihnen ergangen war, als sie von den Ustasche getötet wurden.

In Foča fand die Ustascha ihre Anhänger in einer kleinen Gruppe von Alkoholikern und Obdachlosen, die willig die Uniform der Faschisten anzogen. Das war das allerschlimmste Gesindel. Sie verhafteten zehn der allerbesten serbischen jungen Männer, unter ihnen den Hadživuković, den ich bereits mehrmals erwähnt habe, und einen Verwandten von ihm, ferner Kočović – alles Menschen, die mit uns lebten und mit uns befreundet waren. Man führte sie ab und ermordete sie. Ich selbst war sehr aktiv, obwohl ich damals noch sehr jung war, schließlich hatte ich nicht wenige gute Bekannte unter den Serben. Sie erkundigten sich bei mir, was zu tun

---

[57] Maks Luburić, Chef aller Konzentrationslager im Unabhängigen Staat Kroatien (NDH), Kommandant einer Sonderlegion, die sich bei den Massakern an der Zivilbevölkerung hervortat. Vor dem Abzug aus Sarajevo ließ er 1945 an die hundert muslimische Intellektuelle hängen. In der Emigration war er unter dem Decknamen Drinjanin aktiv. Ermordet in Spanien von Agenten des Staatssicherheitsdienstes (UDBA).

sei. Ich war der Meinung, daß wir Muslime öffentlich protestieren sollten und die Ustascha-Gruppe hindern müßten, weitere Verhaftungen vorzunehmen. Ich sprach darüber mit hochangesehenen Menschen wie Ahmet Trhulj, Muhamed-Beg Avdagić und anderen, und sie alle legten Protest wegen dieser Untaten ein. Sehen Sie, In Foča war die Bevölkerung zu siebzig Prozent muslimisch. Wir dachten damals noch nicht auf Heiducken-Art, wir hatten Achtung vor dem Staat und seinen Institutionen. Die Ustasche haben diesen Respekt vernichtet, sie haben Tabus zerstört und neue „Regeln" eingeführt, daß sich niemand mehr für ein Verbrechen verantworten mußte, sondern daß er dafür noch gelobt wurde – es war dieselbe Logik, die auch bei den Tschetniks herrschte. Foča litt ebenso wie im aktuellen Krieg Prijedor, Sanski Most und Brčko leiden ... Foča wurde zum Symbol des Leidens im Zweiten Weltkrieg. Mehr als die Hälfte seiner Einwohner wurde getötet, die meisten Opfer waren Männer. Die armen Menschen suchten ihr Heil in der Flucht. Es war schrecklich.

Đilas: Sie sagen, daß rund die Hälfte der Einwohner ermordet wurde. Wer hat sie umgebracht, waren es sowohl Ustasche als auch Tschetniks?

Zulfikarpašić: Zuerst haben die Ustasche Morde begangen, sie töteten einige junge Leute. Das waren keine Massenmorde, sie zielten jedoch darauf ab, die serbische Bevölkerung mitten ins Herz zu treffen, sie zu demoralisieren und in Panik zu versetzen. Die Atmosphäre war entsetzlich. In der Emigration machte ich mir einen Namen, indem ich meine Meinung klar zum Ausdruck brachte, daß mit den Morden und den Verbrechen in Bosnien-Herzegowina die Ustasche begonnen haben, und daß sie die Ursache für unsere Katastrophe waren, weil sich dann die Tschetniks der gleichen und noch schmimmerer Methoden bedienten. Ich sah einige Dörfer, unmittelbar nach dem die Ustasche der *„Schwarzen Legion"* dort ein Massaker angerichtet hatten. Doch ich sah auch muslimische Dörfer, unmittelbar nachdem Tschetniks eingefallen waren. Sie hatten ebenfalls schreckliche Massaker angerichtet, gebrandschatzt, gemordet und geplündert. Es war eine absolut zügelloser und wahnsinniger Haufen, der seiner Mordlust bei jeder Gelegenheit freien Lauf ließ. Im Unterschied zur heutigen Situation indes tauchte damal in Gestalt der Partisanen eine organisierte Kraft auf, die den einen wie den anderen Widerstand leistete und die sich auf den Kampf gegen den Okkupator konzentrierte.

In Foča selbst waren es die Tschetniks, die ein Massaker unter den Muslimen anrichteten, ohne daß hierzu der geringste Anlaß vorgelegen hätte. Es kam zum Beispiel vor, daß Francetić[58] mit seinem Expeditionskorps bis an die Drina vorstieß, sich dort ganze fünf Stunden aufhielt und ein Telegramm an Ante Pavelić schickte, Bosnien sei bis zur Drina befreit, woraufhin er sich zufrieden zurückzog. Damit

---

[58] Jure Francetić, Kommandant der berüchtigten Schwarzen Legion der Ustascha. Seine Kampfeinheiten wurden nach dem Modell der SS-Einheiten gebildet. Er war für seine Grausamkeit und persönlichen Mut bekannt.

überließ er die Bevölkerung erneut den Mordbanden der Tschetniks. In Ostbosnien aber lebten Muslime, hier gab es keine katholischen Kroaten. Und gerade Ostbosnien mußte schwerstes Leid ertragen.

Die sogenannte Serbische Republik erscheint heute in einer Variante, da der Staat, seine Armee, die Polizei sowie die politischen und sonstigen Strukturen an der Ausrottung und der totalen Vernichtung eines Volkes aktiv beteilgt sind. Doch diesmal geht man sehr viel „gründlicher" vor als Ante Pavelić und Pol Pot, denn heute besteht das Ziel nicht allein darin, die Bosniaken durch sadistische Massaker auszurotten, sondern man will auch ihre sakralen Bauwerke und ihr Kulturerbe vernichten. Was dort vor sich geht, ist die totale ethnische Ausrottung, verbunden mit Vergewaltigungen und der Tilgung aller Spuren des Lebens in diesen Regionen.

Die Politik der Partisanen gegenüber den Serben war folgende: Wenn jemand auch bei den Tschetniks gewesen war, jetzt aber zu uns kommen wollte, so stand ihm bis 1943 die Tür offen, weil in diesem Jahr die blutigen Schlachten zwischen uns und ihnen begannen. Einige Partisanenkommandanten wie Rodoljub Čolaković[59] schlugen im Unterschied zu Tempo[60], folgende Taktikitik gegenüber den Tschetniks ein: Man verfolgte die Tschetniks, nahm sie fest, Čolaković hielt eine Rede und ließ sie nach Hause gehen oder sich den Partisanen anschließen. Auf diese Weise handelte er sogar gegenüber bekannten Mördern, die direkt von der Front kamen, wo sie gegen Muslime gekämpft hatten. Diese unzulässige Nachsicht gegenüber den Tschetniks beschrieb Tempo in seinen Erinnerungen ziemlich objektiv und wirklichkeitsgetreu. Und es waren Kommunisten aus der Führung von Bosnien-Herzegowina, erstaunlicherweise sowohl Serben als auch Muslime, die ihn beschuldigten, er habe die Geschichte Bosniens verzerrt dargestellt.

Während des gesamten Krieges und der anschließenden Emigration ließ mich das Problem nicht los, wie man dafür sorgen könnte, daß derartige Dinge niemals wieder geschehen. Tito gelang es, die nationalen Konflikte zu stoppen, doch offensichtlich wurden die nationalen Probleme damit nicht gelöst. Von Zeit zu Zeit traten bestimmte Phänomene auf, die ahnen ließen, daß es im Falle des Auseinanderbrechens Jugoslawiens zu kriegerischen Auseinandersetzungen kommen würde. Bosnien war und blieb verwundbar und am allermeisten bedroht von nationalen und religiösen Konflikten. Ich hoffte, daß es uns – durch die katastrophalen Auseinandersetzungen im Zweiten Weltkrieg klug geworden – gelingen würde, alle Mißhelligkeiten in Bosnien auf demokratische und friedliche Weise zu regeln,. Und dies um so mehr, da ja

---

[59] Rodoljub Čolaković, Schriftsteller und Politiker, einer der Führer des Partisanenkriegs, mehrmals Minister in der jugoslawischen Regierung, Ministerpräsident Bosnien-Herzegowinas.

[60] Svetozar Vukmanović-Tempo, Mitglied des Generalstabs der Partisanen, hatte Spezialaufgaben in Bosnien und Makedonien. Nach dem Krieg hatte er mehrere höchste Militär- und Staatsämter inne.

Bosnien tausend Jahre lang als multikulturelle, multikonfessionelle und multinationale Gemeinschaft, als ein Staat und ein Land Bestand gehabt hat.

Đilas: Gut, ich würde gern auf die Zerstörung der Moscheen zurückkommen. Weshalb gab es dieses Phänomen im Krieg der neunziger Jahre, während es im Zweiten Weltkrieg nicht dazu kam?

Zulfikarpašić: Im Zweiten Weltkrieg trug der Konflikt, der zwischen den Muslimen und den Serben entstanden war, mehr religiösen Charakter, im Hinblick auf die Propaganda von Draža Mihajlović und ihre These von den Muslimen als einem „anationalen Element". Jener Krieg trug viel mehr einen religiösen Charakter als der heutige. Dennoch wurden religiöse Objekte bei weitem nicht so in Mitleidenschaft gezogen wie in diesem Krieg. Dies ist eine der Absurditäten der Ereignisse in Bosnien, die nur sehr schwer zu erklären ist.

Ich glaube, daß wir unsere Gesellschaft auf dem Balkan in den letzten hundert Jahren brutalisiert haben. Das kommunistische Regime hat die Frage der Religion nicht gelöst, es hat das nationale Problem nicht gelöst, es hat die Frage der politischen Strukturen nicht gelöst, es hat keine Übergangsgesellschaft geschaffen, obwohl es mit diesen Intentionen die Macht ergriffen hat. Das kommunistische Regime verdrängte die Kirche in einen Raum, in dem sie in ihrer Existenz bedroht war, wo sie keine Zeit hatte, zu philosophieren und ihre Theologie zu entwickeln, sondern nur Schwarz-weiß-Bilder produzieren konnte. Und so treten das Christentum und auch der Islam auf den Ruinen des zusammengebrochenen Kommunismus in einer sehr viel primitiveren Form in Erscheinung. Dies ist seltsam, aber es ist die Wahrheit. Mladić, Karadžić und wie die anderen sonst noch heißen mögen, sind Leute, die an den Militärakademien und Universitäten des kommunistischen Regimes studiert haben, die in einer atheistischen Ideologie erzogen wurden und nun zu Trägern des Nationalismus, des religiösen Fanatismus und des Kampfes gegen die religiösen Einrichtungen und kulturellen Institutionen anderer Völker geworden sind. Die Brutalisierung unserer Gesellschaft hat meiner Meinung nach ihre Ursache in der Gleichmacherei des kommunistischen Regimes. In einer freien Gesellschaft entwickeln sich neben religiösem Fanatismus auch bestimmte Diskussionen, Zweifel, theologische Erörterungen, und moralische Prinzipien werden erarbeitet. Aber dort, wo die Religion nur halblegal existiert, wird sie auf den nackten Existenzkampf reduziert. Die Frage war, ob ihre Existenz gewahrt werden konnte, daher konnte es für Diskussionen und theologische Debatten, sowie eventuelle Zweifel keine Zeit geben. Man ließ uns weder Raum noch Zeit, um wahre Werte zu schaffen, sondern wir waren gezwungen, alles in bestimmter Weise zu vereinfachen.

Religion im Dienste der Kommunisten

Die Religion wurde in Frage gestellt, für unnötig erklärt, Priester wurden bestraft und in ihrem Handlungsspielraum eingeschränkt, man verlangte von ihnen, den neuen Herren zu dienen. So stand zum Beispiel die muslimische religiöse Oligarchie mehr als irgendeine andere im Dienste des kommunistischen Regimes. Man erzählte, daß auch einige Söhne und Töchter der Reis-ul-ulemas Kemura und Mujić Mitglieder der kommunistischen Partei waren. Auch Mujić selbst war Parteimitglied, doch seine Parteimitgliedschaft wurde eingefroren, damit es nicht ruchbar würde, daß der Reis-ul-ulema Parteiveranstaltungen besucht. Offenkundig standen die religiösen Führer im Dienste des kommunistischen Regimes. Ähnlich war es auch bei den Orthodoxen, während es diese Erscheinung bei den Katholiken am seltensten gab. Doch auch bei ihnen trat eine Phase der Brutalisierung sowohl der Religion als auch der Religionsgegner ein, so daß eine militante Generation heranwuchs, die erneut alle Tabus mit Füßen trat und die nur gelernt hatte, Privilegien zu bekommen, und zwar nicht nach echten Verdiensten, sondern als Lohn für ihre willfährige Haltung gegenüber dem Regime.

Als ich nach Sarajevo kam, lernte ich einen jungen Mann kennen, der Generaldirektor eines großen Betriebes war. Unter sich hatte er dreißig außerordentlich fähige Ingenieure, das aber nur, weil er Sohn eines Generals und Parteiführers war. Nur deshalb hatte er diesen Posten bekommen. Folglich war er bereit, seinen Posten mit den brutalsten Mitteln zu verteidigen. Ein echter Experte würde nicht so handeln. Er würde den Posten vielleicht sogar aufgeben, wenn er ihm gegen die Berufsehre ginge. Wenn ein erstklassiger Fachman aufgefordert wird, ein Projekt durchzuführen oder abzuschließen, dann hat er den Mut das Angebot abzulehnen, sofern es mit seinen Prinzipien unvereinbar ist. Er wird dann sagen: „Nein danke, das mache ich nicht!" Ein Mann aber, der seinen Posten nur deshalb bekommen hat, weil er dem Regime dient, ist bereit, alles Mögliche zu tun, nur um seine Stellung zu behalten.

Obwohl ich schon immer eine recht negative Meinung über die Balkan-demokratie und unsere Gesellschaft hatte, muß ich zugeben, daß mich die Vernichtung von kulturellen Institutionen, von Brücken und Moscheen absolut schockiert hat. Verbrannt wurde eine Bibliothek, die nationale Bibliothek von Sarajevo, die gleichzeitig auch die Geschichte des serbischen Volkes war. Eine Brücke, die verbindet, wurde zerstört, die Brücke von Mostar, und ihre Zerstörung dauerte einen ganzen Monat, weil der Nachbar das damit verbundene Leid ganz auskosten sollte. Wissen Sie, wenn Tabus einmal vernichtet sind, dann gibt es kein Halten mehr. Ich sprach mit einer Professorin – einer Muslimin aus Foča – die heute in Zürich lebt. Sie wurde von ihren sechzehnjährigen Schülern vergewaltigt, und ihre Kollegen vergewaltigten ihre fünfzehnjährige Tochter.

Notwendige Voraussetzung für diese entsetzlichen Dinge ist die Brutalisierung der Gesellschaft, die Brutalisierung der Logik, und in gewisser Weise schizophren müssen jene sein, die so etwas tun. Diese Psychologie des Krieges, die Psychologie der Vernichtung des Feindes um jeden Preis, das ist wie bei manchen primitiven Völkern in Afrika – wenn man auf die Jagd geht, kostet man zuvor vom Blut eines Menschen aus einem anderen Stamm, damit Tabus gebrochen werden. So ist es auch bei uns, man tut das Allerschlimmste, was dem Feind den größten Schmerz zufügt. Man erniedrigt den Feind, um sich damit von der Schuld an künftigen Verbrechen zu befreien. Ein Mensch, der sich an moralische Prinzipien hält, könnte das nicht tun. Menschen ohne moralische Prinzipien haben unsere Gesellschaft an den Rand des Abgrunds gebracht.

Nadežda: Die Nationalisten wollten das Volk in eine Situation versetzen, in der es dachte, daß es keine Wahl mehr hatte, und daß jetzt ethnische Grenzen gezogen werden müßten. Vergessen sollten die Menschen auch, daß ja ein gemeinsames Leben in Frieden hinter ihnen lag. Als besonders störend wurden dabei die anschaulichen Beispiele dafür empfunden, daß ein gemeinsames Leben möglich war – die Moscheen, die orthodoxen, die katholischen Kirchen und alle anderen Tempel, die jahrhudertelang in friedlicher Koexistenz nebeneinander bestanden.

Zulfikarpašić: Es ist seltsam, aber Leute vom Schlage eines Karadžić sind bereit, uns zu bombardieren und gleichzeitig – ich habe dies in Genf bei den dortigen Verhandlungen selbst gesehen – lächeln sie, geben Izetbegović die Hand und reden mit ihm in aller Freundschaft. Es fehlte nicht viel, und sie hätten sich umarmt. Groß ist der moralische Verfall, der auch die Vernichtung religiöser Objekte in diesem Ausmaß ermöglicht hat. Dem Nationalismus liegt noch eine weitere Tendenz inne: Er muß immer größere Verbrechen begehen, er muß vorwärts gehen, er kann nicht zurück – wenn er Kinder vergewaltigt und Erwachsene ermordet, dann sind alle Brücken einer Verständigung abgebrochen. Und so wurde bei uns die Atmosphäre erzeugt – wir oder sie. Für zwei gibt es keinen Platz. Man ist bestrebt, möglichst viele Menschen in Verbrechen zu verstricken. Damit es kein Zurück mehr gibt. Die Zerstörungen wurden auch vorgenommen, damit die Menschen nicht mehr zurückkehren können. So soll ein gemeinsames Leben für alle Zukunft ausgeschlossen werden.

Ðilas: Was sich gegenwärtig abspielt, würde ich als totalitären, bzw. totalisierten Nationalismus bezeichnen. Bei den heutigen Nationalisten, die noch immer keine vollständig ideologisierte Organisation sind, ist eben dieser Nationalismus erkennbar. Ich kann mich erinnern, wie die Montenegriner 1918 am Ende des Ersten Weltkriegs Raubzüge in den Sandschak unternahmen und die dortigen Muslime ausplünderten, sie brachten sie nicht um, sie plünderten nur, doch die Moscheen rührten sie nicht an, das hätte als große Schande gegolten. Das hätte niemand gebilligt. Ich glaube, daß sie außerordentlich gut geschildert haben, daß die Ustasche das auslösende Moment für die schrecklichen Verbrechen gewesen sind. Bei den Tschetniks gab es ein Programm zur ethnischen Säuberung der Muslime, doch nicht im Sinne ihrer Ausrottung, ihrer völligen Vernichtung: Ihr Programm sah vor, möglichst viele Muslime, Albaner und Ungarn umzusiedeln, fast zweieinhalb Millionen Menschen. Das war die Ausgeburt einer kranken Phantasie, ein Hirngespinst. Bei den Tschetniks indes stand die physische Ausrottung der Muslime nicht auf dem Programm. Erst nachdem die Ustasche in ihren Verbrechen hemmungslos geworden waren, verhielten sich die Tschetniks in gleicher Weise. Und zwar nicht überall konsequent. Später nahmen die Tschetniks Abstand von ihrem ursprünglichen Programm: Draža Mihajlović versuchte die Zusammenarbeit mit den Muslimen aufzunehmen, doch der bereits ideologisierte Haß und die wechselseitigen Massaker vereitelten das.

Ich denke, das Entscheidende an der heutigen Situation ist, daß es zum totalitären Nationalismus gekommen ist, der das sogenannte Großserbien oder Großkroatien einfach nicht realisieren kann, ohne daß die jeweils andere Bevölkerung ausgerottet, bzw. vertrieben wird – diese Idee läßt sich anders nicht verwirklichen. Und zu diesem Nationalismus und zum Konzept möglichst großer serbischer und kroatischer Staaten ist es gekommen, weil der Kommunismus – allein dadurch, daß er totalitär war – keine freien Institutionen und keine freie Wirtschaft entwickelt hat, und weil er das freie Denken erstickt hat.

Nach seinem Zusammenbruch entstand ein Vakuum, das ruhmsüchtige, machtgierige und nach einem Platz in der Geschichte lechzende Demagogen leicht ausfüllten und schließlich in Brand steckten, wobei sie eine Mischung aus Religion, nationalen Mythen und einseitig interpretierter Geschichte benutzten. In diesem Irrsinn war alles geplant, das Böse hatte Methode : Ich weiß genug über den Hintergrund der Ereignisse; es gibt einen Plan, Nordbosnien ohne Rücksicht auf Blutvergießen, Leiden und Morde einzunehmen, und dann gibt es den Drina-Plan – die Drina-Niederung soll erobert werden, um so eine breite Grenze zu Serbien herzustellen.

Zulfikarpašić: Ich stimme Ihnen zu, das sind die Ursachen des Übels.

Đilas: Sie haben bereits erwähnt, daß sie den Krieg bei den Partisanen verbrachten. Welche Posten hatten Sie inne? Sind Sie gleich in die militärische Organisation eingetreten oder haben Sie noch als Parteiarbeiter vor Ort gearbeitet, politisch verbunden mit den ersten Abteilungen, die geschaffen wurden? Welche Militär- und Parteifunktionen hatten Sie inne?

Zulfikarpašić: In Foča war ich 1941 die zentrale Persönlichkeit der Partei, denn ich führte nicht nur den Jugendverband, sondern auch die Parteiorganisation. Später wurde ich im Laufe des bekannten „Konflikts an der Linken" wegen meiner „fraktionistischen Haltung" in bezug auf Krleža aus der Partei ausgeschlossen, um bald wieder aufgenommen zu werden, da die führenden Leute im Provinzkomitee von Sarajevo meinten, sie brauchten mich für Foča. Als ich durch die Ustasche in Foča bedroht wurde, ging ich auftragsgemäß nach Sarajevo, wo ich mit dem Stadtkomitee der Partei Kontakt aufnahm. Dort befanden sich Miskin, später auch Esad Čengić, ferner Tempo, der vom Zentralkomitee als Delegierter nach Sarajevo entsandt worden war – auch mit ihm stand ich in Kontakt. Ich verrichtete allerlei Aufgaben, so war ich zum Beispiel mit der Befreiung unserer Leute aus dem Gefängnis beauftragt.

Einmal erhielt ich den Auftrag – nachdem das ganze Ortskomitee und mehrere Mitglieder des Provinzkomitees verhaftet worden waren – die Befreiung von Miskin und Djurašković aus dem Gefängnis zu organisieren. Wir machten Pläne, und ich stellte spezielle Parteigruppe zusammen. Doch durch eine Verkettung von Umständen, durch einen Fehler der Ustascha-Polizei, waren die verhafteten Genossen in ein Priesterseminar verlegt worden, aus dem sie durch den Keller entkommen konnten. Ich befaßte mich auch mit Propaganda, mit der Herstellung und Verbreitung von Flugblättern, mit der Organisation von geheimen Treffpunkten in Sarajevo. Auch im technischen Bereich habe ich gearbeitet. Wir stellten Ausweise und Passierscheine aus und organisierten die Verbindungen der Partei mit der Provinz, mit der Romanija und Crni Vrh.

Zu dieser Zeit lebte ich illegal in verschiedenen konspirativen Wohnungen. Im November kam aus Serbien eine Gruppe von Menschen aus Foča. Es waren Sympathisanten von uns, ein gewisser Mašo Hanjalić, Momo Kočović und andere. Und dann fiel die Entscheidung, ich wurde beauftragt, in Foča eine Partisaneneinheit zu organisieren. In der Gruppe war auch ein Oberst oder Major des jugoslawischen Heeres, Vojislav Djokić, der an der Meuterei der Soldaten in Maribor teilgenommen hatte.

Đilas: Das war sicherlich Major Djokić, der Anführer der Offiziersverschwörung in Maribor, der von den königlichen Behörden verurteilt worden war.

Zulfikarpašić: Mit ihm stand ich in Verbindung, solange ich in Foča war. Wir standen in regem Schriftwechsel. Er sollte Kommandant und ich Kommissar der Einheit werden. Darüber diskutierte man auch im Provinzkomitee von Sarajevo. Dann wurde ich in dieser Absicht nach Mostar entsandt. Dort sollte ich mich bei der Parteiorganisation melden. Der Parteisekretär war ein gewisser Avdagić, Schriftsteller aus dem Sandschak, er wurde später aus der Partei ausgeschlossen und auch verurteilt. Ich verbrachte einige Tage in Mostar, danach ging ich nach Nevesinje. Damals waren die Italiener dort, die Ustasche waren bereits aus der Stadt geflohen.

Dort wurde ich Zeuge eines schrecklichen Ereignisses, das sich mir für mein ganzes Leben tief eingeprägt hat. Die Italiener erlaubten, daß die von den Ustasche ermordeten Serben exhumiert wurden. Man bestattete sie in Anwesenheit der Popen auf dem serbischen Friedhof. Dort war bläulich schimmernder Lehm, und aus dieser Erde grub man sie aus. Die Leichen waren ländlich gekleidet. Mit Taschen. Hunderte. Jeweils zwanzig bis dreißig von ihnen wurden auf Karren geladen, übereinander geschichtet. Mit Pferdekarren wurden sie zum Friedhof gebracht und dort begraben. Sie wurden nicht in Särge gelegt, auch nicht gewaschen, nur begraben; man kannte nicht einmal ihre Namen. Sie waren unweit der Kaserne ermordet worden.

All das erschien irreal, undenkbar. Besonders diese bläuliche Tonerde, die an ihren Gesichtern klebte. Sie wurden notdürftig gesäubert, doch die bläuliche Tonerde klebte weiter an ihnen. Vielleicht waren auch Leute aus Foča unter ihnen. Ich erkundigte mich nach ihrer Identität. Man sagte mir, daß es sich um Bauern handelte, bei denen die Armee Pferde requiriert hatte, und als sie hörten, daß sich ihre Pferde in der Kaserne von Nevesinje befanden, kamen sie, um sie zu holen – und dann wurden sie getötet.

Ich ging danach nach Kalinovik und nahm Kontakt mit der dortigen Abteilung auf. Ihr Kommandant war Rade Hamović, ihr Kommissar Bora Kovačević, Mitglied des Provinzkomitees. Sekretär der Parteiorganisation war Fićo Čengić, ehemaliger Sekretär des Provinzkomitees.

Đilas: Welcher Čengić? Ferid?

Zulfikarpašić: Fićo – Ferid – Sie müssen ihn kennen.

Đilas: Ferid kenne ich gut, ich war mit ihm bei der Fünften Offensive zusammen.

Zulfikarpašić: Hamović, Kovačević und Čengić sagten: „In Foča sind Tschetniks, sie werden euch töten, wenn ihr dort hingeht. Unsere Organisation in Foča ist zerschlagen, und all unsere Sympathisanten und Parteimitglieder sind aus der Stadt geflohen, die einen vor der Ustascha, die anderen vor den Tschetniks. . Alles ist zerschlagen." Später erfuhr ich, daß Risto Tošović, Fajko Kurspahić, Nebojša Babić, Remzija Čorić und andere in der Stadt geblieben waren. Uns wurde gesagt: „Ihr werdet jetzt hier bleiben und neue Aufgaben bekommen." Ich wurde mit der politischen Arbeit in der Einheit beauftragt.

Größere Probleme hatten wir mit den Pro-Tschetnik-Elementen. Die Tschetniks waren vom Romanija-Gebirge nach Herzegowina unterwegs, wir eskortierten eine Offiziersgruppe und unterstützten sie, da wir damals mit den Tschetniks noch zusammenarbeiteten. Sie gingen in die Herzegowina, um dort „das serbische Volk zu mobilisieren". Unterwegs betrieben sie – und das war unübersehbar – partisanenfeindliche Propaganda und sprachen sich gegen die Zusammenarbeit mit den Muslimen aus. Ich erinnere mich an einen Leutnant Faik Bešlić, er war Muslim und wurde Božo genannt. Alle Muslime trugen serbische, orthodoxe Namen. Ich erkundigte mich bei Ferid nach den Gründen. Er tadelte mich, ich solle nicht solche Fragen stellen, schließlich handle es sich um konspirative Namen. Er sagte: „Du wirst Aco Milić heißen."

Im kleinen Trnovo gab es auch ein Partisanenkaffeehaus, dort befand sich auch der Stab des Partisanenbataillons von Dobro Polje. Als ich einmal ins Kafana kam, bemerkten das alle und begannen auf einmal zu singen: „Oh, du Serbe, schön ist dein Name, doch ein anderer brüstet sich jetzt mit ihm." Die mit den Tschetniks sympathisierenden Bauern wußten offenkundig, daß wir keine Serben waren, sondern bosniakische Muslime.

Noch im selben Jahr – 1941 – wurde ich in die Romanija verlegt. Dort war Čolaković. Dort traf ich Hasan Brkić, er hieß ebenfalls Aco. Auch Nisim Albahari war dort. Auch er trug einen serbischen Namen. Dort war auch Čiča von der Romanija, ein sehr populärer Mann. Er war Kroate aus Rijeka, wenn ich mich richtig erinnere.

Đilas: Sie denken an Vajner, ich kenne ihn, er war Ingenieur, ich glaube ein Jude, aber aus Kroatien. Obwohl er nicht aussah wie ein Jude, er war ziemlich groß und korpulent.

Zulfikarpašić: Ich legte die Frage dem Stab der Romanija vor und sagte, Muslime, Juden und Kroaten müßten ihre eigenen Namen tragen. Da ich die herzegowinische Mundart sprach, dachten alle, ich sei ein Serbe. Auch der Tschetnik-Major Dangić war dort, der mir eines Tages sagte: „Hör mal Aco, du stammst aus einer bekannten serbischen und orthodoxen Familie, dies da sind Türken. Weißt du überhaupt, daß Hasan Brkić ein Anwaltsanwärter war? Das da sind Türken. Wir müssen gut aufpassen, was sie machen, sie sind unsere Feinde." Dann fragten mich einmal auf einer Parteiveranstaltung einige Bauern: „Wo sind denn jetzt unsere Türken, wo es uns am schlechtesten geht?" Von neun anwesenden Personen waren sieben Moslime. Ich sagte: „Hier sind wir. Ich bin Adil, das hier ist Murat . . ." usw.

Im Winter 1941 und im Frühjahr 1942 begannen die proserbischen und die Pro-Tschetnik-Elemente, aus unseren Einheiten zu fliehen, uns im Stich zu lassen. Aber noch versuchten sie nicht, uns zu töten, noch erhob man nicht so leicht die Hand gegen einen Kameraden, sondern man floh und nahm sein Gewehr mit. Es kam noch nicht vor, daß Kommissare ermordet wurden. Das kam erst später. Alles begann am Ozren-Gebirge.

Ich erinnere mich, daß ich einmal an einer Versammlung teilnahm, auf der mir Albahari sagte: „Paß auf, die Leute da wissen, daß du Muslim bist, jemand hat es ihnen gesagt." Darauf hin erklärte ich öffentlich, auf eben dieser Versammlung, ich sei ein bosniakischer Muslim, und ich sei gekommen, um das serbische Volk gegen die Ustasche zu verteidigen. „Ich hätte auch mit den Ustasche gehen können, doch ich habe es vorgezogen, hierher zu kommen und hier zu kämpfen." Einer der Bauern stand auf und sagte: „Jetzt bist du mir zehnmal lieber, deine Religion schert mich nicht, du bist in Ordnung!" Das Volk war also bereit, die Bosniaken, die an seiner Seite kämpfen wollten, als Freunde zu akzeptieren, und die serbischen Namen, die wir alle trugen, waren überflüssig.

In der Krajina, wo Djuro Pucar war, herrschte eine andere Praxis. Alle bosniakischen Muslime trugen ihre echten Namen. Sowohl Osman Karabegović wie auch Šefket Maglajlić und viele andere. In Ostbosnien hat man die Muslime später getötet. Derviš Numić, Akif Bešlić, ich, Hasan Brkić und auch Ferid Čengić, wir alle trugen serbische Namen, weshalb die Leute fragten: „Wie kommt es, daß kein einziger Muslim auf unserer Seite kämpft?" Doch dort gab es die Einheit von Mujo Hodžić, die sich aus Muslimen zusammensetzte, das waren unsere Sympathisanten aus Šatorović bei Rogatica. Das war ein zu hundert Prozent muslimisches Bataillon, das bei den Partisanen kämpfte. Später wurde es aus Ostbosnien in die Umgebung von Vareš, eine kroatische Region, verlegt, damit es hier nicht störte. Das war Politik, doch meiner Meinung nach eine sehr schlechte Politik von Rodoljub Čolaković und Iso Jovanović. Čolaković war Träger der Linie, die das Serbentum favorisierte. Seiner Meinung nach mußten sich die Muslime mit dem Serbentum identifizieren. Ich bin tief überzeugt, daß das ein großer Fehler war, der letzlich in der Vernichtung unserer Kader, besonders am Ozren-Gebirge, resultierte. Noch heute frage ich mich, weshalb man so vorgegangen ist.

Đilas: Weil es eine große Hetze gegen die Muslime gab, die angeblich die Ustascha unterstützten, und man wollte nicht daß Haß und Wut gegen die Muslime aufkämen, die bei den Partisanen waren, und deshalb hat man ihre Namen in serbische umgewandelt. Ich bin mit Ihnen einer Meinung, daß dies eine opportunistische Linie war, die jetzt der Vergangenheit angehört.

Zulfikarpašić: Es ist eine Tatsache, daß die bosniakische Intelligenz – unsere führenden Kader in Bosnien-Herzegowina – in großer Zahl bei den Kämpfern und bei den Führungskadern der Parteiorganisationen vertreten war. Aus einer opportunistischen Haltung heraus haben sich die Parteiorganisationen von Bosnien-Herzegowina und Rodoljub Čolaković selbst nicht als Muslime oder Bosniaken zu erkennen gegeben, was wiederum bei den serbischen Massen die Reaktion hervorrief, daß sie sich fragten, wo die Muslime eigentlich waren, und weshalb sie nicht in ihren Reihen kämpften.

Nadežda: Welche Aufträge hatten sie im Laufe des Jahres 1942 und später?

Zulfikarpašić: Von der Romanija wurde ich erneut in den Bezirk Foča verlegt, und ich kam nach Ustikolina und Rataji. Hierher kam auch eine Gruppe von Muslimen aus Foča, die mit uns sympathisierten. Dazu gehörten Emir Čengić, Remzo ←,Corić, Mašo Hanjalić, Mustafa Fejzo und sein Bruder Kemo, der später, wie ich glaube, zum General avancierte. Ich begegnete ihnen in Jeleča bei Rataji, hier aber war ich mehr oder weniger zu Hause. Hier hatte mich jemand erkannt, damals waren die Tschetniks bereits dabei, sich von den Partisanen zu trennen und Foča war in ihre Hände gefallen. Die Tschetniks gingen weg, d. h. sie flohen aus unseren Reihen, und wir hatten mit ihnen auch schon den einen oder anderen Konflikt, obwohl es noch keine offenen Kämpfe gab. Ich saß im Haus eines Försters, als Tschetniks in das Zimmer eindrangen. Sie fragten jeden nach seinem Namen, sie suchten Muslime. Da nannten alle, einer nach dem anderen, die Namen unserer Freunde und die Namen bekannter Schriftsteller, an die sie sich erinnern konnten. Jemand war Jakšić, ein anderer Jovanović. . . . Fejzo stellte sich als Branislav Nušić vor. Es ist interessant, daß diese Tschetniks vom bekanntesten serbischen Schriftsteller noch nie etwas gehört hatten. Doch auf einmal stürmten sechs oder sieben weitere Tschetniks in den Raum, richteten ihr Maschinengewehr auf mich und sagten: „Los, du kommst mit uns!" Sie wollten mich wahrscheinlich erschießen. Doch die erste Gruppe wollte wissen, weshalb man mich abführte. „Wir haben ihn erkannt, er ist ein Türke aus Foča", sagten sie. Ich war unglücklich: Hätten sie nicht dieses Maschinengewehr gehabt, hätte ich mit Sicherheit nicht zugelassen, daß man mich so einfach abführte, nur wenige Meter von meinem Haus entfernt. Plötzlich kam Slobodan Princip Seljo – er war ein Neffe des Attentäters Gavrilo Princip. Wir waren Freunde. Seljo trug die weiße Leinentracht der Bauern, dazu die passenden Stiefel. Er fragte: „Wohin geht ihr?" „Wir wollen diesen Mann zum Komandanten führen," sagte einer aus der Gruppe. „Ich bin sein Kommandant." Und er entriß dem Tschetnik das Maschinengewehr und gab es mir sofort in die Hand. Seljo Princip war in Bosnien ein Begriff und er sagte ihnen, ich gehöre zu ihm. Dazu lud er auch seinen Revolver durch. Er hatte den Tschetniks nicht gestattet, Häuser anzuzünden, sondern hatte sie aus Jeleč vertrieben. Auf einmal fanden sich auch unsere Sympathisanten aus Foča ein. Einige trugen Gewehre. Die Situation hatte sich zu unseren Gunsten verändert.

Wir fanden Unterschlupf beim Stab der Einheit von Kalinovik. Nach meiner Rückkehr aus Foča, die ich bereits beschrieben habe, kam es zum Abzug von Stäben und treuergebenen Einheiten. Unterwegs mit der Ersten Proletarischen Brigade über Crni Vrh Richtung Igman, begegnete ich Isa Jovanović, der beim Obersten Stab war. Er war gerade auf der Suche nach mir: „Die Parteiorganisation in Sarajevo wurde durch Verrat völlig zerschlagen. Du mußt nach Sarajevo gehen, um die Organisation neu aufzubauen."

Sie wissen, was das damals für Zeiten waren. Man konnte sich nicht aussuchen, ob man nun dieses oder jenes tun wollte.

Damals arbeitete in der Parteiorganisation von Sarajevo ein gewisser Galošević. Er hat alles verraten. Er war Parteisekretär und gab beim Verhör die gesamte Organisation preis. Wahrscheinlich hat man ihn schwer gefoltert. Mit dem Obersten Stab kam ich nach Crni Vrh. Der Stab setzte den Weg über das Igman-Gebirge fort, ich wurde von Kurieren bis nach Sarajevsko Polje begleitet. Dort zog ich einen Arbeitsanzug an, wie ihn die Eisenbahner trugen. Man gab mir auch ein Kochgeschirr, und am nächsten Morgen passierten wir die Wache als Eisenbahnarbeiter. So kam ich illegal nach Sarajevo. Ich wohnte beim Richter Djumrukčić, dessen Sohn Avdo Aktivist unserer Bewegung war. Durch eigene Unvorsichtigkeit wurde ich von den Ustasche verhaftet und lange Zeit verhört.

Đilas: Wurden Sie auch gefoltert?

Zulfikarpašić: Ja, sogar schwer, man schlug mich tagelang. Sie zogen mir spezielle Hosen an, in die sie eine Maus steckten . . . Wissen Sie, daß wir darüber gesprochen haben, Sie und ich, ich erzählte Ihnen davon, als wir uns nach dem Krieg im „Madera"[61] trafen? Ich war in Sremska Mitrovica in Gefängnis. Ich kam zu Ihnen wegen der Erlaubnis, das Archiv, die Materialien und die Bücher zu holen, die wir damals in Sremska Mitrovica versteckt hatten. Sie saßen in der „Madera" mit einem Mann am Tisch und fragten mich: „Und wie haben Sie sich gehalten? Haben Sie

---

[61] Gebäude in Belgrad, in welchem das Zentralkomitee der Kommunistischen Partei Jugoslawiens untergebracht war.

vielleicht etwas gesagt oder etwas gestanden?" Ich erwiderte: „Nichts habe ich gestanden."

Sie schickten mich zu Žarko Veselinov, der ebenfalls in Mitrovica gewesen und zu jener Zeit Sekretär des Provinzkomitees für die Vojvodina war.

Đilas: Wie lange waren Sie im Polizeigefängnis?

Zulfikarpašić: Zweieinhalb Wochen. Dann stellte man mich vor ein Militärgericht, bzw. ein Ustascha-Standgericht.

Đilas: Wurden Sie gleich verurteilt?

Zulfikarpašić: Nein, ich wurde nicht gleich verurteilt, ich wurde zunächst noch einmal verhört, es gab Ermittlungen und Protokolle, und dann hat mich das Ustascha-Standgericht zum Tode verurteilt.

Đilas: Als wir in Belgrad darüber sprachen, erklärten Sie mir mit einem Lächeln, daß Sie nur dank ihres Familiennamens Čengić nicht ums Leben gekommen seien. Denn eigentlich hatten sie es verdient, sieben Mal von der Ustascha erschossen zu werden – mindestens sieben Mal. Doch die Ustascha war in ihrer Politik gegenüber den Muslimen besonders vorsichtig, um sie nicht gegen sich aufzubringen. Und da Sie aus einer sehr bekannten muslimischen Familie stammten, hat man auf Intervention einiger Muslime . . .

Zulfikarpašić: Eine Delegation suchte Pavelić meinetwegen auf, und wie ich später erfuhr, sagte er: „Wäre er mein Sohn, ich würde ihn erschießen lassen. Nachdem die Tschetniks jedoch seinen Bruder ermordet haben. . ."

Das wußte man, und so wurde ich begnadigt und zu zwanzig Jahren Haft verurteilt.

Đilas: In welchem Gefängnis waren Sie und wie lange? Zwanzig Jahre sind keine Kleinigkeit.

Zulfikarpašić: Ich war in Zenica und Mitrovica. Ich verbrachte etwa neun Monate im Gefängnis.

Đilas: Nachdem es Ihnen gelungen war, aus dem Gefängnis zu entkommen, wohin begaben Sie sich?

Zulfikarpašić: Man transportierte uns von Mitrovica nach Lepoglava. In Zagreb wurden wir aufgehalten, und von dort gelang mir mit Hilfe der Partei die Flucht. Ich begab mich nach Slawonien, nach Čazma. Dort befand sich das Regionalkomitee. Der Sekretär war Ivan Božićević Beli.

Nadežda: Eine Flucht aus dem Gefängnis gelingt nicht allzu oft und ist immer eine aufregende Geschichte. Wie gelang Ihnen die Flucht? War die Partei daran beteiligt?

Zulfikarpašić: Im Gerichtsgefängnis in der Djordjićeva Straße, wo wir untergebracht waren, wurde ich vom Gefängnisarzt Rizner zu einer Untersuchung gebeten. In seiner Ordination wartete bereits einer unserer Illegalen, der aus Dalmatien stammte und als Domobran getarnt war. Nach einem kürzeren Gespräch mit ihm war ich sicher – die Methode einer derartigen Überprüfung läßt sich nur schwer beschreiben – daß es sich nicht um einen Provokateur handelte. Er sagte mir, Norbert

Veber, Sekretär der Zagreber Organisation, habe ihn geschickt. Man werde mich in einer Einzelzelle unterbringen, bis ein Fluchtweg gefunden sei. Noch am selben Abend warf mir mein Bewacher die Uniform eines Gefängniswärters in die Zelle. Spät in der Nacht holte er mich, und da der Torwächter sein Freund war, konnten wir die Kontrolle ohne Probleme passieren. Ein Wagen wartete vor dem Gefängnis auf uns und ich wurde in der Villa eines Sympathisanten untergebracht. Ich wechselte mehrfach die Wohnungen, und einmal wäre ich fast wieder in die Hände der Ustasche gefallen, als sie eine Razzia auf Deserteure machten. In Zagreb prüfte ich zusammen mit Veber die Möglichkeiten, Gefangenentransporte nach Lepoglava zu befreien, ich nahm auch an den Verhandlungen über eine Zusammenarbeit mit der Kroatischen Bauernpartei teil. Später wurde ich nach Zagorje und von dort nach Čazma und Topusko geschickt, wo sich der Hauptstab Kroatiens und das Zentralkomitee befanden.

Đilas: Eine Flucht aus dem Gefängnis gab es nicht oft, doch sie war möglich. Als Sie bei uns in Belgrad waren, erzählte meine Frau Štefica davon, die zu dieser Zeit Parteiaktivistin in Zagreb war. Die Partei unterhielt guten Kontakt zu allen Gefängnissen und zum Wachpersonal: Aus Mitrovica sind alle Kommunisten geflohen. Sie begaben sich nach Slawonien, dort war Duško Brkić Parteisekretär. Auch Pavle Gregorić war noch immer dort.

Zulfikarpašić: Ja, er hat mich vernommen und mich nach meinem Verhalten im Gefängnis befragt,und er legte auch meinen neuen Aufgabenbereich fest. Das war im Jahre 1943. Aus Topusko ging ich zunächst in die Cazinska Krajina. Dort befand sich der in Bosnien berühmte Huska Miljković. Eine charismatische Persönlichkeit. Er hat sich Schritt für Schritt zu einem außerordentlichen Politiker und Militärkommandanten entwickelt. Er unterhielt seine eigene Polizei, die an Stärke einer größeren Brigade gleichkam. Er kontrollierte die gesamte Cazinska Krajina und hatte sein eigenes Verwaltungssystem eingeführt. Den Ustasche verwehrte er den Zugang, er verteidigte die serbischen Dörfer. Doch auch die Tschetniks durften es nicht wagen, auf seinem Territorium aufzutauchen. Der Handel war frei, Privatbesitz wurde geachtet, doch die Reichen mußten die Truppen finanziell unterstützen. Die Kämpfer wohnten meist zu Hause und ernährten sich dort. Miljković verhielt sich neutral, und so waren alle bestrebt, ihn für sich zu gewinnen. Domobranen, Partisanen und sogar den Deutschen gestattete er, sein Gebiet zu passieren, allerdings unter der Bedingung, daß sie einen Wegzoll in Form von Nahrung, Waffen und Munition entrichteten. Seine Einheiten waren diszipliniert und sehr kampfstark, so daß die mit ihm geschlossenen Vereinbarungen von allen respektiert wurden. Auf seinem Territorium tolerierte Huska sämtliche Deserteure, er faßte sie im"grünen Kader" zusammen, der sich in dieser Region lange halten konnte.

Die Deutschen schlugen Huska vor, seine Militäreinheit mit modernen Waffen auszustatten, ihnen große Mengen Munition und Uniformen zu geben, im Gegenzug verlangten sie jedoch, daß er die Partisanen nicht mehr auf sein Territorium ließe. Gleichzeitig schlugen ihm auch die Partisanen Verhandlungen vor. Die Cazinska Krajina war damals mit Kroatien verbunden, und die Verhandlungen mit Huska führte Veco Holjevac[62], Komissar des Korps. Man überredete Huska, den deutschen Vorschlag zu akzeptieren, sich aber dann mitsamt den Waffen und der neuen Ausrüstung auf die Seite der Partisanen zu schlagen. Man versprach ihm dafür den Rang eines Obersten, während sein Stellvertreter Halil Oberstleutnant werden sollte. Des weiteren vereinbarte man den Majorsrang für die Bataillonskommandeure und den Hauptmannsrang für die Kompanieführer, während Zugführer den Leutnantsrang erhalten sollten. Darüber hinaus versprach man Huska, er werde zum Divisionskommandanten befördert werden, und – weil er schon früher in Verbindung mit der Bewegung stand – werde man ihn auch zum Mitglied im Bezirkskomitee und im Divisionskomitee der Partei ernennen. Viele andere Dinge wurden ihm zusätzlich versprochen. An einigen Verhandlungen mit Huska war auch ich beteiligt und ich muß sagen, daß er mir sympathisch war. Er war ein Mann aus dem Volk, ohne Schulausbildung, er wußte aber genau, was er wollte, und was im Interesse der Krajina und des Volkes war.

Er hielt sich an sämtliche Abkommen, und der Korpsstab tat das gleiche. Seine Division – die Operative Gruppe Una – befreite die Zufahrtswege in die Bosnische Krajina, und damit begannen seine Schwierigkeiten. Die „bosnischen" Kader und das Provinzkomitee Bosniens betrachteten die ganze Angelegenheit und Huskas Selbständigkeit mit anderen Augen und hielten sie für unvereinbar mit dem System der Kriegführung, wie es bei den Partisanen üblich war. Schritt für Schritt machte man sich an Huskas Kompromittierung und Liquidierung. Man organisierten einen Mord, angeblich vom Feind verübt, und danach erhielt er ein prunkvolles Begräbnis.

Mich hat die Tragödie von Husko Miljković tief bewegt. Das Volk hat ihn aufrichtig geliebt, es gab zahlreiche Lieder über ihn. Man mußte große Anstrengungen unternehmen, um die Einheiten der Operativen Gruppe Una kampffähig zu machen.

Nach dem Krieg wurde die Einheit Huskas aufgelöst und fast all ihre Kader wurden aus der Armee entfernt.

In Velika Kladuša hielt ich Vorlesungen für Parteikader, die Führungspositionen übernehmen sollten.

Von der Cazinska Krajina wurde ich über Dalmatien nach Jajce geschickt. Die Reise war sehr schwierig und kompliziert. In Jajce übernahm ich verschiedene politische Posten, wir bereiteten uns auf die Machtübernahme auf dem gesamten Territorium Bosniens vor.

---

[62] Veco Holjevac, bekannter Partisanenkommandant, Korpskommissar, nach dem Krieg Bürgermeister Zagrebs.

Gegen Kriegsende wurde ich auf Parteibefehl nach Mostar entsandt, dort hatte sich das Gebietskomitee in zwei Fraktionen gespalten. Djuro Pucar teilte mir in sehr scharfem Ton mit, ich müsse die Organisation von Fraktionisten befreien.

Nadežda: Wie wurde das Fraktionismusproblem gelöst?

Zulfikarpašić: Ich lud sie zu mir und sagte zur ersten Gruppe: „Ich habe die Kompetenz, euch aus der Partei auszuschließen, doch der Ausschluß bedeutet nicht selten Erschiessung. Das, was ihr da tut, ist absolut sinnlos." Das Problem war augenblicklich gelöst. In jener Gruppe waren Savo Medan, Ibro Šator, Sreten Starović und andere. Ich sagte ihnen, sie hätten getan, was sie getan hätten, und ich schüge vor, hier keinesfalls ins Detail zu gehen, sondern ein Protokoll aufzunehmen und zu sagen, es habe Fehler auf beiden Seiten gegeben, doch der gegebene historische Moment erfordere das totale Engagement zur Befreiung und zum Aufbau des Landes sowie zur Gründung einer Gewerkschaftsorganisation, und damit sei meiner Meinung nach das Problem erledigt.

Ðilas: Savo Medan war in der Partei eine bekannte Persönlichkeit. War damals noch der Muslim Pašić am Leben, der im Gefängnis gesessen hatte?

Zulfikarpašić: Nein. Doch es gab noch einen zweiten Sekretär, einen Bosniaken, an dessen Namen ich mich nicht erinnern kann. Es gelang mir, sie zu versöhnen. Alle gaben zu, Fehler gemacht zu haben. Doch diese Fehler waren nicht dramatisch, es hatte auch keinen Bruch von Geheimnissen, keinen Verrat und keine Verleumdungen gegeben, nur Gerede übereinander. So konnte ich dieses Problem ohne schwerwiegende Folgen lösen.

Ðilas: Im Jahre 1944 war die Macht in Bosnien, was diese Territorien betrifft, schon ziemlich konsolidiert. Jemand sagte mir, daß Sie im Jahre 1945 stellvertretender Handelsminister waren. Sind Sie als Inhaber dieser Funktion in die Emigration gegangen? Und erklären Sie mir bitte, welche inneren Beweggründe es dafür gab.

Zulfikarpašić: Djuro Pucar war damals Sekretär des Provinzkomitees, in Jajce arbeitete ich sehr intensiv mit ihm zusammen. Er gab mir den Auftrag, das Problem des Gebietskomitees in Mostar zu lösen, was Avdo Humo zu jener Zeit als einen Angriff auf seine Stellung betrachtete. Ich war vierundzwanzig Jahre alt und gerade aus dem Gefängnis entflohen. Avdo Humo meinte, daß man mir wegen meiner Jugend nicht eine derart große Selbständigkeit und Freiheit einräumen dürfe. Doch Djuro Pucar empfand mir gegenüber große Sympathie und vertraute mir Aufgaben an, die eigentlich für die höchsten Funktionäre reserviert waren. Sie wissen, daß damals die Funktion des sogenannten Instrukteurs des Provinzkomitees geschaffen wurde, d. h. des Kandidaten für das Provinzkomitee. Und Pucar entsandte mich als Instrukteur des Provinzkomitees, um das Problem in Mostar zu lösen. Ich sollte auch das Eintreffen der Regierung in Sarajevo vorbereiten. Als ich aus Mostar zurückgekehrt war, wurde in Sarajevo noch immer gekämpft. Dort waren damals gerade montenegrinische Einheiten.

Sarajevo wurde danach befreit. Als ich in Sarajevo eintraf, war Radovan Vukanović[63] Kommandant. In der Stadt war auch das Kommando der OZN, der politischen Polizei, das aus Tuzla gekommen war. Ich war trotz meiner Jugend Vertreter der Zivilbehörden dund mußte Diensträume für verschiedene Ministerien finden. Ich erinnere mich an die Ankunft von Rodoljub Čolaković, der zu mir sagte: „Gut, daß du da bist!" Erst einen Monat später traf von Jajce kommend auch Regierung ein. In dieser Regierung wurde ich zum stellvertretenden Handelsminister bestellt, mein Chef war Pašaga Mandžić.

Đilas: Sie waren faktisch Minister, da Pašaga völlig unfähig und noch dazu Analphabet war, man könnte ihn auch als intellektuell beschränkt bezeichnen. Mir war klar, daß Sie das Ministerium zu leiten hatten, sobald Sie mir gesagt hatten, wer ihr Chef war. Mandžić liebte das bequeme Leben – ich kenne ihn vom Gefängnis her – in der Untersuchungshaft hat er sich nicht besonders gut gehalten. Doch er war Häftling, alter Kommunist und Proletarier – und das war damals am wichtigsten. Auf diese Weise kam auch Iso Jovanović zu seinem Posten als Parteisekretär für Bosnien. Er war ein Schwager von Aleksandar Ranković, und der schlug ihn für dieses Amt vor, weil wir nicht genügend Kader hatten. Er war ein ähnlicher Fall wie Pašaga. Dort gab es überhaupt nur einige wenige fähige Leute: Boro Kovačević, Cvijetin Mijatović, Avdo Humo, Uglješa Danilović – das waren damals die tatkräftigen Leute.

Zulfikarpašić: Sie da oben in der Führung wußten wahrscheinlich, wer Iso war, doch wir vor Ort hatten keine Ahnung, für uns war er der Sekretär der Parteiorganisation und dementsprechend die höchste Autorität. Was für eine Absurdität!

Nadežda: Sie hatten ein hohes Amt inne und eine große politische Karriere vor Augen. Weshalb haben Sie all das mit einem Schlag aufgegeben und sich für die Emigration entschieden?

Zulfikarpašić: Das war tatsächlich das dramatischste Ereignis meines Lebens. Es ging um den endgültigen und definitiven Bruch mit der kommunistischen Bewegung, der ich mich schon als Junge von fünfzehn Jahren angeschlossen und in der ich zehn Jahre meiner Jugend verbracht hatte. Das war eine echte Trennung, und meine Emigration war eine der notwendigen Folgen.

Zur Linken kam ich über die Literatur und die Philosophie, der Einfluß von Menschen spielte eine geringere Rolle, und egoistische Interessen hatte ich keinesfalls in dieser Hinsicht. Durch den Sieg des Sozialismus, für den ich gekämpft hatte, verlor ich alle materiellen Privilegien, die ich als Kind reicher Eltern genoß. Doch ein junger Mensch nimmt darauf keine Rücksicht, er hat Ideale und glaubt an Ideen – an den Wohlstand für alle, an die Freiheit für sein Volk und seine Heimat. Natürlich ist mir klar, daß das große Irrtümer und Illusionen waren, doch gerade durch mei-

---

[63] Radovan Vukanović, Generaloberst, im April 1945 stand die Korpsgruppe Sarajevo unter seinem Kommando.

nen Glauben daran geriet ich in den Sog der Ereignisse. Die Zeit, die ich in der Bewegung verbrachte – 1936 bis 1946 – war eine aufregende Geschichtsepoche: das Auftauchen von Hitler, der Spanische Bürgerkrieg, die Offensive des Faschismus und Nationalsozialismus, der Zweite Weltkrieg, der Zerfall Jugoslawiens, die Okkupation Bosniens, die Vorbereitung des Widerstandes, der Partisanenkrieg – und zu alledem der Tod meines Bruders, der Verlust von etwa hundert Verwandten und Freunden, die Zerstörung Fočas, meines Geburtshauses, Gefängnis, Folter, Todesurteil, Flucht, Kampf und stürmische Kriegstage.

Wie ich anfangs schon sagte, studierte ich Marx, Engels, Feuerbach, Hegel und Kant: alles im Rahmen der Interpretation des dialektischen Materialismus. Und dennoch war ich fasziniert von Schopenhauer und Nietzsche – das war sozusagen meine Privatsphäre, ebenso wie die schöne Literatur. Meine älteren Freunde betrachteten Dostojewski als Mystiker und negative Persönlichkeit, während ich mich von ihm angezogen fühlte. Safvet-Beg Bašagić betrachteten sie als Reaktionär, genau wie von den modernen Schriftstellern Ujević, ich hingegen schätzte die beiden. Ich will sagen, daß ich mich hinsichtlich der geistigen Werte von meiner eigenen Logik leiten ließ, die nicht in den Rahmen des orthodoxen Marxismus paßte.

Der Krieg ist eine grausame und menschenfeindliche Fronarbeit, gleichgültig von welcher Seite man ihn betrachtet. Oftmals ließ sich die Vorgehensweise unserer Kommandanten, meiner Freunde, durch nichts rechtfertigen, nicht durch die Verhältnisse, nicht durch den Zwang des Augenblicks, und auch nicht durch die Eigenschaften und das Verhalten des Feindes! Die Ausreden wie – das ist der Krieg, die Revolution, die Situation erfordern solch eine Handlungsweise – konnten mich keineswegs immer von der Richtigkeit der Verfahren überzeugen. Schon gar nicht konnte ich selbst derartige Methoden anwenden.

Gegen Gewalttäter, die ihre Stellung mißbrauchten, war ich schon immer allergisch, und wenn Menschen andere Menschen erniedrigten, um ihre Macht zu demonstrieren, erlebte ich das als meine eigene Erniedrigung.

An ein derartiges Ereignis kann ich mich gut erinnern. Ich war spät am Abend mit dem Auto auf dem Rückweg von Butimir, zusammen mit meiner Mutter. Es war eine kalte Winternacht, und der Schnee lag hoch. Wir hatten meine Schwester Hasiba besucht. Unterwegs stoppten uns zwei Majore, ihr Auto war in den Straßengraben gerutscht. In ihrer Begleitung waren zwei Frauen von zweifelhaftem Aussehen, leicht angezogen – offensichtlich auf dem Rückweg von irgendeinem Gelage. Ich war gerade von der Jagd zurückgekehrt und trug noch immer Jagdjacke und Mütze. Die Majore hielten mich augenscheinlich für einen Chauffeur.

– Wessen Wagen ist dies?

– Handelsministerium.

– Wen hast du im Wagen?

– Meine Mutter.

– He, junger Mann, deine Mutter soll in unserem Wagen warten, du fährst uns nach
Sarajevo und bringst dann unseren Fahrer hierher.
– Aber meine Mutter ist eine kranke Frau, es sind zwanzig Grad unter Null. Die
beiden Genossinnen nehme ich gern mit und kehre dann mit ihrem Fahrer zurück.
– Erzähl keine Geschichten, sondern hol deine Mutter aus dem Auto und fahre
uns!

Ich sah, daß die Sache jetzt ernst wurde, und baute ihnen eine goldene Brücke, indem ich vorschlug, daß wir uns alle irgendwie ins Auto zwängten. Sie wollten davon nichts hören, vielmehr wollten sie vor ihren Mädchen ihre Macht demonstrieren. Schließlich war ich gezwungen, ihnen meine Dokumente zu zeigen, und als
sie sahen, daß ich der ranghöhere Offizier war und noch dazu Minister, änderte
sich die Situation schlagartig.

Solche Fälle von Hochmut waren an der Tagesordnung. Doch immerhin muß ich
sagen, daß General Vukanović die beiden Majore wegen dieses Vorfalls zehn Tage
ins Gefängnis steckte, danach schickte er sie zu mir, damit sie sich entschuldigten.
Für den Fall, daß ich die Entschuldigung nicht annehmen würde, kündigte er ihnen
an, daß sie nach Kozar zurückgeschickt würden. Ich nahm die Entschuldigung an!

Die offenen Plünderungen, die besonders nach dem Krieg immer häufiger vorka-
men, brachten mich zur Verzweiflung. Alle Rechtfertigungen – habgierige Bauern-
mentalität, Heiduckentradition. . . – nach denen ich suchte – konnten ein derartiges
Verhalten nicht entschuldigen. All das und noch zahlreiche andere Dinge brachten
mich dazu, mein Leben von Grund auf zu überprüfen.

Überall spürbar war ein Beigeschmack bosniakenfeindlicher Haltung. Den Bosniaken wurden Sünden angelastet, die sie nie begangen hatten. Auch dem bosniakischen Adelsstand – dem Begovat – wollte man Sünden zuschreiben, die einfach absurd waren. Irgendwie erwartete man auch von mir, daß ich mich bei dieser Hetze
engagierte und zum Bannerträger gegen den Islam und die Muslime wurde. Diese
Atmosphäre drohte mich zu ersticken, ich fühlte mich betrogen und verführt. Der
Prozeß verlief Schritt für Schritt, doch dann war der Augenblick gekommen, da
ich vor mir selbst keinerlei Rechtfertigung mehr finden konnte.

Konkret gesagt, es gab einen ganzen Komplex derartiger Ereignisse. Vieles unter-
stand dem Handelsministerium, und dafür trug ich die Verantwortung. Und meiner
Gewohnheit nach versuchte ich nicht, vor dieser Verantwortung zu fliehen. Der
Verwaltung des Handelsministeriums unterlagen alle Geschäfte in Sarajevo. Vor allem alle jüdischen Geschäfte, die von der Ustascha und ihren Sympathisanten beschlagnahmt worden waren. Jetzt ging es darum, diesen Leuten die beschlagnahmten Güter wieder abzunehmen. In verschiedenen Speichern türmten sich große
und wertvolle Warenvorräte, die die Deutschen und die Ustasche zusammengeraubt
hatten – Teppiche, Klaviere, teures Porzellan, Möbel und sonstiges. Zu dieser Zeit
existierten auch Warenlager zur Versorgung des Provinzkomitees und der Regierung. All das unterlag der Kontrolle des Handelsministeriums, und ich war dafür

verantwortlich. Die Situationen, mit denen ich fertig werden mußte, waren alles andere als leicht. Nehmen wir zum Beispiel Foča, meinen Geburtsort. Foča hatte keinen Strom, und ein Mann, ein gewisser Pilav, brachte ein Aggregat mit und kam zu mir wegen Glühbirnen; ich gab ihm hunderfünfzig, mehr konnte ich ihm nicht geben, da Glühbirnen auch in Banja Luka, Tuzla und Sarajevo gebraucht wurden. Gleichzeitig schickte mir Avdo Humo eine Anforderung über dreihundert Glühbirnen für das Provinzkomitee. Ich jedoch konnte ihm nicht mehr Glühbirnen geben, als ich einer Stadt mit fünftausend Einwohnern gegeben hatte, und daher schickte ich ihm nur fünfzig. Immer wieder geriet ich in Konflikte mit unseren leitenden Funktionären und Freunden. So kam zum Beispiel Ante Babić, Minister für Bildung und Kultur, zu mir und sagte: „Wir haben keine Klaviere. Wir wollen Musikschulen eröffnen, aber wir haben keine Klaviere." Gewisse Damen, Funktionärsfrauen hatten sich Klaviere angeeignet; in Sarajevo gab es drei Konzertflügel, alle drei waren in privater Hand. Und ich ließ die Flügel beschlagnahmen und in die Musikschule bringen. Stellen Sie sich vor, was es damals bedeutete, der Gattin des ersten Mannes der Partei in Bosnien einen Konzertflügel wegzunehmen. Heute klingt das lächerlich, doch damals in meiner Position mit dem Parteichef in Konflikt zu geraten, war schon eine Art Todesurteil.

Ich möchte Ihnen noch ein Ereignis schildern, das für mein Leben sehr wichtig war. Đuro Pucar war ein ehrlicher Mann, Raub, Plünderung und jede andere Art der Aneignung fremden Eigentums ließ er nicht zu. Ich habe gehört, daß er sich später geändert haben soll: Angeblich hatte er seine Privilegien sehr liebgewonnen und sich an sie gewöhnt, verwöhnte seine Tochter über alle Maßen, reiste im Ausland umher, beschenkte seine Ärzte mit Mercedes-Limousinen, warf mit Geld um sich und wurde total korrupt. Doch ich kannte ihn nicht als einen solchen Mann und kann ihm auch nichts nachsagen.

Đilas: Er hat viele Privilegien akzeptiert, die ihm seiner Funktion nach zukamen, doch korrupt geworden ist er nicht. Die Geschichten über seine Tochter habe ich auch gehört, aber ob das alles so stimmt, da habe ich meine Vorbehalte. Wenn Sie mich fragen, er hat sich nicht korrumpieren lassen.

Zulfikarpašić: Solange ich in Bosnien war, leistete Pucar entschlossenen Widerstand gegen die ungesetzliche Aneignung fremden Eigentums; auch ich habe das in meinem Verantwortungsbereich nicht zugelassen, sondern sehr energisch dagegen gekämpft und darin hat mich Pucar stets unterstützt. Einmal geschah es, daß ein türkischer Staatsangehöriger verhaftet und gefesselt durch die Stadt geführt wurde; er mußte ein Plakat tragen, auf dem stand, er sei ein Kriegsgewinnler. Er hatte einen türkischen Reisepaß und besaß in Sarajevo eine Mühle. Nachdem er verhaftet worden war, beschlagnahmte man über Nacht all sein Gut – Teppiche, Möbel, Geld. In der Zwischenzeit traf eine sehr scharfe diplomatische Note von der türkischen Regierung ein, die dagegen protestierte, daß man einen türkischen Staatsangehörigen verfolgte. Ich denke, jemand muß darüber mit Tito gesprochen haben, denn er ordnete eine Untersuchung dieser Angelegenheit an. Ranković telefonierte nach Sarajevo und mitten in der Nacht weckte mich ein Offizier: „Đuro Pucar möchte dich sprechen." Pucar sagte: „Hör mal Adil, du mußt in 24 Stunden herausfinden, wer das getan hat. Ich habe gehört, daß es Leute aus deinem Ministerium waren. Bis morgen nachmittag wirst du mir einen Bericht darüber vorlegen." Ich ging sogleich in das Haus jenes Mannes und fragte dort, ob man sich an die Leute erinnern könne, die das Haus geplündert hätten. Eine Frau erwähnte den Namen einer gewissen Fahra Muftić, die aus Foča stammte. Ich machte diese Fahra ausfindig, und sie sagte, verantwortlich sei das Ortskomitee Sarajevo. Bis zum Nachmittag brachte ich in Erfahrung, wohin jeder einzelne Gegenstand geraten war, denn ich hatte den Chef des Ortskomitees zu mir kommen lassen und er gab mir eine vollständige Liste. Die wertvollsten Sachen hatten sich die Mitglieder des Provinzkomitees und der Regierung angeeignet. Im Grunde ging es hier um eine Art illegaler Versorgung der Parteispitze in Bosnien, wovon ich nicht die geringste Ahnung hatte. Am nächsten Tag ging ich zu Đuro Pucar und sagte: „Mein Gott, Đuro, in deinem Haus ist dieser Teppich." Er sprang auf, sein Gesicht wurde purpurrot. Der Eigentümer erhielt in kürzester Zeit alle beschlagnahmten Gegenstände zurück.

Nadežda: Das heißt, daß Sie im Laufe des Nachmittages schon alles in Erfahrung gebracht hatten.

Zulfikarpašić: Ich bemühte mich, weder Avdo Humo noch Uglješa Danilović und seiner Frau zu zeigen, daß ich von den Gegenständen in ihrem Haus wußte. Sie wiederum wußten, daß die Leute, die gekommen waren, um ihnen diese Dinge wegzunehmen, aus meinem Ministerium stammten. Da ich die Ermittlung führte, entstand eine äußerst gespannte Atmosphäre, an der ich keine Schuld hatte. Sie aber haben mir das sehr verübelt.

Đilas: Ich muß Ihnen zugestehen, auch ich habe mich nach Kriegsende verzweifelt gefragt: Was war da, sozusagen über Nacht, mit der kommunistischen Elite geschehen? Das kam in einer inneren Zwiespältigkeit und Unruhe zum Ausdruck – ich konnte meine eigene Position nicht mehr klar bestimmen und nicht mehr zu mir selbst finden: Es gefiel mir nicht, wie man sich um die Villen, die Autos riß, wie man bei Veranstaltungen darauf schaute, wer wo sitzen durfte, wer diesen oder jenen Orden bekam; dieser Kampf um Villen und Autos gefiel mir nicht. Mir war es fremd, darauf aufzupassen, wo man sich bei den Veranstaltungen hinsetzt; dann die Warenlager für Funktionäre, exakt abgestuft nach ihrem Rang, ob sie der Provinz, der Zentrale oder der militärischen Elite angehörten – und das alles vor den Augen des hungrigen und ausgezehrten Volkes. Der markanteste Vertreter dieser Lebensweise war Tito – er kannte weder Maß noch Geschmack und er war auch arrogant seinen engsten Mitarbeitern gegenüber. Zunächst gab er ihnen zu verstehen, daß sie nur als seine Stellvertreter einen hohen Rang bekleideten. Die Untergebenen richteten sich nach diesem allerhöchsten Vorbild und kopierten sein Verhalten. Ich zog mich auf mich selbst zurück, ich versuchte, zur Literatur zurückzukehren und mich damit zu trösten, all das sei nur vorübergehend, mit dem Voranschreiten der kommunistischen Gesellschaft würden die Menschen besser, altruistischer und kultivierter werden. Doch Tag für Tag geschah das Gegenteil. Um es kurz zu machen: Emotional gespalten und intellektuell stagnierend, bemühte ich mich, zumindest bescheiden zu erscheinen, mir treu zu bleiben und mit meinem eigenen Kopf zu denken – doch aus diesem Teufelskreis gab es kein Entrinnen, wer einmal hineingeraten war, hatte nur noch einen Ausweg – das Grab, und zwar das geistige oder das körperliche. Es ist mir nie in den Sinn gekommen, zu emigrieren – das hielt ich für einen Irrweg. Doch aus der Ausweglosigkeit reifte in mir mehr und mehr der Gedanke, mich in meinen bescheidenen und geliebten Beruf als Schriftsteller zurückzuziehen. Zum Glück für mich begannen gerade jetzt die Differenzen zwischen uns und der Sowjetunion. Und als wir den Ehrgeiz hatten, den Sozialismus zu bereichern und voranzubringen, da verwandelten sich die Differenzen sehr bald in unterschwellige Zwistigkeiten und dann in einen offenen Konflikt. Da habe ich wieder zu mir gefunden, zumindest vorübergehend – es war eine Art emotionaler und intellektueller Wiedergeburt. Sehen Sie, unsere Wege waren unterschiedlich, doch unser Schicksal ähnlich ...

6. Falscher Name der Nation
Irrtum oder Betrug

Đilas: Ich denke, für unser Gespräch wäre es nicht nur interessant, sondern auch sehr wichtig, wenn Sie etwas zur Politik der Kommunistischen Partei gegenüber den Muslimen sagen würden. Wenn ich Muslime sage, habe ich primär die bosnischen Muslime im Sinn. Bei der Konzipierung der Politik der Kommunistischen Partei gegenüber den Muslimen in Bosnien spielte ich eine größere Rolle, als das bisher bekannt ist. Darüber schrieb ich nicht sehr viel, und wenn doch, dann nur nebenbei. Meine Rede auf dem Kongreß der Volksfront Serbiens, ich glaube es war 1946, wurde in ihrer schriftlichen Fassung schlicht gefälscht. Das Manuskript wurde in die Druckerei geschickt, und dort hat man einen ausgesprochen muslimfeindlichen Satz eingefügt. Dabei unterscheiden sich meine Ansichten über die Muslime heute keineswegs von meinen damaligen Anschauungen. Bei der Formulierung der Parteipolitik gegenüber den bosnischen Muslimen vertrat ich auf der Fünften Landeskonferenz den Standpunkt, daß Bosnien die Autonomie erhalten sollte, gleichberechtigt mit allen anderen Faktoren, mit allen anderen politischen und staatlichen Gebilden. Damals hat man das akzeptiert. Doch auch ich teilte wie alle anderen die Meinung, die Muslime seien eine religiöse Gruppe, die es noch nicht geschafft hatte, sich national zu differenzieren, und es sei am wahrscheinlichsten, daß sich die einen unter den neuen Bedingungen den Serben, die anderen wiederum den Kroaten zurechnen würden.

Wir gingen dabei von der Tatsache aus, daß die Religion nicht das Entscheidende für die Nation und das nationale Bewußtsein sein kann. Und tatsächlich, ich weiß nicht, ob es irgendwo auf der Welt überhaupt möglich ist, daß die Religion das ausschlaggebende Kriterium für die Nation und das nationale Bewußtsein ist. Uns hinderte unsere Ideologie daran, zu verstehen, daß die Muslime etwas Besonderes – nicht nur im religiösen Sinne – waren. Primäre Ursache war der Atheismus. Unser Atheismus, der nicht zugeben konnte, daß die Religion eine Form sein könnte, durch die eine Nation entsteht. Und es war auch der Atheismus, der es uns erschwerte, zu begreifen, daß die Religion im konkreten Fall der Muslime eine wichtige Rolle bei der Herausbildung des nationalen Bewußtseins und der spezifischen nationalen Besonderheiten spielen konnte. Und dies obwohl doch die Serben und Kroaten in Bosnien tatsächlich erst durch die Religion begannen, ihr Nationalbewußtsein und die Anfänge ihrer nationalistischen Bewegungen zu bilden. Später tauchten auch andere Ideen auf, aber dies war charakteristisch für Bosnien. Daß wir das Problem der Muslime nicht oder nur unzureichend verstanden, lag auch an der leninistischen Theorie der nationalen Frage, die Stalin formuliert hatte. Dort wird nirgendwo erwähnt, welche Eigenschaften eines Volkes oder einer Stammesgruppe es sind, die zu einer Nation transformiert werden können. Nirgendwo wird erwähnt, daß auch die Religion diese Rolle spielen könnte. Nirgendwo wird die Rolle der Religion erwähnt. Diese Theorie Stalins, die in einer 1910 oder 1911 erschienenen Broschüre dargelegt wird, ist im Grunde nicht originell. Sie ist von Otto Bauer, dem Austromarxisten, übernommen. Der wesentliche Unterschied zwischen der leninistischen und der österreichischen Theorie besteht darin, daß Otto Bauer meinte, die Rechte der Nation seien hauptsächlich auf die kulturell-administrative Autonomie beschränkt, während der Leninismus auf dem Standpunkt steht, daß eine Nation auch das Recht auf ihren eigenen Staat haben muß.

In unserer konkreten Politik gegenüber Bosnien haben wir indes berücksichtigt, daß sich die Muslime weder als Serben noch als Kroaten definierten, daß sie etwas Eigenständiges zwischen diesen beiden Polen darstellten, und daß man daher vorsichtig mit ihnen umgehen mußte. Das kam auch darin zum Ausdruck, daß wir in die hohen Parteigremien authentische Vertreter der Muslime, wie zum Beispiel Zaim Šarac[64] oder Nurija Pozderac[65] wählten. In der politischen Praxis waren wir sozusagen besser als in der Theorie. Ganz abgesehen davon haben wir die Muslime faktisch verteidigt, indem wir die Tschetniks und Ustasche bekämpften, die eigentlich nur in Bosnien Krieg führen wollten. Und wenn es die Partisanen nicht gegeben hätte, dann wäre der damalige Krieg wahrscheinlich ebenso katastrophal für die Muslime gewesen wie die aktuelle. Ich glaube, daß unser mangelndes Verständnis auch auf die Tatsache zurückzuführen war, daß die Muslime damals erst im Begriff waren, zu einer Nation zu werden und ein Nationalbewußtsein zu entwickeln und daß sie in dieser Hinsicht verglichen mit anderen Nationen, etwa den Serben oder den Kroaten, zurückgeblieben waren. Sicherlich aufgrund der Tatsache, daß sie lange Zeit zum Osmanischen Reich gehörten, das bekanntlich bis zu Kemal Atatürk ein religiöser Staat war. Folglich brauchten die Muslime länger, bis sich bei ihnen ein Nationalbewußtsein entwickelte, zumal sie sich mit dem türkischen Staat, dem Osmanischen Reich identifizierten. Ich will sagen: Die Muslime hatten während des Zweiten Weltkriegs und auch unmittelbar nach Kriegsende faktisch keine politische Bewegung – weder eine kommunistische noch eine andere – die ihre besondere ethnische Entität zum Ausdruck gebracht hätte. Ein Teil der muslimischen Führer ergriff für die Ustascha Partei, ein Teil des muslimischen Volkes schloß sich

---

[64] Zaim Šarac, Rechtsanwalt aus Sarajevo, Anhänger der Demokratischen Partei von Ljubo Davidović, Minister in der ersten Regierung Bosnien-Herzegowinas.

[65] Nurija Pozderac, Führer der Jugoslawischen Muslimischen Partei (JMO), Abgeordneter im jugoslawischen Parlament. Im Zweiten Weltkrieg Mitglied des Antifaschistischen Rates zur Volksbefreiung Jugoslawiens (AVNOJ). Unter seinem Einfluß entschieden sich viele Muslime für Tito.

den Partisanen an, während die breite Masse in Verwirrung und Unentschlossenheit verharrte, zwar von Grund auf islamisch geprägt, doch ohne nationale Führung und ohne Entwicklung und Pflege der eigenen Nationalität. Gerade zu diesem Problem ist mir Ihre Meinung sehr wichtig, damit wir zum Kern der Sache vordringen können.

Zulfikarpašić: In Bosnien gibt es eine Sache, die sogar unsere Freunde oftmals nicht wahrnehmen oder falsch interpretieren. Viele Dinge, die in Bosnien geschahen, fanden nur deshalb ein Echo in Europa, weil sie den christlichen Teil der Bevölkerung betrafen. Der Aufstand in der Herzegowina, der Aufstand gegen die Türken, die Emanzipation, die Entstehung von Nationalstaaten auf dem Balkan – all das waren Ereignisse, die die Weltpresse und die öffentliche Meinung auf die eine oder andere Weise verfolgten, während man – wenn es um die Muslime ging – der Meinung war, hier handle es sich um eine türkische, islamische Bevölkerung, die in dem Moment verschwinden werde, da es die Türkei nicht mehr gebe. Diese schlichte Überzeugung fußte darauf, daß die muslimische Bevölkerung Teil des Türkischen Reichs war. Sogar Karl Marx hat darüber geschrieben. Was Bosnien betrifft, so ist dies keineswegs zutreffend. Es ist eine Tatsache, daß die autochtone bosnische Bevölkerung – die ehemaligen Bogumilen, die sich in einer bestimmten historischen Epoche vielleicht sogar mit der türkischen Macht identifizierten, da sie zu jener Zeit eine große kulturelle Wiedergeburt erlebten und an politischer Bedeutung gewannen – nie auf ihre Heimat Bosnien verzichtet hat. Ohne auf Einzelheiten einzugehen, möchte ich darauf hinweisen, daß Bosnien von Anfang an etwas Besonderes war und im Vergleich mit anderen türkischen Provinzen auch andere Gesetze hatte. Allein die Tatsache, daß sich die bosnische Bevölkerung massenhaft und innerhalb einer sehr kurzen Zeitspanne zum Islam bekehrte, rief bei der türkischen Administration die Notwendigkeit hervor, eine ganze Reihe von gesetzlichen Maßnahmen zu treffen und auf bosnischem Boden zahlreiche traditionelle rechtliche Regelungen zu akzeptieren, die nicht charakteristisch für die türkische Herrschaft waren. So besaß Bosnien eine Verwaltung, die sich von der in Serbien, Griechenland, Albanien, Rumänien und sogar der Türkei selbst unterschied. Es gab lokale Verwaltungsräte[66] und gesetzlich war das Recht des bosnischen Adels festgelegt, seine Kinder in die Lehranstalten für Prinzen zu schicken, sowie Regierung und Verwaltung Bosniens innezuhaben. Als die Türkei unter dem Druck Europas versuchte, auch bestimmte Gesetze in Bosnien zu ändern, kam es zu offenen Rebellionen und es entstanden Bewegungen, die die volle Unabhängigkeit Bosniens von der türkischen Oberhoheit anstrebten. Eine davon – um nicht alle zu erwähnen – war die Bewegung von Husein Gradaščević, dem „Drachen von Bosnien", die eine ausschließlich nationale, patriotische Bewegung für die Selbständigkeit Bosniens war und die bestimmte Errungenschaften bewahrte, die uns und den Türken gemeinsam waren. Es gab keinen

---

[66] vijeća ajana

Grund, sich von diesen Dingen zu distanzieren oder sie aufzugeben, denn sie waren fortschrittlich und machten unseren Wohlstand möglich. Weder Europa insgesamt noch das benachbarte Österreich-Ungarn oder Serbien, ja nicht einmal unsere eigenen Historiker, sahen darin eine Bewegung zur nationalen Emanzipation Bosniens, stattdessen dachten sie an einen Konflikt unter „Türken", d. h. eine Abrechnung zwischen „bosnischen Türken" und den Osmanen. Hier war die Geschichte ungerecht. Als in Bosnien der Einfluß des Nationalismus spürbar wurde – und zwar des kroatischen wie des serbischen – tauchte damit ein Element auf, das geeignet war, das grundlegende Heimatgefühl stark zu beeinträchtigen.

Das Nationalgefühl ans Land gebunden

Der Nationalismus ist an das Land gebunden, in dem er entsteht. Der serbische an Serbien, der kroatische an Kroatien, der griechische an Griechenland, und demzufolge muß der bosnische Nationalismus an Bosnien gebunden sein. Das Phänomen des Kroatentums in Bosnien war eine Art Identifizierung mit einem anderen Land, mit Kroatien, mit einem Nachbarland. Das Phänomen des serbischen Nationalismus bedeutete ebenfalls die Identifizierung mit einem fremden Nationalismus außerhalb Bosniens. Für eine autochtone Bevölkerung, die sich als bosniakische Bevölkerung ansah und ihre patriotischen Gefühle in diesem Sinne entwickelte, besaß dieser Nationalismus keinerlei Anziehungskraft. Dies um so mehr, da man die nationale Zugehörigkeit in Bosnien ausschließlich auf religiöser Basis definierte. Die Katholiken entschieden sich für das Kroatentum, die Orthodoxen für das Serbentum. Wir, die wir weder Katholiken noch Orthodoxe sind, sassen zwischen zwei Stühlen, während das bosnische Nationalgefühl sowohl von dem einen wie auch vom anderen Nationalismus heftig angegriffen wurde. Die Intoleranz gegenüber dem bosnischen Nationalismus war über alle Massen ausgeprägt, und zwar weil es ihn aus einem einfachen Grund nicht geben durfte, denn als die kroatische und die serbische Nation auf bosnischem Boden entstanden, erhoben beide den Anspruch, Bosnien müsse entweder serbisch oder kroatisch sein. Das war für eine autochtone Bevölkerung, sofern sie ihre eigenen patriotischen Gefühle hegte, in jedem Falle inakzeptabel. Zumindest war diese Identifizierung mit einem fremden Nationalismus, mit fremden nationalen und kulturellen Zentren – Zagreb und Belgrad – für die Bevölkerung Bosniens unzulässig.

Ich bin davon überzeugt, hätte der Glaube nicht eine so große Rolle gespielt und wäre er noch nicht zum dominierenden Faktor geworden, dann hätte sich dieser Nationalismus in Richtung des Bosniakentums entwickelt. Als Österreich-Ungarn den Feldzug gegen Bosnien unternahm, akzeptierte die Türkei die Okkupation von Bosnien-Herzegowina auf dem Berliner Kongreß und appellierte an die Bevölkerung, sich auch damit abzufinden und keinen Widerstand zu leisten, ihre Soldaten zurückzuziehen und die gesamte Polizei Österreich-Ungarn zu unterstellen. Die Bosniaken leisteten als einzige Widerstand gegen die Besatzung. Sie bildeten zunächst einen Nationalausschuß und später auch eine Nationalregierung. In die Regierung wurden auch Vertreter der orthodoxen Serben, der katholischen Kroaten und der Juden aufgenommen, und sie wurde nicht ausschließlich von Bosniaken geleitet. Hätte man indes eine serbische oder kroatische Regierung in Bosnien gebildet, so wäre unsere Geschichtsschreibung voll von entsprechend national gefärbten Beurteilungen dieser Tatsache, so aber ging man einfach darüber hinweg. Allem Anschein nach hat die Geschichte uns – die autochtone, nichtserbische und nichtkroatische Bevölkerung Bosniens – höchst stiefmütterlich behandelt.

Historische Ungerechtigkeiten

Die Versuche des bosniakischen Teils der Bevölkerung, Bosnien zu retten und Widerstand gegen die Okkupation zu leisten, wurden nicht als patriotische Tat akzeptiert. Die Österreicher dachten, sie könnten mit klingendem Spiel und großer Parade nach Bosnien einmarschieren. Es kam indes zu einem gut organisierten und heftigen bewaffneten Widerstand gegen die Okkupation, sehr bald wurden bosnische Einheiten gebildet, in denen es keine türkischen Soldaten gab. Das Volk war in Bosnien bewaffnet, da der Waffenbesitz zur Türkenzeit erlaubt war und auch die Militärbezirke und Festungen über Kanonen verfügten. Das gesamte Waffenarsenal wurde an die Grenze gebracht, um sich gegen die drohende Okkupation verteidigen zu können. Auch diese Tatsachen werden verfälscht oder heruntergespielt und werden in der Geschichtswissenschaft so gut wie gar nicht erwähnt. So wird zum Beispiel nirgendwo erwähnt, daß Freischärlergruppierungen und militärische Formationen aus den Reihen der orthodoxen und katholischen Bevölkerung gebildet wurden, die den österreichischen Okkupationstruppen dabei halfen, nach Bosnien einzudringen. Diese Leute dienten dem österreichischen Heer als ortskundige Führer und halfen ihm, den bosniakischen Verteidigern in den Rücken zu fallen und sie zu schlagen. An der Spitze dieser Einheiten standen verschiedene Franziskanerpater und Leute ähnlichen Schlages. Die katholische Bevölkerung war die Fünfte Kolonne, der sich auch ein Teil der orthodoxen Bevölkerung hinzugesellte – ausschlaggebend waren rein religiöse Gründe, schließlich ging es darum, einem christlichen Staat Hilfe zu leisten. Dabei handelte es sich bei den Besatzern um Menschen, die nicht unsere Sprache sprachen, die unsere Kultur nicht kannten und noch dazu als Eroberer kamen. Seitens der christlichen Bevölkerung wurden sie beinahe wie Befreier angesehen. Jedenfalls bedeutete das für sie das Ende der Türkei und den Beginn der österreichischen Verwaltung. Der harte Kern, der sich gegen Österreich-Ungarn formierte, die Leute, die gegen den Wunsch und Willen des türkischen Staates zur Verteidigung ihrer Heimat aufstanden, waren nicht Teil der Türkei, waren keine Türken und handelten auch nicht im Interesse der Türkei. Hätten sie nämlich im Interesse der Türkei gehandelt, dann hätten sie die Okkupation friedfertig ermöglicht, denn so lautete der Befehl des Sultans und des Wesirs. Sie wissen, daß Österreich gezwungen war, die dreifache Menge an Okkupationstruppen zu entsenden, als ursprünglich geplant war, daß bedeutende Strategen und Generäle engagiert werden mußten, und daß große Schlachten geschlagen wurden, um die Okkupation Bosniens durchzusetzen. Trotz allem hat ihnen Šemsekadić zwei bittere Niederlagen zugefügt. Die Okkupation Bosniens war für Österreich-Ungarn eine einzigartige Blamage, gleichzeitig führte sie zur Entstehung des bosniakischen Patriotismus und weckte das Gefühl, das man die bosnische Heimat verteidigen müsse. Österreich-Ungarn brachte Generäle nach Bosnien, die unbarmherzig waren – bis zu dieser Zeit war es kaum einmal passiert, daß man in eine Stadt einmarschierte und die Imame sowie die zivilen Honoratioren an den Galgen knüpfte oder erschoß. Genau das aber tat General Filipović[67] in Sarajevo mit Dutzenden muslimischer Führer, die ihm in die Hände gefallen waren. Sehen Sie, so entstand der bosniakische Nationalismus und das Gefühl des bosniakischen Patriotismus, den Österreich einfach ignorierte, indem es den Mantel des Schweigens über ihn breitete und der europäischen Öffentlichkeit vorgaukelte, es handle in einer zivilisatorischen Befreiungsmission. All diese Phrasen sollten jedoch nur die brutale Gewalt verhüllen, die Österreich einsetzte, als es dieses Land okkupierte.

Der Vertrag von San Stefano hätte Bosnien von der Landkarte getilgt

Trotz allem bin ich der Meinung, daß die Okkupation und die spätere Annexion durch Österreich-Ungarn für die bosnischen Muslime positiv war, denn dadurch wurde ihre physische Liquidierung verhindert, zu der es gekommen wäre, hätte man den Vertrag von San Stefano erfüllt und Bosnien zwischen Montenegro und Serbien aufgeteilt. Als Österreich-Ungarn in Bosnien herrschte, wurden nationale Gefühle völlig erstickt – nur die Kroaten machten hier eine Ausnahme. Die Österreicher hatten sich einen neuen Standpunkt zueigen gemacht, der an das Millet-System der Türken erinnerte. Man gewährte die religiöse Autonomie und eine eigene religiöse Verwaltung, und das war alles. Alles übrige erledigten die Streitkräfte, die die zivile und militärische Macht für sieben Jahre übernommen hatten, bis die erste zivile Verwaltung in Bosnien eingerichtet wurde, mit Bezirksvorstehern und Bürgermeistern. Man muß zugeben, daß Österreich auch eine ganze Reihe zivilisatori-

---

[67] Baron Josip Filipović (1819–1889), österreichischer General kroatischer Abstammung, Kommandant der Okkupationstruppen und der Militärverwaltung in Bosnien, der entgegen den Empfehlungen des österreichischen Kaisers bei der Errichtung der Okkupationsverwaltung äußerst grausam gegen die Muslime vorging.

scher Maßnahmen traf: Es begann der Straßenbau, es entstand die Holzindustrie, die Viehzucht wurde verbessert, der Ackerbau modernisiert, die Produktion besser organisiert, neue Märkte öffneten sich, die Geldwirtschaft wurde nach europäischem Vorbild eingerichtet, Banken entstanden... Bosnien wurde Teil eines wirklich fortschrittlichen europäischen Staates, der ihm Prosperität ermöglichte. Als sich bei den Serben und den Kroaten der Nationalismus entwickelte, entstand er in anderer Form auch bei den Muslimen. Nach allen menschlichen Kriterien und allen politischen Analysen waren uns die Wege versperrt, die über das Serbentum oder das Kroatentum zur nationalen Identifikation geführt hätten. Wir mußten einen Ausweg suchen und wir suchten ihn tatsächlich in einer engeren Bindung an Bosnien und in der Identifikation mit diesem Land. Und deshalb wäre ich nicht geneigt zu sagen, die Muslime seien im Hinblick auf Nationalgefühl und nationalbewußtes Leben unempfindlich gewesen. Das Aufkommen des kroatischen und des serbischen Nationalismus auf bosnischem Boden bedeutete zu dieser Zeit keinerlei Fortschritt in Kultur und Politik, nicht einmal für unsere Nachbarn. All das war sehr nebulös und erfaßte nur einige Intellektuelle. Es gibt eine Anekdote um unseren Schriftsteller Tugomir Alaupović. Als er sagte, er sei Kroate, meinte seine Mutter: „Laß die Finger davon, mein Sohn, die Religion wechselt man nicht! Wir sind keine Kroaten, sondern Katholiken!"

Im Vergleich zu Europa gehörten wir alle verspäteten Nationen an. Es ist eine offene Frage, in welchem Maß – verglichen mit anderen – die nationale Identifikation bei den Muslimen überhaupt gegeben war. Es stimmt, daß wir zu Anfang weder eine starke Organisation noch eine eigene Presse oder eigene Publikationen hatten. Auch außerhalb Bosniens hatten wir keine Stütze, denn die Türkei hatte kein Interesse mehr an uns. Wir waren allein und blieben allein, wir konnten uns nur auf unsere eigenen Kräfte stützen, die viel schwächer waren als die unserer Nachbarn.

Das Mehrparteiensystem in Bosnien

Als die Serben und Kroaten in Bosnien ihre ersten politischen Parteien und Bewegungen gründeten, geschah ähnliches auch bei den Bosniaken. Die Muslimische Nationalorganisation von Ali-Beg Firdus hatte dieselbe Bedeutung wie die Entstehung der Kroatischen Gemeinschaft sowie der serbischen politischen Parteien in Bosnien. All das ging binnen Jahresfrist vonstatten. Wenn man nach den Namen geht, die im Exekutivausschuß der Muslimischen Nationalorganisation vertreten waren, wenn man berücksichtigt, was das für Leute waren, die sich dort engagierten, dann war das eine starke, wohlorganisierte, gutsituierte und finanzstarke Organisation. Hier sassen Politiker die größeren Einfluß hatten und bedeutender waren, als dies bei den Serben und Kroaten der Fall war. Der Grund war simpel, die muslimischen Bosniaken waren reicher und lebten überwiegend in den Städten, zudem hatten sie große Erfahrung als Bürgermeister. Als ihnen die Österreicher die politische Betätigung verboten, trafen sie sich kurzerhand in Budapest. Dort hielten sie die Gründungskonferenz der Muslimischen Nationalorganisation ab, und unterstützt von der Budapester Presse wurden sie zu einem wichtigen Faktor im politischen Leben Bosniens. Sie gingen Bündnisse mit den Serben ein, stützten sich aber auch auf Kroaten. Später, als es zur Annexion gekommen war, stellten sie mit Safvet-Beg Bašagić den ersten Parlamentspräsidenten. Wenn man heute die Reden von Fadilpašić, Šerif Arnautović und Safvet-Beg Bašagić liest, sieht man sogleich, daß es sich hier um Männer mit einer politischen Vision handelte, die fähig waren, ihr Volk zu vertreten, zu organisieren und seine Forderungen in bezug auf Österreich zu artikulieren. Nach dem Untergang der österreich-ungarischen Monarchie trat bei uns eine Wende ein. Landgüter wurden beschlagnahmt, und es kam zu einer unbeschreiblichen Verarmung des muslimischen Elements, des muslimischen Volkes in Bosnien. Ein Volk, das achtzig Prozent des Bodens besaß, das großen Reichtum sein eigen nannte, wurde durch die Gesetze zur Agrarreform mit einem Schlag zum Bettler gemacht. Und natürlich kam es zu einer Demoralisierung, denn wir waren ja psychologisch gebunden, zunächst an die Türkei, mit deren Schicksal wir das unsere verknüpft hatten – und dann im Ersten Weltkrieg wie auch die Kroaten an die österreichisch-ungarische Monarchie. Liest man heute die im ersten Parlament Jugoslawiens gehaltenen Reden, wo der Abgeordnete der Landwirtepartei aus der Krajina, Djokić, lauthals behauptet, daß es in Bosnien keinen Platz mehr für die Muslime gebe, und sie sich glücklich schätzen sollten, weil sie mit dem Leben davon gekommen seien, dann sieht man, in welch elende Lage man die Muslime gebracht hatte.

Die Bosniaken am Bettelstab

Diese Politik im alten Jugoslawien rief bei den Bosniaken nicht nur das Gefühl der Instabilität hervor, sondern führte auch zu ihrer krassen Verarmung. Jede materielle Not ruft stets eine politische Schwächung hervor, um nicht zu sagen politischen Verfall und Demoralisierung, ganz abgesehen von einer Reihe gesundheitlicher Mängel. Schlechte Ernährung und verschiedene ander Phänomene führen zu einer Bedrohung des nationalen Wesens. All das spürten die Bosniaken in den ersten Jahren Jugoslawiens am eigenen Leibe. Sehen Sie, Mehmed Spahos Sohn hat mir erzählt, daß sein Vater seine Partei als Bosniakenpartei bezeichnen wollte, doch ihm wurde gesagt, davon dürfe er nicht einmal träumen, weil die Bosniaken von Benjamin Kallay erfunden worden seien. Eine solche Bezeichnung würde als feindselige Haltung gegenüber dem Staat interpretiert werden, und damit würden sich die Bosniaken selbst isolieren. Spaho wählte daher aus opportunistischen Gründen den Namen Jugoslawische Muslimische Organisation, obwohl er die Partei ursprünglich Bosniakische Muslimische Organisation hatte nennen wollen.

Als die ersten politischen Parteien in Jugoslawien gegründet wurden – noch vor der „Obznana"[68] von König Alexander im Jahre 1929 – herrschte eine Art Demokratie im Lande, da Jugoslawien französische Gesetze als Grundlage seines Rechtssystems übernommen hatte. Der Hauptmangel der Sankt-Veits-Verfassung bestand darin, daß sie dem einzelnen Bürger maximale politische Freiheiten einräumte, ohne den Völkern Rechnung zu tragen. Nach dem Ersten Weltkrieg trat die Kommunistische Partei in Erscheinung, die von den Völkern sprach, beispielsweise von den Makedoniern, ihre Existenz anerkannte und auch den Muslimen Tor und Tür öffnete. Bei den Wahlen im November 1920 brachte es die Kommunistische Partei auf neunundfünfzig Abgeordnete, unter denen sich auch mehrere Muslime befanden. (In Makedonien stellten die kommunistischen Abgeordneten fast die Mehrheit. In Belgrad wurde ein Kommunist, Filip Filipović, zum Bürgermeister gewählt). Schon damals bekundeten die muslimischen Massen außerhalb Bosniens in ihrer Armut und ihrem Unglück ihre Sympathien für linksorientierte Bewegungen, da ihnen die nationalen Parteien keinen Schutz zu bieten vermochten.

Ohne näher auf die Geschichte der Kommunistische Partei und ihrer Kongresse eingehen zu wollen, bin ich der Meinung, daß sich die Kommunistische Partei allzu sehr mit dem Klassenkampf und den sozialen Problemen befaßte, wobei sie die nationale Frage weitgehend in den Hintergrund stellte. Es gab auch eine Reihe von Irrtümern hinsichtlich der serbischen, kroatischen und makedonischen Probleme. Bekannt sind die Diskussionen zwischen Simo Marković und Stalin über die nationale Frage in Jugoslawien. Generell gesagt war die Kommunistische Partei weder damals noch zu Beginn des Zweiten Weltkriegs von der Geschichte dazu berufen, die nationale Frage zu lösen, doch mit Sicherheit verhielt sie sich diesem Problem gegenüber anders und positiver als andere politische Parteien.

Muslimische Bourgeoisie auf der Linken

Für uns ist besonders interessant, daß sich in den Reihen der Kommunistischen Partei vor dem Zweiten Weltkrieg Söhne und Töchter der muslimischen Bourgeoisie und des bosniakischen Adels befanden. Das waren Kinder jener Familien, denen Jugoslawien ihren Reichtum genommen hatte, Sprösslinge des verarmten Adels, die tiefe Sympathie für ihre Familien hegten und vom Staat in gewisser Weise bedroht und benachteiligt wurden. Die Kommunistische Partei war eine der wenigen politischen Bewegungen, wo diese jungen Menschen völlig gleichberechtigt waren, wo man nicht darauf schaute, welchen Glauben sie hatten.

Ich muß sagen, daß es sich bei Bušatlija, Karabegović, Brkić, Dizdarević, Čengić, Humo und mir um Kinder der früheren Begfamilien handelte, die in der Kommuni-

---

[68] Königliches Manifest, das die Verfassung außer Kraft setzte und das Parlament auflöste.

stische Partei und der Linken auf Freundschaft und Kameradschaft stießen, wie dies in anderen Parteien undenkbar war. Die Kommunistische Partei Jugoslawiens hatte in Bosnien-Herzegowina ihre Sympathisanten unter der muslimischen Jugend und bei den muslimischen Intellektuellen, und es gab keinen Unterschied zwischen Avdo Humo – dem Sohn eines Beg – und Uglješa Danilović, dem Sohn eines Leibeigenen. Weder Uglješa Danilović noch Boro Kovačević genossen als Serben Vorteile im Vergleich zu Avdo Humo oder Hasan Brkić. Das war ein qualitativ neues Verhältnis, denn sie alle gehörten zur modernen Arbeiterbewegung, zu einer Arbeiterpartei, in der sie im Einklang mit ihren persönlichen Fähigkeiten und ihrer Bedeutung waren. Die schöne Literatur will ich jetzt nicht eigens erwähnen, sie war vor dem Krieg ausgesprochen links und entwickelte sich in den städtischen Zentren Zagreb und Belgrad. Hasan Kikić arbeitete in Zagreb als angesehener Schriftsteller, seine Werke wurden dort veröffentlicht; in Belgrad wirkten Zijo Dizdarević und eine Reihe anderer Literaten. Die Rolle der Kommunistischen Partei bestand im Hinblick auf das muslimische Problem darin, daß sie entsprechend der Natur der Dinge keinerlei Selektion vornahm und keine Unterschiede zwischen ihren Mitgliedern basierend auf religiöser und nationaler Zugehörigkeit machte. Daher war es logisch, daß bestimmte muslimische Intellektuelle eine gewisse Affinität und Sympathie für die kommunistische Bewegung hatten.

Đilas: Wenn es etwas gibt, was die Kommunisten gut gemacht haben, so war dies die Lösung der nationalen Frage im Laufe des Zweiten Weltkriegs. Natürlich wurde sie nicht endgültig gelöst, in einem multinationalen Staat war das überhaupt nicht möglich, und erst recht nicht im Lichte der damaligen politischen Verhältnisse. Die Kommunisten lösten die Frage auf der Ebene der Eindämmung des kroatischen und des serbischen Nationalismus in ganz Jugoslawien. Nach dem Krieg waren die Makedonier zum Beispiel zufrieden mit der Lösung der makedonischen Frage, gleichgültig ob sie nun für oder gegen den Kommunismus waren. Ich denke, ähnlich lagen die Dinge auch bei den Muslimen Bosniens oder bei den Albanern im Kosovo. Das heißt, die serbischen und die kroatischen Nationalisten klagen uns Kommunisten heute wegen einer Sache an, von der wir meinen, daß wir sie wirklich gut gemacht haben.Und der serbische Nationalismus ist dabei rigoroser als der kroatische, denn der serbische Nationalismus hat die Hegemonie in Jugoslawien eingebüßt, während der kroatische zwar kein Großkroatien, aber doch immerhin den eigenen Staat bekommen hat. Zunächst in Form einer Teilrepublik, die sich dann später in unseren Tagen zu einem unabhängigen Staat gewandelt hat.

Ich möchte noch etwas sagen. Ich gehörte der Parteiführung bereits nicht mehr an, ich war schon exkommuniziert, als die Muslime mit den anderen Völkern formell gleichgestellt wurden. Oft drang von der serbischen Seite eine vulgäre Kritik an mein Ohr – zweifellos gab es sie auch bei den Kroaten, doch bei den Serben war sie ausgeprägter – die Kommunisten hätten die muslimische Nation erfunden, es handle sich dabei um eine „Plenum-Nation", und was dergleichen Qualifikationen mehr sind, die für ein Volk wirklich beleidigend waren. Irgendwann in den sechziger oder siebziger Jahren nahmen die Kommunisten den Standpunkt ein, die Muslime seien eine Nation wie alle anderen. So sehr die Kommunisten auch Utopisten sind, wenn es um die Endziele geht, in der tagtäglichen Politik sind sie Pragmatiker. Tito und die Führung nahmen wahr, daß die Muslime als eigenständiger Faktor in Bosnien erstarkt waren, und daher konstruierten sie – auf Grundlage des im Krieg hergestellten Gleichgewichts – Bosnien als eine selbständige Republik in ihren historischen Grenzen, um gleichzeitig auf diese Weise den serbischen und kroatischen Nationalismus zu bekämpfen. Die führenden Leute in der Partei trugen den veränderten Verhältnisse Rechnung und erkannten ganz einfach die Tatsache an, daß die Muslime politisch nicht rückständiger waren als die übrigen Bosnier – und daß es keinerlei Grund gab, sie in der politischen Theorie und Praxis anders zu behandeln als die Serben oder Kroaten. Demnach handelt es sich nicht um eine erfundene Nation, denn Nationen kann niemand erfinden – das ist dummes Zeug, ebenso abwegig, als würde jemand sagen, der Mensch sei erfunden worden.

Ich glaube, daß die Kommunisten bei der Lösung der nationalen Frage nicht nur eine demokratische, sondern auch eine edle Rolle auf dem Niveau des europäischen Liberalismus gespielt haben, weil jede nationale Minderheit die gleichen Rechte und fast so etwas wie Eigenstaatlichkeit bekommen hat: Das kann man den Kommunisten nicht absprechen, trotz aller Grausamkeit und Willkür, die sie ansonsten an den Tag gelegt haben. Die Bezeichnung Muslime ist zweifellos absurd: Sie sorgte für Verwirrung und völliges Unverständnis, gleichzeitig wurde sie von den Nationalisten ausgenutzt, um die Existenz einer muslimischen Nationalität zu negieren. Und deswegen ist es heute so wichtig, ja geradezu eine Schlüsselfrage, den Begriff Bosniak durchzusetzen. Es ist kein Zufall, daß die Nationalisten – sogar die gemäßigteren, soweit es sie gibt – diese Bezeichnung vermeiden und verspotten. Ungeachtet der Verwirrung, die dadurch hervorgerufen wurde, daß der Großbuchstabe M für eine ganze Nationalität stehen sollte[69], so muß man doch zugeben, daß dies der erste Schritt zur Anerkennung der ethnischen Besonderheit der Muslime war. Und so kann auch politische Konfusion, wie wir sehen manchmal kluge und nützliche Dinge in sich bergen.

Zulfikarpašić: In der Politik der Kommunisten gab es eine Reihe von Grobheiten und Versäumnissen, die ihre Gegner, aber auch die Völker als Ballast empfunden haben. Unbestreitbar ist jedoch die Tatsache, daß die Kommunisten im Laufe des Krieges für die Bosniaken eine historisch positive Rolle spielten, allein schon dadurch, daß sie sehr energisch und unzweideutig gegen die Tschetnikbewegung und die Massaker an den Bosniaken vorgingen und gegen die Ustasche kämpften.

---

[69] Die Bezeichnung *Musliman* mit großem M sollte nach kommunistischer Lesart die Nation bezeichnen, während *musliman* mit kleinem m die Konfession bezeichnete.

Ðilas: Die Kommunisten bestritten auch die kroatische Theorie, nach der die Muslime Kroaten sind.

Zulfikarpašić: Das steht völlig außer Zweifel. Ich möchte diese Tatsache keinesfalls herunterspielen, obwohl ich auch einige Tatsachen kenne, die meiner Meinung nach zu stark in den Vordergrund gerückt wurden. Aber auch das deute ich primär als eine Verkettung von Umständen – daß nämlich die Partisanenbewegung als Reaktion auf die Massaker der Ustascha entstanden ist, daß sich diese Ustascha-Massaker ausschließlich gegen Serben richteten, daß die Serben von der Ustascha-Bewegung in ihrer Existenz bedroht wurden, daß sie zunächst fliehen mußten, bevor sie sich organisieren konnten. Unter den Serben, die vor den Massakern der Ustascha in die Wälder geflohen waren, gab es zu Anfang eine Mischung aus Kommunisten und Tschetniks.

Und so geschah es, daß es in den Einheiten und den Gebieten, die sich für die Kommunisten entschieden hatten, auch Elemente gab, die dem Großserbentum und der Tschetnikbewegung zuneigten, und daß man zwischen ihnen niemals eine klare Grenze ziehen konnte. Es ist sehr interessant, daß die Theorie der Kommunisten besagte, die armen Leute müßten für uns, die Reichen aber gegen uns sein. Bei den Partisanen aber war es genau umgekehrt. Die reichen Bauern aus dem Flachland, die in engem Kontakt mit den Muslimen lebten, waren für die Partisanen, während die armen Bauern aus den hohen bosnischen Bergen, die sich mit Viehzucht durchschlugen, die wichtigste Stütze der Tschetnik-Bewegung waren. Andererseits war es vollkommen logisch, daß sich die Serben – ob sie nun wollten oder nicht, ob sie in den Städten oder auf den Bergen lebten – entweder den Tschetniks oder den Partisanen anschließen mußten. Aus diesen Volksmassen mobilisierten die Partisanen ihre Kader. Und so wurden sämtliche Spielarten des Nationalismus in die Partei hineingetragen. Die herrschende Klasse bei den Partisanen war überwiegend serbisch, und deshalb artikulierte und äußerte sich das Serbentum in der Partei viel stärker, als dies die Kroaten und Bosniaken in Bosnien tun konnten.

Noch vor dem aktuellen Krieg, in der Zeit, da ich nach Bosnien zurückgekehrt war, erhielt ich die Angabe, daß die Serben im Bund der Kommunisten von Bosnien-Herzegowina zwei Drittel der Mitglieder stellten, obwohl sie nur knapp ein Drittel der Bevölkerung ausmachten. Gemessen an ihrem Bevölkerungsanteil waren sie in den Verwaltungsorganen und in der Regierungspartei mehr als doppelt so stark vertreten. Die Muslime hingegen, die annähernd die Hälfte der Bevölkerung stellten, brachten es nur auf ein Viertel der Parteimitglieder. So war die eine Seite über alle Massen begünstigt, während die andere Seite das Gefühl haben mußte, alles andere als gleichberechtigt zu sein.

Das waren jedoch vergleichsweise kleine Formfehler angesichts der alles überragenden historischen Entscheidung, daß nämlich das kommunistische System durch seine Politik die Entstehung einer bosnischen Republik ermöglicht hatte, den Muslimen in diesem Staat halbwegs gleichberechtigte Lebensverhältnisse schuf und

Schulen und Bildungsinstitutionen für alle Völker öffnete. Es stimmt zwar, daß die Serben stark bevorzugt wurden, wenn es um die Aufnahme in Militärakademien und Polizeischulen ging, aber hier spielte auch die Tradition, und besonders die starke Partisanentradition eine große Rolle. Muslime hingegen entschieden sich lieber für die Wissenschaft. Das war aber ein zweischneidiges Schwert, sowohl positiv als auch negativ für uns: Die Muslime studierten Medizin, technische Fächer und generell Naturwissenschaften, so daß ich sagen kann, daß die Mehrheit der technischen Intelligenz in Bosnien-Herzegowina – von der Industrie, Wirtschaft und Naturwissenschaft abhängen – muslimisch war, während die in Verwaltungsschulen ausgebildete und im Verwaltungsapparat tätige Intelligenz überwiegend serbisch war. Das gab Anlaß zur Kritik, und ich selbst habe diese Dinge kritisiert, daß es zu viele Serben bei der Presse, beim Fernsehen, in den Schulen, in der Verwaltung, der Partei usw. gab.

Zusammenarbeit mit kommunistischen Dissidenten

Ich überlegte, wie das Problem nach den Wahlen zu beheben wäre. Man mußte den Eindruck vermeiden, daß die Serben ihre Posten verlieren sollten. Hierin erblickte ich eine der potentiellen Gefahrenquellen zur Entfachung nationaler Konflikte. Da es sich mehr oder weniger um Parteikader handelte, war ich der Meinung, daß das Problem in Zusammenarbeit mit dem Bund der Kommunisten, bzw. der Sozialdemokratischen Partei (SDS) zu lösen sei. Ich schlug Izetbegović vor, wir sollten eine Koalition anbieten, nicht nur wegen dieser Angelegenheit, sondern auch wegen der übrigen Probleme, die meiner Einschätzung nach zwischen den Völkern Bosniens entstehen konnten. Leider ging die Partei von Izetbegović mehr und mehr den Weg der politischen, konfessionellen und nationalen Intoleranz, was die Bildung einer solchen Koalition unmöglich machte. Die reformierten Kommunisten wiederum waren davon überzeugt, die absolute Mehrheit zu gewinnen.

In der Emigration hatte ich mich kritisch mit den ideologischen Richtlinien des Kommunismus und ihrer Umsetzung in die Praxis auseinandergesetzt, und ich muß feststellen, daß das ehemalige Jugoslawien die nationale Frage von allen kommunistischen Ländern auf die menschlichste Art und Weise gelöst hatte. Als Beispiel sei nur die Haltung zu den Ungarn und zu Minderheiten generell genannt. Eine Reihe von Rechten, die die Minderheiten auf der Grundlage der damaligen Gesetze und der verfaßungsmäßigen Ordnung genossen, geht deutlich über die völkerrechtlich festgesetzten Minderheitenrechte hinaus. Es ist nämlich nirgendwo vorgesehen, daß Minderheiten staatliche Institutionen besitzen, während die autonomen Gebiete bei uns – Kosovo und Vojvodina – später sogar staatliche Attribute erhielten. Die beiden autonomen Provinzen stellten sogar turnusmäßig den Staatspräsidenten der Föderation und besetzten eine Reihe anderer hoher Ämter, was ein Spezifikum von Tito-Jugoslawien war. Dieser Staat ging bei der Lösung der nationalen Frage weiter als die anderen sozialistischen Länder und übertraf hierin sogar die westlichen Demokratien. Was die Lösung der nationalen Frage anging, so legten das Tito-Regime und die Partisanenbewegung eine erstaunlich liberale Politik an den Tag und fanden Lösungen für die Probleme der früheren jugoslawischen Teilstaaten, die nationale Konflikte zu verhindern vermochten. Der einzige Mangel bestand darin, daß diese Lösungen auf undemokratischem Wege gefunden wurden, ohne Beteiligung gewählter Volksvertreter, nur durch Parteigremien.

Und dennoch haben wir jetzt diese Tragödie erlebt, dennoch ist die Katastrophe nationaler Abrechnungen über uns gekommen. Die Verantwortung dafür tragen der großserbische und großkroatische Nationalismus, ferner die nationalistischen Parteien, die auf den Ruinen des Kommunismus entstanden und nicht bereit waren, sich an demokratische Prozesse zu gewöhnen. Die bolschewistische Mentalität und die kommunistischen Kader waren in Wahrheit Träger dieses brutalen Nationalismus. Es kam zur Symbiose des balkanischen Nationalismus und des Bolschewismus in der schlimmsten Ausprägung.

Nadežda: In der Emigration haben Sie die Politik der Kommunisten kritisiert, besonders ihre Politik in der nationalen Frage.

Zulfikarpašić: Es gab sehr viele Dinge, die mich damals störten. Wie Sie wissen, hat Ranković nach dem Krieg eine Politik der Zwangsaussiedlung der Muslime aus dem Sandschak und aus Makedonien in die Türkei geführt. Als diese Menschen aus dem Sandschak, die slawischer Herkunft waren und bosniakisch sprachen, in die Türkei gingen, verloren sie automatisch ihre Staatsangehörigkeit. Andererseits gab es Fälle, daß man emigrierte Tschetniks, von denen man wußte, daß sie Mörder waren, heftig umwarb, sie sollten zusammen mit ihren Kindern nach Jugoslawien zurückkehren, wo man ihnen die Staatsangehörigkeit automatisch zuerkennen werde. Den Muslimen aus dem Sandschak hingegen, die in die Türkei gegangen waren und jetzt nach Hause zurückkehren wollten, gestattete man nicht einmal, die diplomatischen Vertretungen Jugoslawiens aufzusuchen, denn sie galten als fremde Staatsbürger, die zur früheren Heimat keinerlei Verbindung mehr hatten. In der Türkei begegnete ich vielen Menschen, die zurückkehren wollten, allerdings nicht konnten, da sie ihre Staatsangehörigkeit verloren hatten. Bei der Ausreise hatten sie mit ihrer Unterschrift bestätigen müssen, nicht mehr zurückkehren zu wollen. Nur als türkische Staatsangehörige konnten sie begrenzte Zeit in der früheren Heimat weilen, wobei sie sich regelmäßig bei der Polizei melden mußten.

Ich bin mit den Kommunisten nicht einverstanden, wenn es um die Anerkennung der „muslimischen" Nation geht. Meiner Ansicht nach hätte man es den Muslimen überlassen müssen, ihre nationale Bezeichnung selbst zu wählen. Ich habe das Regime dafür kritisiert, daß es 1963 auf einer Sitzung, durch einen bürokratischen Akt die Bezeichnung einer Nation festgelegt hat. Welch eine Absurdität war es, uns einen religiösen Namen zu geben, der uns in Wirklichkeit in eine lächerliche Lage brachte und den Gegnern dieser nationalen Politik Argumente lieferte, die jetzt sagen konnten: Was ist das für eine Nation, das ist eine religiöse Gruppe, die man künstlich – sozusagen im Reagenzglas – zur Nation gemacht hat, und zwar auf einer Parteikonferenz. Ich besprach dieses Problem mit einigen kommunistischen Funktionären. Nijaz Duraković[70] ist auch noch heute davon überzeugt, daß die Kommunisten so handeln mußten, weil sich die Muslime einfach so fühlten. Ich halte das für falsch. Meiner Meinung nach wurden Schriftsteller wie Atif Purivatra und Alija Isaković, die sich in ihren Werken gegen das Bosniakentum aussprachen, von der Kommunistische Partei dazu animiert und engagiert. Ich bin davon überzeugt, daß die Definition – nach der die Muslime mit großem M Muslime im nationalen Sinne sind, während die mit kleinem m Muslime im konfessionellen Sinne sind – nur aus Angst vor der Reaktion der kroatischen und serbischen Nationalisten zustande gekommen ist. Nur aus Angst, vor allem vor dem serbischen Nationalismus hat die Partei eine prinzipienlose und inadäquate Entscheidung getroffen, wobei sie sich ohne Not einmischte und eine nationale Bezeichnung für die Bosniaken erfand.

Đilas: Mir ist die Bezeichnung Bosniaken, die Sie jetzt erwähnt haben, nahe und vertraut, denn ich weiß, daß sie eine bis ins Mittelalter zurückreichende Tradition hat: Die Muslime, die ich in Bijelo Polje kannte und mit denen ich freundschaftlich verkehrte, sagten stets, sie seien Bosniaken. In meiner Familie gab es einen muslimischen Diener, Bešir Zulević aus der Umgebung von Rožaj. Er war Analphabet, und ich brachte ihm das Lesen und Schreiben bei, was nicht besonders schwierig war, da er seine rasche Auffassungsgabe hatte: Dieser einfache Mensch bezeichnete sich immer als Bosniak.

Der Begriff Bosniak hat auch seine mißliche Seite. Er wird von Serben und Kroaten nicht akzeptiert, da er mit der Zeit zu einer Bezeichnung für die Muslime geworden ist. Meiner Meinung nach ist das die schwache Seite dieser Bezeichnung. Natürlich darf kein vernünftiger und anständiger Mensch den Muslimen, bzw. Bosniaken das Recht bestreiten, sich so zu nennen, wie sie wollen und wie sie glauben, daß ihr richtiger Name lautet.

Zulfikarpašić: Und eben das hat auch die Partei der Demokratischen Aktion (SDA) bestritten, und eben deshalb akzeptierte die Partei die kommunistische Bezeichnung Muslime mit großem M und hat mich und alle anderen, die das Bosniakentum akzeptiert hatten und sich um seine Verbreitung mühten, zum Feind gestempelt. Heute aber benutzt dieselbe Partei den Namen Bosniaken mit solcher Selbstverständlichkeit, als ob sie ihn erfunden hätte.

---

[70] Nijaz Duraković, Universitätsprofessor und Schriftsteller, ehemaliger Präsident des Zentralkomitees des Bundes der Kommunisten von Bosnien-Herzegowina, gehörte zum Reformflügel. Gegenwärtig Präsident der Sozialdemokratischen Partei, der SDP. Sein Buch „Verdammung der Muslime" stieß 1993 auf großes Interesse der Öffentlichkeit.

Đilas: Ja, aber die SDA sieht die Religion als grundlegendes Merkmal an und benutzt sie auch entsprechend.

Zulfikarpašić: Ich fürchte, das Bosniakentum, das die SDA akzeptiert hat, zielt darauf ab, die Bewohner jenes Teils von Bosnien zu kennzeichnen, der nach der Teilung des Landes den Muslimen zufallen soll. Andererseits wird dieser Name der Nation unvermeidlich zum echten nationalen Merkmal werden, denn das Leben hat seine eigene Dynamik und seine eigenen Gesetze, nach denen es sich entwickelt. Der Begriff Bosniak muß sich früher oder später durchsetzen. Das Bosniakentum muß sowohl den Katholiken wie auch den Orthodoxen zugänglich sein, wie das schon in der Vergangenheit der Fall war. Ich habe zahlreiche Bücher aus der Zeit Österreich-Ungarns in meiner Bibliothek, in denen auch die nichtmuslimischen Einwohner Bosniens als Bosniaken bezeichnet werden.

Đilas: Vuk Karadžić benutzte den Begriff Bosniak.

Zulfikarpašić: Sehen Sie, es gibt Kroaten und Serben, die in Sarajevo geblieben sind, das ganze Kriegselend durchgemacht haben und sich als Bosniaken fühlen. Vor ein paar Tagen sah ich im Fernsehen eine Sendung, in der sich Gajo Sekulić, unser Philosophieprofessor aus Sarajevo, auf die Frage eines deutschen Journalisten als Bosniak erklärte. Wer darf ihm das Recht darauf absprechen?

Nadežda: Sie gehören zu den hartnäckigsten und konsequentesten Anhängern der Idee, den bosnischen Muslimen das Recht zu geben, sich Bosniaken zu nennen. Sie führen gleichzeitig Beispiele dafür an, daß sich auch Angehörige anderer Völker in Bosnien als Bosniaken fühlen.
Der Name eines Volkes ist für die Kultur und Tradition von außerordentlicher Bedeutung. Einem Volk das Recht zu verweigern, seinen Namen zu benutzen, bedeutet eine Verletzung grundlegender Menschenrechte. Doch was wäre passiert, hätte es im Bund der Kommunisten eine andere Einstellung zu dieser Idee gegeben, und hätte man die Bezeichnung Bosniak gestattet? Hätte dieser Akt für sich allein genügt, um die Aggressivität des serbischen und des kroatischen Nationalismus entscheidend zu dämpfen, und hätte dadurch das aktuelle Blutvergießen und die Welle der Massaker verhindert werden können?

Zulfikarpašić: Das ist eine Hypothese, die einer historischen Analyse wohl kaum standhält, wenngleich man immer in diese Richtung denkt. Sicherlich hätten die nationalistischen Elemente im Bund der Kommunisten gleich großen Widerstand geleistet – ob wir uns nun Bosniaken oder Muslime genannt hätten – denn diesen Leuten war die Entstehung der muslimischen Nation im Prinzip nicht recht. Sie behaupteten vorwurfsvoll, die muslimische Nation sei von den Kommunisten erfunden worden. Die Tatsache, daß man den Muslimen die nationale Identität zugebilligt hatte, war positiv, doch erforderte dieser Akt gewisse Erläuterungen, und es war jedenfalls logisch, daß er auf verschiedenen Seiten bestimmte Reaktionen auslöste. Ich weiß zum Beispiel, denn ich habe eine Dokumentation darüber erhalten, daß es bei den Konferenzen, die die Kommunisten einberufen hatten, einige Serben gab, die der Meinung waren, der adäquate Name für die Muslime sei Bosniaken, während sich einige Muslime der Bedeutung dieser Debatte nicht bewußt waren. Der bekannte Historiker Branislav Đurđev[71], Mitglied der Akademie der Wissenschaften und Universitätsprofessor, sagte auf Parteikonferenzen, die das Zentralkomitee einberufen hatte, man dürfe den Muslimen keinen anderen Namen aufzwingen, weil sie vom Mittelalter bis heute ihren eigenen Namen gehabt hätten, weil sie immer Bosniaken gehiessen hätten. Das ist seine Formulierung. Sie sehen also, die Leute, die etwas von der Sache verstanden und gute Geschichtskentnisse besaßen, neigten nicht dazu, nach irgendeinem Surrogat zu suchen, und erst recht nicht nach einem konfessionell geprägten Namen, wenn es um die nationale Identifikation der Muslime ging.

---

[71] Branislav Djurdjev (1908–1993), Turkologe, Professor an der Philosophischen Fakultät der Universität Sarajevo, Präsident der Akademie der Wissenschaften und Künste von Bosnien-Herzegowina, Direktor des Instituts für Orientalistik in Sarajevo.

7. Heimweh nach Bosnien in der Emigration

Đilas: Als Sie in der Emigration waren, hatten Sie da Heimweh nach den Čengići, nach der Familie? Ist es Ihnen gelungen, irgendwie Kontakt zu Ihren Angehörigen zu halten?

Zulfikarpašić: Ich unterhielt ständigen und regelmäßigen Kontakt mit der Familie. Wie ich bereits gesagt habe, hatte ich zwei Brüder in der Türkei, die mir gefühlsmäßig ebenso stark verbunden waren wie ich ihnen. Sie hatten mir auch ermöglicht, nach meiner Emigration in die Türkei zu reisen. Mein Ziel war allerdings nicht die Türkei, ich wollte in Europa bleiben. Es gibt Menschen, die die Einsamkeit ertragen können, und es gibt andere, die dazu nicht in der Lage sind; es gibt Leute, die sich ihren Familien eng verbunden fühlen, und es gibt andere, die sich an Gegenstände binden. Ich hatte eine enge Bindung zu meiner Mutter, mit der ich in regelmäßigem Briefwechsel stand, damals konnte man ja nicht telephonieren, auch mit meinen Schwestern hatte ich brieflichen Kontakt, doch muß ich zugeben, daß mir Bosnien mehr gefehlt hat als die Familie. Merkwürdig. Das verringerte keineswegs meine starke emotionale Bindung an die Familie, doch besonders schmerzliche Gefühle, Sehnsucht und Heimweh hatte ich nicht. Ich war überzeugt, daß ich Bosnien verlassen mußte. Das war mein Motiv, und weil ich davon überzeugt war, war ich auch mit mir selbst im reinen.

Als ich von den Partisanen nach Sarajevo zurückgekehrt war, ging ich nicht nach Foča. Ich fürchtete mich vor dem Anblick meiner verbrannten und zerstörten Stadt. Foča sah ich erst wieder, nachdem ich aus der Emigration gekommen war – vierzig Jahre später. Als ich nach dem Zweiten Weltkrieg in Sarajevo war, fuhr ich nicht nach Foča, obwohl ich einen Wagen mit Chauffeur hatte. Ich wußte, daß die Stadt niedergebrannt war. Und als man mir sagte, mein Haus sei den Flammen zum Opfer gefallen, und noch dazu die meisten anderen Gebäude, habe ich einfach auf die Reise verzichtet. Meine Familie wohnte ohnehin nicht mehr in Foča.

Sie fragen mich, ob ich Heimweh hatte, ich muß Ihnen sagen, daß ich das für ein rein subjektives Gefühl halte. Ich sehe jetzt, daß es Menschen gibt, die aus Bosnien gekommen sind und dort ihre Familie haben, Menschen, deren Familien schwer zu leiden hatten, und die dennoch Zeit für ihre eigenen Probleme haben, mögen diese auch noch so winzig sein. Ich will das nicht als Egoismus oder Oberflächlichkeit bezeichnen, doch offenkundig erleben die Menschen jeden Verlust, jede Abwesenheit eines Menschen, jede Liebe und jede Trauer auf unterschiedliche Weise. Ich habe die Abwesenheit meiner Familie und der vertrauten Umgebung, das Fehlen des Freundeskreises, wahrscheinlich sehr intensiv erlebt, all das hat mich sehr gequält. Jedenfalls fühlte ich mich meiner Familie mein ganzes Leben lang sehr stark verbunden, doch das war nicht das en tscheidende Motiv, das mein Leben bestimmt hätte. für mich, das Land zu verlassen noch hat es mein Leben bestimmt. Als man später in Jugoslawien Reisefreiheit erhielt, besuchte mich die Familie, meine Schwestern und meine Verwandten kamen. Ich selbst reiste in die Türkei und hatte dort Kontakt zu meinen Angehörigen, so daß die Verbindung niemals abriß.

Nadežda: Allein die Tatsache, daß Sie in die Emigration gingen, brachte den physischen Abbruch einiger Kontakte und Verbindungen mit sich. Zudem haben Sie, als Sie das Land verließen, mit einer Ideologie gebrochen und Sie waren sich bestimmt der Tatsache bewußt, daß sie durch Ihren Positionswechsel von einem hochrangigen Funktionär der Parteioligarchie zum Emigranten eine tiefe Kluft zwischen sich und den Mitstreitern von gestern aufreißen würden. Wie tief war der Bruch mit dem, was Sie geliebt und damals in Jugoslawien zurückgelassen haben?

Zulfikarpašić: Meine Entscheidung, in die Emigration zu gehen, brachte keinen tiefen Bruch mit sich, denn ich lebte für Bosnien und habe mich von meinem Heimatland niemals getrennt, nicht von seiner Literatur, und nicht von seinem Schicksal. Die Trennung von der Familie und den Bruch mit der früheren Lebensweise hatte ich bereits in Jugoslawien vollzogen. Meine Familie lebte in Sarajevo in der einen Wohnung, ich hingegen in einer anderen. Folglich war ich schon entwurzelt, losgelöst von meiner Vorkriegsumgebung, meinem Elternhaus, meiner Bibliothek, meinem Hof und von all dem, was ich beschrieben habe; all das existierte nicht mehr. Doch als junger, politisch aktiver Mann war ich mir dieses Mangels wahrscheinlich nicht genügend bewußt.

Meine Freunde und Kameraden fehlten mir zunächst sehr. Vor der Abreise aus Sarajevo habe ich niemandem mitgeteilt, daß ich für immer gehe. Ich nahm auch von niemandem Abschied. So wie die Dinge lagen, hätte es jeder für seine Pflicht angesehen, mich zurückzuhalten, mit Worten, aber auch mit Taten. Diese Freundschaften, die tiefe Inhalte hatten, funktionierten im Freundeskreis nur unter bestimmten Bedingungen. Nachdem ich diesen Kreis verlassen hatte, war ich mir dessen bewußt, daß sich für mich alles verändert hatte. Das war der Beginn eines neuen Lebens. Später, nachdem geraume Zeit verstrichen war, und ich zeitliche, emotionale und intellektuelle Distanz gewonnen hatte, und als ich all diese Ereignisse mit anderen Augen betrachtete, kehrten merkwürdigerweise die Sehnsucht nach der Jugend und die Trauer über verlorene Freundschaften von unvergänglichem Wert zurück. Eben solche Empfindungen hegte ich gegenüber den Ereignissen von früher: Ich halte es für eine glückliche Fügung, daß ich aktiv gegen den Faschismus kämpfte und mich für die Freiheit meines Volkes einsetzte.

Ich hatte das Gefühl, mich sehr lange auf die Trennung vorbereitet zu haben, denn ich quälte mich und litt sehr stark darunter, tatsächlich aber dauerte es nur zwei Monate.

Mit der Familie in Nizza, 1988

Adil mit seiner Familie: Husein Hasibović, Sabrija Zulfikarpašić, Muhamed
Hadžiomerović, Zürich 1994

Adil mit der Familie in Sarajevo, April 1994

Adil und Tatjana in Zürich, 1989

Adils Schwestern bei einem Picknick mit Freundinnen in Foča, 1929

Adils Schwestern Fahra, Hajrija, Hasiba, Hamijeta und Šefika

Adil beim Kommando des Ersten (Sarajevoer) Korps der Armee Bosnien-Herzegowinas –
April 1994

Anläßlich der Gründung der Vereinigten Opposition Bosnien-Herzegowinas, in Ljubljana
im November 1992:
(erste Reihe) Mirko Pejanović, Adil, Selim Bešlagić,
(zweite Reihe) Rasim Kadić, Miro Lazović, Muhamed Filipović, Nijaz Duraković

Adil und Milovan Đilas, in Budapest 1994

Milovan Đilas, Nadežda Gaće, Adil – Budapest, Mćrz 1994

Nach der Entscheidung, die SDA zu gründen, im Bosniaken-Institut in Zürich, 1989:
Hasan Čengić, Adil Zulfikarpašić, Omer Behmen, Alija Izetbegović, Salim Šabić und
Teufik Velagić

Adil mit Alija Izetbegović bei einer der zahlreichen Kundgebungen der SDA, 1990

Ich war nicht bereit, jene Wirklichkeit als Verwirklichung meiner Jugendträume zu akzeptieren. Weit gefehlt! Ich wußte, daß es irgendwann zum offenen Konflikt kommen würde. Von meiner Seite aus gab es schon zu viele Einwände und zuviele Punkte der Kritik. Es war mir ebenfalls klar, daß der unvermeidliche Konflikt zu meinem Nachteil enden würde, mit anderen Worten, er würde mich den Kopf kosten. Dem eigentlichen Konflikt konnte ich nicht aus dem Wege gehen, und ich wollte das auch nicht. Das einzige Problem für mich war meine Mutter. Sie hatte ihren Sohn Sabrija verloren, der im Alter von dreißig Jahren von den Tschetniks umgebracht worden war. Sie hätte einen weiteren Verlust nicht mehr verkraftet. Und das war der wesentliche Grund für meine Entscheidung, das Land zu verlassen.

Đilas: Wie kamen Sie in den ersten Emigrationsjahren zurecht?

Zulfikarpašić: Ich ging über Triest in die Emigration. Ich hatte keinerlei Idee, was mir da tatsächlich bevorstand. Vor dem Krieg weilte ich mal mit der Familie und mal mit meinem Bruder häufiger im Ausland – ich war in der Türkei, Italien, Frankreich, Österreich und Deutschland. Nach dem Krieg, im Sommer 1945, war ich für einen Monat dienstlich in Italien. Ich stand an der Spitze einer Delegation, die dafür sorgen sollte, daß Waren aus italienischen Häfen, die für Jugoslawien bestimmt waren, auch tatsächlich dorthin gelangten. Von dieser Reise her besaß ich noch ein Visum der englischen Besatzungsmacht. Ich verließ Jugoslawien Anfang Februar 1946. Mit Auto und Chauffeur reiste ich nach Zagreb, und weiter bis Ljubljana, wo ich im Hotel „Slon"[72] übernachtete. Am nächsten Morgen fuhr ich mit dem Auto nach Triest, und von dort weiter nach Rom. Meine in der Türkei lebenden Brüder, mit denen ich sofort in Verbindung trat, statteten mich großzügig mit Geld aus, so daß ich genügend Mittel zum Leben besaß. Sie wollten, daß ich in die Türkei komme.

In Rom traf ich viele Menschen aus Sarajevo und dem übrigen Bosnien. Unter ihnen waren einige Leute, die ich von früher kannte: Alija Šuljak, Rudi Zubić, Šemso Dervišević, Bogdan Radica[73], Albert Papo und viele andere. Ich stieß sogar auf einen politischen Aktivisten, Teufik Kalajdžić, der in einem italienischen Lager gewesen war und danach in Rom blieb, wo er studierte. Wir schlossen Freundschaft. Er war ein feiner und gebildeter Mensch, Sohn eines angesehenen Mannes, der zu den Mitunterzeichnern der Resolution von Mostar aus dem Jahre 1941 gehörte. Teufik half mir sehr, mich zurechtzufinden und die passende Gesellschaft zu finden. Ich lernte den berühmten Bildhauer Ivan Meštrović kennen sowie den großen kroatischen Maler Jozo Kljaković, ferner führende Persönlichkeiten aus der Kroatischen Bauernpartei wie Josip Torbar, Pernar, Reberski, Baza Vučković, mit denen ich häu-

---

[72] Elefant

[73] Bogdan Radica, kroatischer Journalist, Publizist und Diplomat; lebte während des Zweiten Weltkrieges in New York und unterstützte den Volksbefreiungskampf, nach dem Krieg engagierte er sich in der Emigration als Publizist gegen das jugoslawische Regime.

fig zusammentraf traf und angeregte politische Debatten führte. Von besonderem Interesse für mich war Ante Ciliga, Schriftsteller und Publizist, früherer „Borba"-Redakteur, der eine bewegte Vergangenheit und ein gutes Gedächtnis hatte und mir sehr viele interessante Dinge aus seinem reichen politischen Leben erzählte. In Rom verbrachte ich acht Monate. Jeden Morgen besuchte ich bis zum Mittag Museen und schaute mir systematisch die historischen Sehenswürdigkeiten an. Allein oder mit Teofik, mit Büchern und Notizen unter dem Arm.

Aus Österreich meldeten sich einige Freunde, und es besuchten mich Fadil Merhemić, Esad Hrasnica und Medžid Šahinović. Ihretwegen entschloß ich mich, nach Österreich zu gehen. Über die Schweiz kam ich nach Tirol, und dort in Innsbruck schrieb ich mich an der Universität ein und belegte zunächst einen Kurs der deutschen Sprache. Dort lernte ich meine künftige Frau, Tatjana Nikšić, kennen, die zusammen mit ihrer Schwester Dunja in Innsbruck studierte.

In meinem Leben war alles ein bisschen merkwürdig und kompliziert. So auch meine Hochzeit. Das Mädchen, in das ich mich verliebt hatte, war die Tochter des Ustascha-Ministers Dr. Ante Nikšić, Sproß einer alten Familie aus der Lika. Das rief bei einigen kroatischen Emigranten einen Sturm der Entrüstung hervor – besonders bei den in Innsbruck lebenden Franziskanern. Täglich berichteten sie der Mutter über unser Verhältnis, und schließlich schaltete sich auch der Vater ein, der in Buenos Aires lebte. Er schrieb einen Brief an seine Tochter, er habe Erkundigungen über mich eingezogen und sei zu der Überzeugung gelangt, daß ich ein „anständiger Mensch" sei, würde ich jedoch zum Katholizismus übertreten, dann wäre das der beste Beweis, und in diesem Fall habe er gegen die Hochzeit seiner Tochter mit mir nichts einzuwenden. Ich schrieb ihm einen höflichen Brief – wenn ich schon durch den Übertritt zu einer anderen Religion beweisen müsse, daß ich ein korrekter Mensch sei, so würde ich Tanja zum Islam bekehren. Unsere Hochzeit fand noch vor Tanjas Promotion im Mai 1949 statt und jetzt sind wir fünfundvierzig Jahre verheiratet.

In Graz lernte ich den Präsidenten der Finanzdirektion Ratković kennen, einen entfernten Verwandten meiner Frau. Diese Leute aus der Lika haben eine große Rolle in der österreichisch-ungarischen Monarchie gespielt. Sein Vater war Feldmarschall, ein Kroate, er selbst war Antifaschist und hatte die Hitlerzeit in England verbracht. Er führte uns in die besseren Kreise der österreichischen Gesellschaft ein.

Als wir in die Schweiz kamen, lebte dort in Fribourg ein katholischer Priester als Emigrant, Monsignore Augustin Juretić, ein Kroate aus Rijeka. Er stand Maček und der Kroatischen Bauernpartei sehr nahe und war in der Emigration äußerst aktiv. Er glaubte, der Kommunismus in Jugoslawien werde zusammenbrechen. Zu dieser Zeit existierten in Amerika und in England verschiedene Organisationen, die sich auf den Zusammenbruch des Kommunismus vorbereiteten und Programme entwickelten, was man alles erneuern müßte, von der Volkswirtschaft bis zur Universität. Zu diesem Zweck hatte man verschiedene Fachleute engagiert. Monsignore

Juretić kontaktierte mich über Monsignore Jagodić in Linz, als ich noch in Österreich war. Wir wurden enge Freunde, er gehört zu den besten Freunden, die ich im Leben hatte. Monsignore Juretić schlug mir vor, in die Schweiz zu kommen. So kam ich in dieses Land.

Đilas: War es Ihnen vor dem Umzug in die Schweiz bewußt, daß es gefährlich war, in Wien zu leben, daß Sie angegriffen und entführt werden könnten? Hatten Sie Angst, wurden Sie verfolgt?

Zulfikarpašić: Schon in Rom gab es Versuche, mich umzubringen, später auch in Linz und in Wien, doch ich dachte, daß sei vielleicht nicht so dramatisch. Als mich die österreichischen Behörden vorluden und mich warnten, und als die Engländer in Rom das gleiche taten, begann ich mich in acht zu nehmen. Es gab auch Versuche, mich zu entführen und nach Jugoslawien zurückzubringen, es gab Versuche vonseiten der Ustascha, mich zu töten. In Paris hat mich ein Tschetnik-Gericht zum Tode verurteilt. Es wurde besondere Propaganda gegen mich gemacht, und es kamen zwei Leute nach Innsbruck, um das Todesurteil zu vollstrecken. Doch ich habe niemals wirklich damit gerechnet, daß mich jemand töten könnte. Diese Möglichkeit bestand absolut, aber ich hatte mir nun einmal solch ein Leben ausgesucht und konnte nicht aus meiner Haut. Wahrscheinlich hätte ich längst vor Angst einen Herzinfarkt bekommen, wenn ich einmal damit angefangen hätte, an all das zu glauben und dann zu fliehen oder mich zu verstecken. Das einzige, was ich tat, als ich merkte, daß ich tatsächlich von Nachrichtendiensten beschattet wurde, bestand darin, falsche Angaben über meine Reiseziele zu machen. Als ich nach Paris reisen wollte, erzählte ich überall herum, daß ich nach Wien zu reisen gedachte, und als ich in die Türkei reiste, sagte ich, ich wolle in die Niederlande fahren, nur meine besten Freunde wußten, was ich wirklich vor hatte. Die politische Aktivität von Emigranten birgt etwas Konspiratives in sich, schon deshalb, weil dich deine politischen Gegner kontrollieren. Ich war ständig bemüht, ein normales Leben in der Emigration zu führen, obwohl es Zeiten gab, als ich eine Pistole trug, da zu jener Zeit politische Emigranten von Tschetniks, von Ustascha-Anhängern und auch von kommunistischen Agenten ermordet wurden.

In der Emigration gab es Menschen, die für die jugoslawischen Dienste arbeiteten, man kann sagen, daß es dem jugoslawische Nachrichtendienst mit Hilfe von Einzelpersonen und Organisationen, die er infiltrierte, gelungen war, die Arbeit der politischen Emigration in erheblichem Masse zu kontrollieren. Für diesen Zweck sparte er weder an Mitteln noch schonte er Menschenleben. Bevorzugte Methoden waren die Kompromittierung von Gegnern oder ihre Ermordung. Das war die Domäne von Spezialagenten. So traf sich zum Beispiel ein gewisser Oberst Zatezalo, der Militärattache in einem europäischen Land war, regelmäßig mit bestimmten Emigranten. Die Polizei aber hörte die Gespräche heimlich ab, lud mich dann vor und konfrontierte mich mit den Aufnahmen. Zatezalo sagte: „Ihn können wir töten, wann immer wir wollen, aber wir brauchen ihn lebendig, denn er hat eine Liste mit Namen unserer Generäle veröffentlicht, und die ist identisch mit dem geheimen Verzeichnis in unserem Generalstab." Zatezalo war überzeugt, daß ich diese Liste von irgend jemandem bekommen haben mußte. Ich war aber nur ein aufmerksamer Leser der jugoslawischen Presse und hatte aus ihr alle Namen abgeschrieben, die erwähnt wurden, und da ich mein eigenes Arbeitssystem habe, war ich durch logische Verknüpfung von Daten zu diesen Namen gelangt.

Đilas: Ich habe Ihnen diese Frage weder zufällig noch aus Neugier gestellt – sie gehört zu Ihrer Biographie. Für den jugoslawischen Geheimdienst waren Sie eine sehr interessante Persönlichkeit, denn sie waren ein Kommunist, der gut informiert war und die kommunistischen Methoden, zum Teil auch die polizeilichen, kannte. Zudem hatten Sie ein konkreteres und tieferes Verständnis der politischen Verhältnisse, wie sie im Apparat herrschten. Folglich ist es kein Wunder, daß man sich anschickte, Sie zu entführen.

Zulfikarpašić: Ich wurde gewarnt, ich solle mich in acht nehmen, man habe jemanden verhaftet, der meine Adresse bei sicht trug, etc. – aber ich war fest entschlossen, mich nicht von der Angst überwältigen zu lassen. Jetzt, da ich schon in die Jahre gekommen bin, erkenne ich, daß ich eine andere Einstellung zu diesen Dingen wohl mit dem Leben bezahlt hätte. Vielleicht hätte ich auch eine schwere Herzkrankheit bekommen. Auf jeden Fall wären meine Nerven in Mitleidenschaft gezogen worden oder mein Urteilsvermögen hätte gelitten, denn wenn man sich einmal fürchtet, dann hat man auch vor dem eigenen Schatten Angst, sieht Feinde, wo keine sind, und glaubt ständig an Verschwörungen. Ich hatte Freunde in der Emigration, die dem Wahnsinn anheim fielen, weil sie sich selbst in den Mittelpunkt stellten, und folglich in jedem Menschen einen Feind sahen, an Verfolgungswahn und Paranoia litten.

Nadežda: Für wen waren Sie am interessantesten?

Zulfikarpašić: Mit Sicherheit war ich für den jugoslawischen Nachrichtendienst am interessantesten, denn dort war bekannt, daß ich längere Zeit im Parteiapparat war und folglich wußte, wie dort gearbeitet und organisiert wurde und wie alles funktionierte. Für diesen Apparat war ich ganz sicher besonders interessant, und zwar aus dem einfachen Grunde, weil ich politisch aktiv war, weil ich mich der demokratischen Emigration angeschlossen hatte. Der Nachrichtendienst Jugoslawiens hatte es besonders leicht mit den Extremisten – den Ustascha-Anhängern und den Tschetniks – während die Gruppe von Menschen, mit der ich zusammenarbeitete, eine Gruppe von Intellektuellen und Demokraten war, die die Situation analysierten und eine negative Grundeinstellung zu nationalen Antagonismen hatten. Für den jugoslawischen Nachrichtendienst war es am einfachsten, mit Extremisten – Tschetniks und Ustascha – zurecht zu kommen. Wir dagegen waren eine Intellektuellen-, Demokratengruppe, die die Situation analysierte und eine negative Haltung zu den nationalen Antagonismen einnahm. Für mich war niemand interessant, der sagte, man müsse die Serben oder man müsse die Kroaten hassen. Wer das tat, wies sich mir gegenüber als Primitivling oder Chauvinist aus. Und nicht selten waren solche Leute Agents provocateurs. Der jugoslawische Nachrichtendienst war zudem besonders an Leuten interessiert, die gute Kontakte zum Ausland hatten. Ich war zum Beispiel mit einer Reihe europäischer Politiker befreundet – darunter Außenminister, Parlamentspräsidenten und Republikpräsidenten – natürlich wußte man beim Nachrichtendienst von diesen Kontakten und fürchtete meinen Einfluß. Es ist völlig normal, daß der Nachrichtendienst die Leute, die enge Kontakte zu demokratischen Kräften im Ausland unterhielten, mit ganz anderen Augen betrachtete als die Anhänger der Tschetnik- oder Ustascha-Bewegung. Um Verwirrung unter den Demokraten zu stiften, erfand man Personen, die überhaupt nicht existierten. So gab es zum Beispiel in der kroatischen Emigration einige Namen von Muslimen, die schlicht erfunden waren, Leute mit fiktiver Identität, die dann die Serben angriffen, um so Muslime an die kroatische Bewegung zu binden. So wurde auch ein gewisser Ferid Karihman erfunden, der angeblich Dichter war und Bücher herausgab. Dieser Mann hat niemals existiert, er polemisierte jedoch gegen mich, wobei er die Serben mit besonderem Nachdruck angriff. Sein Erfinder war ein gewisser Zdravko Sančević aus Südamerika. In den in Schweden erscheinenden Zeitungen der Tschetniks gab es einen gewissen Zildžić, der ständig Kroaten kritisierte. Das waren also die Tricks verschiedener rechtsorientierter Strömungen und Organisationen. Jetzt, wo der Staat Kroatien endlich existiert, ist dieser Karihman nirgendwo zu sehen.

Đilas: Ich habe jetzt ein ziemlich klares Bild Ihrer Persönlichkeit. Sie sind eine Persönlichkeit von ausgeprägter Identität, ein Individualist, der den Weg, den er einmal gewählt hat, entschlossen gegangen ist. Und Sie sind auch eine unabhängige Persönlichkeit, was besonders wichtig ist. Ich möchte Ihnen eine Anekdote über die Emigration erzählen, obwohl sie keinen Bezug zu unserem Thema hat. Ein Mann, der aus Jugoslawien geflohen war, wurde von Emigranten geschnappt, die ihn sicherheitshalber kontrollierten. Sie öffneten seinen Koffer und entdeckten dort eine Photographie Titos: „Dich haben die UDBA und Tito zu uns geschickt, du trägst ja sein Bild mit dir rum." – sagten die Emigranten. Der Mann erwiderte: „Nein, aber wenn ich Heimweh nach Jugoslawien bekomme, dann schaue ich mir das Bild an, und schon ist es vorbei."

Nadežda: In den sechziger Jahren begannen in Österreich die *„Bosanski pogledi"*[74] zu erscheinen, eine Zeitschrift, die zehn Jahre lang herausgegeben wurde. Sie waren ihr Gründer. Als die *„Bosanski pogledi"* eingestellt wurden, schien auch der *Liberale Bosniakenbund*, eine Organisation, die Sie in der Zwischenzeit gegründet hatten, an Lebenskraft verloren zu haben. Man könnte sogar sagen, solange die *„Bosanski pogledi"* herausgegeben wurden, war im Ausland auch der Liberale Bosnia-

---

[74] Bosnische Ansichten

kenbund aktiv. Ich denke ich habe recht, wenn ich sage, daß danach nicht mehr viel geschah, was die gemeinsame Organisation der Muslime anbelangt. **Zulfikarpašić:** Ja, daran ist etwas Wahres. Als Herausgeber der „*Bosanski Pogledi*" war ich häufig gezwungen, alles selbst zu schreiben. Oft mußte ich Artikel, die aus der Feder unserer Intellektuellen stammten, völlig umschreiben. Nur Überschriften und Zwischentitel blieben unverändert. Ich habe die Zeitschrift finanziert, da die Abonnementseinnahmen nicht einmal für Papier- und Portokosten ausreichten. Für mich war das eine ziemlich große Belastung, zudem gab es im Zusammenhang damit allerlei Geschichten, die eigentlich Intrigen waren. Eine davon bestand in dem Gerücht, daß ich als Herausgeber der „*Bosanski pogledi*" viel Geld verdiente. In der Emigration wurde in der Zwischenzeit die Demokratische Alternative gegründet. Ich war einer der Exponenten dieser Bewegung, die ich als Gründungsmitglied von Anfang an unterstützte. Wir waren nicht für die Zerstörung, für die Revolution gegen den Kommunismus. Als Mann, der Krieg und Revolution erlebt hatte, war mir klar, daß auf dem Balkan jeder militärische Konflikt, jede Revolution maßloses Blutvergießen impliziert, und daß am meisten unschuldige Menschen leiden müssen.

Unsere Gruppe, die Demokratische Alternative, trat für die Reformierung der kommunistischen Gesellschaft ein, und wir wollten, daß die Menschen dort bestimmte Reformen selbst durchführten. Wir wären in diesem Fall wahrscheinlich zurückgekehrt. Ich wäre vielleicht zurückgekehrt, um im Bereich der Kultur zu wirken und das Bosniaken-Institut aufzubauen. Ich wollte nicht glauben, daß es in einem kommunistischen Regime keine Menschen geben sollte, die in der Lage wären, Reformen vorzunehmen. Die Einführung des nationalen Schlüssels in Bosnien war zum Beispiel ein sehr wichtiger Schritt zur Stabilisierung und zu einer politischen Lösung der Probleme. Das war ein positiver Schritt, da bin ich ganz sicher, weil ich nämlich kein „Antikommunist von Beruf" bin. Daher war mir nach meiner Emigration der Gedanke völlig fremd, ein Buch zu schreiben, das sich ausschließlich gegen den Kommunismus gerichtet hätte. Man muß ein Buch über die Probleme, Ziele und Wünsche seines Volkes schreiben, und nur in diesem Rahmen gegen den Kommunismus! Das ist es, was ich für notwendig halte.

Ich ging den Weg, der mir entsprach, und die Grundlage dafür war meine Tradition: die religiöse, bogumilische, und die demokratische. Wir haben in der Demokratischen Alternative laut und vernehmlich gesagt„ daß wir nicht dafür waren, das System mit Gewalt zu stürzen, sondern daß wir für Reformen eintraten sowie für die Zusammenarbeit mit jenen oppositionellen Kräften innerhalb des Regimes, die es reformieren wollten.

Für mich war es problematisch, als man die Muslime als Volk anerkannte. Ich hatte polemische Auseinandersetzungen mit einer ganzen Reihe von Intellektuellen im Lande. Ich stand im Kontakt zu Leuten in Jugoslawien, zum Beispiel zu Hamdija Čemerlić, dem Universitätsrektor, und zu vielen anderen, mit denen ich mich in Europa und in der Türkei traf. Ich wollte diese Leute nie in eine Emigrantenkonspiration verwickeln. Ich sagte: Wir sind freie Menschen, wir können diskutieren, was halten Sie davon? - Und wir unterhielten uns. Wir schrieben Bücher und waren daran interessiert, daß die Menschen sie auch lasen. Doch ich befaßte mich nicht mit illegaler Arbeit gegen das Regime, da ich der Meinung war, daß man das Regime nur durch öffentliche Kritik bekämpfen konnte. Das war mein Standpunkt. Ich erinnere mich an eine Diskussion mit dem Universitätsrektor Čemerlić. Zwei Tage lang debattierten wir in Zürich. Ich war der Meinung, man müsse das Bosniakentum anerkennen. Ich fragte ihn, weshalb er und die von ihm geführte Intellektuellengruppe darauf nicht insistierten. Er behauptete, die jugoslawische Statistik habe Fälschungen vorgenommen und halte die wahren Zahlen geheim. Er sagte, laut Statistik stellen wir in Bosnien 35 Prozent der Bevölkerung, das stimmt aber nicht, denn wir haben 47 Prozent; man muß nämlich auch jene berücksichtigen, die sich als Jugoslawen deklarieren, ferner vier bis fünf Prozent der als Serben registrierten Muslime, des weiteren sind bis zu zwei Prozent als Kroaten registriert, und ohnehin viele Roma, die eigentlich Muslime sind. Seine These lautete wie folgt: „Wenn wir uns jetzt für das Bosniakentum aussprechen, und die Bosniaken dann 40 Prozent der Bevölkerung ausmachen, so wird sich herausstellen, daß sich auch andere als Bosniaken deklarierern und dann wird uns die gefälschte Statistik unter 30 Prozent drücken. Deshalb müssen wir uns als Muslime definieren, bis wir 45 oder 50 Prozent der Bevölkerung sind. Erst dann, in der zweiten Phase, dürfen wir uns als Bosniaken identifizieren. Ansonsten lassen das Serben und Kroaten einfach nicht zu. Sie wollen uns einfach nicht Bosniaken sein lassen, und basta!"

Đilas: Serben und Kroaten waren Bosnier, Moslems dagegen Bosniaken.

Zulfikarpašić: Ich wollte diese Argumente von Čemerlić nicht akzeptieren, doch er überzeugte mich, daß unsere Statistik mit falschen Daten in bezug auf die Moslems operierte. Eine Reihe dieser und ähnlicher Dinge bedeuteten für mich eine einzige Absurdität. Sie sagten, die Muslime seien eine Nation, doch sie hätten keine eigene Literatur, davon könne nicht die Rede sein. Ich las Texte, die besagten, die Muslime besäßen keinerlei kulturelle Institutionen: „Die Muslime sind ein Volk, dieses Volk darf jedoch keinerlei kulturelle Institutionen besitzen, durch die es seine nationale Identität zum Ausdruck bringen könnte. Eine muslimische Literatur existiert nicht." Richtig, eine muslimische Literatur existiert nicht, doch es existiert eine bosniakische Literatur, wir haben typische Schriftsteller, die Bosniaken und Muslime sind. Man wollte aber unbedingt die Muslime als Nation konstituieren und so erfand man die *Muslimani* mit dem großen M, was eine Absurdität und eine Dummheit ist. Eine ganze Reihe von Dilemmata, die im Zusammenhang mit der Lösung des Bosnien-Problems und des Bosniaken-Problems auftauchten, verlangten Zurückhaltung und Behutsamkeit. Ich wollte nicht in die Falle gehen und alles a priori nur deshalb ablehnen, weil das Tito-Regime für diese Lösung verantwortlich zeichnete. Andererseits wollte ich die Verantwortlichen auch nicht unterstützen, weil sie eine Reihe grundlegender Dinge völlig außer acht gelassen hatten: das Problem der Kultur, der kulturellen Einrichtungen, der kulturellen Veranstaltungen ... Ich gönnte mir eine Pause, um diese Angelegenheit zunächst mit mir selbst zu diskutieren und danach mit den bosniakischen Intellektuellen zu sprechen, zu denen ich Kontakt hatte. Deshalb war ich unglaublich überrascht, als diese Gruppe muslimischer Intellektueller, nämlich der religiös geprägte Kreis um Alija Izetbegovic, gegen das Bosniakentum auftrat. Weltweit gibt es eine Milliarde Moslems, aber kein einziges Volk trägt diesen konfessionellen Namen, jeder Angehörige dieser Völker ist Indonesier, Malaie, Araber, Syrer, Algerier, Türke, Pakistani usw.

Nadežda: Wie kam es zur Einstellung der „*Bosanski pogledi*", war dies Ihre Entscheidung, wurde die Zeitschrift verboten, oder waren Differenzen zwischen den Muslimen in der Emigration daran schuld? Oder lag es vielleicht daran, daß Sie der Demokratischen Alternative mehr Zeit widmen wollten?

Zulfikarpašić: Die Demokratische Alternative absorbierte nur einen Bruchteil meiner politischen Aktivität. Vor allem trat ich dafür ein, daß die Zeitschrift „*Bosanski pogledi*" ein bestimmtes Niveau wahrte. Männer von politischem Format wie Dr. Juraj Krnjević[75] oder Ratko Parežanin[76] sagten immer wieder, dies sei die einzige Zeitschrift, die sie von A bis Z läsen. Wir gestalteten das Blatt in der Form eines Bulletins, und wir stellten im Hinblick auf unsere materielle Situation keine allzu großen Ansprüche. Ich brachte hier meinen politischen Standpunkt zum Ausdruck, was bis zu einem gewissen Grade gründlichere Analysen erforderlich machte.

Ich muß zugeben, daß es damals auch einige Einwände gegen das Blatt gab, denn viele prokroatisch orientierte Leute verlangten von mir eine serbenfeindliche Redaktionspolitik, während zahlreiche Muslime mit besonderem Nachdruck verlangten, ich solle eine gegen Krnjević und gegen die Kroaten gerichtete Politik führen. Krnjević wurde besonders heftig angegriffen, da er die Muslime stets als Kroaten bezeichnete, er versäumte nie, uns zum Bairam zu gratulieren, wobei er immer so tat, als ob wir ein Teil der kroatischen Gemeinschaft seien. Ich persönlich war mit Krnjević befreundet, ich schätzte ihn und wollte nicht gegen ihn schreiben. Ich sagte:„Er ist davon überzeugt, daß die Dinge so liegen, wie er meint, aber er ist dennoch unser guter Freund." Wann immer irgendwo Hilfe gebraucht wurde, war Krnjević bereitwillig zur Stelle.

So zum Beispiel, als eine Affäre um die Bekehrung von Muslimen zum Christentum gab. Einige übereifrige Priester hatten einfach damit begonnen, naive junge Musli-

---

[75] Juraj Krnjević, Generalsekretär, später Präsident der Kroatischen Bauernpartei, Vizepräsident der jugoslawischen Kriegsregierung in London, gestorben in der Emigration.

[76] Ratko Parežanin, Abgeordneter im jugoslawischen Parlament zwischen den beiden Weltkriegen, in der Emigration war er Redakteur der „Iskra", einer Zeitschrift der Bewegung von Ljotić.

me, die in Österreich und Italien lebten, zum katholischen Glauben zu bekehren. Ich sammelte einige Intellektuelle um mich und wir schrieben einen Brief an Meštrović, Krnjević, Maček und andere, in dem wir die Einstellung dieser Aktion verlangten. Krnjević veröffentlichte das Schreiben in der Presse der Bauernpartei (HSS) und kritisierte diese Praktiken und jene, die sie durchführten, in aller Öffentlichkeit. Wann immer die bosnischen Muslime vor einem Problem standen, Krnjević erwies sich stets als Freund.

„Bosanski pogledi" – weder serben- noch kroatenfeindlich

Ich wollte nicht, daß sich die Zeitschrift in ein polemisches Blatt gegen die Serben oder gegen die Kroaten verwandelte, sondern ich hatte eine konstruktive Zeitschrift im Sinn, die Problemlösungsmöglichkeiten anbieten und bei demokratischen Politikern – kroatischen, makedonischen, slowenischen und serbischen – um Verständnis für uns werben sollte. Ich war äußerst angenehm überrascht, daß die aktivsten Mitglieder der angesehensten demokratischen Parteien die *„Bosanski pogledi"* abonnierten; das hat mich ermutigt. Das Blatt wurde sowohl von serbischen als auch kroatischen Zeitungen zitiert. Die Menschen erkannten vor allem, daß wir nicht das Ziel hatten, ein Volk zu verleumden, sondern daß wir nur unsere drängendsten Probleme darlegen und um ein Stückchen Brot und ein Fleckchen Erde kämpfen wollten, wo wir friedlich und normal leben konnten. Fast alle Botschaften der europäischen Länder in Belgrad hatten die *„Bosanski pogledi"* abonniert, ebenso mehr als fünfzig Universitäten und slawistische Institute in Europa und Amerika, sowie zahlreiche angesehene europäische und amerikanische Blätter. Dieses Interesse an der Zeitschrift zeigte mir, daß man in den Kreisen, die sich objektiv über die Probleme Bosniens und der Bosniaken informieren wollten, nach einer authentischen bosniakischen Informationsquelle suchte.

Dann fiel mir eine Polemik in die Hände, verfaßt von zweien meiner Freunde, die sich zur Zeitschrift *„Bosanski pogledi"* äußerten. Beide unterzogen mich und das Blatt einer scharfen Kritik. Der eine warf mir Willkür und die Sucht vor, alle Muslime vertreten zu wollen und niemals auf den Rat eines anderen zu hören. Dabei hatte derselbe Mann, wann immer er mir einen Artikel schickte, stets geschrieben, ich möge ihn nach Gutdünken umarbeiten, denn er selbst sei zu faul dazu. Der andere wiederum behauptete, ich hätte mich durch die Herausgabe der Zeitschrift materiell saniert, nicht zuletzt dank großzügigster Spenden für das Blatt. Dabei ist es eine Tatsache, daß es Spenden im größeren Umfang nicht gegeben hat. In Chicago gab es einen betagten Emigranten, der mir jedes Jahr hundert Dollar schickte, das war die größte Zuwendung. Ein fremder Staat, eine Großmacht, hatte mir über seinen Botschafter in der Schweiz angeboten, die *„Bosanski pogledi"* einschließlich aller Herstellungskosten zu finanzieren und jedem Redakteur einen Lohn von tausend Dollar zu zahlen – was damals viel Geld war. Ich habe lächelnd abgelehnt: Danke schön, wir brauchen das nicht und wir wollen das nicht. Ich bin daran nicht interessiert.

Die erwähnte Korrespondenz meiner beiden Bekannten, ihre Polemik und Kritik waren der Grund für mich, zu sagen: Also, meine Herren, hier ist die Zeitschrift, nun zeigen Sie, was Sie können! Alle Materialien, die ich für die nächste Nummer vorbereitet hatte, schickte ich nach Wien – jetzt geben Sie die Zeitschrift heraus, ich werde Ihnen für jede Nummer 500 Dollar schicken und einen Artikel schreiben. Also, an die Arbeit! Das von mir bereits vorbereitete Heft erschien, und dann stellten die Herren ihre Herausgebertätigkeit ein; niemand wollte mehr diese Arbeit tun, ich aber widmete mich meiner Arbeit, mit der ich alle Hände voll zu tun hatte.

Đilas: Gut, ich habe aber noch eine Frage, die Sie bereits aufgeworfen haben, und die ich sonst vielleicht vergessen hätte. Hatten Sie, solange Sie in Jugoslawien waren, schon irgendwelche politischen Artikel geschrieben, oder aber fingen Sie damit erst später an? Wurden Sie erst in der Emigration zum politischen Schriftsteller?

Zulfikarpašić: Bereits als Jugendlicher, als Schüler im Gymnasium begann ich zu schreiben.

Nadežda: Nachdem die Zeitschrift endgültig nicht mehr erschien, begannen sich Leute wie Sie, Smail Balić[77], Teufik Velagić[78] auf unterschiedliche Weise zu organisieren. Sie blieben alle gute Freunde, das will ich nicht bestreiten, aber jeder wirkte in einer anderen Richtung. Bedeutet das eigentlich, daß die muslimische politische Elite in der Emigration keine ernsthaftere Kritik gegenüber dem damaligen Regime in Jugoslawien vorzubringen hatte? Ich habe dabei vor Augen, daß sich die kroatische, die serbische und die slowenische Emigration gänzlich anders verhalten haben, indem sie ständig darauf hinwiesen, daß man das System in Jugoslawien stürzen müsse. Wart ihr Muslime damals zufrieden mit Jugoslawien?

Zulfikarpašić: Es gibt eine Tatsache, die man nicht aus den Augen verlieren darf, und jederman, der sich mit Politik befaßt, sollte folgendes beherzigen: Ein Politiker darf die Dinge nicht nach Wünschen beurteilen, sondern anhand der Situation und der gegebenen Lage.

Ich kannte sehr viele Menschen – nicht aus meiner Familie, sondern aus meinem Bekanntenkreis – es waren Intellektuelle, Rechtsanwälte, Ärzte und Ingenieure, die ins Ausland kamen und den Kontakt zu mir suchten, nicht weil sie gegen Jugoslawien arbeiten wollten, sondern aus gesellschaftlichen und konventionellen Grün-

---

[77] Dr. Smail Balić, Orientalist, Schriftsteller und Publizist, Kustos der österreichischen Nationalbibliothek, Präsident der „Matica Bošnjaka", veröffentlichte mehrere hundert Werke. (Bekannteste Werke: Die Bosniakenkultur, Das unbekannte Bosnien. . . .)

[78] Ing. Teufik Velagić, als Mitglied der Organisation „Junge Muslime" wurde er zu einer langjährigen Gefängnisstrafe verurteilt, in der Emigration war er Mitglied der Demokratischen Alternative, Präsident der Partei der Demokratischen Aktion (SDA) für Österreich.

den. Mir war völlig klar, daß das Regime, das Tito nach dem Zweiten Weltkrieg in Jugoslawien errichtet hatte, für die Muslime in gewisser Hinsicht eine positive Option war; besonders angesichts anderer Möglichkeiten, die eine Katastrophe bedeutet hätten. Ich wußte, daß die Konstituierung Bosniens in seinen historischen Grenzen als eigene Republik – wie eingeschränkt sie zu Beginn auch war – die Grundlage für eine zwar nicht normale, aber dennoch positive Entwicklung der Muslime bot. Ich glaube, daß die Bosniaken und Makedonier von allen Völkern im früheren Jugoslawien der jugoslawischen Konzeption am nächsten standen. Man konnte sagen, das Regime genoß ein gewisses Wohlwollen bei den Muslimen. Während sich Serben und Kroaten Einschränkungen unterworfen fühlten, erhielten die Muslime mehr, als sie unter anderen Bedingungen bekommen hätten. Das war eine Tatsache, und aus Gesprächen mit akademisch gebildeten Freunden wußte ich, daß auch sie sich dessen bewußt waren. Die Muslime hatten ebenso wie alle anderen die Möglichkeit, die unterschiedlichsten Ausbildungswege zu durchlaufen, einen Bildungsweg ihrer Wahl einzuschlagen und Kenntnisse zu erwerben. Auf diese Weise konnten sie mit anderen in Wettbewerb treten, und wenn erstmal eine intellektuelle Schicht entstanden ist, entsteht auch das nationale Bewußtsein.

Es stimmt nicht, daß mit der Einstellung der Zeitschrift auch die anderen Aktivitäten aufhörten. Der Liberale Bosniakenbund setzte sein Wirken auch danach fort. Wir hatten eine ganze Reihe von Konferenzen. So zum Beispiel in Südfrankreich, wo wir mit Vertretern der Kroatischen Bauernpartei unsere gemeinsamen Aktivitäten besprachen. Auch in London wurde zusammen mit der serbischen Emigrantenvereinigung „Oslobodjenje"[79] eine große Konferenz veranstaltet. Zudem nahmen wir am Parteitag der „Oslobodjenje" in Deutschland teil, Dr. Smail Balić und ich hielten dort eine Rede. Wir trafen uns mit politischen Repräsentanten und Gruppen aus Makedonien, auch zu den Slowenen unterhielten wir eine ganze Reihe von Kontakten. Wir besuchten uns gegenseitig, ich war in Argentinien mit Kremžar, dem Präsidenten der Slowenischen Volkspartei, wir vereinbarten Kooperation und gemeinsame Aktivitäten. Natürlich ist es etwas ganz anderes, wenn man eine Zeitschrift hat, die darüber berichtet. Über das Treffen in Argentinien wurde nur in einer argentinischen Zeitung berichtet, und zehn Jahre später ist es dann kaum noch möglich, einen Hinweis darauf zu finden, daß man dort gewesen ist, und daß eine Gruppe unserer Leute dort Gespräche geführt hat. All das ist nicht systematisch bearbeitet, wie das der Fall ist, wenn man eine regelmäßig erscheinende Zeitschrift hat. Die Bosniaken-Organisation hörte also nicht auf zu arbeiten, verlor jedoch das Organ, das regelmäßig über ihre Aktivitäten berichtet hätte.

Ðilas: Aus Ihren Darlegungen bekam ich den Eindruck, daß das, was wir als muslimisch-bosniakische Idee bezeichnen könnten, durch die *„Bosanski pogledi"* eine Evolution erlebte und in eine Phase eintrat, die es vorher nicht gab. Alle muslimi-

---

[79] Befreiung

schen Bewegungen, die es bis zu diesem Zeitpunkt gab, waren in diesem Sinne nicht authentisch, nicht demokratisch, das gilt sogar für die Bewegung Spahos. Erst danach entstand eine authentische, moderne demokratische Idee, die mit dem Bosniakentum verschmolz: Für mich ist das eine Evolution des nationalen Bewußtseins – es kommt zum allmählichen Heranreifen, zur Festigung des nationalen Bewußtseins und zu seiner Äußerung durch die Demokratie. Sind Sie derselben Meinung?

Zulfikarpašić: Für mich ist Ihre Einschätzung sehr schmeichelhaft, denn dieses Ziel hatte ich mir tatsächlich gesetzt. Es sollte sich eine muslimische nationale Bewegung anhand einer Tradition Bosniens artikulieren, von der ich glaubte, sie sei tief demokratisch und tolerant und könne sich an ein modernes, liberales und demokratisches System und an die Anschauungen anpassen, die uns am nächsten sind. Ich war zutiefst überzeugt, daß der einzig erfolgversprechende Weg darin bestand, zum politischen Partner unserer Nachbarn zu werden und mit ihnen einen offenen Dialog zu führen. Bei uns besteht immer die Tendenz, daß politische Bewegungen und Parteien im Prinzip wissen, was sie wollen, daß sie jedoch nicht in der Lage sind, ihre Partner oder auch ihre Gegener von ihrem guten Willen und ihren lauteren Absichten zu überzeugen.

Đilas: Vor Ihnen kann ich keine demokratische Bewegung unter den Muslimen entdecken. Kennen Sie vielleicht eine? Es gab natürlich Muslime, die echte Demokraten waren, doch sie lagen auf der jugoslawischer Linie. Nehmen Sie zum Beispiel Hasan Rebac[80], er ist typisch, doch das waren jene Generationen, die glaubten, die Jugoslawen seien eine Nation. Und mit dieser Idee wollten sie dann die Demokratie erreichen. Ich kenne keine, doch vielleicht kennen Sie noch irgendeine demokratische Bewegung, die von Bedeutung war?

Zulfikarpašić: Ich hielt es immer für einen großen Fehler, daß sich die muslimischen Intellektuellen in den jugoslawischen Bewegungen, die vielleicht sogar gute Absichten hatten, verzettelt haben und dort sozusagen verlorengingen. Das gleiche galt für ihre Aktivitäten in kroatischen oder serbischen Organisationen, oder aber in einer rein religiösen Organisation, die meiner Meinung nach für uns ebenso gefährlich und schädlich war. Eine meiner heftigsten Polemiken nach meiner Rückkehr nach Jugoslawien führte ich mit einer Gruppe fanatisierter Möchtegern-Politiker, die den Islam in den Dienst ihrer politischen Ziele stellen wollte und die heute die Macht in den Händen hält. Die Polemik wurde durch mein Schreiben an diese Gruppe entfacht, in dem ich sie darauf aufmerksam machte, daß sie wegen ihrer Ergebenheit und Treue zum Islam in ihrem Herzen keinen Platz mehr für das Nationalgefühl gelassen hätten. Als ich ein herausragendes Mitglied dieser Gruppe, Salih Behmen, besuchte, sagte er zu mir: „Ich bin einer von denen." Er hatte sich in meinem Schreiben wiedererkannt und wollte das nicht verhehlen, und doch machte er

---

[80] Hasan Rebac, Politiker und Kulturschaffender jugoslawischer Orientierung, wirkte zwischen den beiden Weltkriegen.

mir Vorwürfe, daß ich dieses Schreiben verfaßt hatte. Und in der Tat hatte ich gerade ihn und seinen Bruder vor Augen gehabt, als ich meinen Brief formulierte.

Đilas: In der Schweiz versuchten Sie zusammen mit einigen anderen Leuten, eine Deklaration über die künftige verfassungsmäßige Ordnung Jugoslawiens zu entwerfen. Zunächst versuchten sie das, soweit ich weiß, gemeinsam mit Meštrović, aber das klappte nicht, so daß sie die Deklaration gemeinsam mit der Gruppe „Oslobodjenje" erstellten. Als ich sie las, meinte ich: Gut, daß manchmal auch in der Emigration vernünftige Dinge getan werden. Den Kernpunkt der Deklaration stellte die Unveränderlichkeit der Republikgrenzen dar. Als ob Sie und die anderen aus der Gruppe „Oslobodjenje" geahnt hätten, daß schon der Versuch, die Grenzen zu ändern, großes Unglück mitsich bringen würde und daß es ohne die Beibehaltung der Grenzen auch keine demokratische Verständigung und Entwicklung geben könnte. Wären Sie so liebenswürdig, uns darüber etwas zu erzählen?

Zulfikarpašić: Die Frage der inneren Ordnung Jugoslawiens war eine Frage von „Sein oder Nichtsein", eine Existenzfrage für alle Völker im Land .Es ist eine der wichtigsten Fragen überhaupt, und wir waren fest davon überzeugt, daß es in Jugoslawien zu Veränderungen kommen mußte. Die „Demokratische Alternative" und die „Demokratischen Begegnungen" führten lange Debatten darüber, wir verbrachten viele Tage und viele Nächte damit, wenn wir uns in immer wieder anderen Ländern der Welt trafen und darüber diskutierten, wie diese Frage zu lösen sei.[81] Die meisten von uns waren der Meinung, daß man einen Krieg auf jeden Fall vermeiden sollte. Viele Menschen, auch ich war einer von ihnen, glaubten nicht, daß Jugoslawien unverzichtbar sei, und daß man es mit allen Mitteln erhalten müsse. Mir war klar, daß Jugoslawien von Grund auf reorganisiert werden mußte, und damit es zur Lösung der jugoslawischen Frage käme, mußte zunächst die Frage der Souveränität jedes Volkes und der Souveränität jeder Republik gelöst werden. Die Frage der Föderation und Konföderation ist eine Frage der Souveränität. Man kann einen Teil der Souveränität an die Zentralregierung übertragen, aber man kann ihr auch einen Teil entziehen. Ich war mir schon immer der Tatsache bewußt, daß bestimmte Grenzen in Jugoslawien ungerecht waren. Doch die Grenzen Bosniens, die sich drei Jahrhunderte hindurch nicht wesentlich geändert hatten – wenn man vom Verlust des Sandschaks einmal absieht – waren akzeptabel. Es mußte auf jeden Fall verhindert werden, daß um kleinerer Grenzveränderungen willen ein Krieg angezettelt wurde, in dem unsere Völker zur Schlachtbank geführt würden.

Đilas: Adil, ich war an der Grenzziehung beteiligt. Die jugoslawischen Grenzen – um nicht auf Einzelheiten einzugehen – gehören zu den gut konzipierten und relativ gerechten Grenzen. Ich unterstreiche das Wort relativ: In Europa gibt es keine

---

[81] Diese Diskussionen führten Vladimir Predavec, Ljubo Sirc, Vane Ivanović, Branko Pešelj, Desimir Tošić, Marko Krstić, Dragaš Kešeljević und viele andere bedeutende Politiker aus der Emigration.

gerechten Grenzen. Einzig und allein Island kann auf gute Grenzen verweisen, doch die hat jemand anderes gezogen, nicht die Menschen. Die jugoslawischen Kommunisten haben die Grenzfragen tatsächlich gut gelöst. Wir werden darüber noch ausführlicher reden. Erzählen Sie, bitte, weiter.

Zulfikarpašić: Ich nahm wahr, daß keine politische Partei, keine politische Gruppe in Jugoslawien eine Lösung für Jugoslawien hatte, oder eine Alternative zum kommunistischen Regime anzubieten vermochte. Bei allen ging es um Probleme lokalen Charakters. Die Serben hatten ihre eigenen Vorstellungen, ebenso die Kroaten und Slowenen, eine globale Lösung für Jugoslawien gab es nicht. Die einzige globale Lösung für Jugoslawien hatte die Demokratische Alternative erarbeitet. Doch auch hier gab es viele Fehler und Mängel. Es gab Dinge, mit denen ich nicht einverstanden war, ich akzeptierte sie jedoch, da es keine bessere Lösung gab. Die demokratische Emigration, zu der ich gehörte, hatte zum Ziel, einen Staatenbund oder ein Jugoslawien souveräner Völker zu errichten. Man wollte nationale Institutionen schaffen, und in der Armee sollten nur Sondereinheiten zu den gemeinsamen Streitkräften zählen, während jede Republik ihre eigenen Streitkräfte sowie ein eigenes Gerichts- und Schulwesen haben sollte. Die religiösen, kulturellen und nationalen Rechte sollten auf dem gesamten Staatsgebiet im vollen Umfang garantiert werden, während die Vormacht eines Volkes über die anderen Völker verhindert werden sollte.

Bereits im Jahre 1941 war klar, daß Jugoslawien ohne die Freiheit und Gleichberechtigung seiner Völker nicht würde existieren können. Eine Diskussion über Grenzänderungen einzelner Republiken haben wir damals nicht akzeptiert. Diese heikle Frage wollten wir nicht anschneiden. Heute ist deutlich, wie richtig unsere Haltung war.

Đilas: Wie kam es zu einer Übereinkunft mit der „Oslobodjenje"? Wie lange wurde verhandelt, und weshalb konnten Sie keine Einigung mit der Gruppe um Meštrović erzielen?

Zulfikarpašić: Als die Kommunisten die Macht ergriffen hatten, war die Idee des unabhängigen Staates Kroatiens, der auf der Zerschlagung Jugoslawiens basierte, noch lebendig. Im Hinblick darauf, daß die Ustascha-Anhänger in der Emigration Träger dieser Idee waren, hielt ich diese Idee für nicht ausreichend durchdacht und angesichts der damals herrschenden Verhältnisse für unrealistisch. Es ist immer wichtig, welche Kräfte sich für eine Idee einsetzen, und was für Möglichkeiten es gibt, ein Problem zu lösen. Illusionen waren bei jedem unserer Balkanvölker nachweisbar. Je kleiner das Volk, desto größer sein Appetit. Wir neigten immer dazu, unsere eigenen Kräfte maßlos zu überschätzen. Charakteristisch für uns war auch, daß wir theoretische Lösungen entwickelten, für deren praktische Umsetzung man seine Nachbarn in die Knie zwingen oder sogar vernichten mußte. Sehen Sie, diese Nationalismen, die als einzige Lösung nur den Sieg der eigenen und die Vernichtung der anderen Nation sehen, können so blutige und sinnlose Konflikte auslösen wie den aktuellen Krieg in Jugoslawien. Während wir jetzt unser Gespräch führen, streben die serbischen Führer in Bosnien offenkundig danach, eine Idee dieser Art zu verwirklichen, und sie sind überzeugt, niemand werde dies mehr rückgängig machen können.

Đilas: Anläßlich Ihrer Verhandlungen mit Meštrović und seiner Gruppe hatte ich den Eindruck, daß den Meinungsverschiedenheiten die Tatsache zugrunde lag, daß diese Gruppe Bosnien als Spezificum, als staatliche Entität nicht akzeptieren wollte und daß die Gespräche deshalb gescheitert sind. Die Gruppe „Oslobodjenje" setzte sich im Gegensatz dazu für die Unveränderlichkeit der Grenzen ein.

Zulfikarpašić: Das stimmt, doch im Gespräch mit Meštrović stieß ich bei ihm immer auf eine gewisse Bereitschaft, sich anzupassen, denn er war und ist ein Romantiker und ein Befürworter des gemeinsamen Lebens. Er war nicht immer fest in seiner Haltung, und er war keinesfalls ein Fanatiker. Er war aber ein Mann, der seine Meinung nachträglich geändert hätte, wäre bei ihm nach unserer Vereinbarung ein serbischer Gesprächspartner aufgetaucht. Ich hingegen vertrat von Anfang an ein und denselben Standpunkt: Kroaten können nicht in meinem Namen reden. Ich möchte auch nicht unter der Schirmherrschaft von Serben mit Kroaten Gespräche führen oder umgekehrt. Wir können nur als gleichberechtigte Gesprächspartner auftreten. In der kurzen Zeitspanne, als sich die Gruppe kroatischer Intellektueller für die gleichberechtigte Behandlung aller Völker einsetzte, traf sie auf großen Widerstand bei den kroatischen Nationalisten, die auf dem Standpunkt von Ante Pavelićs standen und an die Wiedererrichtung eines entsprechenden kroatischen Staates glaubten. Der Idee von Meštrović drohten folglich auch von dieser Seite Gefahren. Mit den kroatischen Nationalisten hatte ich keine großen polemischen Auseinandersetzungen, und zwar aus einem sehr einfachen Grund. Ihr Grundprinzip, demzufolge Bosnien ein Teil Kroatiens sei, war für mich nämlich absolut unannehmbar.

Die erste politische Organisation, die bereit war, darüber zu sprechen, war die „Oslobodjenje". Diese Organisation zog als erste Konsequenzen aus der historischen Tatsache, daß Bosnien eine Republik war und dies auch bleiben sollte. Deshalb fiel es uns leichter, zu verhandeln, und deshalb war der Stand-punkt der „Oslobodjenje" ein wichtiger Faktor bei der Entstehung der Demokratischen Alternative und beeinflußte auch ihre Arbeit und politische Orientierung. Bei dem ersten Treffen, bei dem ich nicht zugegen war, kam es zu einer Übereinkunft, die ich nicht akzeptieren wollte. Es handelte sich um den Vorschlag von Dr. Maček, den er an Dr. Pešelj weitergeleitet hatte, damit ihn dieser bei der Konferenz vortrug. Die Übereinkunft wurde unterzeichnet, sollte aber nicht veröffentlicht werden, doch immerhin als Grundlage für spätere Debatten dienen. In der Übereinkunft hieß es, einzelne Bezirke in der Vojvodina müßten Kroatien angeschlossen werden. Persönlich hatte ich nichts dagegen, doch ich war entschieden gegen das Prinzip. Ich war gegen die Änderung der Republikgrenzen, da ich wußte, wenn man einmal damit beginnt und dieses Prinzip akzeptiert, würden wir niemals zu einer Einigung gelangen, weil man immer ein kleines Stück Bosnien an Kroatien oder Serbien anschließen müßte – oder auch umgekehrt – und im Endeffekt jede friedliche Lösung an diesen Dingen scheitern mußte. Das Prinzip der Veränderlichkeit der Grenzen war für mich einfach nicht akzeptabel.

Bei späteren Treffen der Demokratischen Alternative untersuchten wir gründlich die Möglichkeiten für einen friedlichen Übergang aus der Diktatur in die Demokratie, wir befaßten uns damit, wie die demokratischen Prozesse in die Wege zu leiten sind, ohne ethnische Konflikte auszulösen. Wir überlegten dies volle zehn Jahre vor dem Auftauchen Gorbatschows, da wir auf Grund unserer Analysen überzeugt waren, daß es in der Sphäre des Realsozialismus sowohl große Krisen, aber auch Kräfte geben werde, die weitreichenden Wandel durch friedliche Prozesse in die Wege leiten würden.

Đilas: Bedeutet diese kroatische Haltung nicht – da Sie Maček schon einmal erwähnt haben – daß man zum zwischen Cvetković und Maček geschlossenen Sporazum[82] zurückkehrte, der meiner Meinung nach in erster Linie für die Muslime in Bosnien schlecht und ungerecht war. War diese Haltung nicht verderblich für die Muslime? Als man ihn fragte, wie das Problem der Muslime gelöst wurde, sagte Maček: „Diesem Problem haben wir keinerlei Aufmerksamkeit geschenkt."

Zulfikarpašić: Auch zu mir sagte er, sie hätten seinerzeit eine Absprache getroffen, so als ob Muslime überhaupt nicht existiert hätten. Angewandt wurde folgendes Prinzip: Wo Serben in der Mehrheit waren, blieb das Gebiet außerhalb der Banschaft Kroatien, wo katholische Kroaten die Mehrheit stellten, fiel die Region der Banschaft Kroatien zu. Die Zahl der Muslime wurde dabei gar nicht berücksichtigt. Das heißt, bestand die Bevölkerung in einer Region zu einem Drittel aus Kroaten und einem Fünftel aus Serben, fiel das Gebiet an Kroatien; die Tatsache, daß bis zu fünfzig Prozent der Bevölkerung Muslime waren, spielte dabei keine Rolle.

Đilas: In der Politik von Tudjman – und das hat er öffentlich zum Ausdruck gebracht – gab es zwei Konzeptionen. Die erste bestand darin, Bosnien gemeinsam mit den Serben aufzuteilen, und als er sah, daß das nicht ging, hat er meiner Meinung nach die zweite Konzeption entwickelt – die Wiederherstellung und Anerkennung der Banschaft Kroatien, wie sie im Sporazum von 1939 konzipiert war. Es gibt keine andere Erklärung für das schreckliche Blutvergießen um Mostar und die Zerstörung der Stadt als dieses Prinzip und die damit verknüpften Anschauungen Tudjmans. Wie Sie wissen, gehörte Mostar zur Banschaft Kroatien, obwohl die Muslime sowohl vor dem Zweiten Weltkrieg als auch danach die größte Bevölkerungsgruppe in der Stadt ausmachten.

Zulfikarpašić: Auch vor dem Zweiten Weltkrieg – bis hin zum Krieg unserer Tage – waren die Muslime die zahlenmäßig stärkste Gruppe in der Stadt; berücksichtigt man auch die weitere Umgebung der Stadt, so stellten allerdings die Kroaten die re-

---

[82] Ausgleich zwischen Serben und Kroaten, der am 26. August 1939 publiziert wurde.

lative Mehrheit, und deshalb bekamen sie Mostar. In Mostar selbst setzte sich vor dem aktuellen Krieg die Bevölkerung zu 34 Prozent aus Muslimen, 19 Prozent aus Serben und 29 Prozent aus Kroaten zusammen; auf dem Gebiet der Gemeinde Mostar gab es um ein Prozent mehr Bosniaken als Kroaten. Dennoch gab es eine ganze Reihe von serbischen Politikern, und es gibt sie auch noch heute, die vom serbischen Mostar reden – von Šantić bis Djogo. Es stimmt jedoch, daß Serben seit eh und je in der Stadt lebten und daß die altansässigen Orthodoxen dieselben Bräuche wie die Muslime, gleiche Häuser und eine ähnliche Mentalität hatten.

Đilas: Sie haben Šantić erwähnt. Er ist natürlich ein serbischer Dichter, aber im geringerem Masse auch ein muslimischer Dichter. Als Politiker war er Serbe, von serbisch-jugoslawischer Orientierung, um das so auszudrücken.

Sie haben in Zürich das Bosniaken-Institut gegründet in dem Wunsch, sich damit ein Denkmal zu setzen. So etwas ist ganz normal für einen Mann, der sich mit Politik befaßt oder einigermaßen kreativ ist. Neben politischen waren dabei auch emotionale Motive ausschlaggebend, wie ich vermute. Die finanziellen Mittel, die sie ins Institut investierten, hätten Sie auch einem Institut in Sarajevo zugute kommen lassen können – dort gibt es fertige Institute, Sie hätten dort aber auch ein neues aufbauen können. Ihre Entscheidung war weitsichtig, wie sich später herausstellte. Angesichts der aktuellen Verhältnisse wird dieses Institut möglicherweise das einzige sein, das wichtige Dokumente über Bosnien archiviert. Ich möchte gern wissen, wie Sie auf die Idee kamen, das Institut zu gründen, womit es sich befaßt, wie groß es eigentlich ist.

Zulfikarpašić: In der Emigration stellte ich fest, daß es weltweit keine einzige Institution gab, in der man etwas über Bosnien, seine Sprache und Kultur hätte erfahren können. Wir Bosniaken waren mehr oder weniger völlig isoliert, und das hat mich gestört. Seit meiner Kindheit habe ich Bücher gesammelt, in Foča hatte ich eine große Bibliothek, mehrere tausend Bände. Auch in Sarajevo hatte ich eine Bibliothek. Meine Bibliothek in Foča verbrannte zusammen mit meinem Haus im Jahre 1942, die in Sarajevo wurde ausgeraubt. Das Sammeln von Materialien und Büchern lag mir sozusagen im Blut, und als ich die erforderlichen materiellen Mittel besaß, faßte ich den Entschluß, meine Privatbibliothek, die rund zehntausend Bücher umfaßte, dem Institut als Basis für seine Bibliothek zu schenken, die von nun an systematisch ausgebaut werden sollte.

Vom ersten Tag an war ich der Meinung, das Bosniaken-Institut müsse ein Ort sein, wo jederman Daten und Informationen über Bosnien, seine Geschichte, seine Literatur, Vergangenheit und Gegenwart finden kann. Ich gründete die Sektion „Bosnica", die den grundlegenden und größten Teil der Instituts-bibliothek ausmacht, doch ich richtete auch andere Abteilungen ein – „Serbica", „Croatica", „Emigrantica", „Islamica" und „Turkica" – daneben gibt es eine komplette Abteilung „Jugoslavica". Gegenwärtig verfügen wir über dreißig- bis vierzigtausend Bücher, ziemlich umfangreiches Archivmaterial, eine beträchtliche Anzahl von Manuskripten über Bosnien, – in türkischer, arabischer und persischer Sprache – verfaßt von Bosniaken, sowie eine Sammlung geographischer Karten und eine Photo-Sammlung. Es gibt auch eine Galerie mit Bildern bosnischer Künstler, eine Sammlung von Filmen über Bosnien, eine Videothek, eine Sammlung bosnischer Volkstrachten usw.

Eine Stiftung für Bosnien

Es gab Zeitabschnitte, da war ich pessimistisch und besorgt, was die Zukunft des Instituts betraf. Die größte von allen Enttäuschungen, die ich erlebt habe, bestand darin, wie tief unsere Leute in moralischer Hinsicht gesunken waren, nicht das Volk oder die Massen insgesamt, sondern bestimmte Strukturen, die dazu führten, daß Individuen völlig demoralisiert wurden.

Das Bosniakeninstitut besitzt ein Haus, dessen Wert sich auf mehrere Millionen Schweizer Franken beläuft; ebenso hoch ist der Wert der Büchersammlung, außerdem hat es eine finanzielle Reserve als Basis für die Zukunft. Mein Wunsch ist, daß all das bei der Züricher Universität bleibt. Das Institut ist eine selbständige schweizerische Institution. Ich habe das Stiftungsrecht in Europa studiert und festgestellt, daß der Staat eine Stiftung per Dekret auflösen kann, falls sie seinen Interessen nicht entspricht. In einzelnen Ländern besitzt der Staat zum Beispiel das Recht, ein Institut zu verstaatlichen oder es einer anderen Institution zu schenken. In der Schweiz hingegen gibt es ein sehr klares Gesetz über Stiftungen. Mein Institut ist auf dem gesamten Territorium der Schweiz anerkannt. Es erhielt das Recht, ein eigenes Forschungszentrum oder eine Lehranstalt zu gründen. Wir arbeiten mit der Universität in Zürich zusammen, die uns ihre Infrastruktur für größere Veranstaltungen zur Verfügung stellt. Ich würde gern ein Team jüngerer Leute zusammenstellen, die das Institut in der Zukunft leiten sollen. Ich werde mich wahrscheinlich für die Lösung entscheiden, daß ein Vertreter der Universität ständiges Mitglied im Verwaltungsrat ist, neben dem Vertreter einer Schweizer Bank. Auf diese Weise soll eine zweckentsprechende und rationale Verwendung der finanziellen Mittel gewährleistet werden. Daher suche ich einige Leute, die aufgrund ihrer Bildung und individuellen Zielsetzung diese Position nicht zur persönlichen Bereicherung ausnutzen, sondern deren Hauptsorge sein soll, daß die Institution als solche existiert. Im Hinblick auf den moralischen Verfall unserer politischen, wissenschaftlichen und kulturellen Strukturen bin ich momentan Pessimist und bemühe mich, die Verwaltung durch einige jüngere Leute aufzufrischen.

Ich hatte vor, ein derartiges Institut auch in Sarajevo zu errichten. Wahrscheinlich wird mir das zu meinen Lebzeiten nicht gelingen, doch ich werde testamentarisch festlegen, daß ein derartiges Institut mit meinen Finanzmitteln in Sarajevo errichtet wird. Es soll ein Zentrum werden für den Gedankenaustausch, die Begegnung von

Kulturen, Nationalitäten und Religionen. Ich bin nach wie vor überzeugt, daß das Leben Bosniens das Leben unterschiedlicher Völker ist und damit die Existenz verschiedener Kulturen und ihre wechselseitigen Kontakte ebenso voraussetzt, wie den Gedankenaustausch, den freundschaftlichen und vernünftigen Dialog und die Schaffung der Voraussetzungen für ein friedliches Leben. Ich strebe danach, daß das Bosniaken-Institut einmal diese Rolle spielt.

Đilas: Adil, als Sie in die Schweiz gekommen sind, war es da schwierig für Sie, sich geschäftlich zu etablieren? Sie haben beneidenswerten Reichtum erworben, war es schwierig, das zu erreichen, hatten Sie ein Anfangskapital oder haben Sie sozusagen bei Null begonnen? Erzählen Sie uns bitte etwas über die Schweizer Periode in Ihrem Leben.

Zulfikarpašić: Die Schweiz ist ein strenges und gut organisiertes Land mit einer alten und reichen Tradition des Bankwesens, des Finanzsystems und des Handels, wo strikte Regeln existieren, wie, mit wem und auf welche Weise Geschäfte zu führen sind. Das ist ein System, das die Anarchie oder das Spiel des Zufalls mit Sicherheit verhindert, so etwas gibt es in der Schweiz nicht. Und es gibt, wie man sagt, auch kein Glück, Erfolge werden immer durch großen Einsatz und harte Arbeit erzielt. Und außerdem ist dies ein Land, das durch Vorschriften sehr eingeengt ist. Zudem unterliegt die Geschäftstätigkeit einer Reihe von Vorschriften. In der Schweiz dürfen Sie zum Beispiel keine Äpfel importieren, solange es auf dem Markt heimische Äpfel gibt, erst danach können Sie eine Genehmigung zum Import von Äpfeln aus Frankreich oder irgendeinem anderen Land bekommen. Ebenso die Frage des Kapitals, das ist alles geregelt. So gab es zum Beispiel eine Zeitlang eine Vorschrift, wonach man dafür zahlen mußte, um Geld in der Schweiz deponieren zu dürfen, von Zinsen war nicht die Rede.

Dies sage ich in erster Linie deshalb, weil die Leute, als ich nach Bosnien zurückgekehrt war, Geschichten erzählten, ich sei ein Waffenhändler, der das große Geld mit irgendwelchen halblegalen Machenschaften verdient hatte. Für einen Ausländer ist es in der Schweiz absolut unmöglich, ungesetzliche Geschäfte abzuwickeln, seine Steuern nicht korrekt zu zahlen, und dem Finanzamt nicht haargenau Rechenschaft über jeden verdienten Franken abzulegen. Das ist in der Schweiz auch für einen Schweizer unmöglich, erst recht aber für einen Ausländer.

Đilas: Was den Waffenhandel betrifft, so freue ich mich über das, was Sie gesagt haben, obwohl auch der Waffenhandel ein Handel ist, ein Staatshandel.

Zulfikarpašić: Ich sprach nur von den Geschichten, die erzählt wurden, als ich nach Bosnien zurückkehrte. Es gibt noch ein Detail, in der Schweiz ist es verboten, Waffen in Kriegs- oder Spannungsgebiete zu liefern. Man darf der Türkei keine Waffen verkaufen, da sie Probleme mit den Kurden hat, ebenso wenig Libyen oder irgendeinem anderen Land, in dem Kriegsgefahr herrscht. Den arabischen Ländern durfte man wegen Israel keine Waffen verkaufen. Und so wurde der Generaldirektor einer großen und bekannten Firma verhaftet und verurteilt, weil seine Firma aus Italien

Waffen an ein arabisches Land verkauft hatte, und zwar zu einer Zeit, als dort eine Krise herrschte. Ich möchte nur darauf hinweisen, daß die phantastischen Geschichten, die mir nach meiner Rückkehr nach Bosnien zu Ohren kamen – ich sei nämlich auf zweifelhafte Weise oder durch Glück, ohne Arbeit und Wissen zu Reichtum gelangt – nichts als böswillige Lüge und Verleumdung sind. All diese Dinge sind in der Schweiz, einem Land, das so stabil und so perfekt geordnet ist, einfach nicht möglich. Es gibt natürlich Möglichkeiten, Geld zu verdienen, sogar das große Geld zu verdienen, aber das ist immer das Resultat von Geschäften, von mühsamer Arbeit und von Fachwissen.

Von der Politik zum Busineß

Ich fing als Journalist und Mitglied der Journalistenvereinigung der Schweiz an. Ich hatte den Status eines ausländischen Journalisten. Als die *„Bosanski pogledi"* zu erscheinen begannen, intervenierte die jugoslawische Regierung einige Male gegen mich und beschuldigte mich der jugoslawienfeindlichen Berichterstattung. Die Schweiz ist ein neutrales Land, und ihre Gesetze verbieten es einem Ausländer, sich mit Politik zu beschäftigen.

Bekannt ist der Fall von Živko Topalović, dem Präsidenten der ehemaligen Sozialistischen Partei Jugoslawiens, der aus der Schweiz wegen der Herausgabe eines nicht angemeldeten Gewerkschaftsblattes ausgewiesen wurde. Er kam in Konflikt mit einem ganz gewöhnlichen, einfachen Beamten. Topalović war überzeugt, daß ihn seine erstklassigen Kontakte zum Präsidenten der Sozialistischen Partei der Schweiz schützen würden. Eines Tages luden die Schweizer Behörden auch mich vor und teilten mir mit, sie hätten Schwierigkeiten mit der jugoslawischen Regierung in Zusammenhang mit meiner politischen Aktivität. Man sagte mir, nach dem Gesetz dürfe ich mich nicht mit Politik befassen, vor allem aber dürfe ich keine jugoslawienfeindliche Zeitschrift herausgeben. Ob eine Zeitschrift jugoslawienfeindlich sei oder nicht, darüber zu entscheiden liege bei den Jugoslawen, und die hätten sich über das Blatt beschwert.

Als Journalist konnte ich nicht mehr arbeiten, und so trat ich eine Stelle als Jurist an, als Fachmann für Schadensregulierung in einer Versicherung, und dann habe ich durch eine Verkettung von Umständen eine kleine Firma aufgemacht, die sich „Adex" nannte, d.h. Adil-Export-Import. Das Geld, das ich für die Firma brauchte, hatte ich mir von meinem Freund Ljubo Sirc geliehen.

Ljubo Sirc war Professor im schottischen Glasgow, und zu jener Zeit bekam er die Entschädigung für seine Fabrik im slowenischen Kranj, die von den Deutschen beschlagnahmt worden war. Er gab mir ein einjähriges zinsloses Darlehen. Ich machte schlechte und gute Geschäfte, bis mir eines Tages ein reicher Mann, Präsident einer Schweizer Bank und mein Freund, sagte, weil er mich wohl für einen fähigen Mann hielt: „Warum gründen Sie nicht zusammen mit meinem Sohn und noch einem Freund von uns, einem Rechtsanwalt, eine Firma ..." Und so gründeten wir „Stamaco". Das war ungefähr so, als würde man zum Beispiel in Amerika eine Firma mit Rockefeller und Morgan gründen. Diese zwei Namen sind in der Schweiz nämlich ebenso angesehen. Mit dem Anfangskapital von 100.000 Schweizer Franken begannen wir, Geschäfte zu machen. Das war eine kleine Summe für eine große Firma, nach kurzer Zeit arbeiteten wir als Kreditvermittler. Die Zagreber Firma „Merkur" war in Europa auf der Suche nach Bankkrediten, um Hotels zu errichten und Importgeschäfte zu machen. Sie brauchte Geld, doch damals konnte man in Jugoslawien nur einen Kredit mit fünfzehn Prozent Zinsen bekommen. Es gelang mir, einen sehr günstigen Kredit zu acht Prozent Zinsen auszuhandeln. Die Bank gewährte einen Kredit von 25 Millionen Franken, und uns stand die entsprechende Provision zu. Ich kam auf die Idee, für „Merkur" auch Ware zu bechaffen und widmete mich dieser Aufgabe. Und so begann meine Tätigkeit als Geschäftsmann. Als Journalist hatte ich monatlich zwei bis dreitausend Franken verdient, als ich mein erstes Geschäft abgeschlossen hatte, bekam jeder von uns mehrere hunderttausend Franken. Mir erschien das geradezu unwahrscheinlich, in mir regte sich der linke Geist und ich dachte, das viele Geld sei fast zu Unrecht verdient.

Đilas: An Ehren, Macht und Reichtum ists nie zuviel!

Zulfikarpašić: Als ich zusammen mit meinen Geschäftspartnern diese Firma gründete, war ich in der Geschäftswelt unbekannt. Die Leute fragten nach meinen Schweizer Partnern, ich dagegen war irgendein total unbekannter Zulfikarpašić. Nach kurzer Zeit begannen sich die Firmen, mit denen wir zusammenarbeiteten, danach zu erkundigen, wo denn Herr Zulfikarpašić sei, u. ä. Ich war immer pünktlich, korrekt, und ich hielt mein Wort. Die Schweiz ist sehr konservativ, ein Freund von mir, ein Bankier, sagte zu mir: „Sie können Hunderte von Geschäften erfolgreich abschließen, mißlingt Ihnen aber nur ein einziges, so sind Sie verloren. Hunderte von guten Geschäften, das ist normal."

Đilas: Das ist aber wirklich streng, kalvinistisch.

Zulfikarpašić: Kalvinistisch, ja, das ist tatsächlich so. Ich hatte mir eine gute Reputation erworben, und wir machten gute Geschäfte, wir waren als solide Firma bekannt. Heutzutage, als ich dabei war, all das zu liquidieren, bot man mir zum Beispiel allein für den Namen meiner Firma einige Millionen. Denn diese Firma hatte in der europäischen Bankenwelt ein so hohes Ansehen erworben, daß ich nur den Namen gut hätte verkaufen können. Ich entschied jedoch, dies nicht zu tun, da ich in diesem Fall die Geschäfte nicht mehr hätte überwachen können und ich wollte nicht zulassen, in Geschäfte verwickelt zu werden, die meinen Geschäftsprinzipien nicht entsprächen.

Einer meiner Geschäftspartner war ein bekannter Anwalt, der andere war Bankier, und zusammen haben wir ziemlich viel Geld verdient. Doch in einem lichten Moment erkannte ich, daß ich in Wirklichkeit für die beiden anderen arbeitete. Ich rief sie an und sagte: „Meine Herren, wir bleiben Freunde, aber ich will Sie entweder auszahlen oder mich zurückziehen, da ich nicht mehr bereit bin, für Sie zu arbeiten." Wir trennten uns, ich zahlte sie aus und übernahm die Firma, die in der Zeit, als ich Alleininhaber war, noch größere Gewinne verbuchte. Natürlich blieben wir gute Freunde. Die „Stamaco" vertrat einige der größten Firmen auf der Welt, über uns liefen Geschäfte in der Größenordnung von mehreren hundert Millionen; wir verkauften Zivilflugzeuge und Schiffe und finanzierten den Bau von Häfen ... Für jedes Geschäft mußte man Hunderte von Firmen und Fachleute engagieren und alles weitere in die Wege leiten, um letzten Endes gute Ergebnisse zu erzielen. In meinem Arbeitszimmer hatte ich eine spezielle Wand eingerichtet, auf der alle von mir begonnenen Geschäfte verzeichnet waren, sämtliche Daten, die komplette in Frage kommende Konkurrenz – das war Generalstabsarbeit. Ich genoß es sehr, Erfolg zu haben und große Weltfirmen zu „besiegen". Es geschah sehr oft, daß Regierungen großer Staaten an mich herantraten und sagten: „Wir haben ein großes Geschäft in dem und dem Bereich vor. Wir möchten gern, daß Sie das für uns erledigen, daß Sie unsere Industrie vertreten und wir sind bereit, dafür eine Provision in der und der Höhe zu zahlen ..." Denn es hatte sich sehr rasch herumgesprochen, daß die von mir übernommenen Geschäfte erfolgreich und rechtzeitig abgewickelt wurden. In jenen Jahren, die den Höhepunkt meiner geschäftlichen Tätigkeit bedeuteten, wurden von fünfzig Geschäften, die ich übernommen hatte, fünfundvierzig mit Erfolg abgeschlossen. Das setzte anstrengende und umfangreiche Arbeit voraus. Es passierte mir häufig, daß ich volle zwei Wochen lang keine Ahnung hatte, was für Wetter draußen herrschte.

Arbeit ohne Pause

Ich ging in den frühen Morgenstunden ins Büro, wenn es noch dunkel war, verbrachte dort den ganzen Tag, aß zu Mittag nur ein Brötchen und kehrte um zehn Uhr abends nach Hause zurück. Manchmal kam es vor, daß mich Freunde aus Amerika fragten, was für Wetter wir hätten, ich aber hatte keine Ahnung und mußte zunächst ans Fenster gehen, bevor ich antworten konnte: Es regnet, oder die Sonne scheint. Ich war dermaßen beschäftigt, daß ich nicht einmal das wußte. Meine Geschäfte setzten ein enormes Engagement voraus. Doch man arbeitet nicht nur für seinen persönlichen Vorteil, entscheidend ist das Können, das Verhandlungsgeschick, man muß das Vertrauen der Leute gewinnen können, wenn man ihnen etwas verkaufen will, das fünfhundert Millionen Dollar kostet.

Die Konkurrenz ist riesig. Wenn jemand einen Hafen baut, dann bieten ihm Hunderte von Firmen auf der ganzen Welt ihre Dienste an, man muß daher den Kunden davon überzeugen, daß die eigene Firma die beste ist und weshalb sie es ist.

Man muß die Reputation besitzen, immer die besten Firmen heranzuziehen und über den tatsächlichen Ablauf der Dinge bestens informiert zu sein. Es dürfen keine Probleme auftauchen, es muß alles glatt gehen. Hier muß man sich tatsächlich an alle Spielregeln halten, Regeln, die sehr streng sind. Hier gibt es festgelegte Provisionen, klein im Prozentsatz, aber groß in der Endsumme. Ich wollte nie ein Geschäft übernehmen, daß mit meinen politischen Überzeugungen und moralischen Prinzipien nicht im Einklang stand. Und so gab es viele Fälle, in denen ich auch große Geschäfte ablehnte, weil ich keinen Kontakt zu kompromittierten Geschäftspartnern haben wollte. Ich will keine Namen nennen, aber mit bestimmten Ländern wollte ich prinzipiell nicht zusammenarbeiten. Ich bemühte mich immer, Informationen über Schweizer Banken zu erhalten. Wenn ich die Information erhielt, daß es sich um eine inkorrekte Firma oder einen inkorrekten Mann handelte, nahm ich von dem Geschäft Abstand. Ich hielt mich an das Prinzip, daß beide Seiten zufrieden sein müssen. Wenn man eine Firma vertritt, so wird für gewöhnlich erwartet, daß man für sie alles tut. Andererseits war ich der Meinung, daß auch diese Firma für ihren Kunden alles tun muß, damit man nicht in die Situation kommt, wo einem vorgeworfen wird, man hätte z. B. veraltete oder nicht die besten Maschinen besorgt. Ich glaube, daß das Glück bei Geschäften nur eine geringe Rolle spielt, in neunundneunzig Prozent aller Fälle hängt der erfolgreiche Abschluß von gut organisierter, systematischer Arbeit und großem Engagement ab. Als zweites möchte ich noch sagen: In der Geschäftswelt herrschen unbarmherzige Gesetze. Es gibt ein Sprichwort: Kleine Geschäfte machen die Piranhas, große die Haie.

In Geschäften hatte ich außerordentlich große Erfahrung und ich gewann auch große und gute Freunde. In der Schweiz geniesse ich einen guten und sehr soliden Ruf in der Geschäftswelt. Von Presse und Fernsehen werde ich immer mit größtem Respekt behandelt. Ich erinnere mich an einen Bankier, der mein Steuerberater war und zu mir sagte, ich bezahlte einfach zuviel Steuern. Ich erwiderte: „Ich will gern hundert Millionen im Jahr zahlen." Das bedeutete nämlich, daß ich dreihundert Millionen verdient hätte. Natürlich war das ein Scherz. Meine Firma war relativ klein. Ich wollte nie ein großes Unternehmen daraus machen. Bei meinen Geschäften hat es mir nicht geholfen, daß ich ein Muslim war, bei den Arabern, zum Beispiel. Ebenso wenig war es ein Nachteil bei den geschäftlichen Kontakten zu den europäischen Ländern. In der Geschäftswelt herrschen andere Gesetze und andere Grundsätze, an die man sich halten muß.

Nadežda: In diesem Gespräch berühren wir häufig die Frage nach Ihrer ideologischen Orientierung. Wie ging das in Ihrem Leben vor sich, als Sie sich für den Kommunismus, zur Emigration und zum dauernden Aufenthalt im Ausland entschieden? Als Sie bereits in der Emigration waren, gab es unterschiedliche Möglichkeiten: Sie konnten Demokrat oder Sozialdemokrat werden, es gab damals in Europa bereits eine Fülle von politischen Richtungen und Denkweisen. Sie faßten den

Entschluß, ein Liberaler, ein europäischer Liberaler zu sein. Was ich gerne wüßte, wäre folgendes: Wie faßten Sie den Entschluß? War für Ihre Entscheidung vielleicht das geistige Erbe ausschlaggebend, das Sie von Ihrem heimatlichen Herd mit in die Welt nahmen? Könnte man sagen, daß Sie ein Liberaler wurden, weil Sie in der Tiefe Ihres Herzens Seele ein Bosniak waren, weil Sie die Tradition des Bogumilentums und Islam in sich trugen?

Zulfikarpašić: Der Bruch mit dem Kommunismus bedeutet in der Regel die Suche nach einer anderen Identität. Jemand, der an die totale Identifikation mit einer Bewegung gewöhnt war, die die Welt verändern wollte – mit einer Bewegung, die große Disziplin, großen Einsatz und totale Ergebenheit verlangte, entdeckt nach der Trennung von der Bewegung in sich eine Leere, was sehr schlecht für ihn sein und sogar mit der Destruktion seiner Persönlichkeit enden kann. Andererseits mündet die Suche nach einem Surrogat und einem anderen Engagement merkwürdigerweise in die nationale Identifikation. Viele ehemalige Kommunisten verfallen wenn nicht in nationale Romantik, so doch in die nationale Identifikation mit ihrem Volk, wahrscheinlich in dem Wunsch, auf diese Weise zu sich selbst zu finden. Als ich Anfang 1946 in die Emigration ging, war der Kommunismus noch immer in der Phase der Stabilisierung. Meine Generation war begeistert und engagierte sich intensiv an der Lösung von Problemen; die Emigration aber bestand zu dieser Zeit in ihrer großen Mehrheit aus Kollaborateuren und Faschisten. Es gab Ustascha-Anhänger, Tschetniks und eine dünne Schicht von früheren Politikern wie Maček und die Regierung in London, sodann Menschen, die aus anderen Gründen das Land verlassen hatten. Mich empfing die Emigration äußerst feindselig, man hielt mich für einen Agenten, für einen Mann mit besonderer Aufgabe. Die Menschen neigen eben dazu, sich selbst große Bedeutung zuzuschreiben. Und so begann man gleich herumzuerzählen, ich sei gekommen, um Pero Živković und einen gewissen Jevdjević – und ich weiß nicht, wen noch alles – zu ermorden. Jeder behauptete, man habe Zulfikarpašić geschickt, um gerade ihn zu liquidieren. Ich war sehr jung, aber ich begriff sogleich, wie wichtig es war, bei all dem seine eigene Persönlichkeit zu bewahren und sich von diesen Menschen und diesem Milieu zu distanzieren. Und dann wurden in mir Zweifel wach, ob ich eigentlich recht daran getan hatte, Jugoslawien zu verlassen, oder ob das ein „Kurzschluß" war. Ich bin ein Mann, der seine Entscheidungen sehr rasch trifft, der sehr emotional ist, und ich bin mir dessen bewußt. Jedenfalls bin ich ein impulsiver Mensch, doch über meine Entscheidung, Jugoslawien zu verlassen, habe ich monatelang nachgedacht. Als ich nach Sarajevo kam, haben mich die Bewegung und die dazugehörigen Menschen tief enttäuscht. Die Jagd nach Wohnungen, nach Posten usw. Sie wissen, daß ich aus anderen Motiven heraus in den Kampf gezogen bin und gekämpft habe. In der Emigration wollte ich erneut in aller Ruhe überlegen, ob der Kommunismus tatsächlich die Leitlinie meines Lebens sein sollte, und deshalb begann ich erneut mit meinen Studien der Theorie des Kommunismus.

Gleich zu Beginn gab ich den Leuten zu verstehen, daß ich nicht emigriert war, um irgendwelche Informationen preiszugeben, sondern daß ich aufgrund meiner persönlichen Enttäuschung gekommen war. Der Prozeß meiner politischen Entscheidung für den Liberalismus war ziemlich lang, da ich persönliche Probleme zu lösen hatte. Ich hatte ein Wohnungsproblem, ein Überlebensproblem, und außerdem war ich ohne jegliche finanzielle Mittel gekommen. Es wurde mir angeboten, ein Buch gegen den Kommunismus zu schreiben, doch das lag mir absolut fern, denn ich hegte gewisse Überzeugungen und Sympathien gegenüber meinem Land und meiner Heimat und war folglich nicht bereit, etwas gegen sie zu sagen, bevor das meiner eigenen Überzeugung entsprang.

Đilas: Nur gläubige kommunistische Idealisten werden zu authentischen Liberalen – und dann sind sie liberaler als manche Liberale im Westen. Doch wurden Sie tatsächlich vom Bogumilentum und vom Islam inspiriert?

Zulfikarpašić: Sicherlich nicht bewußt und auch nicht vorsätzlich. Ich bin jedoch davon überzeugt, daß das bei meiner Erziehungen und meiner Bildung generell eine große Rolle gespielt hat. Jetzt kommt es mir so vor – doch das muß ich unter dem Vorbehalt der subjektiven Empfindung sagen – daß mein Weg, meine Entscheidungen und mein Liberalismus real waren, weil ich zunächst im Unterbewußtsein und später auch mit vollem Engagement ein Bogumile, Bosniak und Moslem war, und all das zusammen hat meine Persönlichkeit geformt. Es gibt Menschen, die sich der Religion zuwenden, weil sie in ihr bestimmte tolerante Züge suchen. Ich habe den Islam als tolerante Religion erlebt, und allein diese Tatsache war ausreichend dafür, daß ich ihn später aufrichtig angenommen habe. Dementsprechend stellt sich Toleranz nahezu automatisch ein, wenn man die Religion so betrachtet, und genau das habe ich getan. Andererseits wurde ich zur Achtung vor den Menschen erzogen, wie sie für das Bogumilentum charakteristisch ist. Und diese Einstellung herrschte in meiner Familie und ihrer Umgebung, sowie in der Religion, wie man sie mich gelehrt hat. Natürlich gibt es auch entgegengesetzte Beispiele, alles hängt vom Menschen, seiner Erziehung, seinem Charakter und den Motiven seines politischen Engagements ab. Džemil Šarac zum Beispiel war Generaloberst. Als wir 1945 nach Sarajevo kamen, schenkte er der Partei seine zwei Häuser und die Villa, die er vom Vater geerbt hatte. Als ich 1990 nach Bosnien zurückkehrte, begegnete ich dort Parteifunktionären wie Milenko Renovica, Gojko Ubiparib, Marko Čeranić und andere, die mehrere Wohnungen sowohl in Sarajevo als auch in Belgrad und darüber hinaus Wochenendhäuser an der Küste und in den Bergen besaßen, während Šarac, der seinen Besitz an die Gemeinschaft verschenkt hatte, seinen Sommerurlaub in einem Offiziershotel verbrachte. Unterschiedliche Menschen schließen sich einer Bewegung aus ganz unterschiedlichen Gründen an. Viele Menschen verwandeln sich gegenwärtig über Nacht in Gläubige, bekehren sich zum Islam und sind bestrebt, ihre Treue zum Glauben durch Fanatismus zu beweisen. Von einigen frischgebackenen Gläubigen erzählte man mir, daß sie den Akšam – das

Abendgebet – dreimal verrichteten, einmal mit Alija Izetbegović, danach mit Omer Behmen[83] und ein drittes Mal mit Mustafa Ef. Cerić[84], und zwar ohne die obligatorischen Waschungen, nur um einen lukrativen Posten zu erlangen. Sogar Muhamed Filipović[85], der es in Foča ablehnte, das islamische Totengebet für gefallene Helden zu verrichten, weil er Atheist ist, hat sich in diesem Fall anständiger verhalten.

Đilas: Ihre Persönlichkeit wurde demnach insgesamt durch Elemente wie das Bogumilentum und den Islam entscheidend geprägt? Denn auch Kommunist sind Sie aus religiösen Gründen geworden: Sie suchten nach Gleichheit und Solidarität unter den Menschen, nach Gerechtigkeit usw.

Zulfikarpašić: Ich würde sagen, daß das bestimmt eine Rolle gespielt hat. Ich habe mich der Religion sehr aufrichtig und sehr ernsthaft genähert, nachdem ich mit dem Kommunismus gebrochen hatte, und ich habe das niemals bereut, denn ich fand in der Religion Kraft, Rückhalt, Basis und die entscheidende Orientierung in Richtung auf Gerechtigkeit, Welt und Menschheit. Es war eine Art Antwort auf alle Fragen, die sich dem Menschen stellen, und davon wurde wahrscheinlich auch meine liberale Haltung beeinflußt. Liberale Bewegungen sind in verschiedenen Ländern unterschiedlich – einige sind links-, andere rechtsorientiert, wieder andere befinden sich im Zentrum. Ich aber begriff den Liberalismus im Rahmen meiner grundlegenden Einstellungen, und die waren das Bogumilenerbe und der Islam.

Đilas: Ich war niemals in der Emigration, doch aufgrund meiner Erfahrungen im Gefängnis habe ich eine Vorstellung davon. Sind sich Emigration und Gefängnis nicht ähnlich? In der Emigration hat man Bewegungsfreiheit, was den Körper betrifft, doch der Geist wird von Ängsten, Bedrohungen und Alpträumen geplagt. Darin habe auch ich Erfahrung: Mein Sohn Aleksa lebte zehn Jahre lang in der Emigration – nicht genug, daß ihn die Leute an der Spitze des Apparats als Tschetnik und Mitglied einer terroristischen Organisation verleumdeten, sie trachteten ihm

---

[83] Ing. Omer Behmen, nebst Izetbegović der wichtigste Führer der Partei der Demokratischen Aktion (SDA), Chef ihres fundamentalistischen Flügels. Im Prozeß gegen eine Gruppe muslimischer Intellektueller wurde er 1983 zu 15 Jahren Haft verurteilt; später. Botschafter Bosnien-Herzegowinas in Teheran.

[84] Mustafa Ef. Cerić, Imam der Zagreber Moschee, im Jahre 1993 von den politischen SDA-Strukturen zum diensthabenden Reis-ul-ulema bestellt.

[85] Dr. Muhamed Filipović, marxistischer Philosoph, promovierte mit der Dissertation „Philosophische Entwicklung von W. I. Lenin und Orientierungsprobleme der marxistischen Philosophie", Mitglied der ideologischen Kommission des Zentralkomitees des Bundes der Kommunisten von Bosnien-Herzegowina, Vizepräsident der Muslimischen Bosniaken-organisation (MBO); trat später der SDA bei. Botschafter Bosnien-Herzegowinas in der Schweiz. Redakteur bei mehreren Zeitschriften in Sarajevo und Belgrad, Redakteur der gesammelten Werke Titos. (Wichtigste Werke: Lenin – Monographie seiner Gedanken, Marxistische Theorie und Probleme der Revolution, Philosophische Grundlagen des Marxismus).

sogar nach dem Leben. Acht Jahre lang konnte ich ihn nicht sehen – man wollte mir keinen Reisepaß ausstellen. Meiner Frau, Aleksas Mutter gegenüber, war man menschlicher, sie bekam nach vier Jahren einen Reisepaß.

Für die Emigranten bedeutet die Emigration ein großes Unglück, für ihre Heimat aber ist sie eine Schande. Bei uns in Serbien und Montenegro gibt es gegenwärtig kaum politische Emigranten, wenn man von nationalen Minderheiten absieht. Es gibt aber Hunderttausende von Flüchtlingen aus Bosnien und Kroatien. Und die Zahl der Flüchtlinge aus Bosnien – der nach Europa und in die islamischen Länder geflohenen Bosniaken – soll mehr als eine Million betragen. Das sind keine politischen Flüchtlinge, sie sind nicht geflohen, weil sie auf der anderen Seite gekämpft haben. Sie mußte auch nicht deswegen gehen, weil sie anders dachten und der Versuchung nicht widerstehen konnten, ihre eigene Meinung zu sagen. Diese unschuldigen Menschen wurden nur deshalb vertrieben und entwurzelt, weil sie einer anderen Nationalität angehörten. Sie sind keine politischen Flüchtlinge – vertrieben haben sie die Politik, der Fanatismus als Politik, der Ehrgeiz verblendeter Führer, die Gefangene der eigenen Ideologie waren – genauer gesagt: von der Konter-Ideologie, um den Vergleich mit dem Kommunismus herzustellen.

Die Flüchtlinge und ihre Verfolger – hier gibt es keine Aufopferung, keinen Stolz, nur Trauer und das Böse.

8. Die Rückkehr des Bosniaken

Nadežda: Die Bosniaken scheinen von Unglück, einem tragischen Schicksal und Verhängnis verfolgt. In verschiedenen historischen Zeitabschnitten, und auch jetzt wieder, wäre es beinahe dazu gekommen, daß die nationale Identität der Bosniaken definitiv ausgelöscht worden wäre. Was geschah in der Geschichte mit Ihrem Volk und weshalb hat man ihm die Existenz immer wieder streitig gemacht?

Zulfikarpašić: Als sich die Türkei aus unserem Raum zurückzog, ließ sie ein Mosaik kleiner Völker zurück. Das türkische Verwaltungssystem beruhte auf der Achtung aller Völker. Als solche wurden sie geschützt und überlebten. Nach dem Abzug der Türken von der Balkanhalbinsel bot sich dort nicht jenes Bild wie in Frankreich und Deutschland, wo man einem großen Raum nur eine Religion aufgezwungen hatte, wo mit Gewalt ein homogenes System errichtet worden war; sondern hier auf dem Balkan gab es ein Mosaik konfessioneller, nationaler ethnischer und kultureller Entitäten, die dank der Kraft, Autorität und Toleranz der türkischen Verwaltung nebeneinander hatten existieren können. Als sie verschwand, machten zu gleicher Zeit in Europa die großen Nationalismen von sich reden. Auch auf dem Balkan machte sich ein aggressiver Nationalismus bemerkbar. Je kleiner das Volk, desto aggressiver war er, und jedes dieser Völker entwickelte Theorien über die Territorien, die eigentlich ihm gehörten, über die eigene ruhmreiche Vergangenheit usw.

Wir, die Muslime aus Bosnien-Herzegowina oder auch Bosniaken, hatten das Unglück, auf einem Boden zu leben, den uns der kroatische Nationalismus als kroatischen, und der serbische Nationalismus als serbischen Boden streitig machte. Wir hatten das Unglück, daß wir fürs eigene Überleben gegen sehr aggressive, primitive Balkannationalismen kämpfen mußten. Ich sage erneut, daß es in unserer kulturellen Tradition neben dem Nationalismus auch eine angeborene Toleranz, ein angeborener Sinn für das rechte Maß, eine angeborene Art und Weise des gemeinsamen Lebens gab, das ständig angegriffen, geopfert, mißachtet und grob beleidigt wurde. Ich glaube, daß genügend Kraft vorhanden war, um eine bosniakische nationale Identität zu schaffen, und es gab auch gute Ansätze dafür, daß rationale Weltanschauungen und ein nüchternes Verständnis der gemeinsamen Interessen in diesem Raum die Oberhand gewinnen würden. Doch dazu brauchte man sehr viel Können, viel guten Willen und harte Arbeit. In Bosnien war immer eine starke Komponente des Gemeinschaftsgefühls vorhanden, ein starker Wunsch, dieses Problem zugunsten der Völker zu lösen, die auf diesem Territorium leben. Doch dieses Gemeinschaftsgefühl stand in ständigem Kampf mit den importierten Nationalismen, die den Kern des gemeinsamen Lebens leugneten, das eigentlich für Bosnien charakteristisch ist. Sehen Sie, ich bin überzeugt, wir hatten die Möglichkeit, dieses Problem auch ohne Krieg zu lösen. Vor uns standen zwei Alternativen: der Nationalismus oder das traditionelle Leben in Toleranz. Man mußte sehr vorsichtig sein. Es gibt einige Dinge, mit denen wir in Bosnien nicht spielen dürfen, gegen die wir nicht verstoßen dürfen, damit das Böse nicht die Oberhand gewinnt. Da ist das religiöse Element. Die Beleidigung eines Glaubens, die Geringschätzung der einen Religion durch die andere, bedeutet in Bosnien immer ein Spiel mit dem Tod, mit dem Feuer. In Bosnien wurde dieses Problem auf den Kopf gestellt. Man muß fast mehr auf die Interessen der anderen als auf seine eigenen achten, zumindest muß man beide parallel im Auge haben. Man darf die Interessen der anderen niemals verletzen und niemals in Frage stellen. Die Frage, ob sich jemand bedroht fühlt, ist keine Frage der objektiven Gegebenheiten, sondern eine Sache des subjektiven Empfindens. Die Serben in Bosnien zum Beispiel waren ganz sicher nicht bedroht, aber gewisse serbische Kreise in Sarajevo fühlten sich dennoch gefährdet, das weiß ich, weil man mich davon unterrichtet hat. Das hat man dann psychologisch ausgenutzt.

Die Leute, die unsere Politik führten, hatten nicht genug innere Bindung an Bosnien, das waren Menschen, die das wahre Bosnien niemals kennengelernt hatten. Einige von ihnen waren Fremde. So jener Karadžić vom Durmitor-Gebirge und auch Boban, der einmal sagte, „Was geht uns Čajniče an?". Es war demnach ein zusätzliches Unglück, daß es sich um Menschen handelte, denen die Tradition des gemeinsamen Lebens fehlte.

Ein weiteres großes Unglück war, daß man sich während der vierzigjährigen kommunistischen Herrschaft nicht an die Grundprobleme herangewagt hatte, sondern daß man die nationalen, konfessionellen und kulturellen Unterschiede in Bosnien immer mehr brutalisierte. In den Jahren 1990 und 1991 vollführte man einen Drahtseilakt. Ein Schritt in die richtige Richtung konnte den Weg in ein demokratisches und friedliches Leben und die Lösung unserer Probleme bedeuten, ein Fehltritt hingegen die Katastrophe. In der Geschichte geschah es sehr oft, daß eine einzige Situation darüber entschied, ob ein Volk unterging, in den Abgrund stürzte, oder den Weg der Prosperität einschlug. Ich will nicht sagen, daß meine Vereinbarung der einzige Weg zur Lösung dieses Problems war, doch sie war mit Sicherheit ein Schritt in diese Richtung. Ich habe versucht, in den Grenzen unserer Möglichkeiten und auf unserem Raum eine Lösung zu finden. Mag ein Staat noch so groß, stark, gewaltig und mächtig sein, er kann unsere Probleme nicht lösen – er kann uns aber zu ungerechten Lösungen zwingen, die dann durchgeführt werden. Doch unsere ureigenen Probleme können wir in der Tat nur ganz allein lösen – wir, die Völker, die in Bosnien und in seiner Umgebung leben.

Nadežda: Es interessiert mich, was in der bosniakischen Mentalität ausschlaggebend dafür war, daß sich die Dinge auf diese Weise entwickelt haben. War sich die

bosniakische Intelligenz all der Probleme genügend bewußt, die sich vor ihr auf-
türmten, oder waren Sie und einige andere Leute, die ich kenne, Ausnahmen?

Zulfikarpašić: Solange Bosnien besteht, war es eine multinationale, multikulturelle
und multikonfessionelle Gemeinschaft. Das steht außer Zweifel. Seit den ältesten
Zeiten, seit dem zehnten Jahrhundert war Bosnien im Unterschied zu allen anderen
Regionen Europas ein Schnittpunkt unterschiedlicher Konfessionen, Kulturen und
Völker. Das war sein Schicksal. Ich bin der Ansicht, daß die Bogumilenmentalität
in Friedenszeiten ein großer Vorteil ist, ein Erbe, das gepflegt werden muß, und
auf das ich sehr stolz war. Doch in Zeiten gegenseitiger Abrechnungen, in Ab-
schnitten aggressiver Geschichtsperioden ist dieses Element für den Krieg und seine
Grausamkeiten nicht geeignet. Gegen das Bosnien der Bogumilen wurden fünfundzwanzig Kreuzzüge unternommen sowie rund hundert Feldzüge anderer Art; und
deshalb hatten die Bogumilen eine spezifische Technik ausgearbeitet: Wenn eine
stärkere Macht kam, dann unterwarfen sie sich, wurde diese Macht jedoch
schwächer, kehrten sie wieder zu ihrem autochtonen Glauben zurück. Das war
kein Opportunismus, sondern eine positive und unglaublich effiziente Überlebens-
taktik, die einzige Methode, mit der dieses Volk seine Existenz behaupten konnte.
Diese Mentalität hat sich offenkundig entwickelt und übertrug sich später auf diejenigen, die sich zum Islam bekehrten. Und das ist auch der Grund, daß das muslimische Element in Perioden des Friedens wahrscheinlich das konstruktivste Element
ist.

Im Zusammenhang damit ist mir aufgefallen, daß in Bosnien auch eine andere, eine
nichturbane Mentalität existiert. Alles was staatlich ist, was der Gemeinschaft gehört, ist ihr fremd, ja sogar feindlich. Diese Mentalität trägt ausschließlich den eigenen Interessen Rechnung. Als ich aus der Emigration zurückkehrte, fand ich ein
Bosnien vor, das mir fremd war. Bei den ehemaligen Bergbewohnern, die jetzt zu
Städtern geworden waren, herrschte in den Wohnungen und im Hausflur ein unan-
genehmer Geruch, und das Treppenhaus war schmutzig. Das ist typisch für Hirten,
die ihr Dasein als Einzelpersonen fristen, also für eine nichturbane Bevölkerungsgruppe. Dieses Element ist für die Gemeinschaft eher destruktiv, während das urbane Element, das sich anpaßt, für die Entstehung eines kultivierten Milieus und einer
zivilisierten Gesellschaft sehr positiv ist. Auf der anderen Seite ist diese Mentalität
gegenüber der Gewalt nicht sehr widerstandsfähig. Denken wir zum Beispiel an
die Situation, als die Partisanen an die Macht gekommen waren und von den Bosniaken verlangten, sich entweder als Kroaten oder Serben zu deklarieren. Die Bosniaken leisteten einen merkwürdigen Widerstand, sie sagten nicht: Nein, das wollen
wir nicht – sie blieben vielmehr im nationalen Sinne undefiniert. Und so gab es in
einem sozialistischen Staat gab eine große Gruppe von Menschen, von denen sich
achtzig Prozent zu überhaupt keiner Nationalität bekannten, lieber ließen sie sich
als „in nationaler Hinsicht undefinierte Muslime" bezeichnen. Der Kommunismus
konnte nicht akzeptieren, daß es soviele „unbewußte" Menschen gab. Mir und mei-

ner Mentalität entsprach diese Haltung ebenfalls nicht. Ich bin meinem Charakter nach kein Bogumile, ich bin mehr für den Kampf und eine entschlossenere Haltung.

Man kann nicht leugnen, daß es einen gewissen Opportunismus gab und gibt, der oft als Schwäche der Muslime interpretiert wurde, so als seien sie eine schwankende Masse, ohne feste Orientierung. Das stimmt nicht, sie besitzen einen Selbsterhaltungsinstinkt, der sie dazu veranlaßt, ihre Eigenständigkeit mit einem Minimum an Widerstand zu wahren, keinesfalls aber durch Konflikte, Kriege oder Terrorismus. Das kann negativ oder positiv gedeutet werden, und das hat tatsächlich seine negativen wie seine positiven Seiten. Ich persönlich halte dieses Bogumilenelement für sehr positiv, weil es zivilisatorisch ist, weil es gegenüber der Kultur und dem Leben aufgeschlossen ist, weil es nichtaggressiv ist, weil es das Element der Abrechnung, des Hasses und des Terrors nicht in sich birgt.

Sehen Sie, auch im gegenwärtigen Augenblick, da Frauen vergewaltigt und Kinder getötet werden, und Verbrechen aller Art geschehen, ist dieses Element präsent. Vor ein paar Tagen sah ich eine Fernsehreportage aus Zagreb über Flüchtlinge in einem Lager, katholische Kroaten und muslimische Bosniaken. Die Bosniaken lebten dort unter furchtbar schlechten Bedingungen, erschöpft und hungrig, während die Kroaten offensichtlich besser ernährt, besser gekleidet und besser untergebracht waren. Man fragte sie: „Wollen Sie zurückkehren, sind Sie bereit, erneut zusammenzuleben?" Zu meiner großen Überraschung antworteten fast alle Muslime mit Ja auf diese Frage. Man wolle zusammenleben und sei bereit, alles zu verzeihen. Die Kroaten hingegen sagten: „Nein, niemals mehr zusammen." Dabei sind sie keineswegs die Verlierer, sie sind die Gewinner. Doch verzeihen wollen sie nicht, sie sagen: „Nie mehr zusammen, wir könen mit den Muslimen nie mehr zusammenleben."

Die ewige Bereitschaft, zu verzeihen und nachzugeben, kann eine außerordentlich positive Eigenschaft für einen Menschen sein, wenn er zivilisiert lebt und human denkt. Eine solche Mentalität und Lebenshaltung sind keineswegs zu verurteilen. Ich muß zugeben,.daß ich sie hoch schätze, obwohl ich selbst nicht dazu neige. Ich habe Kriegserfahrungen, ich war vier Jahre im Krieg, und ich glaube, daß die Bosniaken zu den besten Soldaten auf dem Balkan gehören. Wenn man ihnen Uniformen gibt und sie vernünftig ausbildet, sind sie tapfer und haben keine Angst vor Tod. Sie werden aber nie aus eigener Initiative in ein Dorf einfallen und dort Massaker anrichten. Wenn man sie gut organisiert, sind sie sehr stabil, diszipliniert und ausdauernd im Kampf, vorausgesetzt man setzt ihnen ein Ziel, für das es sich zu kämpfen lohnt. Sie sind bereit, zu verzeihen, das Böse zu vergessen, sich anzupassen, und niemals lasten sie der anderen Seite die Kollektivschuld an. Ich bin nur auf wenige Muslime gestoßen, die sagen würden, alle Serben seien schuldig, und man müßte sie mit Stumpf und Stiel ausrotten. Manchmal überraschen die Bosniaken sogar mich, denn offensichtlich habe ich nicht genug Verständnis für ihre Mentalität – für die ewige Bereitschaft, zu verzeihen.

Đilas: Wann kehrten Sie aus der Emigration nach Bosnien zurück?

Zulfikarpašić: Am Donnerstag, dem 29. März 1990. Ich sah, daß Veränderungen vonstatten gingen, zuerst in Belgrad, dann in Slowenien und schließlich auch in Kroatien. Ich nahm an einem Treffen des Exekutivkomitees der Liberalen Internationale in Paris teil, wo auch Slavko Goldštajn[86] anwesend war. Er stellte den Antrag, eine Delegation der Liberalen Internationale zum Gründungskongreß der Liberalen Partei in Kroatien zu entsenden, den er zusammen mit Budiša, Kovačević und einer Gruppe von Intellektuellen vorbereitete. Auf dem Treffen des Exekutivkomitees schlug der Vertreter der Schweiz vor, nach Zagreb sollten der Präsident der Liberalen Internationale Suarez und ich reisen. Für mich war das eine sehr interessante Herausforderung. Suarez richtete einen Brief an den Premier der jugoslawischen Regierung, Ante Marković, Außenminister Budimir Lončar sowie den damalige Präsidenten der Republik Kroatien, Ivo Latin. Er unterrichtete sie, daß ich ein hoher Funktionär der Liberalen Internationale sei, der aus Bosnien stamme, und gab seiner Hoffnung Ausdruck, daß man mir keine Schwierigkeiten bereiten werde, den Parteitag zu begrüßen.

Ich unterhielt um diese Zeit auch Kontakte zu den Slowenen, und Frau Katja Boh, die spätere Botschafterin Sloweniens in Österreich, meinte, daß ich nach Ljubljana reisen und dort an der Universität eine Vorlesung und eine Pressekonferenz abhalten sollte.

Aus Kroatien wurde mir geantwortet, daß ich zurückkehren dürfe, wann immer ich wolle. Auch aus Slowenien erhielt ich diese Botschaft. Und dann hörte ich, daß mich auch das Zentralkomitee in Sarajevo einladen wollte. Mein Freund Mevludin Ekmečić, Kunstgaleriedirektor und Maler aus Tuzla, rief mich an und sagte: „Hör zu, Adil, ich habe mit Politikern in Bosnien gesprochen, niemand hat etwas dagegen, daß du kommst." Ähnliche Informationen bekam ich auch von Enes Čengić[87], der mit Nijaz Duraković gesprochen hatte, sowie von Esad Čengić, meinem Jugendfreund, und anderen Bekannten. Ich antwortete, ich käme gern.

Ein demokratischer Prozeß wurde eingeleitet. Ich verfolgte tagtäglich die Berichterstattung der Presse, die am Regime geübte Kritik verschiedener Gruppen und erkannte, daß auch ich zu den demokratischen Prozessen in Bosnien beitragen könnte, was die ganze Zeit hindurch auch mein größter Wunsch gewesen war.

Man sagte mir, ich solle ein formelles Gesuch schreiben, um meinen Wunsch nach Rückkehr zum Ausdruck zu bringen. Ich wußte, daß man mit Vane Ivanović so verfahren war; er hatte mir erzählt, der jugoslawische Botschafter in London habe ihm persönlich dabei geholfen, die entsprechenden Formulare auszufüllen, und nach

---

[86] Slavko Goldštajn (1928), Verleger, Publizist, Organisator und erster Präsident der Sozialliberalen Partei Kroatiens, gegenwärtig Herausgeber von „Erasmus", einer in Zagreb erscheinenden Zeitschrift für Kultur, Politik und Literatur.

[87] Enes Čengić (1926), Publizist und Schriftsteller, Redakteur der gesammelten Werke von Miroslav Krleža; sein bekanntestes Werk ist „Mit Krleža Tag für Tag" in sechs Bänden.

zwei Monaten sei der ablehnende Bescheid eingetroffen. Das war eine Erniedrigung, der ich mich nicht aussetzen wollte, und daher antwortete ich: „Das werde ich nicht tun. Denn auf ähnliche Weise sind Sie mit Vane Ivanović verfahren – der Mann hat das Gesuch unterschrieben, wünschte aufrichtig zurückzukehren und erhielt einen ablehnenden Bescheid." Das Ergebnis war, daß ich nur nach Zagreb reiste. Dann erhielt ich einen Anruf aus Sarajevo und man versprach, jemanden zu schicken, der mir einen Paß bringen würde. Und tatsächlich tauchten eines Tages zwei Herren bei mir auf. Der eine war der stellvertretende Innenminister, ein Kroate, der andere war ein höherer Funktionär des Außenministeriums. Um ihre Glaubwürdigkeit zu verstärken, hatten sie einen Verwandten von mir mitgebracht, der ein guter Freund aus Jugendtagen war. Sie nahmen ein Foto von mir und nach kurzer Zeit brachten sie mir meinen Paß.

Ruhiger Schlaf im Flugzeug

Man bot mir ein Flugzeug des bosnischen Staatspräsidiums an, ich lehnte jedoch ab und nahm eine Linienmaschine. Dennoch bat ich darum, mir in Zagreb ein Flugzeug zur Verfügung zu stellen, denn ansonsten hätte ich dort übernachten müssen, bevor ich die Reise fortsetzen konnte. Mit einer „Cessna" der bosnischen Regierung tauchte mein Freund Mevludin Ekmečić auf.
Auf dem Flug vom Zürich nach Zagreb war ich so ruhig, daß ich im Flugzeug einschlief. Auf dem Zagreber Flughafen passierte dann eine interessante Geschichte. Als ich wie die übrigen Reisenden in der Schlange stand, bemerkte ich, wie ein Offizier in Uniform zu allen Beamten ging, die dort Pässe kontrollierten, ihnen etwas ins Ohr flüsterte und einen Zettel herumzeigte. Als ich an die Reihe kam, schaute die uniformierte Polizistin meinen Paß an, wählte eine Telefonnummer und sagte: „Er ist da." Gekommen war ein Fernsehteam aus Zagreb, und diese Leute hatten den Offizier gebeten, sie von meinem Eintreffen zu benachrichtigen, damit sie meine Ankunft filmen konnten. Und so war ich an jenem Tag in der Tagesschau zu sehen, man berichtete sehr freundschaftlich und sagte, ich sei ein Vertreter der gemäßigten demokratischen Emigration, der in seine Heimat zurückgekehrt sei. Schon vor meiner Ankunft hatte mich ein Zagreber Fernsehteam in Zürich aufgesucht, das einer Empfehlung des Schriftstellers Fadil Ekmečić gefolgt war. Die Reportage dieses Teams über das Bosniaken-Institut wurde auch vom Sarajevoer Fernsehen gezeigt. Auf dem Zagreber Flughafen warteten Hasan Čengić[88] und Salim Šabić mit einem Chauffeur auf mich. Wir gingen zuerst in die Zagreber Moschee.

---

[88] Hasan Čengić, Imam, verurteilt im Prozeß gegen eine muslimische Intellektuellengruppe im Jahre 1983; Organisationssekretär der Partei der Demokratischen Aktion (SDA), einer der engsten Mitarbeiter von Alija Izetbegović, angesehener Vertreter des rechten SDA-Flügels.

Đilas: Sie reisten also nach Sarajevo. Würden Sie uns in wenigen Worten etwas über Ihre Gefühle und die politische Aktivität in Sarajevo erzählen. Soweit mir bekannt ist, haben Sie damals zusammen mit Izetbegović die SDA gegründet.

Zulfikarpašić: Izetbegović besuchte mich einige Male in Zürich. Dort fiel am 24. Februar die Entscheidung, eine politische Partei zu gründen. Ich schlug vor, sie als Bosniakenpartei zu bezeichnen und Izetbegović akzeptierte das. Dann reiste er nach Bosnien und erzählte mir nach seiner Rückkehr, die Intellektuellen in Sarajevo, die Muslime, seien mit diesem Namen nicht einverstanden. Dann schlug er den Namen Jugoslawische Muslimische Partei vor; einen ähnlichen Namen hatte vorher die Partei von Spaho[89] getragen. Tudjman hörte davon und intervenierte später bei Izetbegović über Davor Perinović, den damaligen Präsidenten der Kroatischen Demokratischen Gemeinschaft, der HDZ für Bosnien. Auf keinen Fall dürfe das Wort „jugoslawisch" Bestandteil des Namens einer politischen Partei sein. Ich war mit Izetbegović im Büro, als Dr. Perinović mit dem Ratschlag Tudjmans zu uns kam. Ich reagierte ziemlich scharf: „Ich bitte Sie, daß ist weder Ihr Problem noch das von Herrn Tudjman, er braucht uns wirklich keine Ratschläge zu geben, wie wir unsere Partei nennen sollen!" Ich persönlich war weder für die Bezeichnung „Jugoslawische Partei" noch wollte ich eine Verknüpfung mit der Partei Spahos herstellen, da ich der Meinung war, wir sollten eine ganz andere, moderne und liberale Bosniakenpartei gründen.

Zwischen Izetbegović und mir gab es ein kleines Mißverständnis. Vor meiner Rückkehr hatte er mir im Zusammenhang mit dem Namen „Bosniak" eine Sache erzählt, die nicht der Wahrheit entsprach. Seine Angaben hatte ich überprüft und ihm darauf hin mitgeteilt, ich wolle keine politische Partei mit ihm gründen. Ich bin der Meinung, daß man in persönlichen Beziehungen sehr korrekt sein muß. Übrigens hat mein Institut ein Buch über den Prozeß von Sarajevo herausgegeben, als Izetbegović damals gemeinsam mit einer Gruppe von Muslimen verurteilt wurde. Kosta Čavoški und Dobrica Ćosić[90] forderte ich auf, Protestaktionen gegen diesen Prozeß

---

[89] Mehmed Spaho (1883–1939), Politiker, zwischen den beiden Weltkriegen Präsident und Führer der größten muslimischen politischen Organisation, der Jugoslawischen Muslimischen Organisation, JMO, die mehr als neunzig Prozent der wahlberechtigten Bosniaken um sich scharte. Mehrmals Minister in der jugoslawischen Regierung. Kämpfte für die Autonomie Bosniens in seinen historischen Grenzen.

[90] Dobrica Ćosić (1921), Schriftsteller, Teilnehmer am Volksbefreiungskampf, Mitglied des Zentralkomitees des Bundes der Kommunisten von Serbien, seit 1968 in der Opposition. Er wird als Träger des serbischen Nationalismus und Inspirator des bekannten Memorandums der Serbischen Akademie der Wissenschaften und Künste betrachtet. Er unterstützte Slobodan Milošević, wurde zum Präsidenten von Rumpf-Jugoslawiens (Serbien und Montenegro) gewählt. (Wichtigste Werke: *Fern ist die Sonne, – Wurzeln -Teilungen – Zeit des Todes – Der Sünder)*

zu organisieren, was sie auch taten. Und nach all dem verhielt sich Izetbegović un-
aufrichtig und inkorrekt.

Husref-Beg-Moschee

Es war Freitag, ich ging zum Mittagsgebet in die Husref-Beg-Moschee. Auf dem
Wege dorthin begrüßten mich einige Passanten. Ich war überrascht, daß sie mich erkannten, aber wahrscheinlich hatten sie mich im Fernsehen oder in der Zeitschrift
„Naši dani" gesehen, in der Fahrudin Djapo[91] und Tihomir Loza eine Reportage
über mich und ein Interview mit mir und meinem Portrait auf der Titelseite veröffentlicht hatten. Als ich zum Eingang der Moschee kam, sah ich dort viele Würdenträger stehen. Es regnete leicht, alle trugen Regenschirme und warteten offensichtlich auf irgend jemanden oder auf irgend etwas. Es fiel mir im Traum nicht ein,
daß sie auf mich warteten. Als ich den Hof der Moschee betrat, deutete jemand
auf mich und alle kamen zu mir. Darunter waren auch der Vorsitzende der Islamischen Gemeinschaft und der Hauptimam der Moschee. Nachdem ich gebetet hatte,
luden sie mich in ihre Räumlichkeiten ein. Man servierte Tee, gab einen kleinen
Empfang mit Begleitrede, und danach hielt auch ich eine Ansprache. Man verlieh
dem Wunsch Ausdruck, mit mir zusammenzuarbeiten. Am Anfang dachte ich nicht
an eine politische Partei, sondern lediglich an das Bosniaken-Institut. Ich nahm an,
es gäbe in Bosnien ohnehin tatkräftige Politiker, und es es existierte eine Opposition, die politische Parteien gründen würde. Vielleicht würde ich dann mit einer dieser Parteien sympathisieren und sie unterstützen. Es stimmt zwar, daß wir in Zürich
bereits eine Partei gegründet und beschlossen hatten, ihr ein bosniakisches Profil
und einen bosniakischen Namen zu geben, doch ich dachte nicht ernsthaft daran,in
dieser Partei ein Amt zu übernehmen. Ich war der Meinung, die Bosniaken müßten
sich zunächst einmal auf Parteiebene organisieren.

Bakir Izetbegović, der im Zürcher Bosniaken-Institut tätig war, kam von dort angereist und bat mich, das Mißverständnis mit seinem Vater hinsichtlich des Parteinamens zu vergessen. Sein Vater wolle mich sehen.

Wir trafen uns in einem Kaffeehaus zwischen dem Judenfriedhof und Osmica. Alija
sagte: „Nur wir beide können eine politische Partei gründen, ich bitte dich, unser
Mißverständnis zu vergessen, so etwas wird nicht wieder vorkommen, wir werden
ehrlich und aufrichtig zusammenarbeiten, und ich bitte dich, uns zu helfen." Ich
war einverstanden. Damals benahm er sich mir gegenüber sehr freundschaftlich.

---

[91] Fahrudin Djapo, Journalist. Leistete als Redakteur von „Naši dani" einen wichtigen Beitrag zum Übergang von der kommunistischen zur postkommunistischen Ära. Chefredakteur der „Bosanski pogledi" im Jahre 1991, Herausgeber und Mitarbeiter zahlreicher Blätter.

Er war entgegenkommend, akzeptierte meine Meinung und meine Vorschläge, ohne irgendwelche Einwände zu erheben.

Er besuchte mich zusammen mit Muhamed Čengić – den ich nie zuvor gesehen hatte – einem sympathischen jungen Ingenieur, der zusammen mit Izetbegović Vorbereitungen für die Gründung der Partei traf. Er und Alija machten mich mit den übrigen Leuten bekannt, die an der Partei interessiert waren. Beide unterrichteten mich auch über die Pressekonferenz, auf der die Gründung der Partei bekanntgegeben wurde. Die Leute waren damals sehr ängstlich, man erzählte mir, daß es noch Schwierigkeiten gebe, und daß die Intelligenz der Partei nicht beitreten wolle. Tatsächlich hatte ich den Eindruck, daß sich Universitätsprofessoren, Schriftsteller und andere äußerst reserviert egenüber dem Versuch verhielten, diese politische Partei zu gründen. Ich dachte, daß die Inteligenz noch immer sehr mit dem Regime, mit der Partei verbunden sei, und ihre Zurückhaltung nicht durch die Tatsache verursacht worden sei, daß sich um die Partei eine Gruppe ausschließlich muslimischer Intellektueller versammelte, die man später als Fundamentalisten bezeichnete. Sie gehörte in ihrer Mehrheit noch immer dem Bund der Kommunisten an. Ich erinnere mich, daß Muhamed Filipović der Gründungsversammlung der Partei gar nicht beiwohnte. Ich las einige seiner Werke, die mir gefielen, vor allem seine Haltung gegenüber dem Bosniakentum. Ich rief ihn an, wir lernten uns in der Wohnung eines Verwandten von mir kennen, wir unterhielten uns, und ich schlug ihm eine Zusammenarbeit vor. Er sagte mir – paß auf, ich bin noch immer Mitglied im Bund der Kommunisten, seit fünfundzwanzig Jahren bin ich Mitglied dieser Partei und ich kann das nicht über Nacht vergessen. Danach veröffentlichte er in der *Borba* eine Artikelserie, die eine Art Abrechnung mit der Partei darstellte und die Gründe für seinen Austritt erläuterte. Zu dieser Zeit gründete er das *Forum zum Schutz der individuellen und traditionellen Rechte der* Muslime – nicht der Bosniaken, sondern der Muslime, was ich zu einer Zeit, da die Einführung der Demokratie unmittelbar bevorstand, für völlig überflüssig hielt. Eine Organisation dieser Art hätte man vor vierzig Jahren gründen sollen, als die Muslime bedroht waren, jetzt aber brauchte man eine moderne politische Partei. Filipović besuchte unsere Versammlungen regelmäßig. Ich mußte ihn rgelrecht zwingen, Reden zu halten. Er begrüßte uns immer im Namen des Forums. Ich erzähle das, damit man sieht, daß sich sogar er als ein politisch aktiver Mann nur ausgesprochen schwer entschließen konnte, auf einer neuen Grundlage politisch aktiv zu werden. Und nach diesem Muster verhielt sich in Bosnien die gesamte muslimische Intelligenz.

Wir hielten die erste Parteiversammlung außerhalb Sarajevos in Kladuša ab. Ich war dabei. Unsere Partei war noch nicht ins Parteienregister eingetragen, wir besaßen noch keinerlei Dokumente, die uns legitimiert hätten. Dementsprechend waren wir mehr oder weniger illegal, und als wir in Kladuša eintrafen, sagte uns der Polizeichef, bzw. der Chef der Sicherheitskräfte, da wir noch immer nicht bei Gericht registriert seien, wäre es besser, wenn wir keine Versammlung abhielten. Da sich indes schon einige Tausend Menschen dort versammelt hatten, rief ich ihn an und sagte, daß ich eine Rede vor der Versammlung halten wolle, wozu er mir dann auch die Genehmigung erteilte.

In meinen Reden griff ich gewöhnlich die Kommunisten an, denn ich wollte den Menschen ein für allemal ihre Angst nehmen. Ich griff die Kommunisten frontal an und gab ihnen die Schuld an all dem Elend, das unser Land getroffen hatte. Ich warf ihnen auch ihre undemokratischen Methoden vor, vermied jedoch irgendjemanden persönlich zu attackieren oder zu beleidigen, sondern war vielmehr bestrebt, ein Klima der fairen Auseinandersetzung zwischen den poli-tischen Parteien zu schaffen.

In Sarajevo besuchte ich gleich nach meiner Ankunft den Ministerpräsidenten, dann den Bildungsminister, den Wirtschaftsminister sowie den Parlamentspräsidenten; und ich weiß wirklich nicht, weshalb ich den Präsidenten der Republik nicht aufsuchte. Eines Tages rief mich Herr Piljak an und sagte: „Sind Sie böse auf mich?" Ich erwiderte:„Nein, keineswegs, weshalb sollte ich." „Aber wir kennen uns doch, und doch sind Sie nicht zu mir gekommen. Wären Sie mich denn besuchen wollen?" Ich hatte mein Ticket bereits gekauft und wollte für ein paar Tage nach Zürich fliegen. Dennoch sagte ich: „Warum nicht. Wann immer Sie wollen, es wird mir eine Freude sein." Er sagte:„Könnten Sie heute um elf Uhr kommen?" Es war gegen neun, ich verschob meine Reise und ging zu ihm. Er empfing mich sehr freundlich, und wir unterhielten uns in aller Ausführlichkeit über die Krise im Land.

Alle Menschen, die ich aufsuchte, verhielten sich mir gegenüber außerordentlich korrekt; die Minister und auch der Parlamentspräsident nahmen sich sehr viel Zeit für die Gespräche mit mir. Ich trug meine kritischen Ansichten vor, ohne ein Blatt vor den Mund zu nehmen, und es ergab sich insgesamt ein offener Meinungsaustausch.

Đilas: Konnten Sie Sarajevo wiedererkennen?

Zulfikarpašić: Kaum. Merkwürdig, Sarajevo war eine ganz andere Stadt geworden. Aber einige Dinge haben sich nicht verändert, zum Beispiel die Altstadt, die Baščaršija, dann die Tito-Straße und die Ferhadija-Moschee. Es gab aber auch viel Neues: neue Gebäude dort, wo früher einmal Felder waren, ferner das Fernsehgelände, dort gab es nur Neubauten. Ein großer Teil von Sarajevo, der nach dem II. Weltkrieg errichtet wurde, war mir völlig unbekannt.

Ich war überrascht, denn der Lebensstandard war viel höher, als ich erwartet hatte. In meiner Familie zum Beispiel besaßen alle Wohnungen im Zentrum der Stadt, in schönen Gegenden, alle hatten Autos, manche sogar zwei pro Familie, alle hatten ihre Wochenendhäuser, manche sogar zwei, am Meer und in den Bergen; man ging zur Jagd, zum Fischen und zum Tennisspielen. Kurz und gut, sie führten ein Leben wie die reiche bürgerliche Klasse in Europa. Ich selbst ging nie auf die Jagd, obwohl ich das eigentlich liebte; viele Dinge, die meine Neffen für die normalste Sache der Welt hielten, waren mir fremd.

Was hat mich schockiert? Es war der Schmutz in der Stadt. Das bäuerliche, das nichturbane Element war eingedrungen und hatte die schöne Altstadt Sarajevos in eine Art öffentlicher Toilette verwandelt. Alles roch nach Urin, in jedem Haustor mußte man gut aufpassen, daß man nicht in irgendetwas hineintrat. Wenn sie jemanden besuchen wollten, mußten Sie auf dem Weg dorthin zunächst ein schmutziges Chaos überwinden. Wenn man Ihnen dann die Tür öffnete kamen sie in eine sehr schöne Wohnung, ordentlich sauber, mit Teppichen – während die Treppenhäuser hoffnungslos schmutzig waren, besonders die Eingänge glichen geradezu öffentlichen Klosetts. Mich hat das schockiert, solch ein Sarajevo kannte ich nicht. Die Leute waren laut, viel lauter als zu meiner Zeit in Bosnien, und auch viel ordinärer; sie verständigten sich auf der Straße durch lautes Schreien, man hörte sehr oft Schimpfwörter und Flüche, wie ich sie früher in Sarajevo nie gehört hatte – bei uns hat man nie so miteinander gesprochen, geschweige denn geflucht. Ich glaube, daß unsere Generation und die Generationen, die älter sind als wir, sowohl in Belgrad, Zagreb oder Sarajevo, heute als Beispiel für gutes Benehmen dienen könnten. Zu dieser Zeit begann sich das Regime plötzlich zu liberalisieren. Ich fühlte mich frei in Sarajevo. Man warnte mich zwar – paß auf, du wirst beschattet. Ich lachte lachte nur und sagte: „Was immer ich in eurer Gegenwart sage, ihr könnt es ruhig jedem weitererzählen." In der Politik habe ich es nie gemocht, wenn man konspirativ eine Taktik bespricht, um dann in der Öffentlichkeit etwas ganz anderes zu sagen. Ich war der Meinung, daß man dem Volk seine Ansichten aufrichtig vortragen und sagen muß, was man denkt. Ich war ein Gegner von geheimen Absprachen und geheimen Verhandlungen, denn in der Demokratie ist die Kritik der Öffentlichkeit und die Kritik der Presse eine grundlegende Angelegenheit, das Volk muß wissen, was seine Politiker denken, worüber sie verhandeln. Wenn es umgekehrt ist, wird man zur unbekannten Person, zur konspirativen, neutralen Gruppe oder zum Verschwörer, nicht aber zum Politiker, der seine Anschauungen öffentlich vorträgt und verteidigt.

9. Das Schwanken der politischen Parteien

Đilas: Jetzt möchte ich zu Ihrer Arbeit in der SDA, der Partei der Demokratischen Aktion, und Ihrem Bruch mit Izetbegović übergehen. Ich erinnere mich, nebenbei bemerkt, daß Sie um jene Zeit in Novi Pazar waren und einige Unannehmlichkeiten hatten.

Zulfikarpašić: Im Sandžak gab es den ersten Putsch gegen mich.

Đilas: Wer hat ihn organisiert?

Zulfikarpašić: Ich glaube, daß ihn der KOS, der Militärische Abschirmdienst, in Zusammenarbeit mit einigen Leuten von der SDA organisiert hat. Träger des Putschversuches war mit Sicherheit Izetbegović, mit dem ich einen kleinen Zusammenstoß hatte; alles andere als unwichtig war Salim Šabić, ein Schneider aus Zagreb, ein Mann, der von den kommunistischen Behörden stark unterstützt wurde. Er wurde Funktionär in der Islamischen Gemeinschaft, vorher war er Kandidat der Kommunisten bei den Lokalwahlen. Ferner zählten zu den Putschisten Hasan Čengić, ein Parteigänger des islamischen Klerus und entfernter Verwandter von mir, der Zahnarzt Sulejman Ugljanin, der auf Vorschlag von Čengić, bei dessen Verwandter er wohnte, auch zum Mitglied des SDA-Hauptausschusses als Vertreter des Sandschak gewählt wurde. Ich war nicht einverstanden damit, zu dieser Zeit in den Sandschak zu gehen. Ich war der Meinung, wir müßten zunächst Kundgebungen in den größeren Städten Bosniens – Mostar, Banja Luka, Tuzla – abhalten, bevor wir in den Sandschak reisten. Ich hatte nichts dagegen, in den Sandschak zu gehen, war aber der Meinung, daß für uns Mostar oder Tuzla wichtiger seien. Doch eine Gruppe von diesen Leuten setzte sich mit voller Kraft für die Kundgebung in Novi Pazar als eine höchst dringliche Angelegenheit ein. Einige schwankten ein wenig, hatten Angst. Ich sagte, ich sei bereit, in den Sandschak zu reisen, ich hätte keine Probleme damit. Ich fuhr mit meinem neuen Wagen, ich hatte eigens ein großes Auto gekauft, das allen auf bosnischen Straßen zu erwartenden Strapazen gewachsen sein sollte. Wir machten uns mit zehn Autos auf den Weg. Vor uns war – was ich nicht wußte – bereits die erwähnte Gruppe in den Sandschak abgereist. Dazu gehörten unter anderen jener Šabić, Behmen, Čengić, Tanković und Fahira Fejzić. . .

Đilas: Das war im Grunde eine Fraktion, bzw. eine Strömung, die von Izetbegović unterstützt wurde.

Zulfikarpašić: Als die Partei mit ihrer Arbeit begann, hatte die Presse festgestellt, in der SDA gebe es eine liberale Strömung, deren Träger ich war, was den Tatsachen entsprach. Auf der Gegenseite gebe es eine Strömung religiös orientierter Leute. Ich wollte die Partei zu einer bürgerlichen, liberalen Organisation machen, die für jeden Menschen offen sein sollte. Solch eine Partei wäre strikt dagegen gewesen, daß die Religion für politische Zwecke benutzt oder mißbraucht wird; sie hätte die Hodschas auf ihre religiösen Funktionen beschränkt und sie nie und nimmer in politische Ämter gedrängt. Sie können Parteimitglieder sein wie alle anderen, keinesfalls aber Funktionäre und Organisatoren. Die Organisation von Parteiversammlungen in den Händen der Hodschas, das war in meinen Augen nicht angängig. Ich war von Anfang an dagegen, während Alija Izetbegović zu mir sagte – „Paß auf, Adil, Behmen ist ein Mann, der den direkten Kontakt zu fünfhundert Imamen hat, die eine große Rolle in der Organisation der Partei spielen werden und uns helfen können."

In Novi Pazar erwartete uns schon eine riesige Volksmenge, die Behörden verhielten sich korrekt, die Polizei ebenfalls. Alles war organisiert. Auf den Straßen wurden wir von Menschen mit Flaggen begrüßt. Patrouillenfahrzeuge sorgten dafür, daß alles konfliktfrei verlief. Als wir im Stadtzentrum eintrafen, zog sich die Polizei von den Straßen zurück – überall gab es nur als solche gekennzeichnete Ordnungskräfte der SDA, die uns zeigten, wohin wir fahren sollten. Mit Alija Izetbegović und noch einigen Leuten ging ich ins Haus von Sulejman Ugljanin. Doch später auf der Kundgebung im Stadion geschah etwas, was mich ziemlich überraschte.

Die Kundgebung trug profaschistische Züge. Es moderierte dort eine gewisse Fahira Fejzić, eine junge, geschiedene Frau, die im Fernsehen und Rundfunk als Ansagerin tätig war. Sie lebte damals in Zagreb mit jenem Šabić zusammen, früher trug sie Mini und eine sehr moderne Frisur, jetzt aber erschien sie plötzlich mit Kopftuch und trug eine Phantasieuniform, dazu drei Schals in grüner, blauer und roter Farbe um den Hals. Doch sie sah hübsch aus und las bei diesen Kundgebungen unsere Proklamation und Resolution zur Gründungsver-sammlung sehr gut vor. Plötzlich begann eine kleine Gruppe von fünf nebeneinandersitzenden Leuten zu skandieren: „Alija, Vater des Vaterlandes, Kämpfer für den Islam, war im Gefängnis, ist unser einziger Führer, hat Großes geleistet. . ." Und dann tauchten religiöse Fahnen auf, hunderte von solchen Bannern flatterten im ganzen Stadion. Das war völlig neu und kam ganz unerwartet. Mir wurde schlagartig klar, das dies das Werk des jungen Čengić war, der ein bisschen rechtsorientiert war und all das organisiert haben mußte. Ich betrachtete dies jedoch als Kinderkrankheit einer politischen Partei, die man nicht überbewerten sollte. Die Frage des Bosniakentums stand zu dieser Zeit bereits auf der Tagesordnung.

Das Bosniakentum war nicht gefragt

Professor Mujagić von der Universität Banja Luka hielt eine Rede und pries das Bosniakentum als unsere nationale Orientierung. Neben mir saß Izetbegović und sagte plötzlich: „Das hat er von dir, du hast das ihm beigebracht." Ich lachte und sagte:" Was für Dummheiten erzählst du da." Er meinte:" Bei Gott, du und ich, wir werden uns wegen dieser Frage entzweien." Als wir nach Sarajevo zurückkehrten, bat ich ihn um Erläuterung, er entschuldigte sich, er habe es nicht so gemeint, wie er es gesagt habe. Ich machte ihn darauf aufmerksam, daß die Kundgebung faschistischen Charakter hatte: Was sollten all diese Lobpreisungen, weshalb rühmte man ihnals „Vater des Vaterlandes", das war doch Personenkult. Er gab zu, das sei ein großer Fehler gewesen, er habe davon keine Ahnung gehabt, all das hätten Hasan Čengić und Omer Behmen inszeniert, und so etwas werde nie wieder vorkommen. Ich bin stets relativ leicht über solche Dinge hinweggegangen, doch später erfuhr ich von Kasim Zoranić, in dessen Haus meine Gegner ihre Aktionen abgesprochen hatten, (er schlug sich auf meine Seite, als es zum Bruch kam), daß man einen Putsch gegen mich plante, daß Alija Izetbegović als die herrausragende Persönlichkeit dargestellt werden sollte, und daß man in der Partei damit begonnen hatte, ihn auf meine Kosten positiv zu profilieren. Ich bemerkte das nicht einmal, da ich dem keine Bedeutung zumaß.

Es gab eine liberale Strömung, die ich um mich versammelte. Ihre Mitglieder waren, unter anderem: Professor Muhamed Filipović, Professor Fehim Nametak, Professor Lamija Hadžiosmanović, Professor Salih Burek, Professor Hamza Mujagić, Professor Kemo Sokolija – und viele andere muslimische liberale Intellektuelle, die sich für eine moderne Partei einsetzten. Bei den Sitzungen des SDA-Hauptausschusses trugen sie Standpunkte und Meinungen vor, die mit meinen völlig identisch waren. Später erhielt ich Informationen über Geheimtreffen, die von einer Gruppe der früheren *Jungen Muslime* veranstaltet wurden. Dazu gehörten die Brüder Behmen und eine klerikale Gruppe, die bei diesen Treffen die Parteilinie festlegte. Ich nahm gleichzeitig wahr, daß sich die Partei mit raschen Schritten in Richtung Fundamentalismus entwickelte und die Religion zu politischen Zwecken ausnutzen wollte. Plötzlich tauchten bei unseren Kundgebungen grüne Fahnen auf. Überall gab es Dutzende von grünen Fahnen, man schwang sie hin und her, dann tauchten Menschen auf, die vor ihren Reden zehn Minuten lang Suren aus dem Koran zitierten. Vor jeder Kundgebung wurden wir von zahlreichen Imamen empfangen, die als unsere Gastgeber fungierten und die gesamte Organisation in ihre Hände nahmen. Sie wurden zu einer Art Kaderkommission, die mit ihrer Politik dafür sorgen wollte, daß ausschließlich kirchliche Würdenträger und Imame in die Partei aufgenommen wurden. Bei einigen Anlässen verlangte ich, die Fahnen einzuholen und und zu beseitigen. Auf der Straße tauchten in Dschellaba und Kaftan gehüllte Menschen auf, eine Bekleidung, die man in Bosnien niemals, zu keiner Gelegenheit zu tragen pflegte. Ich spürte, daß es sich um Provokateure handelte. Zum Beispiel sah ich auf einmal Flaggen von Saudiarabien und arabische Trachten, Dinge, die mit Bosnien nichts zu tun hatte. Natürlich „stürzten sich" Belgrader Journalisten auf diese Gruppe und photographierten sie.

Zu dieser Zeit plante ich – und entsprechende Absprachen waren bereits getroffen – daß Suares und der Vorsitzende der deutschen Liberalen (FDP) Graf Lambsdorff sowie eine Gruppe von Bankern aus der Schweiz und eine Gruppe von Liberalen aus Frankreich nach Sarajevo kommen sollten. Erwartet wurden noch einige andere herausragende europäische Politiker liberaler Parteien. Als ich die erwähnten Fahnen sah, sagte ich all die Besuche ab. Wir hielten SDA-Kundgebungen ab, an denen 50 bis hunderttausend Menschen teilnahmen, doch ich sagte mir: Wenn ich meine Gäste dorthin führe, werden sie beim Anblick hunderter Fahnen des Propheten zu Tode erschrecken. Das Ganze erinnerte mehr an eine politische Bewegung in Nordägypten oder Algier und trug den Charakter einer religiösen Manifestation. Es nahm tatsächlich mehr und mehr Formen des Extremismus an.

Die Versöhnung von Foča in den Händen der Rächer

Nadežda: Für Sie war Foča eine Quelle der Inspiration, und gerade in dieser Stadt haben Sie manche Dinge begonnen oder zum Abschluß gebracht. Und so wollten sie allem Anschein nach gerade die Kundgebung in Foča zum Beginn einer nationalen Versöhnung in Bosnien-Herzegowina machen. Obwohl die Tschetniks ihren Bruder in Foča ermordet haben, schlugen Sie die Versöhnung aller Völker vor. Die Atmosphäre bei der Kundgebung selbst war alles andere als vielversprechend. War das für Sie ein Signal, daß sich die Situation bis zu den heutigen Dimensionen verschlechtern würde?
Zulfikarpašić: Als wir die Kundgebung in Foča organisierten, an der mehr als hunderttausend Menschen teilnahmen, hatte ich die Zielvorstellung, daraus ein Meeting der Versöhnung zu machen. Es gab hier serbische Opfer, die von der Ustascha getötet worden waren; ich sagte, wir müßten dort einen Kranz und Blumen niederlegen, genau wie an den Gräbern der ermordeten Muslime, an der Drinabrücke und anderen Orten. Und hier kam es zu einem kleinen Zwischenfall. Im Namen der Kroatischen Demokratischen Gemeinschaft HDZ war Anto Baković, ein katholischer Priester gekommen, um die Versammelten zu begrüßen. Er hielt eine höchst unerfreuliche Rede gegen die Serben, er sprach von dem Mord an Nonnen, von Massakern der Jahre 1942 und 1943, es war die Rede von einigen Nonnen, die man in Goražde umgebracht hatte, wo auch einige Tausend Muslime ums Leben gekommen waren. Wenn man überhaupt von diesen Dingen sprechen mußte, dann mußte man in jedem Fall auch die Tausende von ermordete Muslimen erwähnen, er aber kon-

zentrierte sich nur auf die Nonnen und was man ihnen angetan hatte, was nicht im Geiste der Versöhnung war, sondern ganz im Gegenteil nur Leidenschaften und Haß schüren mußte. Ich schickte jemanden zu ihm, der ihn darauf aufmerksam machte, daß er als Gast ein anderes Volk nicht beleidigen solle. Ich selbst änderte meine Rede ein wenig.

Und siehe da, meine Rede, in der ich mich kritisch mit den Massakern sowohl an den Serben als auch an den Muslimen auseinandersetzte, wurde von der Presse nicht zur Kenntnis genommen, dafür aber jene aggressive Rede von Baković. Es war offenkundig, daß die Leute auf Sensationen und Konflikte aus waren. Die Atmosphäre war einfach so.

In meinen politischen Reden und meinen politischen Aktivitäten vertrat ich einige grundlegende Thesen, von denen das gemeinsame Leben die allerwichtigste war. Ich wiederholte immer wieder, daß wir jeden Konflikt vermeiden müßten. Ich muß sagen, sowohl ich selbst wie auch die anderen Redner bekamen immer dann den größten Beifall, wenn wir vom friedlichen gemeinsamen Leben sprachen. Die Menschen fürchteten den Krieg, die Menschen waren nicht für den Krieg, doch parallel zum Erstarken unserer Partei erstarkte auch ein negatives Element in ihr. Immer wieder kamen Leute zu uns, die sich für die Geschehnisse aus dem Jahre 1942 rächen wollten. Ich reagierte darauf immer sehr energisch und fragte sie, wie sie sich das vorstellten – schließlich ging es jetzt um eine andere Generation, und die Zeiten waren andere.

Bei Kundgebungen bezeichnete ich die Kroaten oft als unsere natürlichen Verbündeten, weil auch sie für die nationale Gleichberechtigung in Bosnien kämpften und weil auch sie bedroht waren. Eine meiner Thesen war folgende: In Bosnien geht nichts ohne die Serben, und gegen die Serben sollte man sich keinesfalls stellen. Ich war der Meinung, daß wir keine politische Organisationen gründen durften, die Ängste und böse Vorahnungen wecken würde. Ich war mehr dafür, unsere Kundgebungen friedlicher zu gestalten, unsere Massen zwar zu mobilisieren, nicht aber unsere Macht zu demonstrieren, sondern alles auf den politischen Dialog abzustellen. Es war mit Sicherheit so, daß zwei Drittel der Leute, die nach Foča gekommen waren, mit Foča nichts zu tun hatten; sie stammten aus dem Sandschak und aus anderen Gegenden. Man sagte uns, die Montenegriner wollten unsere Kundgebung zerschlagen. Ich rief den Innenminister Muhamed Bešić an und teilte ihm das mit. Er meinte, wir brauchten keine Angst zu haben, er habe alles unter Kontrolle. Ich fragte, ob er auch verhindern könne, daß diese zwei bis dreitausend Menschen aus Montenegro zur Kundgebung kämen. Er antwortete, man habe ihn informiert, daß aus dem Sandschak einige Zehntausend Bosniaken erwartet würden, die bereits mit Bussen unterwegs seien.

Die Kundgebung verlief ohne Zwischenfälle. Es gab aber auch eine andere Strömung, die mit grünen Fahnen und drohenden Parolen ihre Macht demonstrieren wollte, was mir nicht gefiel, und weshalb es dann auch zur Eskalation kam. Ich geriet in einige Konflikte sowohl mit Izetbegović als auch mit Behmen sowie einigen anderen aus der Führung. Es passierte mir zum Beispiel, daß ich nach Jajce kam, und daß wir dort eine Parteiorganisation und einen SDA-Ausschuß gründeten, und daß unmittelbatr nach mir, nämlich am folgenden Tag Behmen kam und einen anderen Ausschuß gründete. Ich war Vizepräsident der Partei, und dann kam er als Mitglied des Hauptausschusses und gründete einen anderen Ausschuß. Ich habe keine große Angelegenheit daraus gemacht, aus dem einfachen Grund, weil ich die Leute in Bosnien wirklich nicht kannte. Und so trug ich in gewissem Sinne selbst dazu bei, daß ich bei der Auswahl von Menschen Fehler machte. Ich war der Meinung, wir brauchten keine inquisitorischen Untersuchungen über Leute anzustellen, die mit uns zusammenarbeiten wollten, sondern war dafür, daß man ihnen Tor und Tür öffnete. Das Programm unserer Partei sollte die Erneuerung Bosniens sein, Toleranz, gemeinsames Leben, gute Nachbarschaft, Errichtung demokratischer politischer Strukturen und Herstellung der Perspektiven für die Modernisierung der bosnischen Industrie, der Wirtschaft und des politischen Lebens. Einige Male habe ich Izetbegović damit gedroht, ich würde aus der Partei austreten und mich zurückziehen, wenn man fortfahren würde, in diese, meiner Meinung nach negative Richtung zu gehen. Er hat meine Kritik jedesmal akzeptiert und war stets bereit, all diese Dinge zu ändern, wenigstens mir gegenüber sagte er das. Deshalb bekam ich fast jedesmal ein schlechtes Gewissen, weil ich glaubte, ihm gegenüber zu scharf und ungerecht zu sein, und dann zog ich mich bald wieder zurück.

Auf dem Wege nach Montenegro kam ich nach Rožaje, einer Grenzregion, in der die Muslime 90 Prozent der Bevölkerung ausmachen. Dort wartete in einem wunderschönen Hotel am Walde eine Gruppe muslimischer Intellektueller auf mich, die eine eigene Partei gründen oder sich uns anschließen wollten. Sie sagten, daß sie unserer Partei gern beitreten würden, wenn sie nicht das Gefühl hätten, daß wir uns mehr und mehr in eine militante religiöse Organisation verwandelten, in der Liberale keinen Platz hätten. Ich versuchte, sie zu überzeugen, daß es sich nicht so verhielt.

Die Zagreber Gruppe und die Waffen

Damals trat Ugljanin an mich heran und bat mich um ein Gespräch unter vier Augen; er erzählte mir, er habe Waffenlieferungen aus Zagreb organisiert, so daß von dort bald zwei bis drei Lastwagen eintreffen würden. Er fragte, ob wir nicht einige Leute zur Ausbildung ins Ausland schicken sollten. Er habe an die hundert aus dem Sandschak stammenden Piloten in der Türkei, die nur darauf warten, Serbien zu bombardieren. Ich war starr vor Schreck und fragte: „Wovon sprichst du? Was für Waffen aus Zagreb in den Sandschak, bist du noch normal? Was für Piloten? In der türkischen Armee sind Disziplin und Treue so stark ausgeprägt, daß die Offiziere nur ihrem Kommandeur gehorchen, aber niemals ausländischen politischen

Parteien. Die Türkei ist ein Staat, an dessen Spitze erfahrene Männer und keine Abenteurer stehen. All das sind kindische Faseleien. Wer hat diese Zagreber Sache organisiert? Bist du das etwa?" Er sagte, er habe alles gemeinsam mit Šabić aus Zagreb organisiert. Sowie wir zu Izetbegović gekommen waren, erzählte ich ihm alles: „Alija, das ist eine sehr unangenehme Sache, um was für Waffen geht es hier?" Er sagte darauf hin, er habe keine Ahnung, die ganze Sache käme ihm zweifelhaft vor, und wollte einfach darüber hinweggehen. Ich aber blieb hartnäckig, ich hatte das dumpfe Gefühl, all das sei mit Vorbedacht so arrangiert worden, um unsere Partei zu vernichten, es handle sich um eine Provokation des jugoslawischen Nachrichtendienstes, bzw. des militärischen Abschirmdienstes KOS.

Bei der Gründungsversammlung der HDZ in Sarajevo war auch Dalibor Brozović[92] anwesend und ich fragte ihn: „ Sag mir bitte, habt ihr die Archive des militärischen Abschirmdienstes und des Sicherheitsdienstes in Zagreb unter eurer Kontrolle?" Er sagte, das sei der Fall. „Sei so gut und bitte Tudjman darum, ich brauche Informationen über Salim Šabić bekommen, weil ich ihn für einen Provokateur halte." Ein paar Tage später meldete sich Brozović und sagte, Šabić sei nicht nur aktiv gewesen, sondern sei es noch immer und stehe in fester Verbindung zur Hauptstadt. „Wir haben ein großes Dossier, ihr könnt alles anschauen." – sagte er. Ich ging sofort zu Izetbegović, dessen Büro neben meinem lag: „Hör mal, Alija, bei mir hat sich gerade Brozović gemeldet und hat mir so manches gesagt, und sie sind bereit, uns Einsicht in all diese Dinge zu gewähren." Wir müßten eigentlich sofort nach Zagreb fahren und uns das anschauen. Das war ihm peinlich, er wurde über und über rot. Jemand betrat sein Büro. Sichtlich erleichtert meinte er, wir würden die Angelegenheit später besprechen, wenn dieser Mann gegangen sei. Und mit diesen Worten war er aus dem Büro verschwunden. An jenem Tag sah ich ihn nicht mehr. Am nächsten Tag sprach ich ihn erneut auf diese Angelegenheit an und er sagte: „Paß auf, das kannm eine Provokation von kroatischer Seite sein, um Zwietracht zwischen uns zu säen, denn Šabić ist gegen Tudjman. Vielleicht ist das ganze ein gezielter Betrug. Wir könnten nach Zagreb fahren, um uns die Sache anzusehen, aber ich würde lieber hierbleiben." Er verschob die Reise, auf der ich bestand, von Tag zu Tag und von Woche zu Woche.

Darauf hin lud ich Prof. Filipović und Prof. Mujagić ein, mit mir zusammen nach Zagreb zu reisen und Brozović aufzusuchen. Brozović rief den Ministerpräsidenten Josip Manolić an, der mit dem Dossier erschien und sagte: „Ja, er arbeitet für den militärischen Abschirmdienst, wir besitzen Informationen darüber. Er steht im Dienste Belgrads. Ich empfehle Ihnen, ihm entweder die Wahrheit ins Gesicht zu

---

[92] Dalibor Brozović, Universitätsprofessor, Sprachforscher, Mitglied der Akademie der Wissenschaften, Direktor der Lexikographischen Anstalt Kroatiens, erster Vizepräsident der Republik Kroatien im Jahre 1990, Vizepräsident der HDZ. Autor mehrerer wissenschaftlicher Werke.

sagen, damit er dann anfängt, für Sie zu arbeiten, wobei er Ihnen möglicherweise falsche Informationen gibt, oder Sie stellen sich unwissend, kontrollieren ihn und schneiden ihn vom Informationsstrang ab. Es gibt aber auch andere Lösungen." Izetbegović war zu dieser Zeit ebenfalls in Zagreb, er wohnte bei eben diesem Šabić. Ich rief ihn an und sagte: „Alija, komm her, ich möchte dir zeigen, was Manolić hat, komm bitte, her, um dir diese Informationen anzusehen." Auch diesmal fand er wieder einen Grund für sein Nichterscheinen. Am folgenden Tag hatten wir eine Kundgebung in Kladuša. Das war die größte Kundgebung, die ich je in meinem Leben gesehen hatte. Man sagte, dreihunderttausend Leute seien erschienen; andere sagten, es seien weniger, für mich aber war es etwas, das ich noch nie erlebt hatte. Ich habe an großen Kundgebungen in Italien teilgenommen, als man die Frage Republik oder Monarchie diskutierte und sich auf der Piazza Popolo eine riesige Volksmenge versammelte; ich wohnte großen Kundgebungen Titos in Belgrad bei, doch eine solche Kundgebung hatte ich noch nie gesehen. Wenn solch eine Menschenmenge atmet, hört sich das an wie das Dröhnen eines Panzers, es ist einfach unwahrscheinlich. Es gab Parolen, grüne Fahnen, Sprechchöre und Transparente: „Wir werden Vuk töten!" – „Hoch lebe Sadam Hussein"!

Wieso Sadam Hussein? Bilder von Sadam Hussein, einige islamische Trachten, Hunderte von grünen Fahnen.

Hier trat gemeinsam mit uns zum ersten Mal auch Fikret Abdić[93] auf und kündigte seinen Beitritt zur SDA an.

Delirium in Kladuša – der Bruch

Ich sollte der letzte Redner sein, und die Kundgebung sollte mit meiner Rede beendet werden. Das Verhalten der Menschenmenge war für mich niederschmetternd. Die Masse schrie, tobte und geriet förmlich ins Delirium in Reaktion auf die Worte eines verrückten Professors aus Cazin. Ich dachte mir, daß ich so etwas ganz und gar nicht wollte. In solch einer Partei könnte ich nicht bis an mein Lebensende bleiben. Ein Mann wie ich, der immer für den individuellen Standpunkt, für die Achtung vor dem Menschen gekämpft hatte. Im tiefsten Innern spürte ich, das war

---

[93] Fikret Abdić, Direktor der Firma „Agrokomerc", Kandidat für das Präsidium Bosnien-Herzegowinas auf der SDA-Liste, bekam bei den Wahlen die größte Stimmenzahl, Mitglied des Präsidiums von Bosnien-Herzegowina. Nach der Bekanntgabe des Vance-Owen-Plans gründete er auf dem Gebiet der Gemeinde Velika Kladuša eine autonome Region und proklamierte das sogenannte Westbosnien. Er steht im politischen und militärischen Konflikt mit der Armee von Bosnien-Herzegowina, stützt sich auf die Republik Kroatien und die Staatsgebilde der Tschetniks in Kroatien und Bosnien.

nicht meine Partei, das war nicht das, wofür ich kämpfte, und das würde mein Volk nicht auf den richtigen Weg führen. Und jetzt faßte ich den Entschluß: Entweder werde ich die SDA in eine bürgerliche, demokratische und liberale Partei verwandeln oder aber ich werde austreten.

Es war schon ziemlich spät, wir standen unmittelbar vor neuen Wahlen, für mich aber war das irrelevant. Es war eine schwere Entscheidung. Ich wollte etwa ein Dutzend Menschen um Rat fragen, die große politische Erfahrung hatten. Ich erinnere mich, daß ich damals nach Belgrad kam, um Sie, Djido, um ihren Rat zu bitten, den ich sehr schätzte. Sie rieten mir, meine Entscheidung eingehend zu überlegen. Sie empfahlen mir nicht, aus der SDA auszutreten. Alles, was Sie mir sagten, war wohlüberlegt, doch mir war eines klar: Wenn ich austrete, werde ich in der Minderheit bleiben, auf der anderen Seite konnte ich mich weder psychisch noch körperlich länger mit einer Partei identifizieren, die zu einer konservativen, konfessionellen Massenorganisation geworden war, die mit ein paar religiösen und nationalen, jedoch leeren Parolen die Massen mobilisierte. Und diese Massen hofften in jedem Fall auf eine Art Wiedergeburt und eine grundlegende Wandlung, ja sie hegten vielleicht sogar die Illusion, sie würden einmal die Herren Bosniens sein. Und dann diese Leute! Machenschaften und Intrigen. Lügen und Unterstellungen. Nepotismus, Ignoranz. Die unprofessionelle Einstellung zur Arbeit, die politische Dummheit und die antidemokratische Mentalität. Die Habgier und der Kampf um die Ämter in der Partei. Nebulöse Pläne, nebulöse Vorstellungen.

Als ich nach Sarajevo zurückgekehrt war, bemerkte Izetbegović meine zunehmend distanzierte Haltung. Er bat mich um eine Unterredung, bei der er mich vom Beschluß der Parteispitze unterrichtete, mich zum Kandidaten für das Amt des Staatspräsidenten zu nominieren. Ich sollte auch mit der Organisation der Regierung und des Staates betraut werden, während er sich ausschließlich der Parteiarbeit widmen sollte, so daß wir die entsprechenden Funktionen unter uns aufgeteilt hätten. Doch für mich war dies alles schon unwichtig geworden. Ihm glaubte ich kein Wort mehr, denn ich hatte eine Reihe von Fällen erlebt, wo er mir gegenüber etwas behauptet, ja beschworen hatte, um dann genau das Gegenteil zu tun.

Die Mitglieder des Hauptausschusses waren mit Ausnahme von ein zwei Leuten absolute Amateure, die von der Politik keine Ahnung hatten. Auch von der Geschichte unseres Landes hatten sie keinen Schimmer, doch stattdessen vertraten sie merkwürdige Weltanschauungen und stellten seltsame Prognosen verbunden mit abenteuerlichen Schlußfolgerungen. Sie waren vom Erfolg der Partei offensichtlich überrascht und sahen sich bereits im Amt des Ministerpräsidenten, oder zumindest als Minister und wichtige Funktionsträger.

Bosnien weinte in jener Nacht

Ich hatte deshalb im Hotel Holiday Inn eine Pressekonferenz anberaumt und teilte dort die Gründe für meinen Bruch mit der fundamentalistischen Fraktion Izetbegović-Behmen mit. Ich muß zugeben, daß ich nicht die Absicht hatte, mit Izetbegović Krieg zu führen. Ich dachte, daß wir uns trennen würden, und daß ein Flügel der Partei mir, und der andere ihm folgen würde.

Đilas: Ihre Geschichte weckt in mir Erinnerungen an meine Trennung von der Partei und die damit zusammenhängenden Erlebnisse. Ähnlich wie Ihnen nach der Kundgebung in Kladuša kam auch mir in einer Dezembernacht des Jahres 1953 schlagartig die Erkenntnis, daß ich der Parteilinie nicht mehr folgen und mich nicht mehr an der Politik des Zentralkomitees des Bundes der Kommunisten beteiligen konnte, einer Partei, in der ich volle 22 Jahre gewesen war – zum Glück nur in dieser Partei. Es ist schwer, ja beinahe unmöglich, so jähe Erkenntnisse voll und ganz zu erklären, geht es dabei doch um für die Persönlichkeit schicksalhafte Entscheidungen, die nach außen hin sogar unglücklich erscheinen. Solchen Entscheidungen gehen scheinbar nebensächliche Ereignisse und Kritikpunkte, ja sogar visuelle Eindrücke voraus – in ihrem Fall war es der Anblick der grünen Fahnen – am meisten aber langwierige Grübeleien und Konfrontationen mit dem, was wir Gewissen nennen. Hier entscheidet man mehr über seine Persönlichkeit, über die eigene Integrität, die durch die Treue oder Untreue zu einer Idee in Bedrängnis gerät. Nach so vielen Jahren würde ich sagen, daß es weit mehr um die Persönlichkeit geht, nicht so sehr um die Ideen und die Ereignisse, wie ich damals und noch viele Jahre später dachte. Was sind schon Ideen, wenn sie nicht getragen werden von Personen, die bereit sind, oder besser gesagt, die auf Grund ihrer Natur gezwungen sind, sich für sie zu opfern: Ideen sind so tot wie ausgetrocknete Pflanzen, solange sie nicht in lebendigen Menschen zum Leben erwachen.

Entschuldigen Sie, ich habe Sie ein wenig von Ihrer Erzählung abgebracht. Fahren Sie fort mit Ihrer fesselnden Geschichte über die Tragik eines Mannes, der seinen Überzeugungen treu bleiben wollte – und das in einem Land, das in seiner Geschichte eine Tragödie nach der anderen verzeichnet.

Zulfikarpašić: Nachdem Konsultationen stattgefunden hatten, waren bei der Pressekonferenz die Professoren Fehim Nametak, Muhamed Filipović und Hamza Mujagić anwesend, die einen Teil des liberalen SDA-Flügels darstellten.

Für Bosnien war das ein furchtbarer Schock. Ich übertreibe nicht, wenn ich sage, daß Bosnien in jener Nacht geweint hat. Ich erhielt Telegramme, es gab Telefonanrufe, zu mir kamen Menschen aus der SDA, aus Sarajevo und von anderswoher, die mich baten, meine Entscheidung rückgängig zu machen. Eine Unzahl von gebetenen und ungebetenen Vermittlern wurde eingesetzt.

Als all diese Versuche gescheitert waren, begann man sehr rasch damit, mich als jemanden abzustempeln, der die muslimischen Reihen, ja die Muslime selbst zerschlagen wollte. Hier waren der schmutzigen Phantasie der Leute keinerlei Grenzen gesetzt, es gab Gemeinheiten auf unerhört niedrigem Niveau.

Ich verteidigte hartnäckig meine Anschauungen und gründete die Muslimische Bosniakenorganisation – MBO. Für mich sprachen sich sofort die SDA-Ausschüsse in Sarajevo, Banja Luka, Tuzla und Mostar aus. Für mich waren auch andere Städte wie Foča, Gradačac, Vlasenica, Tuzla usw. Für mich war das ganz in Ordnung. Sie hatten sich für mich ausgesprochen und ich hielt es nicht für nötig, etwas zu unternehmen. Die Strömung um Izetbegović, Behmen und Muhamed Čengić, mit der ich gebrochen hatte, schickte jedoch Hunderte von Aktivisten und Hodschas – es war wie eine Flut, die ganz Bosnien über-schwemmte – zu den Leuten, die sich für mich ausgesprochen hatten. Und diese Agenten der Gegenseite ließen dann nach erprobter kommunistischer Manier Solidaritätstelegramme an Izetbegović schicken. So traf zum Beispiel ein Telegramm aus Tuzla ein. Von fünfzehn Mitgliedern des Ausschusses hatte sich nur ein einziger für Izetbegović ausgesprochen, alle anderen waren für mich, doch dieser eine schickte dann im Namen des Ausschusses ein Solidaritätstelegramm an Izetbegović. Genau so geschah es in Mostar und Sarajevo. Präsident des Ausschusses von Sarajevo war Professor Fehim Nametak, er ergriff zusammen mit der Mehrheit der Ausschußmitglieder meine Partei. Izetbegović und seine Anhänger versammelten auf die Schnelle ein paar von ihren Verwandten und fabrizierten einen neuen Ausschuß. Gleichzeitig entsandten sie eigens präparierte Leute, die herumreisten und in Moscheen Reden gegen mich hielten.

Die Wahlen standen unmittelbar bevor, und wir hatten keine Zeit, um uns vernünftig darauf vorzubereiten. Gegen mich wurde eine Kampagne entfesselt, und zwar mit Methoden, die ich nicht erwartet hatte. Es waren mehr oder weniger unfähige Leute, die gegen mich arbeiteten, als aber Ministersessel und der Kampf um die Macht auf dem Programm standen, bewiesen sie eine unwahrscheinliche Hartnäckigkeit, Zähigkeit und die Fähigkeit zu verleumden und eine böswillige Unterstellung nach der anderen zu erfinden. Ich versuchte dennoch, die guten zwischenmenschlichen Beziehungen zu bewahren. Wann immer ich Izetbegović begegnete, grüßte ich ihn, unsere konzeptionellen Differenzen sollten nicht in einen persönlichen Krieg ausarten. Nach den Wahlen, bei denen ich eine Niederlage hinnehmen mußte – wir hatten nur zwei Abgeordnete – war ich der einzige Parteichef, der nie im Parlament erschien, da ich im Einklang mit europäischen Bräuchen der Meinung war, daß nur gewählte Abgeordnete im Parlament sprechen sollten, es sei denn, daß prozedurale Einladungen erfolgt wären. Andere Parteiführer tauchten im Parlament auf, Izetbegović und Karadžić hielten dort Reden. Karadžić hatte überhaupt nicht kandidiert, er war weder Mitglied des Präsidiums noch des Parlaments, dennoch hielt er sich ständig im Parlament auf. Man empfahl mir, ins Parlament zu kommen. Ich sagte, dort sei Professor Filipović, der solle reden, ich wolle mich keineswegs an der parlamentswidrigen Praxis beteiligen, daß jemand, der de facto dazu nicht berufen sei, dort Reden halte. Auf welcher Grundlage hätten wir denn Parlamentsmitglieder sein sollen? Und weshalb hätten dann die anderen Abgeordneten überhaupt kandidiert, wenn jeder Parteifunktionär dort hingehen, das Wort ergreifen, Ratschläge erteilen oder sogar Drohungen ausstoßen könne? Eben das war passiert, Karadžić hatte mit der Ausrottung des muslimischen Volkes in Bosnien gedroht, sollte etwas geschehen, was nicht nach dem Geschmack der Serbischen Demokratischen Partei (SDS) wäre. Ich wollte das Parlament nicht auf diese Weise mißbrauchen und erschien dort daher nie.

MBO – das Recht auf eine andere Meinung

Nadežda: Sie hatten die MBO gegründet, diese Partei stieß, soweit ich weiß, in einigen Intellektuellenzirkeln Bosniens auf ein hohes Maß an Zustimmung, wenngleich es weiterhin Diskussionen um ihren Namen gab. Warum MBO, warum nicht nur Bosniakenorganisation oder etwas ähnliches. Später wurde der Name geändert, die Partei heißt nun nicht mehr MBO, sondern LBO – die Liberale Bosniakenorganisation. Stimmt das?

Zulfikarpašić: Nein, der Name wurde nicht geändert, man wollte zunächst die Reaktion abwarten und erst danach auf dem ersten Parteitag eine Entscheidung darüber treffen. Die Frage des Bosniakentums ist meiner Ansicht nach eine Frage der bosnischen Muslime, da sich die Katholiken in nationaler Hinsicht als Kroaten und die Orthodoxen als Serben deklarieren. Die Intellektuellen, die mir gegenüber Einwände gegen den Begriff „muslimisch" erhoben, hätten ja die Möglichkeit gehabt, ihre eigenen serbischen und kroatischen Bosniakenparteien zu gründen. Da sie das nicht getan hatten, kam es mehr als einmal vor, daß mich eine Gruppe von Serben oder Kroaten besuchte und mir eine Änderung des Parteinamens vorschlug. Ich sagte: „Ausgezeichnet, gründen Sie eine eigene demokratische und liberale Bosniakenorganisation, und wir werden uns vereinigen, wenn Sie so und so viele Parteimitglieder vorweisen können. Kein einziger von ihnen hat das getan. Diese Einwände dienten demnach mehr oder weniger nur als Ausrede, doch es ist eine Tatsache, daß es uns gelang, eine liberale Partei zu gründen. Unserem Gründungskongreß wohnte auch Desimir Tošić[94] bei, der damals zufällig in Sarajevo war. Er erzählte später in Belgrad, daß er zum ersten Mal an einer wirklich demokratischen Kundgebung teilnahm, bei der auf hohem Niveau völlig frei diskutiert wurde. Es gelang uns tatsächlich, die Mehrheit der bosnischen Intelligenz für uns zu gewinnen, doch in einem Volk wie dem unsrigen stellt die Intelligenz nur eine relativ dün-

---

[94] Desimir Tošić, Vizepräsident der Demokratischen Partei in Serbien und einer der Gründer der Demokratischen Alternative, langjähriger Redakteur von „Naša reč" in London.

ne Schicht dar. Die Massen, die überwiegend aus Halbalphabeten bestanden, unterstützten hingegen die Politik von Alija Izetbegović, so daß wir die kleine politische Partei der Elite blieben.

Wir hatten unsere Zeitung, ich begann erneut die „Bosanski pogledi" herauszugeben. Daraus ergaben sich für mich, wie Sie wissen, große Probleme, da ich diese Zeitung im Einklang mit meinen Prinzipien nicht kontrollieren wollte. Daher wurden in diesem Blatt oftmals Standpunkte vertreten, die meinen Anschauungen zuwiderliefen. Ich habe das toleriert, ich war ein Mann, der in seiner eigenen Partei seine eigene Opposition finanzierte und sie unterstützte. Ich gab also eine Zeitung heraus, die meine Politik sehr oft offen kritisierte und die von mir initiierten Aktionen ohne jede publizistische Unterstützung ließ. Und trotz alledem war es die beste Zeitung in Bosnien.

Es war eine Tatsache, daß die MBO die Intelligenz in Bosnien hinter sich versammelte, doch das hatte sowohl negative als auch positive Seiten. Negativ war, daß die Machtstruktur einfach schlecht war, denn da die Intelligenz bei uns war, hatten die SDA-Abgeordneten im Parlament ein schlechtes politisches und moralisches Niveau. Die einzelnen Gemeindepräsidenten, sowie die Abgeordneten der Gemeinden in Bosnien waren häufig problematische Leute: Unfähige, Spekulanten, Schmuggler, Karrieristen. Die Struktur der lokalen und der Republikinstitutionen hatte darunter zu leiden, weil die Intelligenz die SDA einfach boykottierte und sich uns anschloß. Der Opportunismus tat das seine, sodaß sich auch hier das Bild veränderte. Wir führten die Opposition an. Als ich noch in der SDA war, suchte mich Mirko Pejanović[95] auf und entwickelte die Idee einer Koalition all der politischen Parteien, die für ein souveränes Bosnien, das gemeinsame Leben und für die Demokratie waren., um so Exzesse zu vermeiden. Ich empfing ihn zusammen mit Izetbegović und wir akzeptierten seinen Vorschlag.

Als es zum Bruch zwischen der SDA und mir kam, stellte Izetbegović diesen Plan auf den Kopf, und es kam zur Koalition zwischen der SDA, SDS und HDZ (Izetbegović, Karadžić und Kljujić[96]). Karadžić und Kljujić behaupteten mir gegenüber, daß sie auch den Beitritt der MBO gefordert hätten, wogegen Izetbegović jedoch sein Veto einlegte. Wären die Prinzipien dieser Vereinbarung bekannt gewesen, so hätte ich meine Zweifel gehabt, ob sie überhaupt in solch eine Koalition eingetreten wäre, zumal sie ohne jede politische Übereinkunft geschlossen worden war, die man hätte veröffentlichen können. Zu Beginn hegte ich die Hoffnung, daß es sich um

---

[95] Mirko Pejanović, serbischer Politiker, Mitglied der Delegation Bosnien-Herzegowinas bei den Genfer Verhandlungen und Mitglied des Präsidiums der Republik Bosnien-Herzegowina.

[96] Stjepan Kljujić, Journalist, Präsident der HDZ von Bosnien-Herzegowina, setzte sich für das souveräne Bosnien ein; Mitglied des Präsidiums von Bosnien-Herzegowina, Präsident der neugegründeten Republikanischen Partei.

eine wirkliche Verständigung handelte, was auch mir gelegen gekommen wäre, weil eine Koalition von Serben, Kroaten und Moslems für Bosnien nur von Vorteil sein konnte.

Ich dachte damals, daß die neuen Koalitionspartner einen politischen Erfolg erzielt hatten und einen großen Schritt vorangekommen waren, obwohl ich ja ihre Strukturen und ihr Niveau kannte, das bei mir eher Skepsis hervorrief. Es sollte sich indes sehr rasch herausstellen, daß sie sich nur darin einig waren, die Kommunisten gemeinsam zu besiegen, indem die einen für die anderen stimmten, d. h. daß die Serben für die Muslime und Kroaten im Präsidium stimmten, während die Muslime den serbischen und kroatischen Kandidaten ihre Stimmen gaben. Es war demnach nur eine Verständigung über die Verteilung der Macht, nichts sonst.

10. Vor dem Konflikt

Nadežda: Ihre Partei, die MBO, die die muslimische intellektuelle Elite hinter sich scharte, wurde keine Massenpartei, sondern blieb eine kleine Partei mit ziemlich großem Einfluß im öffentlichen Leben. Wie würden Sie die Arbeit der nationalen Parteien in Bosnien definieren?

Zulfikarpašić: Ich selbst war einer der Gründer der SDA, gemeinsam mit Izetbegović. Man kann sagen, daß ich die Partei so weit gebracht habe, daß sie fähig war, die Macht zu übernehmen. Im politischen Leben Bosniens spielte ich eine Rolle, der sowohl die Öffentlichkeit als auch die Massenmedien größte Aufmerksamkeit widmeten. Vielleicht hat man deshalb auch die Rolle der MBO hoch eingeschätzt. Ich erzählte Ihnen bereits von der Übereinkunft zur Teilung der Macht, die von den drei nationalen Parteien getroffen worden war, zu denen wir in Opposition standen. Wir übernahmen sofort die Rolle der Opposition und zeigten, daß wir für die Errichtung eines guten Staatsapparats kämpften, der funktionieren und eine Staatsverfassung vorbereiten sollte, denn Bosnien war ohne Verfassung. Wir wollten, daß das Parlament brauchbare Gesetze ver-abschiedete, und daß die bisherige Kommandowirtschaft in eine freie Marktwirtschaft umgewandelt wurde. Es ist einsichtig, daß all dies nach Logik der Dinge geschehen konnte.

Die drei erwähnten Parteien gewannen die überwältigende Mehrheit der Wähler für sich, danach schlossen sie eine Übereinkunft und teilten die Macht untereinander. Das höchste Amt im Staatspräsidium fiel der SDA zu, das höchste Regierungsamt der HDZ und und das höchste Amt im Parlament der Serbenpartei SDS. Es war von Anfang an evident, daß die drei Parteien kein gemeinsames Programm und keine gemeinsame Politik hatten und und daß sie sich über keine einzige grundlegende Frage des Staates einig waren. Daher mußte man sich zwangsläufig die Frage stellen: Worüber waren sie sich denn überhaupt einig? Sie hatten sich darauf geeinigt, jeweils für den anderen abzustimmen, um an die Macht zu kommen. Doch nachdem sie die Macht an sich gerissen hatten, arbeiteten sie gegeneinander. So kam es zu einer merkwürdigen Situation. Die Opposition gegen Izetbegović befand sich nicht außerhalb des Parlaments, sie befand sich auch nicht etwa außerhalb der Regierung, sie fand in der Regierung statt, nämlich bei den Koalitionspartnern SDS und HDZ. Die HDZ hatte ihre politischen Gegner in den Reihen der Leute, die Mitglieder der Koalition waren. Und so kam es dazu, daß die Abgeordneten der SDS das Parlament verließen, sobald HDZ-Ageordnete das Wort ergriffen, und umgekehrt.

Das war der Beginn einer absurden Politik, die darin bestand, daß eine Koalition, die den gesamten Staatsapparat kontrollierte, gegen sich selbst arbeitete. Zunächst ging der Kampf darum, wie die Landesverteidigung organisiert werden sollte. Es gab diametral entgegengesetzte Ansichten darüber, wie die Verteidigungspolitik geführt und welche Haltung man zu den Nachbarrepubliken einnehmen sollte. Zu dieser Zeit war Milošević Mitglied im serbischen Staatspräsidium, und so gelangten die Vertretungen der Republiken zur allergrößten Bedeutung. Nach den gültigen Verfassungsbestimmungen und im Einklang mit der eigenen Logik sollten die Republikparlamente Delegationen wählen, deren Aufgabe darin bestanden hätte, das Problem Jugoslawien zu lösen: die Grenzziehung, die Aufteilung der Finanzen, die Zukunft der Armee, die internationalen Beziehungen und alles übrige. Doch auf einmal erschienen die Republikpräsidenten auf der Bildfläche, man nannte sie den „reisenden Zirkus", doch tatsächlich waren sie von niemanden zu ihrem Tun ermächtigt worden. Die Parlamente haben niemals den Beschluß gefaßt, den Republikpräsidenten die Kompetenz für Vereinbarungen dieser Art zu übertragen. Doch mit Rücksicht darauf, daß Milošević die dominierende Persönlichkeit war, schien das ganze eine logische Angelegenheit zu sein.

Unsere Partei beharrte damals vor allem auf der Definition der Ziele – was wollte man entscheiden, was waren die aktuellen Probleme der gemeinsamen jugoslawischen Politik? Wir wollten das Problem möglicher Wahlen in ganz Jugoslawien gelöst wissen, es ging uns um die Konstituierung entsprechender Parlamentskommissionen sowie um die Festlegung der Verhandlungsprozedur und der Verhandlungsziele. Wir wußten oft nicht, weshalb das Staatspräsidium tagte. Milošević gab einen Wink, und schon trat das Staatspräsidium zusammen. Man erzählte sich, daß Tudjman und Milošević Bosnien unter sich aufteilen wollten. Man erhob des Vorwurf, die Muslime beherrschten das Fernsehen, und das Verlagshaus „*Oslobodjenje*" sei in den Händen der SDA; doch es gab auch die entgegengesetzte Version: „*Oslobodjenje*" befände sich in völliger Abhängigkeit von der SDS, während das Fernsehen unter der Kontrolle der ehemaligen Kommunisten oder der Serben stehe. Die Serbenpartei SDS gründete eine Jugendorganisation unter dem Namen „*Junges Bosnien*". Ins Leben gerufen wurde auch die Muslimische Jugendorganisation *MOS*. Es tauchten auch ein paar paramilitärische Formationen auf, die von den genannten Parteien unterstützt wurden. Es kam zum Streit über die Neuorganisation des Innen- und des Verteidigungsministeriums. Zwischen den Streitkräften und dem Verteidigungs-ministerium Bosnien-Herzegowinas, an dessen Spitze ein HDZ-Funktionär stand, brach ein Konflikt aus.

Angst und Waffen

Man begann das Volk zu bewaffnen, es kam zu Drohungen und eine ganze Reihe von Aktionen wurde gestartet, die die Perspektiven eines harmonisches Zusammenlebens völlig zugrunde richteten. So wurden zum Beispiel auf einmal Maßnahmen getroffen, die zum Ziel hatten, daß bestimmte Institutionen aus Bosnien verlagert, und daß bestimmte militärische Anlagen zusammengepackt und nach Serbien verlegt wurden. Zum anderen organisierte man auch Waffenlieferungen. Es begann der Verkauf von Waffen zu enormen Preisen. Jetzt erschienen die Kriegsgewinnler auf der Szene. Man fing an, von Regionen zu sprechen, gleichzeitig wurden immer häufiger Waffen der Territorialverteidigung beschlagnahmt. Das schuf Mißtrauen. In die muslimischen Landkreise kam die Armee und beschlagnahmte alle Waffen. Beschlagnahmt wurden sie auch in den serbischen Landkreisen, das geschah allerdings in der Weise, daß man in Glamoč Waffen einsammelte, um sie in einer anderen serbischen Gemeinde zu verteilen. Eine Analyse dieser Geschehnisse zeigt, daß schon damals Vorbereitungen auf den Krieg in Bosnien getroffen wurden. Izetbegović stützte sich noch immer auf die Streitkräfte, überzeugt davon, daß sie die Vertreibung der muslimischen Bevölkerung verhindern würden. Gleichzeitig entschied er, die Muslime müßten den Gehorsam verweigern und dürften sich nicht mobilisieren lassen. Schritt für Schritt entstand ein einziges Chaos. Die Serben begannen, ihre eigenen Machtorgane und ihre Regionalregierung in der Krajina zu errichten. In Banja Luka wurde ein Parlament gegründet, und es geschah eine Menge von Dingen, die offensichtlich zu einem nationalen und konfessionellen Konflikt der allergrößten Dimension führen mußten. Ich wurde unterrichtet, daß die Serben bereits Listen mit den Namen der zu erschießenden Muslime erstellten. Man sagte mir, auch die HDZ habe derartige Listen angefertigt. Eines Tages begegnete mir ein Serbe, ein berühmter Mann, der der Akademie der Wissenschaften angehörte und sagte zu mir: „Sie sind meine größte Enttäuschung, Herr Zulfikarpašić."

„Ich verstehe Sie nicht, weshalb denn?"

„Sie arbeiten an einer Liste mit den Namen von Serben, die zu liquidieren sind."

„Wer arbeitet daran?"

„Die MBO."

„Vielen Dank für Ihre Information. Ich werde nämlich tagtäglich davon unterrichtet, daß Sie solche Todeslisten zusammenstellen. Ich glaube, daß wir alle verrückt geworden sind, mein Gott, wir kennen uns doch, wir treffen uns, unterhalten uns und lassen zu, daß solche Dinge mit uns geschehen. Und Sie glauben tatsächlich, daß ich Todeslisten zusammenstelle, und ich soll glauben, daß Sie das gleiche tun!"

„Aber ich habe das wirklich gehört, man hat mir vorwenigen Tagen gesagt, daß Sie das tun!"

Das war die Atmosphäre damals: konfus, angespannt, krankhaft.

Geheime Gespräche zwischen Karadžić und Milošević

Ich versuchte, einen Appell an die Generäle der Jugoslawischen Volksarmee (JNA) zu richten. In einem offenen Brief in den „*Bosanski pogledi*" verlangte ich, die Armee dürfe sich nicht in den Dienst eines Volkes stellen und gegen ein anderes Front machen. Das Innenministerium hatte mit Hilfe modernster Abhörtechnik Gespräche zwischen Milošević und Karadžić aufgezeichnet. Entdeckt wurden auch Geheimbefehle der Armee. Alles war mit der Maschine geschrieben und steckte im sogenannten blauen Umschlag, der erst zur vorgegebenen Zeit geöffnet werden darf. Der Umschlag enthielt Befehle für die Armeekommandanten. Soweit ich mich erinnere, hieß es in dem Befehl, den ich mit eigenen Augen gesehen habe, alle staatlichen Einrichtungen müßten unter die Kontrolle der JNA gestellt werden, die Polizei unter das direkte Kommando der Armee; hinzu kam die strenge Kontrolle des gesamten Straßenverkehrs, die Verhängung einer Ausgangssperre und die Einführung der Polizeistunde. Des weiteren sollten die „Feinde" liquidiert und jegliches politische Handeln unerwünschter und „antijugoslawischer Elemente" im Keim erstickt werden. Es folgte eine ganze Reihe weiterer Maßnahmen, an die ich mich nicht genau erinnere, aber im Endeffekt ging es um die Einführung einer absoluten Militärdiktatur mit dem Ziel, Großserbien zu schaffen und dabei mit allen politischen Gegnern blutig abzurechnen.

Wir verschafften uns auch Zugang zu einem Schreiben an den Garnisonskommandanten von Banja Luka, ich glaube, er hieß Uzelac. Ein Mitglied des Staatspräsidium bat mich zu kommen, und man gab mir das Schreiben zu lesen. Und tatsächlich standen schreckliche Dinge darin. Aus dem aufgezeichneten Telephongespräch zwischen Milošević und Karadžić ging hervor, welche Leute man verhaften sollte, wenn die Stunde der Abrechnung da wäre, und was ansonsten zu tun wäre. Man sprach über Opfer, man nannte Zahlen und diskutierte, wieviele Opfer Serbien bringen müßte. Jede Partei, die Muslime in ihren Reihen hatte, sollte als schlecht diffamiert werden. Das ganze war eine unglaubliche Konspiration. Ich ging zu Izetbegović, um die ganze Angelegenheit mit ihm zu besprechen.

Đilas: War dieser Text authentisch?

Zulfikarpašić: Ohne jeden Zweifel, diese Texte waren authentisch. Wir gelangten an ein Schreiben, dessen Inhalt mir später auch von Karadžić bestätigt wurde. Es ging um die erforderlichen vorbereitenden Aktionen, um die Ostherzegowina an Montenegro anzuschließen und die Serbische Krajina zu errichten. Das war tatsächlich ein Anschlag auf die Existenz Bosnien-Herzegowinas. Auf eigene Initiative berief ich damals eine Pressekonferenz ein, zu der ich auch Vertreter anderer Parteien einlud. Es kamen der Vorsitzende der HDZ Kljujić, der Repräsentant der Sozialistischen Partei – der früheren Kommunisten – Adil Kulenović[97], ferner Muhamed Čengić, Sekretär der SDA, weil Alija Izetbegović auf Reisen war. Wir beschlossen, mit diesen Dokumenten an die Öffentlichkeit zu gehen. Wir wollten Washington, London, Paris und Rom besuchen, um dort die Regierungschefs und Außenminister davon zu unterrichten. Das war eine Entscheidung, die nicht gegen die Serben gerichtet war, sondern gegen Karadžić als einen der wichtigsten Träger dieser Politik. Ich war sehr unzufrieden darüber, daß die politische Entwicklung diese Richtung genommen hatte. Meine Intention war: Wenn man diese Dokumente veröffentlicht, könnte der Konflikt vermieden werden. Ich sagte, die Armee werde die in den Dokumenten angesprochenen Dinge nicht tun können, wenn vorab veröffentlicht werde, welche Schritte sie an welchem Tag unternehmen wolle. Wir bildeten eine Delegation, die ins Ausland reisen sollte. Izetbegović, Kljujić und ich wollten zunächst nach London und anschließend nach Washington reisen.

Tudjmans „Londoner Geheimnis"

Zu der Zeit, da ich mit dem britischen Botschafter Gespräche führte im Hinblick auf das Datum unseres Besuchs und wer uns in London empfangen würde, erhielt ich aus London ein Dokument über die Gespräche Tudjmans mit dem britischen Außenminister, anläßlich derer der kroatische Präsident die Aufteilung Bosniens als die einzige politische Lösung vorgeschlagen hatte. Am Tag darauf bekam ich das Protokoll eines Gesprächs bei einem intimen Abendessen, das der Vizepräsident der Konservativen Partei ihm zu Ehren gegeben hatte, und an dem um die zehn Personen teilnahmen. Er wiederholte auch hier seine bekannten Standpunkte. Er berief sich auf das Abkommen zwischen Cvetković und Maček aus dem Jahre 1939, den sogenannten *sporazum*, seinerzeit auch von den Engländern begrüßt, und sagte, diese Übereinkunft müsse jetzt verwirklicht werden. Mir war klar, daß ich nicht gemeinsam mit Kljujić nach London reisen konnte, wenn der Chef seiner Partei Bosnien aufteilen wollte. Ich unterrichtete Kljujić davon und bat ihn, mit Tudjman telephonisch in Kontakt zu treten und mich umgehend zu informieren. Tudjman entsandte mit einem Privatflugzeug Dalibor Brozović und einen höheren Beamten des kroatischen Staatspräsidiums nach Sarajevo. Sie kamen, um mir die Haltung Tudjmans zu erläutern und mich zu überzeugen, daß die These von der Aufteilung Bosniens falsch verstanden worden sei. Aus dem Gespräch mit Brozović wurde mir klar, daß Tudjman diese These tatsächlich vertrat und Brozović persönlich dagegen war, weshalb er sich in einer unangenehme Situation befand. Er konnte das einfach nicht verhehlen, wenngleich er versuchte, mich zu überzeugen, Tudjman

---

[97] Adil Kulenović, Sprecher der Sozialdemokratischen Partei (SDP), gegenwärtig Direktor von Radio 99 in Sarajevo.

habe all das nicht so gemeint, und auch Mesić sei damit nicht einverstanden. Brozović wußte einfach nicht, wie er sich rechtfertigen sollte. Wir prüften die ganze Angelegenheit nochmals über unsere diplomatischen Kanäle; unsere Informationen
wurden bestätigt.

Die Nacht der Entscheidung

Ich sah ein, daß uns nichts anderes übrig blieb, als uns in die Höhle des Löwen zu
begeben und zu versuchen, die Probleme dort zu lösen.

Mein ganzes Leben lang war ich überzeugt, daß die Nationalismen und die blutigen
Konflikte auf dem Balkan zumeist das Resultat von Irrtümern und zahlreichen Vorurteilen sind, die wir voneinander haben. Werfen Sie zum Beispiel einen Blick auf
unsere Volkslieder, die unsere kriegerische Geschichte besingen. Im serbischen
Volkslied werden Muslime immer als Gewalttäter beschrieben und umgekehrt, in
muslimischen Volksliedern sind die Vlahen, bzw. die Serben unsere Feinde. Der irrationale Haß zwischen uns ist eigentlich ein großes historisches Mißverständnis.
Hier handelt es sich um das Erbe des Mittelalters, die Kombination des religiösen
Fanatismus und skurrilen Nationalismus, der nicht die Kraft besitzt, mit rationaler
Politik ans Ziel zu gelangen, sondern von Zeit zu Zeit zu dem erbärmlichen Mittel
greift, an die niedrigsten menschlichen Instinkte zu appellieren.

Und dann kam die Bestätigung all dessen, an das ich einfach nicht glauben wollte.
Ich erinnere mich an die Nächte, als ich volle achtundvierzig Stunden lang nicht
aus den Kleidern kam. Ich besuchte Freunde, ging spazieren, führte Gespräche
und die ganze Zeit hindurch war es mir klar, daß Waffen verkauft und bestellt wurden. Aus Gesprächen mit Karadžić ersah ich, daß er über genaue Angaben verfügte,
an welchen Punkten in Sarajevo Waffen verkauft wurden, und daß Izetbegovićs Familie darin verwickelt war, was meiner Meinung nach nicht stimmte. Sicherheitsor-
gane des Innenministeriums beschlagnahmten Lastwagen mit Waffen aus Serbien,
die angeblich für die Kaserne in Visoko, tatsächlich aber für serbische Milizen bestimmt waren. Ich bemühte mich, bestimmte Informationen über Leute zu bekommen, die an der Quelle saßen. Einzelne Offiziere riefen mich an, nicht nur muslimische, sondern auch serbische, die mir sagten, an die serbische Bevölkerung würden
Waffen in großen Mengen verteilt. Man brachte einfach Waffen per Lastwagen
nach Han Pijesak und verteilte sie an die serbischen Dörfer; „alles aus Angst, und
damit sich die Leute verteidigen können."

Die Situation war so, daß Konflikte sehr leicht ausgelöst werden konnten – durch
Provokationen oder durch Unachtsamkeit. Ich kam zu der Überzeugung, daß mir
nichts anderes übrig bleiben würde, als dieses Problem allein mit den Serben zu klä-
ren. Ich erkannte, daß dieser Krieg, der uns bevorstand, kein Krieg zwischen Serben, Kroaten und Muslimen sein würde – wozu er sich später leider entwickelte –

sondern primär ein Krieg zwischen Serben und Muslimen. Aufgrund meiner Erfahrungen aus dem Zweiten Weltkrieg wußte ich, welche Schrecken über uns kommen könnten. Ich sprach und schrieb offen darüber. Sie, Djido, werden sich wohl an meinen Besuch bei Ihnen erinnern. Sie sagten damals: „Aber das sind jetzt ganz andere, die Menschen sind heutzutage anders, vierzig Jahre sind ins Land gegangen." Ich sagte Ihnen, daß in Bosnien allein in einer Woche so viele Menschen sterben würden wie im Libanon in einem ganzen Jahr. Wir sind anders, wir haben ein anderes Temperament, wir sind andere Menschen, der Balkan ist eine gefährliche Region. Einige Völker fallen in Ohnmacht, wenn sie Blut sehen, wir Balkanesen hingegen verfallen in Begeisterung, ja in einen regelrechten Rausch, wenn wir Blutgeruch spüren.

Sehen Sie, ich war überzeugt, daß das Mißverständnis zwischen Muslimen und Serben durch eine offene Politik ohne Hintergedanken aus dem Wege zu räumen wäre. Es war meine tiefe Überzeugung, daß unsere Völker, besonders aber die Bosniaken und Serben, die Gelegenheit versäumt haben, sich nach dem Abzug der Türken an einen Tisch zu setzen und strittige Fragen zu lösen. Die nächste Gelegenheit dieser Art haben wir in der Gründungsphase Jugoslawiens versäumt. In der Zwischenzeit waren die Bosniaken zu einem politischen Faktor geworden, und zwar zu einem gänzlich anderen als vorher, als sie ihr Schicksal mit einem Reich verknüpft hatten, das im Sterben lag und einen Verlust nach dem anderen hinnehmen mußte. Es ist eine Tatsache, daß sich die Muslime eine enge psychologische Bindung an die Türkei bewahrt hatten. Den Niedergang der Türkei erlebten sie fast wie ihren eigenen Niedergang. Sie gerieten in die psychologische, physische und materielle Defensive. Zur Zeit Österreich-Ungarns widersetzten sich die Muslime den serbischen Ansprüchen auf Bosnien, während sich die Serben als Sieger fühlten, die Bosnien erobert und befreit und auch die jugoslawischen Regionen befreit hatten. Die Serben waren davon überzeugt, daß sie uns befreit hatten, und sie erzählten ihren Kindern in der Schule, wir Muslime schuldeten ihnen große Dankbarkeit, weil sie uns am Leben gelassen hätten.

Nach der Agrarreform und der allgemeinen Pauperisierung kam es innnerhalb unseres muslimischen Milieus zum moralichen Verfall. Bis zu einem gewissen Grade kam es auch zur physischen Degeneration. Es gab Dörfer, deren Einwohner an Kropf, Rachitis, endemischer Syphilis und Krätze litten ... nicht wegen mangelnder Hygiene oder Körperkultur, sondern weil man ihnen buchstäblich den Teppich der nackten Existenz unter den Füssen weggezogen hatte, so daß sie große Armut litten. Hasan Kikić[98] hat die Lebensbedingungen der Bergarbeiter in der Region von Tuzla beschrieben, die schäbigen Hütten, in denen sie lebten, ihre schweren Ar-

---

[98] Hasan Kikić (1905–1942), Schriftsteller, Redakteur der Zeitschrift „Putokaz", Tito-Partisan, von den Tschetniks ermordet. (Wichtigste Werke: *Provinz im Hintergrund, Horuck, Buchen;*)

beitsbedingungen, ihre ganze Not und ihr Elend. Diese pauperisierte bäuerliche Schicht, der man ihr Land genommen hatte, mußte die schwersten Arbeiten zu den niedrigsten Löhnen im damaligen Europa verrichten.

Đilas: Solch eine Armut und solch einen Verfall habe ich im Sandschak gesehen: Ćamil Sijarić hat das in seinem Roman „*Bihorci*" überzeugend und bewegend beschrieben.

Zulfikarpašić: Ich erwähnte bereits, wie die Reaktion nach dem Zweiten Weltkrieg war, als sich den Muslimen neue Möglichkeiten und Perspektiven eröffneten, wenngleich nicht in dem Maße wie den übrigen Völkern. Das muslimische Element gesundete und erholte sich und brachte seine eigene Intelligenz und seine Literatur hervor. Da waren Meša Selimović und Mak Dizdar[99], es gab kulturelle Institutionen, freien Gedankenaustausch, den Wettstreit von Ideen, und es gab Menschen, die sich in ihrem Lebensraum all das eroberten, und zwar für sich selbst und für ihre Nachkommen. Diese muslimische Welt war anders als jene vor dem Zweiten Weltkrieg und im Laufe des Krieges. Heute, so war meine Furcht, könnte ein derartiger Konflikt viel gefährlicher, viel heftiger und blutiger werden. In mir reifte der Gedanke, daß nichts anderes übrigbliebe, als den aufrichtigen Versuch zu unternehmen, dieses Problem aus der Welt zu schaffen. Später sagte man mir: „Du hast dir das gut überlegt, damit wir Zeit gewinnen". Doch ich verschwendete keinen Gedanken an taktische Winkelzüge oder an Zeitgewinn für unsere eigene Aufrüstung. Ich dachte, es sei an der Zeit, unser Problem mit den Serben ein für allemal aus der Welt zu schaffen, um alles Böse und alle eventuell daraus resultierenden Konflikte im Keim zu ersticken.

Kein Bittgang zu den Serben

Ich möchte unterstreichen, daß ich keinen Bittgang zu den Serben unternahm, sondern daß ich ein offenes Gespräch führen wollte. Ich sagte zu ihnen: „Wir werden uns als Freunde oder Feinde trennen, wenn ich dieses Zimmer verlasse – und das hängt ganz von Ihnen ab." Das war meine tiefe Überzeugung. Mir war völlig klar, daß auch die Serben großes Interesse an einer Einigung mit uns haben mußten. Weshalb? Die Serben fühlten sich zu jener Zeit isoliert, sie waren im Krieg mit den Kroaten, den sie nicht endgültig gewinnen konnten und der blutig war. Europa

---

[99] Mehmedalija Mak Dizdar (1917–1971), der größte bosnische Dichter, beeinflußte mit seinen Gedichten seine Umgebung, setzte sich in politischer Hinsicht für das Bosniakentum, die bosnische Sprache und ihre Reinheit ein. Er war Mitarbeiter und Herausgeber von mehreren Zeitschriften, Redakteur der Literaturzeitschrift „*Život*". Seine Gedichte wurden in mehrere Sprachen übersetzt. (Wichtigste Werke: *Der steinerne Schläfer, Inseln, Die Schwimmerin, Knie für die Madonna;*)

war gegen sie und sah sie als Aggressoren an. Das ungelöste Kosovo-Problem, düstere Perspektiven in ganz Jugoslawien, in Bosnien. Auch die Kroaten in Bosnien bewaffneten sich und wurden als Freiwillige entsandt, um Kroatien zu verteidigen. Die Muslime desertierten aus der Bundesarmee. Die Serben hatten das Gefühl, keine Freunde mehr zu haben und politisch in Europa isoliert zu sein. In diesem Moment wendeten sich Vertreter eines Volkes an sie, und zwar eines großen Volkes, denn die Bosniaken waren in Jugoslawien zahlenmäßig die drittgrößte Nation, während die Muslime im religiösen Sinne die zweitgrößte Glaubensgemeinschaft darstellten.

Nadežda: Sie hatten demnach die Idee, daß auch den Serben ein derartiger Ausgleich sehr gelegen kam.

Zulfikarpašić: Für die Serben war das in psychologischer Hinsicht noch wichtiger als für uns. Sie hatten das nicht erwartet und waren von meinem Vorschlag im positiven Sinne überrascht, zumal ja auch Izetbegović und die SDA dahinter standen.

Đilas: Die Gründung der Muslimischen Bosniakenorganisation war vor allem ein Versuch, im Rahmen der muslimischen Idee und der muslimischen Bewegung und des muslimischen bzw. bosniakischen Volkes den Pluralismus herzustellen. Die drei Parteien in Bosnien, die serbische, die kroatische und die SDA sind drei nationale, totalitäre Parteien, die im Grunde nicht demokratisch sind. Folglich können sie sich nicht untereinander verständigen, selbst wenn sie es wollten, denn sie sind extremistisch und reagieren nur auf Gewalt. Nur wenn sie unter Druck gesetzt und wenn sie existentiell bedroht werden, sind sie kompromißbereit. In der Gründung der MBO sah ich einen ersten Versuch, den Pluralismus in Bosnien herzustellen. Bis zu einem gewissen Grade existiert der Pluralismus in Serbien und Kroatien bereits, und das war auch schon damals der Fall. Die MBO war im Grunde die Fortsetzung der politischen Linie, die Sie in der Emigration verfolgt haben.

Zulfikarpašić: Als ich zusammen mit Izetbegović und seiner Gruppe die SDA gründete, hatte ich zum Ziel, eine bürgerliche, liberale Zentrumpartei zu bilden, ohne die Tendenz zur Massenpartei und ohne Tendenz zum Populismus. Ich hatte das Gefühl, daß sich bei uns auf dem Balkan generell, erst recht aber nach der vierzigjährigen Herrschaft der Kommunistischen Partei in Jugoslawien, tiefgreifende Veränderungen in der Denkweise vollziehen mußten. Gleichzeitig sollte die Gesellschaft demokratisiert und die Probleme entdramatisiert werden, so daß es zu einer Normalisierung der Beziehungen zwischen politisch unterschiedlichen oder auch gegensätzlichen Parteien kommen würde. Eine abweichende Meinung sollte nicht mehr als Verrat betrachtet, Gespräche mit Serben nicht gleich als Bildung einer Front gegen die Kroaten gedeutet werden und umgekehrt. All diese Dinge sollten zu einem normalen politischen Prozeß werden, wie es ihn in ganz Europa gibt und wie er auch für uns die einzige Möglichkeit ist.

Die SDA – eine populistische Partei

Manojlo Tomić, Journalist aus Sarajevo, bezeichnete die SDA gleich nach ihrer Gründung als eine aus zwei Strömungen bestehende Partei. Die eine sei liberal, europäisch und aufgeschlossen, die andere hingegen traditionell, konservativ und nationalistisch. Als ich seinen Kommentar zu unserer Gründungsversammlung las, merkte ich, daß er die Strömungen sehr präzise wahrgenommen hatte. Ich selbst nahm sehr rasch entgegengesetzte Meinungen in der Partei wahr. Mich störte eine abweichende Meinung nicht. Gemessen an meiner Einstellung zur Religion und meinen diesbezüglichen Empfindungen und gemessen an meiner Treue zur Tradition, gab es hier Menschen, die einfach übertrieben, die kommunistische Organisationsmethoden anwendeten und die Ergebenheit gegenüber den Führern der Partei verlangten. Ich hielt das für Überreste des kommunistischen Systems und für erste Versuche, die politische Arbeit mit den Methoden fortzusetzen, die man einmal gelernt hatte. Ich war der Meinung, der Demokratisierungsprozeß bei uns werde all das ändern. Demnach war evident, daß in der SDA zwei Strömungen existierten, und um mich begannen sich einige Intellektuelle zu versammeln. Doch die Entwicklung unseres politischen Lebens in Bosnien sollte sehr dramatisch verlaufen.

Zur Gründungsversammlung der Partei erschienen zwei bis dreitausend Menschen, doch schon zur nächsten Kundgebung, die in der Provinz abgehalten wurde, kamen etwa zehntausend Leute. Ich möchte nur sagen, daß die muslimischen Massen, die sich der Partei anschlossen, differierende Vorurteile und Vorstellungen über das politische Leben hatten. Jeder hatte seine Sichtweise, doch zumeist bewegte sie sich an der Oberfläche der Dinge. Man ging nicht in die Tiefe und man war nicht bestrebt, eine moderne politische Partei zu schaffen. Die Leute, die auf Vorschlag von Izetbegović in den Lenkungsausschuß der Partei gewählt wurden, waren im öffentlichen Leben Bosniens mehr oder weniger unbekannt. Von Anfang an ging die Kaderpolitik der Partei in die falsche Richtung. Man suchte nicht nach liberal eingestellten und fähigen Leuten, die für den Dialog, den Meinungsaustausch und die politische Analyse eingetreten wären, sondern man wollte Menschen haben, die mehr oder weniger Ergebenheit an den Tag legten, ähnlich wie es in der Kommunistischen Partei war. Die Organisation der Partei ging in die Richtung, daß junge Imame und Hodschas die Hauptrolle spielten, wenn es darum ging, lokale Ausschüsse in Dörfern und Städten zu bilden. Das war sehr gefährlich, denn keine kirchliche oder religiöse Organisation war von den Kommunisten so gründlich infiltriert worden wie die Islamische Gemeinschaft. In den Jahren 1989–1990 entstand die Bewegung der Imame, an deren Spitze Salih Efendi Čolaković[100] stand. Sie wurde von religiösen Würdenträgern gebildet, die

---

[100] Salih Efendi Čolaković, Mufti von Mostar, der zusammen mit einer Immamsgruppe Protest gegen den Kommunistenkollaborateur Reis Mujić erhob. Im Jahre 1991 wurde er

nicht bereit waren, Direktiven von kommunistischen Komitees entgegenzunehmen, sondern darauf bestanden, unabhängig von staatlichen und politischen Strukturen zu sein. Doch die Gruppe von Alija Izetbegović stützte sich in den religiösen Gemeinschaften vor allem auf Menschen, die dem Regime gedient hatten und bereit waren, der SDA bedingungslos zu dienen, um sich dadurch zu rehabilitieren und ihre früheren Aktivitäten wettzumachen. Die Partei scharte Menschen um sich, die weder Analytiker noch Ideologen waren. Sie waren aber auch nicht in der Lage, breite politische Plattformen zu entwickeln, die dem eigenen Land eine Perspektive eröffnet hätten. Es handelte sich vor allem um eine Gruppe früherer Verschwörer, ehemalige Häftlinge, mit sehr begrenztem Horizont und sehr geringem Aktionsradius.

Alle in einen Pferch

Man operierte hier mit einer Logik, in der sich die Vereinfachung aller Probleme widerspiegelte. Angeblich waren wir in Gefahr und mußten wie Vieh in einen schützenden Pferch getrieben werden, dort vereinigt in einer Partei unter einer einzigen Führung. Als ich aus der SDA ausgetreten war, dachte ich, das sei eine neue Chance zur Gründung einer demokratischen Partei, die ihre Ziele öffentlich darlegen würde. Eine Partei, die sagen würde, daß sie für freie Marktwirtschaft, für eine freie Gesellschaft, für ein gemeinsames Leben der Völker auf unserem Boden und für den Wettstreit unterschiedlicher politischer Meinungen kämpfen würde. Doch die Ereignisse entwickelten sich so, daß alles auf unwahrscheinliche Weise an jene Affäre aus früheren Zeiten erinnerte, als man Humo und Karabegović aus der Kommunistischen Partei ausschloß. Von mehr als fünfzig Komitees hatte sich damals nur ein einziges nicht für ihren Ausschluß ausgesprochen! Etwas ähnliches geschah auch nach meinem Austritt aus der Partei. Man erklärte uns zu Zerstörern der muslimischen Nation, zu Verrätern am Islam, und die Diskussion ging in die falsche Richtung.

Ich wollte keinesfalls zulassen, daß wir bei der Gründung der MBO auf diese Diskussionen eingingen, daß wir uns verteidigten und zu beweisen versuchten, daß wir nicht die Leute waren, als die man uns in SDA-Kreisen hinstellen wollte. Wir verabschiedeten unser Parteiprogramm, warben aber nicht um Mitglieder. Ich war gegen die Ausstellung von Parteiausweisen. Jeder freie Bürger sollte selbst entscheiden, welcher Partei er seine Stimme geben würde. Denn ein freier Bürger stimmt einmal für die eine Partei, ein nächstes Mal aber für eine andere, weil er sich nämlich für ein Programm entscheidet. Ich war der Meinung, wir müßten solch ein Ni-

---

zum Präsidenten des Meschichats der Islamischen Gemeinschaft Bosnien-Herzegowinas bestellt.

veau der politischen Betrachtung der Probleme erreichen, daß man die Frage nicht länger als dramatisch ansieht, ob jemand ein Anhänger dieser oder jener Partei ist. Seinerzeit in Serbien war es noch eine dramatische Frage, ob man für die Demokraten oder für die Radikalen war, so wie es letztendlich noch immer in Amerika ist, wenn es um Demokraten und Republikaner geht. Dort kann man auf manchen Grabsteinen lesen: „Er hat niemals für die Republikaner gestimmt." Ich wollte eine moderne Partei bilden, um eine Alternative zu bieten, für die sich die Menschen nach ihrem eigenem Willen und frei von ideologischen Vorurteilen entscheiden würden. Von diesen Dingen sprach ich auch später und vertrat die Ansicht, dies sei eine Chance für das muslimische Volk, mehr Optionen zur Artikulierung seines politischen Standpunkts zu erhalten.

Im Bosniaken-Institut habe ich einige Wahlaufrufe und Flugblätter, die ich als Sammler vieler Dinge gewohnheitsmäßig aufbewahrt habe. Neulich betrachtete ich wieder einmal diese Sammlung von Flugblättern der SDA, die man vielleicht veröffentlichen sollte. Darin verlangt die SDA von ihren Anhängern, für Biljana Plavšić und Nikola Koljević, also für die Serbenpartei SDS zu stimmen. Auch der Name Karadžić wird erwähnt. In Kakanj zum Beispiel hieß es ganz offen: „Unser Verbündeter und Freund ist die Serbische Demokratische Partei mit Karadžić an der Spitze, unser Feind aber, der dem Islam schadet, ist die Muslimische Bosniaken-Organisation mit Adil Zulfikarpašić an der Spitze..." Die Menschen also, die sich später als Mörder der muslimischen Bevölkerung erwiesen, wurden von der SDA-Propaganda als Verbündete, Freunde und als Leute vorgestellt, denen man bei den Wahlen seine Stimme geben sollte.

Nadežda: Zwischen der SDA und der SDS wurde eine Übereinkunft erzielt, daß man wechselseitig für den anderen stimmte. Wie konnte man diese Übereinkunft erzielen und damit nicht nur Ihre, sondern auch alle anderen Parteien in Bosnien in eine alles andere als beneidenswerte Situation versetzen? Mit Ausnahme der nationalen Parteien wurden dadurch doch alle anderen Parteien zu Verlierern!

Zulfikarpašić: Tatsächlich waren die beiden Parteien die größten Feinde, und sie blieben es auch. Doch sie hatten ein gemeinsames Ziel – die Übernahme der Macht. Die Kroaten machten in Bosnien siebzehn Prozent, die Serben etwas mehr als dreißig Prozent der Bevölkerung aus, und jede Partei wußte, daß sie die Macht nicht allein gegen die andere Partei würde übernehmen können. Sie waren erbitterte Gegner, das sieht man auch heute, obwohl die einen von einem serbischen, die anderen von einem kroatischen und die dritten von einem muslimischen Bosnien sprachen. Der Parteichef der bosnischen HDZ, Davor Perinović, hat ein Buch über seine politischen Aktivitäten im Laufe des Wahlkampfs geschrieben. An einer Stelle beschreibt er, wie ihm Tudjman befahl, möglichst viele Muslime in die HDZ aufzunehmen. Und tatsächlich war er damit erfolgreich, denn bei der Gründung der HDZ für Bosnien gab es im Hauptauschuß sowie in anderen Parteiorganen fast ebenso viele Muslime wie Kroaten. Später erging die Anordnung, alle Muslime aus der Partei zu eliminieren. Keine der nationalen Parteien war allein in der Lage, die Macht zu übernehmen, und deshalb kamen sie vor den Wahlen auf die Idee, einander zu helfen, in eine Koalition einzutreten.

Vereinbarung in fünf Minuten

Als ich erfuhr, daß sie diese Vereinbarung getroffen hatten, dachte ich, es handle sich um ein schriftliches Abkommen, in dem die Ziele niedergelegt und die wechselseitigen Verpflichtungen klar definiert wären. Indes begannen unmittelbar nach den Wahlen die Streitigkeiten zwischen den Koalitionsparteien, obwohl sie die Macht untereinander geteilt hatten. Ich fragte mich damals, wo wohl dieses Abkommen sei. Erst später fragte ich einen der Leute, die diese „Übereinkunft" geschlossen hatten. Das war Muhamed Čengić. Als wir uns in Ljubljana trafen, fragte ich ihn, was das für eine Übereinkunft war, und ob er den Text hätte. Er sagte, man habe in fünf Minuten eine Einigung erzielt: „Wir trafen uns. Anwesend waren Karadžić und Krajišnik von der SDS, Kljuić und Boras von der HDZ, Alija und ich von der SDA. Wir einigten uns, bei den Wahlen gemeinsam aufzutreten, für einander zu stimmen und dies auch unseren Wählern zu empfehlen. So würden wir sicher siegen und die Macht unter uns aufteilen. Die Regierung sollten die Kroaten, das Parlament die Serben und das Staatspräsidium die Muslime als die größte Volksgruppe bekommen. Die Absprache war blitzschnell in nur fünf Minuten fertig, es gab keine schriftliche Einigung: Wir haben das einfach so beschlossen, und dann hatten wir eine einzige gemeinsame Kundgebung in Konjic, wo wir unsere Parteifahnen zusammenbanden. Die Maschinerie unserer politischer Parteien hat glänzend gearbeitet, und wir verzeichneten wunderbare Wahlergebnisse."
Und selbstverständlich kam es sogleich zu Konflikten, weil es ja keinerlei schriftliche Erklärungen dazu gab, wie die neue Macht eigentlich funktionieren sollte. Die Muslime wollten Eingang finden in die staatlichen Strukturen, weil sie dort nur ungenügend vertreten waren – dort gab es zuviele Serben als Chefs und Direktoren. Es kam zu der absurden Situation, daß die Serben die Wahlen gewonnen hatten und jetzt ihre eigenen Leute irgendwie aus ihren Führungspositionen eliminieren sollten. Mit anderen Worten, diese Leute sollten für ihre proserbische Stimmabgabe damit „belohnt" werden, daß man sie ihrer Direktorenposten enthob, um Zugeständnisse an die Muslime zu machen. Diese scheinbaren Kleinigkeiten verwandelten sich in das wichtigste und größte Problem: Wer würde in Amt und Würden bleiben und wer nicht.
So kam es damals zum Konflikt im Parlament und zum Konflikt in der Regierung. Die von Kroaten besetzten Ministerien gehorchten nicht den Weisungen Izetbegovićs, sondern nur denen ihres Führers Kljujić. Die Serben wollten sich den Weisungen des Ministerpräsidenten Pelivan, eines Kroaten, nicht fügen, für sie zählte nur

das Wort ihres Chefs Karadžić, usw. Für die Muslime war naturgemäß ihr Parteichef Izetbegović der wichtigste Mann. Im Staatspräsidium war es ganz genau so. Als wir unsere Übereinkunft geschlossen hatten, gingen wir zu Izetbegović, um ihm zu erläutern, worüber wir uns geeinigt hatten, da sagte Koljević, der neben mir saß, zu Alija, er habe vom Staatspräsidium die Zuständigkeit für die Außenpolitik und die Beziehungen mit dem Ausland erhalten. Alija schwieg. Koljević sagte darauf: „Du machst eine Reise nach Amerika, ich aber habe keine Ahnung davon, du hast mich nicht einmal gefragt. Du nimmst auch deine Tochter mit, ist sie etwa Mitglied der Delegation? „Izetbegović antwortete: „Ich habe mir die Sache so gedacht: Ihr habt das Parlament, die Kroaten haben die Regierung, und wir haben das Präsidium."
Ich mischte mich ein und sagte: „Du bist doch Präsident für ganz Bosnien! Was heißt hier Präsident der Muslime?" Es kam beinahe zum Streit, bis ich die Diskussion unterbrach und vorschlug, sich auf das wichtigste zu konzentrieren, nämlich die Weiterarbeit an unserer Übereinkunft. Es sei ohnehin unsinnig, wie sie die Macht geteilt hätten. Man wolle sich wechselseitig kontrollieren, und daher habe jede Partei den ausschlaggebenden Einfluß in einem Gremium: die einen im Parlament, die anderen in der Regierung und die dritten im Staatspräsidium. Dies bedeute aber nichts anderes, als daß alle demokratischen Prinzipien völlig auf den Kopf gestellt würden.
Die Opposition gegen die Regierung war nicht identisch mit der Opposition, die als solche bei den Wahlen aufgetreten war. Als man über die Eigenstaatlichkeit Bosniens diskutierte, stimmte die Opposition für ein unabhängiges Bosnien, die Koalitionspartei SDS aber dagegen. Ich sagte bereits, daß die Opposition gegen den Staat in der Regierung saß, hier übte sie ihre Rolle als Opposition aus. Das war eine Absurdität, die die Gefahr von Konflikten in sich barg. Die Vorwahlkoalition der nationalen Parteien beschleunigte die Konflikte enorm und schuf eine Atmosphäre der Abrechnung und der wechselseitigen Animositäten in allen staatlichen Strukturen, was sich dann auch auf das Volk und die breitesten Schichten übertrug.
Nadežda: Nach dem Sieg der aus der SDS, HDZ und SDA gebildeten Koalition folgte eine mehr als ein Jahr dauernde Periode, innnerhalb derer klar wurde, daß eine absurde Psychose des Mißtrauens und des Hasses zwischen den drei in Bosnien lebenden Völkern entstand. In diesem Zeitraum haben sowohl Sie und Ihre Partei als auch andere oppositionelle Parteien vor einem möglichen Konflikt gewarnt. War es nicht möglich, daß sich die Opposition zusammenschloß, um das Kräfteverhältnis in Bosnien zu ändern?
Zulfikarpašić: Nein, das war nicht möglich. Die nationalen Parteien wollten jede für sich die eigene Position festigen. Sie begannen, Regierungsorgane auf der Gemeindeebene zu bilden, und diese identifizierten sich mit jenen Gebieten, in denen sie die meisten Wählerstimmen bekommen hatten. Unmittelbarr nach den Wahlen konnte man überall in der Westherzegowina die Embleme des kroatischen Staates

und die Bilder von Präsident Tudjman sehen, nicht aber bosnische Embleme. In der Krajina, wo die Serben die Mehrheit hatten, begannen Gemeindeverwaltungen damit, Beamte und Polizisten, die Muslime waren, zu entlassen. In der Gemeinde Stari Grad in Sarajevo wurde ein gewisser Selim Hadžibajrić zum Gemeindevorsteher gewählt; er machte sich gleich daran, die serbischen Gemeindeangestellten zu entlassen, weil die Muslime in dieser Gemeinde mehr als 80 Prozent der Einwohner stellten. All das rief natürlich Mißtrauen hervor und man reagierte nach dem Prinzip: Wenn ihr meine Leute dort entlaßt, dann entlasse ich eure Leute hier. Es kam dazu, daß Bosniaken in Fabriken Banja Lukas und Bijeljinas entlassen wurden. Zwei gegenläufige Tendenzen – nämlich Jugoslawien zu schwächen und zu zerschlagen, bzw. dieses Land zu erhalten – verfehlten nicht ihre Rückwirkungen auf die Arbeit des Parlaments. Die Kroaten vertraten einen Standpunkt, der dem der Serben diametral entgegengesetzt war. Die Muslime wiederum lehnten sowohl den serbischen als auch den kroatischen Standpunkt strikt ab, so daß die Atmosphäre des politischen Lebens vergiftet war und sich in Richtung zunächst noch politischer Abrechnungen entwickelte und doch schon die große Gefahr nationaler Konflikte in sich barg.

11. Über Geschichte und Ideologien

Đilas: Wenn ich richtig verstanden habe, konnte der potentielle Block der oppositionellen Parteien nicht nur nicht siegen, sondern tatsächlich nicht einmal gebildet werden. Die Kommunisten hatten Reformen vorgenommen, doch nur bei sich selbst, in ihrem eigenen Bewusstsein; die anderen betrachteten sie noch nicht als Reformpartei, und jeder, der sich mit ihnen zu jener Zeit verständigt hätte, wäre als Helfershelfer für die Rückkehr des Kommunismus angesehen und dementsprechend scharfen Angriffen ausgesetzt worden. Wenn wir die Ereignisse in Serbien, Kroatien und besonders in Bosnien analysieren, wo die Gegensätze zwischen Kroaten und Serben auf dem Rücken der Muslime ausgetragen wurden, so kommt mir folgender Gedanke: In bestimmten Perioden und unter bestimmten Umständen kann es geschehen, daß sich Völker wie toll gebärden und jegliche rationale Kontrolle über sich verlieren. Mit dem jähen Zerfall des Kommunismus, der auch Kommunisten in großer Zahl zu Nationalisten werden ließ, erwachte ein elementarer Nationalismus, der in dörflichen Gasthäusern ebenso spontan auftauchte wie in den Straßen der Städte und der seine tiefen Wurzeln auch im kulturellen Erbe hat. Ich will nicht näher darauf eingehen, um wen und um wessen kulturelles Erbe es hier geht. Da wir eine kritische Geschichtsschreibung entweder niemals oder nur in unzureichendem Masse besessen haben, haben wir niemals ein demokratisches Bewußtsein entwickelt. Wir besaßen auch niemals eine nennenswerte politische Philosophie, und erst recht keine demokratische. Mit einem Wort, wir hatten im Balkanraum niemals eine Demokratie. Im übrigen gab es auch in Mitteleuropa keine Demokratie im Sinne der westlichen Demokratien. Und als nach den Kommunisten ein Vakuum entstand, da haben chauvinistische Elemente vor zwei bis drei, vielleicht auch schon vor fünf bis sechs Jahren, Massenbewegungen und Massenwahn hervorgerufen. Inspiriert wurden sie dabei von den angesehensten Intellektuellen in Serbien, während es in Kroatien die gesamte Intelligenz ohne Ausnahme war. Denken wir zunächst an die Serben, und zwar an die Serben in Serbien. Heute weiß man, was das Memorandum bedeutete und wie es vorbereitet wurde. Nehmen Sie die Zeitung „Politika". Sie schürte Angstgefühle unter den Serben in Kroatien, so als sollten sie von den Kroaten abgeschlachtet werden. Die finstersten Persönlichkeiten erhielten in Presse und Fernsehen völlige Freiheit, um ihre wahnsinnigen Thesen, in denen es vor verdrehten Tatsachen und verdrehten Gedanken nur so wimmelte, an die Öffentlichkeit zu bringen – und so wurden die Medien buchstäblich zu Organen dieser Leute. Ich nehme Serbien als Beispiel. So wurde eine Atmosphäre der Angst geschaffen, daraus resultierte eine Atmosphäre des Hasses, und dieser Haß brach sich dann in blutigen Zusammenstößen Bahn. Ich möchte hier die ideologisch-psychologische Seite als sehr wichtig hervorheben.

Zulfikarpašić: Die Demokratie im westlichen Sinne des Wortes ist hierzulande unbekannt, und die Veränderungen verlaufen nicht in Richtung auf Demokratie, sondern sie bewegen sich in ein Vakuum, in dem die dunkelsten nationalistischen Triebe zum Ausdruck kommen. Als ich jedoch unser Volk und die anderen Völker, die außerhalb der Demokratie gelebt haben, näher unter die Lupe nahm, begriff ich, daß sie nicht einmal in ihrer Literatur mit dem Begriff Freiheit etwas anzufangen wußten, daß er für sie eine Abstraktion ist, und daß sie auch mit dem Begriff der Demokratie nichts anzufangen wissen.

Nehmen wir als Beispiel einmal die Geschichte Rußlands und des Balkans: Nicht diejenigen waren unpopulär, die Despoten und Diktatoren waren, sondern die Schwächlinge. Unser Volk benutzt einen absurden Begriff – man spricht vom „gerechten Diktator". Österreich-Ungarn war ein strenger Staat, der spezielle Gesetze für Bosnien verabschiedete, wobei die herkömmlichen Strafen um ein Drittel erhöht wurden. Doch die Strafen galten für alle, ohne Ansehen der Person, und so erwarb sich dieser Staat die Reputation, ein Rechtsstaat zu sein. Die breite Masse stört sich weniger an der Strenge der Strafen als an der Ungerechtigkeit. Das Volk wußte nicht, was Freiheit, freie Institutionen, freie Organisationen und Demokratie bedeuten. Das sind Begriffe, die uns bis auf den heutigen Tag unbekannt geblieben sind.

Bei meiner Rückkehr in die Heimat litt ich an einem Trauma, ich war wie besessen vom Problem des nationalen und religiösen Konflikts. Davor hatte ich schreckliche Angst, und deshalb kam mir die Idee, die SDA sollte eine politische Koalition mit den Kommunisten eingehen. Ich bat den Wirtschaftsminister des damaligen Bosnien-Herzegowina, den ausgezeichneten Fachmann Džemal Hadžiabdić, meine Idee dem Führer der Kommunisten, Nijaz Duraković, nahezubringen. Weshalb? Ich war der Meinung, daß die Kommunisten, in deren Reihen sich sowohl Serben – mehrheitlich Serben – als auch Kroaten und Bosniaken befanden, am ehesten in der Lage sein würden, einen großen Beitrag zu diesem Übergangsprozeß zu leisten. Ich suchte tatsächlich Kontakte zu den Kommunisten, die ihre Partei bereits reformiert hatten. Ich sah die öffentlichen Auftritte Durakovićs, sie zielten nicht auf Vernichtung demokratischer Prozesse ab, wenngleich diesem Politiker nach meiner Meinung noch immer die grundsätzliche Orientierung fehlte. Ich dachte, daß er als Präsident der Sozialdemokratischen Partei, der SDP, sehr enge Beziehungen mit der Belgrader Zentrale unterhielt, natürlich auch mit der Armee und den anderen jugoslawischen Institutionen. Und daher hielt ich es für notwendig, in der Übergangsphase aktiv mit den Kommunisten zusammenzuarbeiten. Ich dachte, aus dieser Übergangsphase dürften die ehemaligen Kommunisten keinesfalls ausgeschlossen werden. Herr Duraković sagte mir später, er habe das damals nicht für er-

forderlich gehalten. **Was ich sagen will, ist folgendes: Aus Angst vor einem möglichen Konflikt war ich der Meinung, es sei ratsam für die demokratische Parteien,
sich zusammen mit der Regierungspartei, mit den früheren Kommunisten und
dem Sozialistischen Bund aktiv in den Demokratisierungsprozeß einzuschalten,
um so den nationalen Konflikten aus dem Wege zu gehen.

Irrationaler Antikommunismus

Đilas: Jeder irrationale Antikommunismus in Form einer Ideologie führt in eine
Spielart des Faschismus; das bezeugen die bisherigen Erfahrungen. Ich will damit
nicht den Kommunismus rechtfertigen, sondern nur den ungarischen Publizisten
Fejte zitieren: Es gibt einen wesentlichen Unterschied zwischen dem Nationalsozialismus und dem Kommunismus. Der mediterrane Faschismus ist anders als der
Nationalsozialismus, der mediterrane Faschismus ist ein extremer Nationalismus.
Die Nazis verwirklichen das Programm, das sie entworfen und proklamiert haben:
Es gibt sozusagen keinen einzigen Fall, in dem ein echter Nazi sein Tun bereut hätte. Ich habe auch nie von einem Ustascha -Faschisten gehört, der Reue gezeigt hätte. Mit dem Kommunismus verhält es sich anders – im Kommunismus gibt es auch
humanistische und allgemein menschliche Züge. Bis jetzt habe ich die Gedanken
Fejtes wiedergegeben, ich möchte aber einen eigenen hinzufügen. Deshalb gibt es
in der kommunistischen Bewegung immer Häretiker, im Nationalsozialismus dagegen nie. Aus dem Kommunismus gibt es einen Ausweg. Natürlich erfordert er große Mühe, Zeit und Opfer, aber ein Ausweg besteht immer. Ich würde sagen, daß
auch unsere extremen Nationalismen keinen Ausweg haben: sie müssen eliminiert
werden – durch die Evolution oder durch physische Gewalt, doch von der gegenwärtigen historischen Szene müssen sie getilgt werden.
Zulfikarpašić: Das bestätigt auch das Ende Deutschlands. Die Konzentrationslager
funktionierten bis zum letzten Tag nach denselben Methoden, mit demselben Tempo.
Đilas: Man kann den Nationalsozialismus nicht verbessern, ebenso wenig die extremen Nationalismen. Das ist einfach unmöglich.
Zulfikarpašić: Die Generationen, die in die Politik eintraten, um den Kommunismus durch die Demokratie zu ersetzen, waren größtenteils frühere Kommunisten
oder Menschen, die sich den kommunistischen Methoden und und der Art und
Weise des entsprechenden politischen Handelns völlig angepaßt hatten. Im Hinblick auf die Demokratie waren sie Amateure, sie hatten weder die Absicht noch
waren sie in der Lage, das Wesen der Demokratie zu begreifen. Sie hatten keine Ahnung, was Demokratie ist. Sie ersetzten die kommunistische Ideologie einfach
durch ihre eigene, und Leute, die mit ihnen nicht einer Meinung waren, stempelten
sie kommunistischen Methoden folgend sogleich zu Feinden und Gegnern. Kürzlich las ich die Stellungnahme von Alija Izetbegović zu einem Flugblatt, das eine

Gruppe von Intellektuellen im Ausland verfaßt hat, die eine Reihe von Vorwürfen gegen ihn erhebt. Er gelangt zu dem Schluß, daß die Autoren des Flugblattes, in dem er kritisiert wird, Verräter an ihrem Volk sind. Sehen Sie, der Gedanke, jemand sei ein Verräter an seinem Volk, weil er die eigene Person kritisiert, ist eine der grundlegenden kommunistischen Thesen. In der Praxis wurde sie in der Weise durchgeführt, daß man eine ideologische Auffassung oder eine Person mit der Gesellschaft gleichsetzte, und wer immer dann diese Person oder Ideologie kritisierte, wurde zum Volksfeind und Verräter abgestempelt.

Bedarf an Verrätern

Ðilas: Keine totalitäre Idee kann ohne den Verrat auskommen: Sie muß die anderen zu Verrätern erklären, um an der Macht bleiben zu können. Sobald Sie jemand zum Verräter erklärt, wissen Sie, daß er in aller Regel ein Gegner der menschlichen Freiheit ist.

Zulfikarpašić: Ja, diese Leute maßen sich göttliche Attribute an, sie sind es, die verurteilen, sie sind es, die entscheiden. Es ist natürlich etwas anderes, wenn durch eine gerichtliche Untersuchung festgestellt wird, daß jemand seine Heimat verraten oder sich der Spionage schuldig gemacht hat. Doch im politischen Kampf unter den Bedingungen der Demokratie ist der Begriff Verräter eine völlig unbekannte Kategorie. Es ist normal, eine andere Meinung zu respektieren und in den Argumenten des politischenGegners nach Dingen zu suchen, die nützlich oder akzeptabel sind. Das ist eine grundlegende Angelegenheit im demokratischen Leben. Bei uns ist die politische Aktivität, die durch die Reform des Kommunismus entstanden ist, nichts anderes als eine Fortsetzung der simplifizierten kommunistische Ideologie, und ich möchte noch hinzufügen: In den nationalistischen Bewegungen wurde diese Ideologie derart brutalisiert, daß nur noch ihre düstere Kehrseite übrig blieb.

Ðilas: Ich glaube, daß Alija Izetbegović in seinem Innersten überzeugt ist, Gottes Abgesandter auf Erden zu sein, dazu berufen, große Dinge zu vollbringen. Ich denke, daß Slobodan Milošević in seinem Innersten überzeugt ist, daß er durch eine höhere Macht, vielleicht durch Geburt und Talent dazu berufen ist, für die Wiedergeburt des Serbentums zu sorgen und Zar Dušans Reich wiederherzustellen, daß er von der Geschichte mit dieser Mission betraut worden ist. Ähnlich denkt Tudjman, um nicht alle namentlich zu erwähnen. Diese Menschen denken nicht normal, haben keine normalen menschlichen Empfindungen und Gedanken, sondern sie verfolgen gigantische abstrakte Ziele, für deren Realisierung sie wahllos sämtliche Mittel einsetzen. So sieht es meiner Meinung nach im Innern dieser Leute aus, doch garantieren kann ich natürlich nicht dafür, daß es so ist.

Zulfikarpašić: Diese Menschen, die mit einer ganz speziellen Mission in die Politik eingetreten sind, verzeihen sich selber alles, während sie andere Menschen verurteilen. Sie bestimmen, was gut und was schlecht ist – kurz, bei der politischen Abrechnung erkennen sie sich die göttliche Prärogative zu. Davon hat mir der Präsident des Reformistenbundes, Mustafa Čengić erzählt, der Bosnien vor einigen Monaten verlassen hatte, und dem ich in Rom begegnete. Unter den Muslimen in Bosnien, besonders unter den Imamen ist das Gerücht im Umlauf, Izetbegović sei jener dreizehnte Imam, der irgendwo im Verborgenen lebe und die Mission habe, das islamische Volk auf den rechten Weg zu führen, weil er von Gott gesandt sei. Čengić hat in einer Predigt folgendes gehört: „Wir haben die islamische Welt gerettet, denn wir haben aufgezeigt, welche Feinde sie im Westen hat, so daß wir uns für die Rettung des Islam geopfert haben."

Daraus sollte man den Schluß ziehen, daß diese enormen Opfer, nämlich dreihunderttausend Tote und anderthalb Millionen Vertriebene nicht umsonst waren, da Gott – um eine Milliarde Moslems zur Besinnung zu bringen – uns als leuchtendes Beispiel genommen hat, damit wir die gesamte islamische Welt auf den rechten Weg bringen. Sehen Sie, das sind derart monströse Ideen; Čengić hatte keinerlei Grund, sich so etwas auszudenken, vielmehr erzählte er mir mit großer Sorge davon. Ich fragte ihn, was das Volk, das all dieses Leiden durchgemacht hatte, darüber dachte, was es von den Menschen hielt, die dieses Leid zumindest nicht verhindert hatten. Er antwortete mir, gerade von diesen Leuten glaube man, sie hätten sich verdient gemacht, sei seien als einzige dazu berufen, für uns alle die Rettung zu finden. Genau das ist die Ideologisierung der Politik.

Đilas: Die Ideologisierung des Verbrechens, die Rechtfertigung des Verbrechens.

Zulfikarpašić: Nicht nur das. Ich frage mich, ob es ein bloßer Zufall ist, daß der höchste kirchliche Orden der Orthodoxie soeben vom griechischen Klerus an Karadžić für die Rettung des Christentums verliehen wurde, während Alija Izetbegović vor einem Jahr von Saudiarabien einen Orden für die Verbreitung des Islam erhielt. Stellen Sie sich vor, die Bosniaken in Bosnien sind dezimiert worden, sie erlebten eine Katastrophe, wurden von ihrem Land vertrieben, ihre Häuser wurden zerstört, und er nimmt eine eine Auszeichnung für die Verbreitung und Förderung des Islam entgegen. Wo liegt dann die Bedeutung dieser Katastrophe, was bedeutet unsere Niederlage – Menschen, die dazu auf irgendeine Art beigetragen haben, dürften nun wirklich keinerlei Auszeichnungen bekommen.

Đilas: Kürzlich hat Karadžić eine vergleichbare Erklärung abgegeben. Er sagte, die Serben – und dabei ist nicht klar, ob er konkret die bosnischen Serben oder die Serben generell im Sinne hatte – seien die Avantgarde des Slawentums und der Orthodoxie. Das ist das gleiche, was man von Izetbegović erzählt. Diese Erben haben sich in den Kopf gesetzt, sie gäben die Initialzündung, um alle Slawen vor dem Westen zu retten und das Slawentum zu erneuern, ein Slawentum, das niemals als Einheit bestanden hat, ebenso wenig wie, nebenbei gesagt, der Islam.

Zulfikarpašić: Niemals bestand eine Einheit der islamischen Völker, außer zur Zeit Mohammeds und der ersten beiden Kalifen.

Đilas: Der Islam existierte als Religion. Als politische Form war er nie einheitlich.

Zulfikarpašić: Tatsächlich scheint es, daß eine postkommunistische Gesellschaft stets Gefahr läuft, in Nationalismus und in religiösen Fanatismus zu verfallen oder in die Hände unverantworlicher Nichtswisser und politischer Amateure zu geraten. Einige Staaten hatten das Glück, politische Strukturen errichtet zu haben. Und irgendwie war ich immer der Meinung, das frühere Jugoslawien war hierfür am ehesten prädisponiert, da durch Titos Konflikt mit dem Kominform einer Art Liberalisierung Tor und Tür geöffnet wurde. Im Unterschied zum gesamten Ostblock konnten die Jugoslawen in großer Zahl in den Westen reisen; sie studierten dort oder bildeten sich beruflich weiter – und auch Touristen aus dem Westen kamen viel häufiger nach Jugoslawien als in den Ostblock. Kroatien war voll von ausländischen Touristen, die Türen standen weiter offen, und wir hatten offenkundig einen materiellen und gesellschaftlichen Vorsprung. Gemessen an der Entwicklung der Formen der Demokratie machten wir größere Fortschritte als die Tschechoslowakei oder Ungarn. Doch leider gelang es uns nicht, uns gegen den Einfluß der schlimmsten nationalistischen und profaschistischen Elemente abzuschirmen, die aus dem Kommunismus hervorgingen.

Đilas: Was Adil von den Imamen, Hodschas und Derwischen sagt, gilt auch für die serbisch-orthodoxe Kirche – nicht für die gesamte, denn es gibt dort auch eine Strömung, die rationaler und durch ihren Rationalismus auch liberaler ist, aber ähnliche Erscheinungen sind auch in der orthodoxen Kirche anzutreffen. Ich glaube in der katholischen Kirche auch, obwohl ich über die weniger weiß. Sattsam bekannte Tatsachen möchte ich natürlich nicht anführen.

Zulfikarpašić: Offenkundig hatten die Katholiken den vernünftigsten Standpunkt im Hinblick auf den Demokratisierungsprozeß des Systems und sie hatten auch die positivste Einstellung zum Staat, während unsere Repräsentanten und die maßgeblichen Leute auf der Regierungsebene zur Teilung Bosniens neigten. Ein Teil unseres Klerus beharrte auf dem Standpunkt der Unteilbarkeit Bosniens, wie dies auch der gesamte kathlische Klerus tat, mit dem bosnischen Erzbischof Monsignore Puljić an der Spitze, hierin nachdrücklich unterstützt vom Papst und vom Vatikan. Sie vertraten schon immer den Standpunkt der Unteilbarkeit Bosniens, was sich positiv auf die Entwicklung der Ereignisse auswirkte, sofern man angesichts des Wahnsinns dieses Krieges überhaupt von positiven Auswirkungen reden kann.

Đilas: Im „Studio B" in Belgrad gab es vor einem Monat eine Sendung, die ich nicht selbst gesehen habe, von der mir aber ein vertrauenswürdiger Mensch berichtet hat. Dort trat ein Mönch aus dem Hilandar-Kloster auf, der heiligsten Stätte der serbischen Orthodoxie auf dem Athos. Der Athos ist der heiligste Ort für jedes orthodox-christliche Land. Dieser Mönch sprach ungefähr so: „Stevan Nemanja, Begründer der serbischen Nemanjiden-Dynastie, hat all jene die ungehorsam waren oder die vom Glauben abwichen, bestraft, und wenn es nötig war, hat er ihnen, so wahr ich hier stehe, ein Ohr oder die Zunge abgeschnitten, und das müßte man auch heute tun, dann hätten wir ganz andere Verhältnisse." Das ist eine extreme Auffassung, doch kirchlicherseits hat sie niemand dementiert.

Es gibt auch andere, die auf andere Weise extrem sind, vielleicht nicht ganz so offen, doch sie unterscheiden sich nicht wesentlich, es gibt hochgestellte Würdenträger in der orthodoxen Kirche, die ähnlich denken. Am häufigsten lassen sie sich dabei vom orthodoxen Antikommunismus leiten – einem Antikommunismus, der manchmal so heftig ist, daß er in die Verblendung, in eine ausweglose Situation und in den politischen Extremismus führt.

Zulfikarpašić: Das Hauptsprachrohr von Alija Izetbegović, gleichzeitig die Zeitung der SDA, setzte sich in einem Artikel für die Errichtung eines muslimischen Staates und die strikte Einhaltung der Scharia ein, was in einer multinationalen, multikulturellen und multikonfessionellen Land wie Bosnien absolut unmöglich ist. Man kann ein guter Muslim sein, und man soll das auch propagieren – daß man nach den Normen des Islams lebt – aber die Scharia einführen zu wollen in einer Zeit, da es jedem Menschen freisteht, sein Verhältnis zum Glauben selbst zu bestimmen – ist schlicht Nonsens. Die Scharia sieht eine Reihe unterschiedlicher Strafen für Menschen vor, die ihren religiösen Pflichten nicht nachkommen. Man darf nicht von einem Atheisten oder einem Muslim verlangen, die Gebote der orthodoxen Kirche einzuhalten, ebenso wenig darf man von einem Nichtmuslim erwarten, daß er die Scharia einhält. In einem islamischen Staat herrscht eine vollkommen andere Situation als in Bosnien, das seit seiner Entstehung als eine multinationale und multikonfessionelle Gesellschaft existierte, in der Toleranz die Lebensgrundlage darstellte.

12. Über das Bosniakentum

Đilas: Sie haben Ihre politische Arbeit in der Emigration in Bosnien fortgesetzt, nachdem sie dorthin zurückgekehrt waren, und wir haben bereits darüber gesprochen. Jetzt kommen wir zu Ihrem Versuch, sich mit den Serben zu verständigen. Sie führten ja Gespräche mit Milošević und erzielten sogar einige mündliche Absprachen und Übereinkünfte. Dann änderte sich die Situation. Ich sehe darin gleichfalls die Kontinuität Ihrer Politik, die Sie in der Emigration verfolgt haben. Konkreter gesagt, ich bringe das mit Ihrer Absprache mit der Gruppe „Oslobodjenje" in Verbindung. Hier sehe ich ein und dieselbe Linie, demnach politische Kontinuität. Natürlich haben Sie Ihren Standpunkt den Verhältnissen entsprechend entwickelt und konkretisiert. Dies geschah in Zusammenarbeit mit den Serben, bzw. mit den Kroaten, auf gleichberechtigter Grundlage.

Zulfikarpašić: Ich denke, für die Bosniaken war es eine wichtige Sache, einen Verbündeten für ihren politischen Kampf zu finden. Das gilt bereits seit Mehmed Spahos Zeiten, der im ersten Jugoslawien seine politische Aktivität unter sehr ungünstigen Verhältnissen begann; denn damals litten die Bosniaken unter der Agrarreform, man raubte oder beschlagnahmte ihr Land und schloß sie überhaupt aus dem öffentlichen Leben aus und organisierte die Gesellschaft ohne sie. Damals tauchten bei der kroatischen Seite die Politiker Radić und Maček auf, während sich bei den Serben die *Radikale Partei* formierte. Sie war antimuslimisch, großserbisch und chauvinistisch, eine Zeitlang wollte man daher ein Bündnis mit der Demokratischen Partei von Ljubo Davidović eingehen.

Muslimischer Tribut

Ich würde nicht sagen, daß wir Komplexe hatten, doch im Kampf um unsere politische Affirmation waren wir gezwungen, Verbündete zu suchen, doch diese Verbündeten erwiesen sich als instabil. Als sich Spaho zum Beispiel gerade ein wenig auf Radić stützte, erklärte dieser bei einer Kundgebung, Spaho tue nur, was ihm befohlen werde. Am Tag darauf reagierte Spaho mit der Äußerung, Radić müsse betrunken gewesen sein, als er das gesagt habe: „Ich tue nicht, was mir Herr Radić befiehlt, ich tue, was im Interesse meines muslimischen Volkes liegt." Demnach waren wir für unsere serbischen oder auch kroatischen Pseudo-Verbündeten nur als Stimmvieh interessant. Diese Bündnispartner verlangten, daß wir uns mit ihnen identifizierten. Das hat mich immer gestört. Ich hatte eine Reihe von Gesprächen darüber mit Politikern, die Minister unter Cvetković waren, und auch mit ihm selbst habe ich gesprochen; des weiteren auch mit kroatischen und slowenischen Politikern, ehemaligen Ministern.

Besonders wichtig für mich waren die Anschauungen serbischer und kroatischer Politiker. Sie zeigten sich den Muslimen stets gewogen, doch beispielsweise verlangten die Kroaten von uns, eine antiserbische Politik zu führen. Sie erlaubten sich, sich mit den Serben an einen Tisch zu setzen und zu verhandeln, bei uns tolerierten sie das jedoch nicht. Wir sollten eine aggressive Legion in ihren Reihen sein. Genau so war es mit den Serben, wir sollten eine antikroatische Politik führen, um uns ihre Zuneigung zu erwerben.

In der Emigration habe ich es oft erlebt, daß ich mit kroatischen Politikern an einem Tisch saß, die eine Übereinkunft mit uns erzielen wollten. Einmal war ich dabei, mich mit Krnjević über ein Abkommen zur Zusammenarbeit zwischen Kroaten und Moslems zu einigen. Wir wollten es unterzeichnen, vorausgesetzt er akzeptiert zwei Dinge: das selbständige Bosnien und zweitens die Muslimes als Bosniaken, d. h. als Volk. Ich erklärte ihm, die Kroaten seien unsere natürlichen Verbündeten, und daher würden wir mit ihnen in Bosnien zusammenarbeiten und uns wahrscheinlich wechselseitig stützen. Er meinte darauf hin, das komme zwei Kroatien gleich. Ich widersprach an dieser Stelle nicht, ich wiederholte nur, ich hielte die Kroaten für unsere natürlichen Verbündeten. Das war meine Überzeugung, ich hege sie noch heute. Er war einverstanden und sagte: „Gut, wir werden das jetzt zu Papier bringen, unterzeichnen und veröffentlichen."

Am Tag darauf kam er und sagte: „Ich kann das nicht unterzeichnen." Am Abend vorher hatte er sich mit den bosnischen Kroaten, Ilija Jukić[101] und Ante Martinović[102] getroffen, der damals in Südafrika lebte, sich aber um diese Zeit in London aufhieltelt. Sie alle sagten mir, das vorbereitete Schriftstück sei nichts anderes als die Anerkennung Jugoslawiens.

Đilas: Krnjević war ein ausgemachter Antijugoslawe.

Zulfikarpašić: Ja, er war ausgesprochen jugoslawienfeindlich orientiert. Ich sagte ihm, daß es Probleme für die Zukunft, für unser Volk geben werde und daß wir die Existenz unserer Völker in Gefahr bringen würden, gelänge es uns nicht, offene Konflikte, den Bürgerkrieg sowie die nationalen und religiösen Konflikte zu vermeiden, die zum wechselseitigen Töten führen. Er verzichtete dennoch auf das Abkommen. Als Bekannte und Freunde gerieten wir in eine große Krise. Ich wollte ihn nicht beleidigen, ich sagte ihm dennoch, daß er nicht die Ansichten von Ilija Jukić als Argumente verwenden solle. Er müsse seine eigene Meinung haben. Ich erinnere mich,

---

[101] Ilija Jukić, Chef der Kroatischen Bauernpartei, der HSS, in der Kriegsregierung stellvertretender Außenminister.

[102] Ante Martinović, Chef der HSS, Minister in der Kriegsregierung.

wie nach einer Diskussion ein anderer, angesehener kroatischer Politiker sagte: „Wenn du so denkst, mein Lieber, wenn du dich nicht uns Kroaten anschließen willst, werden wir uns mit den Serben über die Teilung Bosniens einigen." Ich war damals fest davon überzeugt, daß die Kroaten niemals in der Lage sein würden, uns zu teilen, und daher sagte ich ihm, zur Lösung ihrer kroatischen Probleme würden sie unseren guten Willen so nötig brauchen wie das tägliche Brot; doch unsere positive Haltung könnten sie durch eine antibosniakische Politik ins Gegenteil verkehren, wodurch gute Freunde zu Gegnern würden. Ich sagte ihm: „Die Zeit wird zeigen, wer wen teilen wird, wie wir uns teilen werden und ob wir überhaupt geteilt werden." Ein und dieselbe Geschichte war es auch mit den serbischen Politikern. Hier gab es Leute, ehemalige Minister, die Bosnien akzeptiert hatten, allerdings nur unter der Vorherrschaft der Serben. Mit Blick auf die relative serbische Bevölkerungsmehrheit aufgrund der damaligen statistischen Daten glaubten sie wahrscheinlich, es werde zwei serbische Republiken geben. Ich betonte ihnen gegenüber das Bosniakentum und die bosniakische Identität und sprach von einem Bosniakenstaat, der mit Serbien und Kroatien gleichberechtigt wäre. Eine weitergehende Forderung hatte ich ja nie erhoben. Auch von dieser Seite kam die Antwort – wir werden Bosnien aufteilen. Ich erinnere mich an eine Diskussion mit Professor Radoje Knežević[103], Führer der Demokratischen Partei. Er fragte mich, was ich von der Idee hielte, Bosnien an Dalmatien anzuschließen, und dann schlug er in Manier von König Alexander vor, entsprechende Banschaften einzurichten, wobei Užice der Drina-Banschaft, Foča der Zeta-Banschaft usw. zufallen sollte.

Ich möchte lediglich darauf hinweisen, wie schwierig es war, bosniakische Politik zu machen, und wie anstrengend es war, mit diesen Menschen eine gemeinsame Sprache zu finden.

Ich glaubte nicht an die Teilung Bosniens

Die Grenze Kroatiens an der Drina war eine Sache, über die kroatische Politiker zumeist nicht einmal diskutieren wollten. Darüber wollte man nicht einmal reden. Und natürlich war Bosnien in serbischen Augen serbisches Land, und auch hier gab es nichts zu diskutieren. Obwohl die Argumente irrational waren, wollte jede der beiden Parteien die Bosniaken für sich gewinnen. Denn wer die Muslime auf seiner Seite hat, hat Bosnien. Das war die Option. Ich aber wollte bei den serbischen wie bei den kroatischen Politikern die Illusion zerstören, sie könnten die Bosniaken wie eine politische Legion behandeln, die ihre Interessen verteidigen und sich für sie aufopfern würde. Ich war bestrebt, den bosniakischen Intellektuellen

---

[103] Radoje Knežević, Lehrer von König Peter II. und zusammen mit General Dušan Simović Organisator des Putsches vom 27. März 1941.

in der Emigration ihren Minderwertigkeitskomplex zu nehmen und bei ihnen das Gefühl zu wecken, selbst ein politischer Faktor zu sein, der bei der Lösung des Problems Bosnien den Ausschlag geben würde. Vielleicht war das ein präpotenter Standpunkt, ich war allerdings davon überzeugt, daß die Bosniaken ihrer Tradition nach mehr als alle anderen Völker in Jugoslawien staatsbildend waren, da sie am längsten ihren eigenen Staat hatten. Als Bogumilen waren wir Verteidiger des berühmten Bogumilenkönigreichs Bosnien, während die Orthodoxen und die Katholiken die fünfte Kolonne von Byzanz, bzw. Rom und Ungarn waren. Als wir zum Islam übertraten, identifizierten wir uns mit der Türkei, mit einem großen Reich, mit einer Großmacht. Wir waren der Staat. Bei uns entwickelte sich durch die Jahrhunderte hindurch eine staatsbildende Mentalität.

Ich erinnere mich an ein Beispiel aus der Schule. Zwei meiner serbischen Klassenkameraden hatten sich in den Kopf gesetzt, die Kabel zu zerstören, die als Telephonleitung dienten. Alles, was staatlich war, war für sie herrenloses Gut, während wir ganz anders dachten: Das ist Staatseigentum! Wir hatten eine positive Einstellung zum Staat und auch zum öffentlichen Eigentum – all das war unsers. Ich habe es in meinem Leben oft beobachtet, daß einfache bosniakische Bauer großen Repsekt vor dem öffentlichen Eigentum hatten und äußerst pfleglich damit umgingen. Auch am Beispiel des Waldfrevels zeigte sich das: Es hört sich zwar lächerlich an und soll auch nicht wie eine Beschuldigung klingen, doch unter hunderten von Menschen, die in den Wäldern unerlaubt Bäume fällten, machten die Muslime nur einige wenige aus. Die anderen dachten: Alles, was staatlich ist, kann man fällen oder mit sich nehmen. Ich war davon überzeugt, daß wir durch unsere Mentalität als das autochtone bosniakische Element zugleich auch ein staatsbildendes Element waren.

Đilas: Für Sie hatte demnach der Begriff Bosniak nicht nur religiösen Inhalt?

Zulfikarpašić: Das religiöse Element spielte die geringste Rolle. Ich glaube wir sind Bosniaken, unserer Mentalität nach, unserer politischen Entscheidung nach und entsprechend unserer psychologischen Struktur. Das religiöse Moment ist hier weniger wichtig und nicht ausschlaggebend, obwohl es ein wichtiger Faktor war.

Đilas: In Bosnien sind alle durch die Religion zu dem geworden, was sie sind. Auch Serben und Kroaten sind als Nationen durch die Religion entstanden. Und weshalb sollte dann der dritte im Bunde keine Recht darauf haben?

Zulfikarpašić: Ja, das stimmt schon. Doch Krnjević hat mir zum Beispiel von den Schwierigkeiten mit den Kroaten erzählt, die er hatte, als er im Jahre 1920 bei den ersten Wahlen in Tuzla kandidierte. – Was für Kroaten, guter Mann? Was erzählt du uns da, wir sind Katholiken, die bosnischen Šokci[104]! Als er sie Kroaten nannte, reagierten sie so darauf, als sei damit eine Änderung ihres Glaubens verbunden. Der Prozeß der politischen und nationalen Bewußtwerdung oder Orientierung

---

[104] Bezeichnung für Kroaten, die außerhalb Kroatiens, z. B. in der Vojvodina oder in der Posavina leben.

war zu dieser Zeit weder bei den Kroaten noch bei den Serben abgeschlossen. Im Gegensatz dazu waren wir schon dabei, eine längst bestehende Orientierung zu verlieren. Die Bosniaken begannen ihre Identität bereits zur Zeit Österreich-Ungarns zu verlieren. Österreich wollte die nationale Identität der Muslime nicht anerkennen, und so kämpften wir für religiöse Autonomie und waren dazu gezwungen, uns mit der Religion zu identifizieren. Damals war es nicht möglich, ganz Europa zum Katholizismus zu bekehren, doch die Tendenz, das katholische Element in Bosnien zu forcieren, war zur Zeit Österreichs in Bosnien offenkundig.

Ich glaube demnach, daß das bosniakische Element eine Tradition des Volkes dieses Landes ist, eine Tradition unserer Geschichte, und daß wir die bosniakische Identität verloren haben. Ich wurde als Bosniak erzogen. Ich erinnere mich, daß ich einmal das Wort Bosnier benutzte, und mein Vater sagte, ein Bosnier sei ein bosnisches Pony, ein Mensch hingegen könne nur als Bosniak bezeichnet werden. Als ich in der Emigration war und das Bosniakentum als nationale und politische Identifikation der Muslime erneut ins Leben rief, machte man mir diesen Begriff zum Vorwurf. Er sei ein archaischer Begriff und daher unpassend, der adäquate Begriff sollte „Bosnier" sein. Doch die bedeutendsten kroatischen und serbischen Intellektuellen haben meinen Begriff sehr rasch akzeptiert, weil wir uns so dargestellt haben. Als zum Beispiel die serbische Zeitung *„Naša reč"* über uns schrieb, fand sie nichts Schreckliches dabei, uns als Bosniaken zu bezeichnen. Sie schrieb auch von der „Bosniakenpartei", der „Bosniakenorganisation" und verwendete die Formulierung „... wir mit den Bosniaken". Ähnlich war auch die Haltung der kroatischen Intellektuellen, der Demokraten von der Kroatischen Bauernpartei...

Das Bosniakentum als Störfaktor für die Grenze an der Drina

Sehr bald erblickten die Nationalisten eine Gefahr in uns, und die nationalistische Pro-Ustascha-Presse reagierte auf das Bosniakentum mit äußerster Schärfe. Im gleichen Sinne äußerten sich verschiedene Pro-Tschetnik-Parteien, wenn sie sagten, daß sie Bosnien anerkannten, jedoch niemals das Bosniakentum. Sie hatten nicht die geringste Ahnung von der Geschichte Bosniens, in ihren Augen war die Existenz des Bosniakentums eine Unwahrheit und Fälschung. Doch Schritt für Schritt begann die Bezeichnung Bosniak von den einen wie den anderen toleriert zu werden. So ging es auch den Kommunisten, als sie letztendlich einsahen, daß die Muslime weder als Kroaten noch als Serben identifiziert werden wollten, sondern lieber in nationaler Hinsicht undefiniert blieben. Ein sozialistischer Staat kann nicht volle zwanzig Jahre ein in nationaler Hinsicht undefiniertes Volk haben, das noch dazu über eine eigene Intelligencija verfügt.

Das Bosniakentum störte jedenfalls die Pläne von der Grenze Kroatiens an der Drina ebenso wie auch die Pläne zur Errichtung Großserbiens. Man hat das so verstanden, und auch ich habe das so verstanden. Konflikte über dieses Thema ging ich aus dem Wege. Wenn mich jemand angriff, war ich bemüht, die Gründe zu erläutern, derentwegen ich mich als Bosniak betrachtete, anstatt mich direkt zu wehren. So ignorierte ich diese Angriffe in einem gewissen Sinne, denn ich war der Meinung, wir müßten uns als Bosniaken artikulieren und als solche auftreten, damit wir allmählich von allen akzeptiert würden. Natürlich hatten mir die Veränderungen Mut eingeflößt, die im sogenannten sozialistischen Lager eingetreten waren, wo neue, reformorientierte Kräfte von sich reden machten.

Als wir in der *Demokratischen Alternative* zu Beginn der sechziger Jahre darauf hinwiesen, daß innerhalb des Sozialismus reformorientierte Kräfte auftauchen könnten, hat weltweit noch niemand davon gesprochen. Der Kalte Krieg herrschte damals noch immer, doch wir stießen in unseren Einschätzungen und Analysen auf echte Anzeichen für das Auftauchen oppositioneller Kräfte. Dazu trug das Auftreten einzelner Intellektueller in den kommunistischen Parteien bei, die eingesehen hatten, daß der stalinistische Sozialismus nicht in der Lage war, Probleme zu lösen und daß das System auf irgendeine Weise demokratisiert und geöffnet werden mußte. Als das tatsächlich geschah, sah ich eine Gelegenheit, nach Bosnien zurückzukehren. Ich lebte dafür, in meine Heimat zurückzukehren und dort zum Demokratisierungsprozeß beizutragen.

Heute, aus der gegenwärtigen Perspektive betrachtet, ist mir völlig klar, daß ich eine ganze Reihe von Fehlern begangen habe. Ich habe vor allem den Fehler gemacht, keine politische Partei zu bilden, die sich ausschließlich auf demokratisch gesinnte Menschen gestützt hätte, die ähnlich dachten wie ich. Natürlich wären das nur wenige Leute gewesen, und wir hätten keine Massenpartei ins Leben gerufen. Mein zweiter Fehler war, eine nationale Partei zu gründen und zu unterstützen, was mit dazu beitrug, daß sich die Dinge in Bosnien in Richtung Konflikt und Interessenkollision entwickelten.

Đilas: Karadžić behauptet nach wie vor, daß die bosnischen Muslime im Grunde islamisierte Orthodoxe seien. Ebenso gibt es zahlreiche kroatische Politiker, die die Bosniaken für islamisierte Kroaten halten: Weil die Muslime das nicht akzeptieren, muß man sie entweder dazu zwingen oder sie ausrotten – so denken diese Leute. Einen anderen Ausweg sehen die serbischen oder kroatischen Nationalisten nicht.

Zulfikarpašić: Wenn wir islamisierte Orthodoxe und demnach seine Brüder sind, weshalb läßt uns Karadžić dann so unbarmherzig töten? Warum läßt er unsere Töchter und Frauen vergewaltigen, unsere Städte, in denen unschuldige Einwohner ums Leben kommen, mit Granaten beschießen? Und wenn wir islamisierte Kroaten sind, weshalb töten uns Tudjmans Truppen, weshalb haben sie die Brücke von Mostar zerstört, weshalb machen sie bosniakische Dörfer und Städte dem Erdboden gleich? Es handelt sich folglich nicht um einen Befreiungskrieg der bedrohten Serben und Kroaten, sondern man führt Krieg um Bosnien, das man nur dann für sich gewinnen kann, wenn man die Bosniaken vernichtet und ausrottet.

13. Historische Übereinkunft

Nadežda: Als eine derart schwierige und gespannte Atmosphäre in Bosnien herrschte, kamen Sie Anfang Mai 1991 auf die Idee, eine Übereinkunft mit den Serben zu schließen, um all die schrecklichen Dinge abzuwenden, die später in Bosnien passierten. Sie bemühten sich darum, gerade weil da Sie die Situation in Bosnien sehr gut kannten, weil Sie wußten, daß das Volk schon bewaffnet war, daß niemand niemandem mehr vertraute, und daß eigentlich überall Angst herrschte. Und von der Angst ist es nur ein kleiner Schritt bis zum offenen Konflikt.

Zulfikarpašić: Sehen Sie, ich bin bis auf den heutigen Tag fest davon übezeugt, daß mein Abkommen in jenem Augenblick die einzige Alternative zum Wahnsinn, zum Bösen und zu jenem Weg war, der so heimtückisch, und doch so unabwendbar in die nationalen und religiösen Konflikte in Bosnien führte. Ich glaube, in Bosnien darf man nie mit der Ehre und den Interessen seines Nachbarn spielen. Man darf ihn nicht beleidigen, man darf seine Situation weder verhöhnen noch mißbrauchen, in Bosnien ist das ein ungeschriebenes Gesetz. Das zweite ungeschriebene Gesetz lautet: Man darf nie die Religion eines anderen angreifen. Das war auch tief im Bewußtsein jener verwurzelt, die nicht tief gläubig sind. In Bosnien kann man die Kritik von Andersgläubigen nicht vertragen. Ein Muslim, der nicht gläubig, vielleicht sogar Atheist ist, empfindet es als Beleidigung, wenn ein Katholik oder ein Orthodoxer den Islam kritisiert oder sich über ihn lustig macht. Dasselbe gilt sinngemäß für die Orthodoxen und die Katholiken. Mit diesen Dingen treibt man in Bosnien keine Scherze. Es ist interessant, daß alle nationalen Parteien sehr stark auf ihrer engen Bindung an den Glauben insistierten. Daher stand zu erwarten, daß sie mit den religiösen Gefühlen sehr sorgfältig umgehen würden – doch passiert ist genau das Gegenteil. Deshalb habe ich immer sehr energisch reagiert, wenn ich merkte, wie sich einer meiner Bosniaken leichtfertig oder beleidigend über unsere Nachbarn, d.h. die Kroaten und Serben, bzw. die Katholiken und Orthodoxen äußerte. Ich bin als liberaler Mensch in diesem bosnischen Milieu erzogen worden und ich hegte tiefe Sympathien für meine Nachbarn, echte Sympathien, das will ich nicht verheimlichen. Sobald ich die Übereinkunft mit den Serben erzielt hatte, sprach ich öffentlich mehrmals davon, daß die Kroaten unsere natürlichen Verbündeten seien. Die Kroaten sind in Bosnien eine Minderheit. Sie sind am stärksten bedroht, sie wandern am häufigsten aus, verlassen die bosnische Heimat, sie wechseln am häufigsten ihren Beruf, sie bewegen sich am stärksten in Richtung Europa, und der Natur der Dinge nach suchen sie sich auf die Bosniaken zu stützen. Außerdem gibt es eine ganze

Reihe verschiedener historischer Momente, die beweisen, daß wir in bestimmten Perioden eine gute Zusammenarbeit und auch wechselseitige Zuneigung entwickelten. Und drittens, in Europa kenne ich keine zwei anderen Völker, die sich ihrer Mentalität nach so ähnlich sind wie die Serben und die Kroaten. Und doch haben sie sich psychologisch so sehr voneinander entfremdet, haben einander hassen gelernt und töten einander. Das sind zwei aggressive balkanische Nationalismen, die hundert Jahre lang gegen einander kämpften. Und diese wechselseitige Abstoßung, um nicht das Wort Haß zu benutzen, hat sehr tiefe, untereinander verflochtene und komplexe Gründe, die vom Irrationalen über die tagtägliche Realität bis zur Phantasie reichen. Man kann nicht in einem multinationalen und multikulturellem Land leben und solch eine Tatsache geringschätzen.

Ich war der Ansicht, die Kroaten könnten eine konstruktive Haltung zu Bosnien einnehmen, wenn sie sich sicher fühlen würden. Das um so mehr, als sie in einzelnen dünnbesiedelten Regionen, den Karstgebieten, die absolute Mehrheit darstellen und sich daher von Bosnien, besonders in der Westherzegowina leicht loslösen könnten. Ich dachte, unsere freundschaftliche Haltung ihnen gegenüber sollte für sie eine echte Stütze sein, damit sie sich in Bosnien nicht bedroht fühlten. Ich war davon überzeugt, daß wir im künftigen Parlament häufig gemeinsam auftreten würden, daß wir in den Kroaten einen Verbündeten hätten und sie in uns. Bei all dem war klar, daß wir mit ihnen niemals eine antiserbische Front bilden würden. Angesichts der Tatsache, daß wir meiner Überzeugung nach ein bisschen demokratischer unsd kompromißbereiter als sie sind, bemühte ich mich, bei den Bosniaken ein Verhältnis zu den Serben zu entwickeln, das nicht jene kritische Grenze überschreiten sollte, wo man einander verletzen oder wo sich der Andere bedroht fühlen könnte. Für unseren Bestand als Nation war es nicht gefährlich, ob sich die Kroaten bedroht fühlten oder nicht, doch politisch wäre ein solcher Stand der Dinge weder opportun noch wünschenswert gewesen. Lebensgefährlich wurde es jedoch für uns, falls sich die Serben bedroht fühlten und denken sollten, sie könnten mit uns nicht mehr zusammenleben. Den Kroaten gegenüber empfand ich eine ausgesprochene Zuneigung, die ich gar nicht verheimlichen wollte. Ich sprach davon bei öffentlichen Kundgebungen. Ich unterhielt Kontakte zu kroatischen politischen Strukturen sowohl in Zagreb als auch in Bosnien. Gleichzeitig pflegte ich mit größter Aufmerksamkeit derartige Kontakte auch zu den bosnischen Serben und zu Belgrad, weil ich der Tatsache Rechnung trug, daß wir als Nachbarn zusammen lebten.

Serben, Kroaten und Bosniaken gemeinsam

Das Problem Jugoslawiens war das Problem des gemeinsamen Lebens – zum einen der Serben und Kroaten, bei uns in Bosnien aber das gemeinsame Leben von Serben, Kroaten und Bosniaken. Dementsprechend mußten wir für das gemeinsame

Leben sein, wir hatten keine Alternative. Daher ist es meine feste Überzeugung – die ich wohl schon hundertmal wiederholt habe – wenn wir hier aufeinander losschlagen und wenn wir hier miteinander in Konflikt geraten, dann wird das ein schreckliches Massaker werden, und eines Tages werden wir, die Überlebenden, erneut gezwungen sein, uns gemeinsam an einen Tisch zu setzen und darüber zu reden, wie wir gemeinsam leben können. Ich habe niemals daran geglaubt, daß Bosnien geteilt werden könnte, daß man Bosnien zerstückeln würde, und daß so etwas auf der Grundlage eines Abkommens geschehen könnte. Ich muß zugeben, daß ich Massaker dieses Ausmaßes nicht erwartet habe, daß ich mit so tiefen und schmerzlichen Wunden nicht gerechnet habe. Am wenigsten erwartet habe ich ethnische Säuberungen und die Vertreibung von Bosniaken, wie auch die Zerstörung historischer Denkmäler, obwohl ich darüber nachgedacht und mir derartige Möglichkeiten, wenngleich nicht in dem Ausmaß vorgestellt hatte.

Als in Kroatien der Krieg ausbrach, wollten Kroatien und die kroatischen Politiker auf jede erdenkliche Weise auch Bosnien in diesen Konflikt verwickeln, um einen Verbündeten im Krieg mit den Serben zu bekommen. Und es war nicht nur meine, sondern auch die Politik von Alija Izetbegović, Bosnien auf keinen Fall in diesen Konflikt zwischen Serben und Kroaten hineinziehen zu lassen. Doch als der Krieg ausgebrochen war, bestand diese Gefahr ganz real und wir durften vor ihr nicht die Augen verschließen. Ich sprach bereits von unseren Bemühungen, irgendeinen Dialog herzustellen. Die drei politischen Parteien erinnerten an Blinde und Taube, eingesperrt in einen dunklen Raum, wo jeder ein anderes Gebet spricht, eine andere Geschichte erzählt, doch niemand zuhört oder bereit ist zuzuhören. Ich erkannte, daß die Situation so gefährlich war, daß sie dramatische Züge annahm und sich immer schneller in Richtung Katastrophe entwickelte. Es drängte sich die Frage auf, ob man sich bewaffnen sollte, und wer in welchem Masse bedroht war. Die ganze Zeit versuchte die eine Volksgruppe die andere davon zu überzeugen, sie sei noch stärker bedroht als alle anderen. Die Serben fühlten sich bedroht und führten einige Beispiele hierfür an, die jedoch meistens erfunden waren. Das ist jedoch im Lichte politischer Überlegungen irrelevant. Das subjektive Empfinden ist eines der dominaten Gefühle, da es die Basis für die politische Haltung und die Richtung darstellt, die ein Kollektiv einschlägt.

Ich möchte nochmals betonen: Ich war absolut für die Lösung des gemeinsamen Lebens in Bosnien. Das entsprang meiner politischen Überzeugung, meinem Nationalgefühl und allen Motiven meines politischen Kampfes und meiner öffentlichen Aktivitäten. Als ich sah, daß wir unmittelbar vor der Katastrophe standen, führte ich Gespräche mit Karadžić, Koljević und Kljujić. Aus diesen Kontakten trug ich die Erkenntnis davon, daß die Absichten von Einzelnen nicht länger wichtig waren. Unruhe breitete sich aus, es gab eine Menge wechselseitiger Vorwürfe und Unterstellungen. Ich erinnere mich an eine Begegnung mit Karadžić, der mir erzählte, er habe konkrete Informationen, daß an den und den Orten Waffen verteilt würden, und daß Waffenlager existierten. Nach meiner Lagebeurteilung und meinen Erkenntnissen waren seine Angaben falsch, doch für mich war wichtig, daß er Informationen dieser Art hatte und von deren Richtigkeit überzeugt war.

Wir hatten Beweise dafür, daß ganze serbische Dörfer bewaffnet wurden, daß die Armee diese Lieferungen ermöglichte, daß die Waffen aus Serbien kamen – all das waren Tatsachen. Sehen Sie, eine vernünftige Politik besteht darin, daß man eine Situation zu analysieren versteht, die notwendigen Schlußfolgerungen zieht und dann etwas unternimmt. Aus den Dokumenten, die ich zur Einsicht erhielt ,und aus den bereits erwähnten Telephongesprächen erfuhr ich von den Befehlen an die Armee, von den Vorbereitungen, die Serbien traf, von Truppenbewegungen, von der Verlagerung von Panzerverbänden in bestimmte Positionen, von Schützengräben, die rings um Sarajevo angelegt wurden. All diese Dinge, die als notwendige Manöver der Armee dargestellt wurden, waren tatsächlich faktische Vorbereitungen für verschiedene Aktionen, die zeigten, daß alles auf einen bewaffneten Konflikt hinauslief. Ich wiederhole nochmals, es war meine Überzeugung, daß es ein Konflikt zwischen den Bosniaken und den Serben sein würde. Ich überlegte lange, wie und ob man ihn überhaupt vermeiden könnte.

Wie den Konflikt vermeiden?

Ich ging zu Alija Izetbegović und fragte ihn offen, ob ihm klar sei, daß wir uns einem offenen Konflikt mit den Serben näherten. Er sei sich dessen bewußt, meinte er. Ich fragte ihn des weiteren, ob er von irgendeine Weltmacht – ich hatte die Vereinten Nationen, die NATO oder die USA im Sinne – irgendwelche Sicherheitsgarantien bekommen habe. Ich fragte, ob uns irgendeine Macht schützen würde. Er sagte, er habe derartige Garantien nicht. Ich fragte ihn, ob er sich in irgendeiner Form mit der Armee verständigt habe, da er immer von seinen guten Beziehungen zu Verteidigungsminister Kadijević und seinen Kontakten zur Armee sprach. Auch darauf erhielt ich eine negative Antwort. Er habe keine konkreten Absprachen mit der Armee.

Đilas: Er gab damals eine Erklärung ab: „Ich habe Vertrauen in die Generäle".

Zulfikarpašić: Ja, er pflegte zu sagen, man solle auf die Armee vertrauen, da sie keine Konflikte zulassen werde. Ich sprach ihn auf diese Erklärung an und er sagte, die Armee sei immerhin besser als die Tschetniks. Ich sagte: „ Gut, aber wir sind sehr nahe an einem bewaffneten Konflikt." Er erwiderte: „Wenn du etwas weißt, weshalb tust du es dann nicht?"

„Und was könnte ich tun?"

„Du kannst mit den Leuten verhandeln, ich darf das nicht."

Dann gab er jene bekannte Erklärung ab, man werde Jugoslawien zum einen als eine engere Föderation zusammengesetzt aus Serbien, Montenegro, Bosnien und

Makedonien organisieren, zum anderen werde man eine eher lockere Föderation bilden, der alle anderen Teilrepubliken angehören würden. Die Reaktion auf seine Äußerung war sehr negativ, vor allem bei den Muslimen, in seiner Partei und in Bosnien generell. Und so sah er sich wenig später zu einem Dementi gezwungen. In den Straßen stand an Hausmauern zu lesen, er sei ein Serbe, er sei ein Sklave usw. Die SDA dachte damals, meine Partei habe diese Kampagne gegen ihn organisiert, doch wir hatten nichts damit zu tun. Für mich war sein Gedanke alles andere als ein wohlüberlegter Schachzug. Er wollte Bosnien an Serbien und Montenegro verschenken und isolierte sich dabei von seinen natürlichen Verbündeten Slowenien und Kroatien. Dabei hatte er nicht einmal eine klare Vorstellung, was das für eine Föderation sein und welche Kompetenzen sie haben sollte. So macht man keine Politik. Das war die falsche Politik, wie ich bis auf den heutigen Tag glaube.

Er fuhr fort: „Du siehst ja selbst, wie das Volk auf meine Annäherungsversuche an die Serben reagiert hat. So etwas wird einfach nicht akzeptiert." Ich meinte darauf: „Was hältst du davon, wenn wir gemeinsam etwas unternehmen?" Er meinte, das sei eine gute Idee. „Aber ich kann mit den Serben nicht sprechen, sie glauben mir nicht." Dessen war er sich bewußt. Ich sagte: „Gut, ich werde mit den Serben reden. Ich glaube, daß wir viel mehr als nur eine enge Föderation verlangen müssen. Wir müssen zumindest einen völlig gleichberechtigten Status im Vergleich zu Serbien und Kroatien bekommen."

Zu dieser Zeit hatte Serbien bereits eine Struktur errichtet, die alle Elemente eines selbständigen Staates in sich barg. Es gab ein eigenes Außenministerium, das serbische Parlament verabschiedete Gesetze zu Fragen, die in die Kompetenz der Bundesregierung fielen, wie dies mit Zöllen und einer anderen Reihe von Dingen der Fall war. Ich machte Izetbegović darauf aufmerksam. Er sagte: „Ich glaube kaum, daß wir unter den gegebenen Umständen erfolgreich sein können, dennoch möchte ich dich bitten, es zu versuchen.

Das war gegen Abend, ich kann mich nicht mehr an das genaue Datum erinnern, ich glaube, daß dieses Gespräch am 13. oder 14. Juli 1991 geführt wurde. Ich verließ sein Büro und ging nach Hause. Ich rief den Vizepräsidenten der Partei, Professor Filipović, an, der Abgeordneter der MBO im Parlament war. Ich schilderte ihm kurz die Situation. Er dachte ähnlich wie ich. Ich sagte ihm: „Ich habe mit Alija Izetbegović gesprochen. Er hat mich gebeten, etwas zu unternehmen. Was glaubst du, wenn wir ein für Bosnien und die Bosniaken akzeptables Abkommen vorschlagen? Bosnien muß mit Serbien und Kroatien gleichberechtigt sein, Bosnien muß ein souveräner und selbständiger Staat sein, der unteilbar und ohne nationale Kantone ist."

Zu dieser Zeit teilten die Serben Bosnien bereits in Kantone ein. Ihre Idee war die Vereinigung mit der Krajina und die Vereinigung einiger Regionen mit Montenegro. Bosnien würde dadurch zerfallen. Filipović sagte: „Ich halte ein Gespräch für notwendig." Ich bat ihn, Karadžić anzurufen und ein rasches Treffen mit ihm, Koljević und Krajišnik zu vereinbaren.

Eine Stunde später rief er mich an und sagte, er habe mit Karadžić gesprochen, doch der könne sich mit uns einer Reise wegen erst in drei Tagen treffen. Ich meinte, das sei zu spät, alles müsse sofort erledigt werden. Ich selbst rief Karadžić an und sagte ihm: „Wir müssen uns sofort sehen, es ist sehr dringend." Er meinte, er habe schon einen Termin und sei im Begriff, das Haus zu verlassen. Ich sagte, meiner Meinung nach habe unser Treffen Priorität, es sei absolut unaufschiebbar.

Ich erzählte ihm, ich selbst hätte auch schon einige vereinbarte Treffen absagen müssen und hätte zudem ein Flugticket in der Tasche, weil ich eigentlich nach Hause fliegen wollte. Er meinte darauf: „In Ordnung, ich muß nur zunächst mit Koljević und Krajišnik reden."

Er rief mich eine halbe Stunde später erneut an und sagte: „Wir erwarten Sie morgen früh um halb acht im Präsidium, im Büro von Nikola Koljević." Dorthin ging ich in Begleitung von Filipović. Ich sagte ihm, daß ich der Meinung sei, wir müßten mit ihnen ganz offen sprechen und wirklich sagen, was wir denken; zudem sei dies ein historischer Augenblick, um so mehr weil Alija Izetbegović und die SDA hinter uns stünden. Ich sagte zu Filipović: „Bitte, halte dich an unsere Absprachen, damit es nicht zu Meinungsverschiedenheiten unter uns kommt."

Der Morgen der Absprache

Als wir ins Büro von Koljević kamen, waren Krajišnik und Koljević bereits dort. Sie waren ein bisschen nervös, sie benahmen sich zumindest so, waren aber sehr freundlich. Wir erkundigten uns wechselseitig nach dem Befinden. In der Zwischenzeit war auch Karadžić eingetroffen. Auf montenegrinische Art sagte er: „Was bringen Sie uns Gutes?" Ich sagte: „Wir haben beschlossen, mit Ihnen offen zu reden, Ihnen einen Vorschlag zu machen. Wir werden Ihnen sagen, wo unsere Limits liegen, die wir auf keinen Fall überschreiten möchten. Nach dem Gespräch werden wir uns als Freunde oder Feinde trennen. Wir sind bereit, über jeden Bereich zu reden, bei dem wir Zugeständnisse machen können, wir möchten Sie jedoch auf einige Dinge aufmerksam machen, die wir nicht akzeptieren können. Sie sollen uns ebenfalls sagen, was Sie für inakzeptabel halten. Bevor wir anfangen, möchte ich Sie etwas fragen: Ist Ihnen klar, daß wir uns unmittelbar vor einem Krieg, vor einem bewaffneten Konflikt befinden?"

Fast einstimmig sagten sie: „Ja, wir sind uns dessen bewußt."

„Ist Ihnen klar, daß es sich um einen Konflikt zwischen Bosniaken und Serben handelt?"

„Natürlich ist uns das klar, aber alles, was Sie vorschlagen, richtet sich gegen uns."

„Ist es Ihnen klar, daß es allerhöchste Zeit ist, daß es fünf Minuten vor zwölf ist?" Darauf erwiderte Koljević: „Ich glaube, daß es bereits fünf Minuten nach zwölf ist." Zunächst sprach ich über die Dinge, die für uns inakzeptabel waren. Ich erklärte, wir hätten Informationen über ihre Gespräche mit Milošević. Meine Angaben schöpfte ich aus den Dokumenten, in die man mir Einsicht gewährt hatte. Ich sagte: „Hören Sie, wir können die Aufteilung Bosniens in einzelne Regionen nicht akzeptieren. Unannehmbar ist auch eine Position für Bosnien, die im Vergleich zu jeder anderen Republik nicht gleichberechtigt wäre. Wir bieten Ihnen eine Einigung an und wünschen uns einen gemeinsamen Staat mit Montenegro, Serbien, Kroatien, kurz, mit allen sechs existierenden Republiken. Wir befürworten eine solche Lösung, sollte jemand mit uns nicht zusammen leben wollen, so gibt es immer eine Art und Weise, um sich loszulösen.

Nachdem wir unsere grundlegenden Prinzipien vollständig genannt hatten, entwikkelte sich eine Diskussion. Krajišnik meinte, es sei zu spät. Er begrüße die Annäherung zwischen uns, doch die Serben könnten nicht mehr auf die Kantone verzichten, denn die ganze Angelegenheit sei bereits sehr weit gediehen. Ich sagte darauf kurz: „Wenn das so ist, lohnt es sich nicht, weiter zu reden, wir insistieren nämlich darauf. Jede Aufteilung Bosniens in Regionen birgt die Gefahr von Konflikten in sich, sie kann auf friedlichem Wege nicht zustandekommen, sie zieht zwangsläufig Feindschaften nach sich. Wir wollen eine historische Einigung erzielen, um solche Konflikte zu vermeiden."

Zu Beginn meiner Ausführungen sagte ich, meiner Ansicht nach sei die Situation völlig klar. Es gebe kein einziges umstrittenes Dorf in Bosnien, es sei jedem klar, welche Dörfer serbisch, bosniakisch oder kroatisch seien. Unsere Streitigkeiten trügen eher irrationalen als realen Charakter, meinte ich.

„Wir haben versäumt, unsere Probleme nach dem Abzug Österreichs, bzw. nach dem Zerfall der Türkei und der Errichtung Jugoslawiens zu besprechen. Wir dürfen uns nicht erlauben, nochmals eine historische Gelegenheit zu versäumen. Die Probleme müßten jetzt geklärt werden, damit wir dann die Ärmel aufkrempeln und gemeinsam an der Errichtung eines Bosniens arbeiten können, das für alle akzeptabel ist!".

Sie erwähnten dann die kroatische Krajina und erklärten, sie stünden bereits in Verhandlungen mit den Kroaten. Ich antwortete darauf, der Sandschak sei ein ähnlicher Fall.

Die bosnischen Grenzen dürfen nicht verändert werden

„Der Sandschak ist Bestandteil Bosniens, im Sandschak leben Bosniaken, doch wir wollen die Frage der Grenzen hier nicht stellen. Bosnien-Herzegowina soll nicht vergrößert, aber auch nicht verkleinert werden."

Bevor ich diese Einzelheiten vortrug, sagte ich: „Alles, was ich hier sage, gilt für die Bosniaken und die Serben, aber auch für die Kroaten, so als ob sie anwesend wären. Sie sind ein staatsbildendes Volk in Bosnien."

Ich muß zugeben, sie zögerten keinen Augenblick und sagten, sie seien selbstverständlich einverstanden, die Kroaten in Bosnien-Herzegowina als staatsbildendes Volk zu betrachten, was durch nichts in Frage gestellt würde.

Aus unserer Diskussion ging hervor, daß Koljević und Karadžić damit einverstanden waren, die Aufteilung in Regionen aufzuschieben und unseren Standpunkt zu akzeptieren, daß Bosnien-Herzegowina ein gemeinsamer Staat seiner drei Völker bleiben müsse. Wir beharrten darauf, daß sie Bosnien als selbständigen und souveränen Staat akzeptierten. Sie sagten, sie könnten das nur akzeptieren, wenn Bosnien in der jugoslawischen Gemeinschaft verbliebe. Wir wiederholten unseren Standpunkt, Bosnien müsse gegenüber Kroatien und Serbien gleichberechtigt sein, und zwar als eine von sechs gleichgestellten Teilrepubliken. Jemand von der serbischen Seite bemerkte, die Lostrennung der Westherzegowina müsse gestattet werden. Ich lehnte das mit der Begründung ab, die Grenzen Bosnien-Herzegowinas seien unveränderlich, und wir Bosniaken müßten bereit sein, sie zu verteidigen. Ich begründete das mit den Worten: „Sie wollen die Krajina, wir wollen den Sandschak! Doch lassen Sie uns die Dinge nicht komplizieren, Sie werden das Problem der Krajina in Verhandlungen zwischen Serbien und Kroatien lösen, vielleicht auch in Verhandlungen zwischen uns allen." Sie erklärten darauf hin, sie hätten den Anschluß der kroatischen Krajina an Bosnien zum Ziel, und bestätigten so meine Informationen. Ich wies dieses Ansinnen entschieden zurück und sagte, so etwas komme nicht in Frage.

Es war offenkundig, daß sie Großserbien im Sinne hatten, allerdings suchten sie dies zu verbergen. Ich fuhr fort: „Was die Sprache anbelangt, so beharren wir auf der bosniakischen Sprache. Wir sind unter keinen Umständen bereit, die hegemonistischen großkroatischen oder großserbischen Einflüsse aus längst vergangener Zeit zu tolerieren und unsere Sprache als Serbokroatisch bezeichnen zu lassen. Sie können sie serbische Sprache nennen, doch für uns ist es die bosniakische Sprache."

Für die Serben war es kein Problem, daß wir alles tun würden, um unser Nationalgefühl durch das Bosniakentum zu artikulieren. Entweder Koljević oder Krajišnik, ich erinnere mich nicht mehr genau, meinte danach, man müsse mit der Veröffentlichung unserer Übereinkunft sehr vorsichtig sein. Er sagte, wir müßten auf unsere eigenen Anhänger achtgeben, man müsse unbedingt den Eindruck vermeiden, als habe die eine Seite vor der anderen kapituliert.

Ich schlug vor, neben dem Abkommen auch ein Protokoll auszufertigen, das jedoch nicht zur Veröffentlichung bestimmt sei. Dort solle festgelegt werden, daß sich die Krajina nicht an Bosnien anschließen dürfe und daß wir uns geeinigt hätten, daß unsere Sprache das Bosniakische sei.

Ich schlug also die Abfassung von zwei Dokumenten vor. Eines, das veröffentlicht werden sollte, müßte auf folgenden Prinzipien beruhen: selbständiges Bosnien, gemeinsames Leben, Völkergemeinschaft. Das zweite, für den internen Gebrauch bestimmte müsse juristisch klar und bindend sein.

Alija wird Euch belügen

Sie stimmten zu. Ich stellte sogleich die Frage nach der Haltung von Milošević, da ich ja von ihren Kontakten zu Milošević wußte. Ich sagte: „Ich will mich sofort mit Milošević treffen und die ganze Angelegenheit mit ihm besprechen. Karadžić sprach telefonisch mit Milošević und sagte, ich sei gerade bei ihm, und wir hätten ihm soeben ein historisches Abkommen vorgeschlagen. Er führte die drei Punkte an und sagte: „Wir sind der Ansicht, daß es eine gute Sache ist und man darüber nachdenken sollte. Danach sagte er zu mir: „Milošević will Sie empfangen, wann immer Sie wollen, vielleicht morgen, wenn Sie möchten." Dann diskutierten wir, ob ich gleich mit dem Flugzeug reisen sollte. Schließlich sagte ich, ich würde am folgenden Tag nach Belgrad fliegen. Sogleich boten sie ihre Hilfe an, und zwischen uns entstand eine Atmosphäre, die zwar noch nicht freundschaftlich war, doch die Spannung hatte merklich nachgelassen. Auf einmal herrschte eine menschliche Atmosphäre zwischen uns, und unsere serbischen Gesprächspartner erzählten uns von ihren früheren und gegenwärtigen Schwierigkeiten.

Man fragte mich, ob Alija Izetbegović über unseren Besuch unterrichtet sei. Ich sagte, ich spräche im Namen von Izetbegović. Ich forderte sie auf, mit mir zu Izetbegović zu gehen, denn wir waren im Präsidium, und sein Büro befand sich im selben Gebäude. Ich rief Alija an, und er bat uns zu sich. Wir gingen in sein Büro. Ich unterrichtete ihn kurz über unsere Übereinkunft. Er war mit allem einverstanden und forderte Koljević und Filipović auf, „alles zu Papier zu bringen". Er sagte, er reise am folgenden Tag nach Amerika und sei bereit, nach seiner Rückkehr das Dokument zu unterzeichnen.

Die Atmosphäre zwischen den Serben und Izetbegović war höchst unangenehm und seltsam. Als er laut sagte: „Ich werde das Dokument unterzeichnen, wenn ich aus Amerika zurück bin." – wandte sich Koljević an mich und sagte laut: „Er wird uns belügen." Es war mir peinlich, daß er seinen Kollegen, den Präsidenten der Republik, der Lüge und des Betrugs bezichtigte. Da ich das Treffen leitete, ergriff ich das Wort und sagte: – Ich bitte Sie, Nikola, wie können Sie so reden."

Obwohl ich Alijas Gewohnheit kannte, seine Meinung zu ändern, hoffte ich dennoch, er werde das in diesem historischen Augenblick nicht tun, da gerade er es ja gewesen war, der mich gebeten hatte, diese Verhandlungen einzuleiten.

Danach kam es zu einem Streit um die Amerikareise. Koljević sagte, er und nicht Izetbegović sei im Staatspräsidium für die Außenpolitik zuständig: „Wieso reist du nach Amerika, und ich weiß nichts davon, nicht einmal mit wem du dich treffen willst!" Ich unterbrach den Streit mit den Worten: „Die Sache, um die es hier geht, ist so wichtig, daß ich Sie bitten muß, Ihren bilateralen Streit ein andermal auszutragen." Wir gingen in der Überzeugung auseinander, daß Izetbegović mit den Serben übereinstimmte. Koljević trat an jenem Abend zusammen mit Dubravka Kenić im Fernsehen auf. Bei dieser Gelegenheit erwähnte er die Übereinkunft und sagte: „Ich habe heute mit meiner Frau telephoniert, und zum ersten Mal nach mehreren Monaten habe ich ein gutes Gewissen, denn wir haben ein großes Werk zustande gebracht. Er erzählte von seinem Treffen mit den Führern der Muslime: „. . . wir haben uns geeinigt, wie die Frage Bosniens am besten zu lösen ist. Wir laufen nicht mehr Gefahr, mit unseren Nachbarn in Konflikt zu geraten". In Bosnien trafen seine Worte auf großen Widerhall. Alle erkundigten sich, um welche Führer der Bosniaken es ging. Am Tag darauf wurde bereits überall erzählt, man habe ein Abkommen geschlossen, Zulfikarpašić und Karadžić, bzw. Serben und Muslime hätten es zustandegebracht.

Als Izetbegović aus Amerika zurückkehrte, wurde er auf dem Flughafen von Journalisten gefragt: „Wissen Sie von dem Abkommen?" Er sagte offen: „Ja, die MBO und Zulfikarpašić verhandeln in meinem Namen. Alles ist in Absprache mit uns geschehen."

Offene Gespräche mit Milošević

Bevor ich Milošević traf, hatte ich mich in einer Reihe von Interviews sehr kritisch über ihn geäußert. In einem der Interviews bezeichnete ich ihn als sehr unzuverlässigen Verhandlungspartner, ich verurteilte seine großserbische Politik, seine Bemühungen, Bosnien aufzuteilen, usw. Er empfing mich dennoch sehr freundschaftlich und sagte, er sei über mich und meine Rückkehr in die Heimat gut informiert. Wir führten ein langes Gespräch unter vier Augen. Ich sagte ihm, daß unsere Verhandlungspartner in Bosnien – Koljević, Karadžić und Krajišnik – hinsichtlich der Regionen unschlüssig seien. Er meinte, daß die Regionen als Waffe gegen uns konzipiert worden seien: „Jetzt, da wir eine Einigung erzielen wollen, ist diese Frage gegenstandslos. In Bosnien-Herzegowina gibt es keine Regionen." Milošević war sehr überrascht, daß wir ein Abkommen anboten. Er wußte, daß wir uns dazu nicht unter Druck entschlossen hatten. Er sprach von künftigen Wirtschaftsplänen, von Zusammenarbeit. Er schlug vor, die Präsidenten im neuen gemeinsamen Staat entsprechend dem Alphabet zu wählen: Bosnien, Kroatien, Makedonien, Montenegro, Slowenien und Serbien: „Serbien", sagte er, „kommt als letztes an die Reihe. Der erste Präsident soll ein Bosniak sein, er wird alle Befugnisse haben, er wird auch Oberbefehlshaber der Streitkräfte sein."

Ich warf die Frage des Sandschak auf, Milošević erwiderte, in der Zukunft werde man die Probleme des Sandschak gemeinsam lösen, er könne aber sofort einer kulturellen und administrativen Autonomie zustimmen. Ich sagte, es sei uns sehr peinlich, über diese Dinge zu streiten, doch man könne einfach nicht über die Repressionen, den Krieg mit Kroatien und die Konfliktsituation in Kosovo hinwegsehen. Er sagte: „Ich bitte Sie, verhandeln Sie mit den Kroaten, seien Sie unser Vermittler, wir sind bereit, diesen Krieg zu beenden. Wir können nicht zulassen, daß die Serben in Kroatien Dinge über sich ergehen lassen müssen, deren Zeuge auch Sie sind. Doch wir sind zu einer Lösung bereit, die im gemeinsamen Interesse liegt. Die MBO und Sie persönlich, also Zulfikarpašić und auch Izetbegović, wenn er will, könnten als Vermittler auftreten. Was die Albaner angeht, so kann ich Ihnen versichern, daß wir sofort eine Kommission nach Kosovo entsenden werden, um im Einklang mit Ihnen eine menschliche Lösung auch für die Kosovo-Albaner zu finden." Ich antwortete: „Wir sind muslimische Bosniaken, die Leute dort in Kosovo sind Muslime, und wir sind mit ihnen durch religiöse Bande verknüpft, und daher wollen wir nicht, daß Sie dort eine derart repressive Politik führen."

Ich zählte dann alles auf, was Konflikte und Mißverständnisse zwischen uns hervorrief, und sagte, Bosnien sei ein halbokkupiertes Land. Er sagte, von nun an wollten wir eine gemeinsame Politik führen: „ Sie sprechen offen mit uns, und auch ich will ganz offen mit Ihnen reden. Als Korpskommandanten in Banja Luka, Mostar, Sarajevo und Tuzla können wir Muslime ernennen, das ist kein Problem, davon können Sie überzeugt sein. Lösen Sie die Probleme Bosniens auf die Weise, die Sie für die beste halten. Wir möchten Ihnen dabei lediglich helfen. Sie wollen die erwähnten Strukturen haben, wir sind einverstanden. Wir wollen in Bosnien-Herzegowina nicht benachteiligt werden, doch wir wollen, daß Sie in diesem Land gleichberechtigt sind, darüber gibt es keine Diskussion."

Milošević lehnte keinen einzigen meiner Vorschläge ab. Er war von der Tatsache begeistert, daß ihm ein Volk ein Abkommen anbot, zu einer Zeit, da er vor den Augen ganz Europas Krieg gegen Kroatien führte. Er machte keinen Hehl daraus, daß er darin etwas sehr Positives erblickte. Er sagte: „ Sehen Sie, wir haben die Katastrophe verhindert, und Sie haben uns gezeigt, daß man nach Wegen suchen muß, um die Probleme in Jugoslawien auf friedliche Art und Weise zu lösen."

Er war ein bisschen ungeduldig hinsichtlich der Unterzeichnung des Abkommens. Er verlangte, daß man das nicht unnötig hinausschob. Er fragte, ob man das Abkommen in Sarajevo unterzeichnen könnte. Ich sagte, daß ich darüber mit Alija Izetbegović nach seiner Rückkehr aus Amerika sprechen würde.

Ich weiß alles über Milošević, ich weiß, was die serbische Opposition denkt. Doch ich muß sagen, daß er sich diesem historischen Augenblick gewachsen zeigte und daß er zu allen konkreten Maßnahmen bereit war, die die gespannte Atmosphäre völlig verändert hätten. Er sagte: „Sie können sicher sein, daß wir von nun an jede Frage gemeinsam lösen werden."

Als ich von Belgrad aus telephonisch mit Filipović über mein Gespräch mit Milošević sprach, wußte ich nicht, daß unser Gespräch vom Innenministerium abgehört wurde und daß man Izetbegović sofort darüber unterrichtete. Die SDA erhob sogleich die öffentliche Forderung nach Ernennung von muslimischen Militärkommandanten in Bosnien.

REPUBLIK KROATIEN

REPUBLIK SERBIEN

REPUBLIK KROATIEN

REPUBLIK MONTENEGRO

VELIKA KLADUŠA
CAZIN
BIHAĆ
BOSANSKA KRUPA
BOSANSKI NOVI
BOSANSKI PETROVAC
SANSKI MOST
KLJUČ
TITOV DRVAR
BOSANSKO GRAHOVO
GLAMOČ
LIVNO
TOMISLAVGRAD
BOSANSKA DUBICA
PRIJEDOR
BANJA LUKA
MRKONJIĆ GRAD
ŠIPOVO
KUPRES
BOSANSKA GRADIŠKA
LAKTAŠI
KOTOR VAROŠ
SKENDER VAKUF
JAJCE
DONJI VAKUF
BUGOJNO
GORNJI VAKUF
PROZOR
JABLANICA
POSUŠJE
GRUDE
ŠIROKI BRIJEG
JUBUŠKI
ČITLUK
ČAPLJINA
NEUM
STOLAC
LJUBINJE
TREBINJE
SRBAC
PRNJAVOR
ČELINAC
TESLIĆ
TRAVNIK
NOVI TRAVNIK
VITEZ
BUSOVAČA
FOJNICA
KISELJAK
KREŠEVO
KONJIC
MOSTAR
BOSANSKI BROD
DERVENTA
MODRIČA
DOBOJ
TEŠANJ
ZENICA
KAKANJ
VISOKO
BREZA
ILIJAŠ
VOGOŠĆA
SARAJEVO
HADŽIĆI
ODŽAK
BOSANSKI ŠAMAC
GRADAČAC
GRAČANICA
MAGLAJ
ŽEPČE
ZAVIDOVIĆI
ŽANOVIĆ
KLADANJ
VAREŠ
OLOVO
ILIDŽA
PALE
KALINOVIK
NEVESINJE
GACKO
BILEĆA
ORAŠJE
BRČKO
SREBRENIK
LUKAVAC
ŽIVINICE
ŠEKOVIĆI
HAN PIJESAK
SOKOLAC
TRNOVO
FOČA
BIJELJINA
JANJA
LOPARE
UGLJEVIK
TUZLA
KALESIJA
ZVORNIK
BRATUNAC
VLASENICA
SREBRENICA
RODATICA
GORAŽDE
VIŠEGRAD
RUDO
ČAJNIČE

Republik Bosnien-Herzegowina
Katasterkarte: Gesamtgesellschaft-
liches Eigentum (Staatseigentum)

Legende

Das Staatseigentum ist auf der Karte mit gelber
Farbe gekennzeichnet.
Das Staatseigentum (53,3 % der Gesamtfläche)
setzt sich aus Wald (35 %), Weideland (11 %) so-
wie aus Wegen und Straßen (7,1 %) zusammen.
Das Land im Besitz der Bürger stellen die weißen
Flächen dar.

Die folgenden geographischen Karten wurden auf Grundlage einer Katasterkarte
der Republik Bosnien-Herzegowina erstellt. Sie zeigen das gesamtgesellschaftli-
che Eigentum (Staatseigentum) und seine räumliche Verteilung. Gleichzeitig zeigen sie, wieviel Landbesitz auf die drei Nationen Bosniens entfällt. Das gesamt-
gesellschaftliche Eigentum an Grund und Boden macht 53,26 Prozent des gesamten Territoriums der Republik oder 2 726 971 Hektar aus.
Im Eigentum der Bürger befinden sich 46,74 Prozent oder 2 392 712 Hektar. Diese Angaben besaßen bis 1991 Gültigkeit.

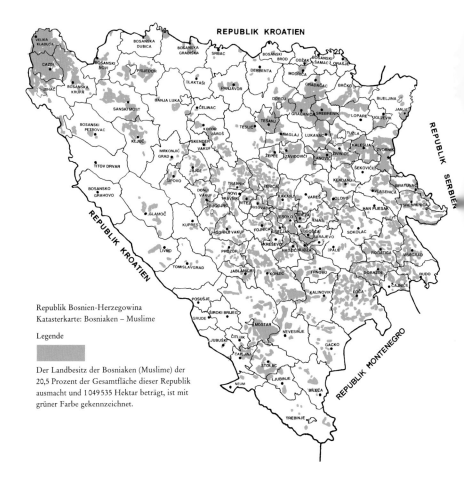

REPUBLIK KROATIEN

REPUBLIK SERBIEN

REPUBLIK KROATIEN

REPUBLIK MONTENEGRO

Republik Bosnien-Herzegowina
Katasterkarte: Bosniaken – Muslime

Legende

Der Landbesitz der Bosniaken (Muslime) der
20,5 Prozent der Gesamtfläche dieser Republik
ausmacht und 1 049 535 Hektar beträgt, ist mit
grüner Farbe gekennzeichnet.

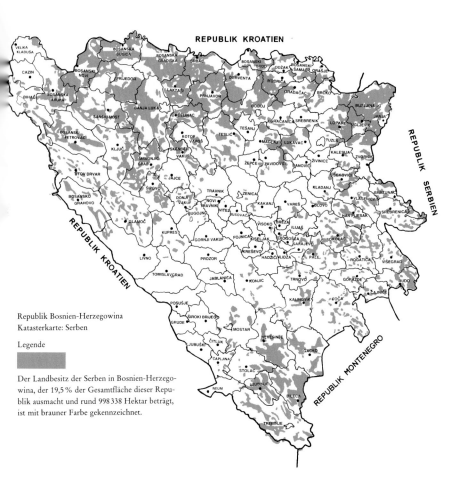

Republik Bosnien-Herzegowina
Katasterkarte: Serben

Legende

Der Landbesitz der Serben in Bosnien-Herzegowina, der 19,5 % der Gesamtfläche dieser Republik ausmacht und rund 998 338 Hektar beträgt, ist mit brauner Farbe gekennzeichnet.

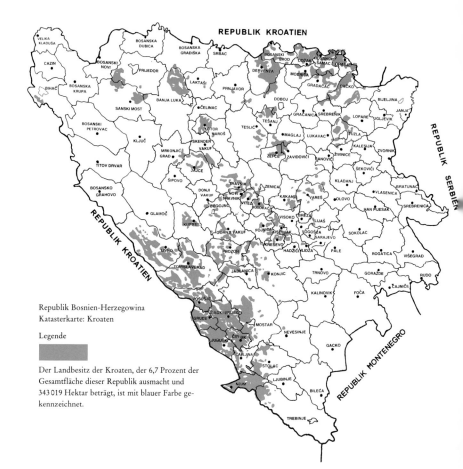

Republik Bosnien-Herzegowina
Katasterkarte: Kroaten

Legende

Der Landbesitz der Kroaten, der 6,7 Prozent der
Gesamtfläche dieser Republik ausmacht und
343 019 Hektar beträgt, ist mit blauer Farbe gekennzeichnet.

14. Am Scheideweg zwischen Krieg und Frieden

Nadežda: Können Sie heute, mit einem zeitlichen Abstand von drei Jahren, die wahren Gründe nennen, aus denen heraus Alija Izetbegović Ihre Initiative ablehnte, das „Historische Abkommen mit den Serben" zu unterzeichnen, das Bosnien höchstwahrscheinlich vor dem Krieg gerettet hätte. Ging es Ihrer Ansicht nach dabei um Fehleinschätzungen oder gar um persönliche Eitelkeit und Abneigung gegen Sie als Urheber der Idee?

Zulfikarpašić: Als Izetbegović aus Amerika zurückgekehrt war, traf ich mich erneut mit ihm und insistierte darauf, daß er zu Verhandlungen mit Milošević reiste, der ihn eingeladen hatte. Da wir unser Vorhaben gemeinsam begonnen hatten, wollte ich es auch gemeinsam beendet wissen. Er traf sich mit Milošević. Nach seiner Rückkehr erzählte er mir am Telephon, Milošević habe nichts Neues gesagt: „All das hat er mir auch schon vorher versprochen, mit einigen unwesentlichen Abweichungen. Er sagte zu mir, es gebe da ein paar Dinge, die man nicht so ohne weiteres akzeptieren könne, man müsse sich treffen, um darüber zu diskutieren."

Für jenen Abend hatte ich einen Auftritt im Fernsehen zusammen mit Frau Kenić ausgemacht und daher teilte ich ihm mit, daß ich ihn nicht gleich treffen könnte. Er sagte: „Gut Adil, dann treffen wir uns morgen früh in meinem Büro, um definitiv einen gemeinsamen Standpunkt zu erarbeiten. Wir können noch einmal gemeinsam zu Milošević fahren." Ich war etwas enttäuscht, weil er noch immer Probleme sah, die zu diskutieren wären, weil er nichts überstürzen wollte. Ich sagte: „Alija, ich bitte dich, es handelt sich um das Schicksal des bosniakischen Volkes, um das Schicksal Bosnien-Herzegowinas, wir dürfen diesen Faden nicht abreissen lassen."

Doch schon in Sarajevo erschienen zuviele Interviews mit mir, die Presse interessierte sich allzu sehr für mich, die Leute machten mich darauf aufmerksam, daß die Tatsache, daß ich populärer als Alija war, zu Nervosität in den Reihen der SDA führte. Deswegen sagte ich: „Alija, ich möchte dir keinesfalls deine Kompetenzen nehmen, du bist derjenige, der unterzeichnen muß. Ich habe überhaupt kein Interesse daran, dieses Abkommen zu unterzeichnen, das mußt du als Präsident der Republik tun." Er erwiderte: „Nein! Auch du mußt unterschreiben!" Ich antwortete: „Alija, ich beharre nicht nur nicht darauf, ganz im Gegenteil. Ich bin bereit, Bosnien zu verlassen und in die Schweiz zurückzukehren, solltest du der Meinung sein, daß meine Anwesenheit hier deine Autorität in irgendeiner Weise gefährdet. Ich habe kein Interesse daran, Präsident dieser Republik oder eines gemeinsamen Staates zu werden, ich strebe auch kein anderes Amt an. Ich bin nur daran interessiert, daß es zu diesem Abkommen kommt, weil ich weiß, daß es der einzige Weg ist; ich selbst bin gern bereit, mich zurückzuziehen und dir alles weitere zu überlassen." Er sagte: „Davon kann keine Rede sein, so ein Unsinn...!" In der Öffentlichkeit stieß das Abkommen auf äußerst positiven Widerhall. Es schien rechtzeitig zu kommen, denn zwischen uns war noch kein Tropfen Blut vergossen worden. Bis zu diesem Zeitpunkt gab es in Bosnien noch keinen ernsten Zwischenfall. Der Demokratisierungsprozeß stand noch ganz am Anfang. Noch zeichneten sich Möglichkeiten ab, unser Problem zu lösen. Die Einstellung des Krieges in Kroatien lag sowohl im Interesse Serbiens als auch Kroatiens. Es hatte sich in den vergangenen Monaten herausgestellt, daß der Krieg weder mit dem Sieg noch der Kapitulation einer Partei beendet werden konnte. Ich hatte das Gefühl, daß auch Makedonien bereit war, eine Lösung, wie sie das Abkommen bot, zu akzeptieren und sich uns angeschlossen hätte. Ich bin überzeugt, daß dieses Abkommen, das leider abgelehnt wurde, tatsächlich den Prozeß von Verhandlungen zwischen den Serben und den Kroaten eingeleitet hätte. Später hat sich gezeigt, daß eine Übereinkunft zwischen Kroaten und Serben tatsächlich möglich war. Letzten Endes sind daran dieselben Leute beteiligt – Tudjman und Milošević. Jede Verhandlung über die Beendigung des Krieges mußte nach meiner Einschätzung verlängert werden und letztlich in die Bereinigung der Probleme zwischen Serben und Kroaten einmünden.

Mir stand damals als Lösung eine Konföderation oder ein Staatenbund vor Augen, mit gemeinsamer Währung, gemeinsamen Finanzen, oder sogar unterschiedlichen konvertiblen Währungen; ein Bund, in dem jedes Mitglied eigene Streitkräfte hätte, während es auf Bundesebene nur Spezialeinheiten zum Schutz der Grenzen gäbe. Natürlich wäre in diesem Bund auch der freie Verkehr von Waren und Menschen gewährleistet gewesen. Meiner Überzeugung nach war es noch immer möglich, die Zerstückelung Jugoslawiens und die Entstehung feindlicher Blöcke in diesem Land zu vermeiden. Der Krieg, der ausgebrochen war, hatte lediglich gezeigt – beginnend mit dem klaren Standpunkt Sloweniens in dieser Frage – daß Jugoslawien mit Gewalt nicht aufrechtzuerhalten war, daß es aber ohne Gewalt auch nicht zerstört werden konnte. Daher glaubte ich, der Verhandlungsweg werde eine Reihe von Möglichkeiten und Lösungen eröffnen, die den Interessen der einzelnen Völker entsprechen und die dennoch ermöglichen würden, den Demokratisierungsprozeß – sei es außerhalb oder innerhalb Jugoslawiens – auf friedliche Weise zu beschleunigen. Die Ablehnung des Abkommens durch Izetbegović lief den Interessen der Bosniaken und Bosniens derart zuwider, daß mir bis auf den heutigen Tag nicht klar ist, weshalb er das getan hat – weshalb er sein Wort gebrochen und auf das Abkommen verzichtet hat. Er mußte wissen, was das für die Bosniaken bedeutete. Es ist nun einmal passiert, heute können wir das nur mit Bedauern konstatieren und uns den Kopf zerbrechen, weshalb es so gekommen ist.

Nadežda: Allerdings kamen auch aus Ihrer Partei unklare Signale, sogar in dem Sinne, man müsse das Abkommen einfrieren. Worum ging es damals?

Zulfikarpašić: Interessant ist, daß die serbische Seite selbst dann noch nicht auf das Abkommen verzichten wollte, als Izetbegović es abgelehnt hatte. Wir hielten eine gemeinsame Kundgebung in Zvornik ab. Anwesend waren Tausende von Menschen, erheblich mehr als bei der Gründungsversammlung unserer oder der serbischen Partei.

Außer mir sprachen noch Burek, Vizepräsident der Liberalen Bosniakenorganisation, ferner Mujo Kafedžić, Oberst und Vizepräsident der MBO, und andere Leute. Anwesend war auch Himzo Tulić, Ingenieur und Präsident der MBO in Zvornik. Die Kundgebung war unter anderem auch deswegen von Bedeutung, weil der Serbenführer Radovan Karadžić Großserbien als einen schönen Traum bezeichnete, der in Bosnien nicht realisierbar sei. Die Serben sollten wissen, daß das reale Leben etwas anderes ist als solche hochfliegenden Ziele. Er sprach dann recht vernünftig davon, daß in jenen Regionen Bosniens, wo Serben und Bosniaken zusammenlebten, die Bosniaken in rund der Hälfte der Gemeinden die Mehrheit stellten, in den übrigen hingegen die Serben. Sie müßten sich wechselseitig schützen, wo die Serben in der Mehrheit seien, sollten sie die Muslime in Schutz nehmen und vice versa. Die einzige Perspektive liege in einem gemeinsamen Leben. Noch heute, wenn Besucher des Bosniaken-Instituts die Videoaufzeichnung von dieser Kundgebung sehen, sagen sie, es sei unglaublich, daß die Serben zugunsten des Abkommens mit den Bosniaken bereit waren, auf die Idee von Großserbien zu verzichten.

Sie veranstalteten dann eine große Kundgebung in Trebinje, an der mehrere Tausend Muslime und mehr als fünfunddreißigtausend Serben und Montenegriner teilnahmen. Es war eine große Kundgebung mit Musik und Tanz. Zunächst fand ein engeres Treffen zwischen uns und den Repräsentanten der Serbenpartei sowie eine Pressekonferenz statt, danach wurde im Stadion die Kundgebung abgehalten, bei der, wie mir ein Universitätsprofessor aus Trebinje sagte, mehr Menschen anwesend waren als bei der Gründungsversammlung der SDS. Es war die größte Kundgebung, die in Trebinje je abgehalten wurde. Ich hielt eine Rede. Wir vereinbarten weitere Kundgebungen dieser Art. Einige muslimische Mädchengruppen sangen bosnische Liebeslieder, Sänger traten auf, und ein Orchester spielte. Es war ein Treffen zwischen Serben und Bosniaken, das unglaublich gut gelang.

Ich bin dann nach Zürich abgereist, und dann geschah es, daß der Vizepräsident meiner Partei, Muhamed Filipović, bei einer Pressekonferenz erklärte, das Abkommen sei eingefroren – er benutzte gerade dieses Wort „eingefroren" – um der SDA eine Chance zu geben, mit den Serben zu verhandeln. Das Abkommen war in Zusammenarbeit mit der SDA entstanden, und die Äußerung Filipovićs stellte die Dinge in schiefem Licht dar. Im Zusammenhang damit nahm man von Belgrad aus sofort Kontakt zu mir auf. Ich gab ein Live-Interview für die serbische Tagesschau und erklärte, wir stünden zu dem Abkommen. Ich rief Filipović in Sarajevo an und sagte ihm, das Abkommen dürfe keinesfalls in Frage gestellt werden.

Die SDA setzte die Verhandlungen dann tatsächlich fort, doch jetzt bekamen sie eine gänzlich andere Bedeutung. Für die Serben waren sie offenkundig uninteressant, denn sie verfielen erneut in die Psychose des wechselseitigen Mißtrauens, zurück in jene konfliktbeladene Atmosphäre vor dem Abkommen. Zahlreiche kroatische Intellektuelle verurteilten das Abkommen, ich versuchte dennoch ihnen den Sinn der Übereinkunft zu erläutern, wenn sie mich besuchten. Doch sie waren der Ansicht, die Bosniaken sollten keinesfalls mit den Serben zusammengehen. Augenscheinlich war hier auch Angst um die eigene Position im Spiel, obwohl ich sie alle damals zu überzeugen versuchte, in dem Abkommen gäbe es nichts, was schlecht für die Kroaten oder Kroatien sei, was wir ohnehin nicht zulassen würden.

Nadežda: Wenn wir schon davon reden, daß der frühere Vizepräsident Ihrer Partei, Herr Filipović, mit seiner Äußerung über das Einfrieren des Abkommens für Verwirrung in der Öffentlichkeit sorgte, müßten wir vielleicht auch darauf hinweisen, daß gerade er damals der Liebling der Belgrader Presse war. Er war ein häufiger Gast im dortigen Fernsehen und gab mehrere Interviews, in denen er das Abkommen verteidigte, Slobodan Milošević lobte und alle zu überzeugen suchte, daß Bosnien durch das Abkommen den Krieg vermieden hatte, der bereits ans Tor klopfte. Er handelte so, als sei er dem Geist des Abkommmens treu ergeben. Doch ein Teil der muslimischen Intelligenz in Sarajevo wies warnend auf sein unstetes, sehr flexibles Wesen hin und machte große Vorbehalte gegenüber all seinen Äußerungen geltend. Es herrschte die Meinung vor, er sei ein Mann, der sehr leicht die Seiten und Überzeugungen wechselte, und er tue all dies aus persönlichem Interesse. Heute verleugnet Filipović das Abkommen und erzählt, daß er nie daran geglaubt habe und schon damals gewarnt habe, es werde den Muslimen nichts Gutes bringen. Er ist Botschafter in der Schweiz geworden, dem Zentrum der Verhandlungen über Bosnien. Welche Verdienste hat er sich bei der SDA erworben, daß man ihm soviel Vertrauen schenkt?

Wissen Sie, was der Philosoph und Schriftsteller Esad Ćimić in seinem Buch „Politik als Schicksal" über ihn schrieb, als er die Meinung des Philosophen Vanja Sutlić, eines Freundes von Filipović zitierte? Sutlić bezeichnete ihn als eine erblich belastete Persönlichkeit, als Megalomanen und pathologischen Lügner, der an die eigenen Intrigen glaubt, mit einem Wort, ein „ontologischer Lügner".

Sie wissen sicherlich, daß er ein Liebling von Hamdija Pozderac[105] war, der ihm half und ihn protegierte. Doch als Pozderac bei der Partei in Ungnade gefallen war, war

---

[105] Hamdija Pozderac, in den letzten anderthalb Jahrzehnten des kommunistischen Regimes eine der drei wichtigsten Persönlichkeiten Bosniens. Er hatte die höchsten Ämter in der Republik und Föderation inne. Als Vizepräsident des Staatspräsidiums und Präsident der Verfassungskommission widersetzte er sich der harten Linie Miloševićs; durch die um die Firma *„Agrokomerc"* inszenierte Affäre wurde er daran gehindert, das jugoslawische Präsidentenamt anzutreten.

Filipović der erste, der ihn mit Verleumdungen überschüttete. Mußte man im Lichte seines bisherigen Verhaltens und seines Charakters nicht geradezu erwarten, daß er sich Ihnen gegenüber genau so verhalten würde, wie er es zuvor gegenüber Hamdija Pozderac getan hat?

Zulfikarpašić: Das Buch von Ćimić habe ich in der Emigration gelesen. Ich las es mit sehr viel Interesse. Ich erinnere mich nicht daran, daß seine Bemerkungen über Muhamed Filipović meine Aufmerksamkeit erregt hätten. Ich kannte ihn zu dieser Zeit nur flüchtig, doch jetzt stehe ich unter Eindruck seines unkorrekten Verhaltens mir gegenüber, weshalb Sie mir erlauben müssen, mich eines Kommentars zu enthalten. Wenigstens bei dieser Gelegenheit.

Nadežda: Der gesamte Verhandlungsprozeß um das Abkommen nahm zwei Monate in Anspruch. Das Abkommen wird zustande kommen, es wird nicht zustande kommen, und am Ende blieb von all dem nur das von Ihnen verfaßte Dokument. Dafür daß das Abkommen nicht unterzeichnet wurde, war letzten Endes Alija Izetbegović verantwortlich. In gewisser Weise hat man Sie damals einfach gelyncht. Wieder geschah es Ihnen, daß man Sie zu einem Mann abstempelte, der angeblich gegen die Interessen der Muslime arbeitete. Ich muß sagen, daß das Abkommen auch bei der Belgrader Opposition kein günstiges Echo fand, denn die Führer der Opposition dachten oder gaben vor zu denken, Sie würden Milošević mit diesem Abkommen nur das politische Überleben erleichtern. Auf Unverständnis stießen Sie auch bei der kroatischen Regierung und Opposition, doch Sie sagten mir später in einem Gespräch, daß nicht einmal ein Monat vergangen war, als man schon wieder damit begann, Regionen, bzw. serbische Kantone in Bosnien zu bilden. Sie sagten mir damals, daß man in Wirklichkeit Großserbien durch die Hintertür schaffen wolle, und zwar auf Kosten von Bosnien. Sie machten mich auch darauf aufmerksam, daß die Nichtunterzeichnung des historischen Abkommens zum Blutvergießen unter den Völkern führen würde, und diese Prognose hat sich als richtig erwiesen. In den sechziger Jahren begrüßten Sie in den *„Bosanski pogledi"* in Ihrem ersten Artikel die Bildung von UN-Streitkräften. Ihre These war, das sei eine gute Sache, denn nach dem Zusammenbruch des Kommunismus in Osteuropa – und dabei dachten Sie vor allem an Jugoslawien – könne es zu religiösen und ethnischen Konflikten kommen. Aus diesem Grunde sei es gut, Blauhelmeinheiten zu bilden. So als besäßen Sie die Gabe, die Zukunft vorherzusehen. Wie fühlen Sie sich persönlich als ein Mensch, der weiß, daß etwas passieren kann, sehr große Anstrengungen unternimmt, um es auf irgendeine Weise zu verhindern, und dann geschieht es doch? Wie fühlen Sie sich dabei und wie schätzen Sie die aktuelle Situation ein?

Zulfikarpašić: Das Abkommen hatte große Chancen. Es ist mir bis heute nicht ganz klar, wie Izetbegović als Bosniak, als Muslim, als Präsident der Republik Bosnien, der die Stärke der jugoslawischen Armee, das Potential Serbiens und die Haltung Europas kannte – der all das wissen mußte, und wenn er es nicht wußte, dann hätte er fähig sein müssen, diese Dinge einzuschätzen – wie er das Abkommen so leichtfertig ablehnen, sein Wort brechen und mich im Stich lassen konnte, während er sein Volk in den Krieg führte.

Als ich in einer Fernsehsendung das Abkommen verteidigte und davon sprach, daß wir jetzt in eine Phase friedlicher Verständigung und Förderung demokratischer Prozesse eintreten würden, erhielt ich ein Fax, das vom Hauptausschuß der SDA unterschrieben war. Darin hieß es: „Wir sind gegen jeden Gedanken einer Verständigung mit den Serben." Meiner Überzeugung nach ist es eine monströse Formulierung, wenn man sagt, man sei gegen jeden Gedanken der Verständigung. Alija sagte mir später, er habe von dem Fax keine Ahnung gehabt und bat mich, es ihm zu schicken. Ich erwiderte: „Entschuldige schon, aber du bist Präsident der Partei, ihr habt mir diese Meldung geschickt, und jetzt sagst du, du weißt nichts davon."

Später nahmen Izetbegović, Karadžić, Duraković, Kecmanović, Kljujić und ich gemeinsam an einer Fernsehsendung teil. Nach der Sendung verließen Karadžić, Alija und ich das Studio. Karadžić sagte damals: „Hört zu, liebe Leute, spielt mit diesen Dingen keine Spielchen, laßt uns gemeinsam eine Verständigung finden!"

In der Geschichte gibt es oft Situationen, in denen man den einen oder den anderen Weg wählen kann, wo man die Gelegenheit hat, die Situation zu verändern, oder aber den Weg der Katastrophe zu beschreiten. Mir war klar, daß Unterzeichnung und Realisierung des Abkommens die Chance auf ein friedliches Leben boten. Es war eine reale Chance, ebenso real und naheliegend war aber auch die Möglichkeit des bewaffneten Konflikts. Und hier kommt es zum entscheidenden Moment für die politische Führung, hier kommt der Augenblick der Reifeprüfung für eine politische Partei und für die Leute, die dazu berufen sind, eine aktive Politik zu machen. Sie müssen diesen historischen Moment spüren, sie müssen ihn begreifen und alles in ihrer Macht stehende tun, um die Katastrophe zu verhindern, um eine friedliche Lösung zu finden. Sehen Sie, solche Augenblicke wiederholen sich nicht. Hat man einen bestimmten Weg eingeschlagen, so erhält man keine zweite Chance, wenn es der Weg in die Katastrophe ist, so läßt sich daran nichts mehr ändern.

Đilas: Entschuldigen Sie, ich möchte noch eines geklärt wissen. Weshalb hat Izetbegović seine Zustimmung rückgängig gemacht, kennen Sie den Grund?

Zulfikarpašić: Ich Habe lange darüber nachgedacht. In der Partei ist man besonders empfindlich, wenn es um meine Person geht. Izetbegović hat in dieser Hinsicht einen regelrechten Komplex. Die gesamte Presse, von der slowenischen bis hin zur makedonischen, behandelte das Abkommen als Thema Nummer eins, und allzu häufig wurde betont, es sei ein Werk von Zulfikarpašić. Später erzählten mir einige SDA-Mitglieder, daß Behmen zu Izetbegović sagte: „Durch dieses Abkommen bist du jetzt zu einer zweitrangigen Persönlichkeit geworden; Zulfikarpašić hat zwar die Wahlen verloren, doch an Bedeutung enorm gewonnen; jetzt will er sich uns wieder als Führer aufdrängen!"

Doch all das waren nebulöse, verschwommene und unpräzise Vorstellungen. Wollte ich vielleicht die Macht ergreifen? Ich war der offizielle Kandidat für das Amt des Präsidenten der Republik, und folglich brauchte ich nicht aus der SDA auszutreten. Ich wäre gewählt worden, daran gibt es keinen Zweifel. Ich bin aus der SDA ausgetreten, nicht Izetbegović. Offensichtlich handelte es sich um einen Machtkampf innerhalb der SDA und darum, die Führung dieser Partei zu retten. Sie hatten begriffen, daß sie durch dieses Abkommen von der Spitze verdrängt würden, weil es allzu deutlich zeigte, daß sie zweitklassige Politiker waren, unfähig, die Situation richtig einzuschätzen. Daß solche Befürchtungen tatsächlich kursierten, hörte ich von verschiedenen Leuten in der SDA.

Es war offenkundig, daß die Menschen in Bosnien, und hier besonders die Muslime, positiv auf das Abkommen reagierten, denn dadurch hatte sich in Bosnien die generelle Situation schlagartig geändert. Die Spannung ließ nach, und folglich glaubten einige Leute, Alija müsse etwas tun, um sie wieder anzuheizen. Ansonsten kenne ich keinen anderen Grund. Ich habe den Verdacht, daß eine ausländische Macht ihre Finger im Spiel hatte, vielleicht hat ihm Amerika in diesem Moment nahegelegt, das Abkommen nicht zu akzeptieren. Ich sprach mit amerikanischen Diplomaten; sie waren der Meinung, das Volk sei nicht für das Abkommen. Sie waren skeptisch im Hinblick auf das Abkommen wegen der Unzuverlässigkeit von Milošević. Ich sagte zu ihnen: „Gut, meine Herren, sind Sie bereit, ihre Truppen nach Bosnien zu entsenden, um uns zu schützen?"

– „Nein, das nicht."

„Ich weiß, daß Sie das nicht tun werden. Sie werden uns Medikamente und Decken schicken und die Toten zählen. Ich hingegen will mein Volk retten, ich will, daß es gar nicht erst zu Massakern kommt."

So schrecklich das klingt und so katastrophal das auch erscheint, meiner Meinung nach haben die entscheidenden Leute das Abkommen abgelehnt, weil sie ihren egoistischen und kleinlichen Parteiinteressen den höheren Stellenwert zugemessen haben.

Đilas: Aber steht nicht hinter all dem – von den persönlichen Ambitionen einmal abgesehen – auch eine Konzeption, vielleicht eine sehr persönliche und tief verborgene? Hegte nicht Izetbegović den Plan, den islamischen Nationalismus zu festigen, um dann allmählich eine islamische Hegemonie in Bosnien herzustellen? Einfach im Hinblick darauf, daß die Muslime zahlenmäßig die stärksten waren und bei allen Wahlen mit der Mehrheit rechnen konnten?

Zulfikarpašić: Solch ein Gedanke erscheint mir dermaßen irreal und absurd, daß es mir wirklich schwerfällt, daran zu glauben. Ich muß allerdings zugeben, daß der zweite Mann in der Partei, Omer Behmen – nach Alija Izetbegović wohl die wichtigste Persönlichkeit in der SDA – einige Tage vor dem Konflikt ein Interview für „*Nedjeljna Dalmacija*" gab, in dem er sagte, daß die SDA das muslimische Volk bewaffnete; darüber hinaus sprach er in unverantwortlicher Manier von den *Green Berets* und der *Patriotischen Liga*, all das waren extrem unpolitische Äußerungen im Stil eines Ignoranten. Er machte sogar Anspielungen, wie gern man sich von diesem Schmutz befreien würde und erzählte noch allerlei dummes Zeug auf diesem Niveau.

Offensichtlich gab es in der SDA Leute, die die Position der Muslime stark überschätzten und sich der Illusion hingaben, die Serben seien das schwächere Element, das nachgeben würde, oder sogar besiegt und eliminiert werden könnte. Solch eine Konzeption war total irreal und absurd, wenn man sich vor Augen führt, daß die Jugoslawische Volksarmee hinter den Serben stand, daß sie sich mit den Serben identifizierte, daß sie eine der größten Armeen in Europa war, daß sie unbegrenzte Mengen an Waffen und Munition hatte und daß diese Armee frustriert war, weil man sie in Slowenien in gewisser Weise ausgetrickst und überlistet hatte und weil sie in Kroatien geschlagen worden war. Hinzu kam, daß diese Armee ihr Potential in Bosnien konzentriert hatte und daß sie nur auf eine Gelegenheit wartete, ihre Stärke zu zeigen und sich zu revanchieren. All das waren offenkundige Tatsachen. Später, als man ein Referendum in Erwägung zog, richtete jemand an Außenminister Silajdžić die Frage, was mit der Armee sei. Ich hörte, wie er sagte, man werde der Armee für ihren Abzug aus Bosnien eine Frist von mehreren Wochen setzen, danach werde man sie zur Besatzungsmacht erklären und sie als solche aus Bosnien hinauswerfen. Ich rief ihn unverzüglich an: „ Passen Sie auf, daß sich diese Armee nicht in unseren Mörder verwandelt! Um Himmels willen, spielen sie nicht leichtfertig mit solchen Dingen herum!"

Aber nachdem das Abkommen abgelehnt war, hatte sich der Wagen bereits in Bewegung gesetzt und raste auf den Abgrund zu, weder ich noch irgendjemand sonst konnte ihn aufhalten.

Was blieb von Bosnien übrig?

Nadežda: In den darauf folgenden sechs Monaten spitzte sich die Situation in Bosnien mehr und mehr zu. Dann kamen schon die Verhandlungen über die Regionalisierung und Kantonisierung an die Reihe. Alija Izetbegović erklärte nach seiner Rückkehr aus Lissabon, man habe eine Absprache erzielt. Die Kroaten erhielten zwei Kantone, die Serben drei, und alle übrigen Gebiete würden muslimisch sein. Der muslimische Kanton, bzw. der muslimische Halbstaat werde größer als Slowenien sein, und das sei aus muslimischer Sicht zufriedenstellend.

Zulfikarpašić: Als das Abkommen abgelehnt worden war, ging ich ins Ausland, alle weiteren Verhandlungen wurden von Izetbegović geführt. Die erste Delegation setzte sich aus Rusmir Mahmutćehajić[106], Izet Serdarević, der gegenwärtig Bot-

---

[106] Rusmir Mahmutćehajić, Professor für Elektrotechnik, war einer der einflußreichsten Männer in der SDA, gehörte der bosnischen Regierung als Minister für Energiewirtschaft an,

schafter Bosniens in Schweden ist, und Alija Izetbegović zusammen. Bei der Fortsetzung der Gespräche mit Vertretern der SDS stimmte unsere Delegation der Einteilung in Kantone sogleich zu. Sie dachten: Wir werden den Serben die Bildung von Kantonen gestatten, und dann werden wir selbst unsere Kantone bilden. In den Kantonen werden mancherorts die Serben und mancherorts die Muslime die Mehrheit darstellen; und die Muslime in den serbischen Kantonen werden ihre Position dort wahren und so etwas wie eine Opposition sein. Das waren Illusionen angesichts der Richtung, die die politische Entwicklung in Bosnien nahm. Ich war äußerst skeptisch. In der Bildung von Kantonen erblickte ich die Teilung Bosniens und die logische Vorstufe kriegerischer Konflikte – hieran gab es für mich keine Zweifel. Ich war sehr unglücklich, daß sich die Dinge in diese Richtung entwickelten und verwies in Artikeln und Interviews immer wieder darauf. Ich sah keine Alternative zum historischen Abkommen, alles andere führte direkt in den Krieg, hin zu Raub und Mord.

Đilas: Für mich ist dieser Punkt einer der wichtigsten, ich werde auch sofort sagen, warum. Es ist unstrittig, daß die Muslime – wenn ich von den Muslimen spreche, denke ich an die Führung und nicht an das Volk – am aktuellen Konflikt die geringste Schuld haben. Am meisten Schuld haben die Serben und die Kroaten, jedoch die Serben in erster Linie. Ich glaube jedoch, daß Izetbegović das Abkommen nicht allein aus persönlichen Gründen abgelehnt hat. Vielleicht geschah das unter dem Einfluß von Behmen und seinesgleichen, die ja als radikale Elemente in der Partei verschrieen sind? Vielleicht hofften sie, sie könnten für die Muslime in Bosnien eine Art Vorrangstellung gegenüber Serben und Kroaten herausholen? Izetbegović und seine Gefolgsleute setzten auf die Hilfe der islamischen Welt, sie sahen, daß ihnen Amerika gewogen war – sie waren sich aber nicht im klaren darüber, wieweit Amerika gehen würde, zudem hatte man ihnen wahrscheinlich viel mehr versprochen, als man zu tun bereit war. Ich bin davon überzeugt, daß diese Clique die persönliche Ambition hatte, Sie politisch kaltzustellen, aber auch dieses Abkommen abzulehnen, damit es dann auch die Serben ablehnen würden.

Zulfikarpašić: Wenn man davon spricht, wer die Schuld an der gegenwärtigen Aggression trägt, unterliegt es für mich nicht dem geringsten Zweifel, daß das Verhalten von Alija Izetbegović oder irgendjemand anderem weder der Grund für Verbrechen noch ihre Rechtfertigung sein kann. Wir können einander kritisieren und Freunde bleiben, wir können unterschiedliche Anschauungen vertreten und dennoch im politischen Leben bleiben. Doch hier handelt es sich um eine nationalistische Welt auf dem Balkan mit ihren eigenen Gesetzen. Da folgt man der Parole „Will ich leben, mußt du sterben!" – Man glaubt folglich, daß man nicht existieren

hatte zeitweise auch die Ressorts Verteidigung, Inneres, Versorgung und Information inne; verlor seinen Posten in der Regierung Bosnien-Herzegowinas, nachdem Haris Silajdžić zum Ministerpräsidenten ernannt worden war.

kann, ohne den Feind zu vernichten – man glaubt grundsätzlich nicht an Verständigung. Seltsam ist das bei uns. Ich habe oft darüber nachgedacht und tue es noch heute: Da hast du einen Nachbarn, vielleicht wird er Pate deiner Kinder, vielleicht dein Schwiegersohn, dein Freund – doch vielleicht wird er auch zum Mörder, Brandstifter und Todfeind, du kannst es dir aussuchen. Das hängt nur von den Umständen ab.

Als die SDA das Abkommen ablehnte, war mir klar, daß die Verantwortlichen die Konsequenzen dieses Schrittes weder gewollt noch gewünscht noch vorausgesehen hatten. Zu jener Zeit traf ich beispielsweise mit Muhamed Čengić zusammen, dem Sekretär der SDA. Wir gingen durch Sarajevo spazieren und er sagte: „Adil, die Serben wollen auch keine Konflikte, genau wie wir. Ich bin gerade aus Drvar zurückgekehrt, die Serben wollen Handel treiben. Deine Einschätzung, daß sie den Konflikt mit uns wollen, ist unzutreffend." Ich erwiderte: „ Muhamed, du hast leider unrecht. Hier geht es um folgende Frage: entweder ein ehrliches Abkommen, das sie wie uns zufriedenstellt, oder aber es kommt zum Konflikt. Ihr dürft nicht mit dem Feuer spielen! Es wird hier keine Kantone geben, ohne daß Bosniaken vertrieben werden, ohne daß sie ihre Arbeitsplätze verlieren, ohne daß sie allseitig benachteiligt werden. So ist das hier bei uns auf dem Balkan, so ist die Welt, in der wir leben. Ihr sagt die ganze Zeit: Die Serben sind Haiducken, die Serben sind Wölfe, und jetzt auf einmal, weil ihr es so haben wollt, verwandelt ihr sie in Lämmer, die sanft und fromm sind. Das sind leere Träume, die Serben werden sich nicht so verhalten, wie ihr es wünscht. Es kommt darauf an, das Gute und das Böse fein säuberlich zu trennen, und man muß die Mentalität in Betracht ziehen, die bei uns herrscht. Wir können aus diesen Menschen nicht etwas machen, was sie nicht sind, und auch sie können das nicht mit uns tun. Aber ich sage dir, die Leidtragenden werden am Ende wir sein!

Das war meine Überzeugung, und Sie haben wahrscheinlich recht, wenn Sie sagen, daß diejenigen, die das Abkommen ablehnten, die Folgen ihres Handelns absolut nicht vorausgesehen haben. Unmittelbar vor dem Konflikt in Bijeljina gab Izetbegović ein Interview für das Zagreber Nachrichtenmagazin *„Danas"*, in dem er sagte, in Bosnien werde es keinen Krieg geben. Die ganze Zeit wiederholte er: „Zum Krieg gehören zwei, und weil wir keinen Krieg wollen, wird es auch keinen geben". Welche Ignoranz! Zum Krieg braucht es einen, einen der zuschlägt und tötet! Wir sind das Opfer. Wir waren nicht für den Krieg, wir waren unfähig dazu, wir waren nicht vorbereitet. Jetzt behauptet man das Gegenteil, so als sei das ganze Volk taub und blind.

Đilas: Für mich ist das nicht strittig. Ich glaube, die muslimische Führung wollte die Hegemonie auf friedlichem Wege, durch demokratische Wahlen erreichen, denn eine Partei wie die von Izetbegović, die neben sich keine andere muslimische Gruppierung toleriert, mußte ja bei sämtlichen Wahlen die Mehrheit im Parlament erobern. Serben und Kroaten – bzw. ihre totalitären Parteien – können ja keinen demokratischen Formen zustimmen, die den Muslimen, bzw. ihrer totalitären Partei zur Mehrheit im Parlament verhelfen würden, ohne daß sie sich bedroht fühlen müßten. Hier entstanden ideologische Konfrontationen. Selbstverständlich kommen wir erneut auf Ihre Idee zurück, daß eine echte Demokratie nur in dem Fall möglich gewesen wäre, hätte es bei Muslimen, Serben und Kroaten echten Pluralismus gegeben. Dann nämlich hätte man Koalitionen und Regierungen nicht entsprechend dem nationalen Proporz, sondern entsprechend den programmatischen Konzeptionen gebildet.

Zulfikarpašić: Ja, entsprechend den Parteiprogrammen.

Đilas: Gerade deswegen bin ich nicht ganz sicher, ob Izetbegović bei der Ablehnung des Abkommens nicht die Hegemonie vor Augen hatte, die er durch eine Mehrheit im Parlament sichern konnte. Ansonsten bin ich mit Ihnen einer Meinung, daß die Muslime nicht für den Krieg waren. Es steht völlig außer Zweifel, daß sie unvorbereitet waren. Die Serben brauchten sich nicht eigens vorzubereiten. Rings um Sarajevo war die Armee postiert, sie brauchte nur noch einen Befehl, um mit der Zerstörung zu beginnen. So in etwa sehe ich die Situation.

Zulfikarpašić: Ich stimme Ihrer Analyse zu, doch ich möchte unterstreichen, daß das Abkommen Voraussetzungen für den Pluralismus und den demokratischen Prozeß schuf und für uns die einzige Alternative war. Die SDA hat diese historische Situation einfach nicht begriffen.

Đilas: Adil, der Kernpunkt besteht darin, daß sie keine Demokraten sind, alles andere ist nebensächlich.

Zulfikarpašić: Richtig. Damit bin ich einverstanden.

Đilas: Ich denke nicht nur an die Muslime. Die anderen sind vielleicht noch schlimmer – ich will mich gar nicht darauf einlassen, wer besser und wer schlimmer ist. Ich komme erneut auf meine These zurück, daß es sich da um totalitäre, nationale Parteien handelt, die gar nicht in der Lage sind, ihren totalitären Charakter aufzugeben. Sie werden zerfallen, sie werden einander vernichten, und jede Partei wird sich innerlich aufreiben, aber ändern werden sie sich nicht.

Zulfikarpašić: Ich möchte nur noch sagen, weshalb ich der Meinung bin, daß das Abkommen möglich war und weshalb es der Ausweg war. Aus einem einfachen Grund. Diese Parteien konnten nur in Konflikten existieren, sie wurden nur in der Konfrontation zu den anderen Parteien stärker. Wenn man ihnen die Konflikte nimmt, wird der Weg für die wahren demokratischen Programme und die dazugehörigen Parteien gebahnt – sozialdemokratische und liberale – und zwar bei den Serben wie bei den Muslimen. Es gab auch solche Parteien, doch die nationalistischen Parteien schlugen den Weg der Konflikte ein, da sie davon leben, dadurch stärker werden. Sie begannen den Krieg und sie können ihn nicht beenden. Hätte man eine Atmosphäre der Verständigung geschaffen, dann hätte man auch die Atmosphäre für Veränderungen in den Parteien hergestellt, und so wären neue Flügel, neue demokratische Elemente und im Endeffekt neue Parteien entstanden. So wie das in ganz Europa und in den Ländern des Realsozialismus geschehen ist, so hätte es auch bei uns Möglichkeiten für eine derartige Wandlung dieser Parteien, für die Entstehung demokratischer Parteien und demokratischer Verhältnisse gegeben. Die nationalistischen Parteien hätten ihr Terrain verloren. Aber stattdessen erstarkten sie durch den Krieg und vermochten ihre Existenz zu festigen.

Verbrecher kann man nicht verstehen

Đilas: Ich glaube, daß Herr Zulfikarpašić das Thema des Abkommens erschöpfend behandelt hat. Doch vielleicht gibt es noch eine Bemerkung dazu. Ich möchte nämlich noch etwas sagen, was nicht in unmittelbarem Zusammenhang mit dem Abkommen steht. Herr Zulfikarpašić sagte, er habe Verbrechen, zumindest Verbrechen solchen Ausmaßes nicht erwartet. Was ich sagen will, bezieht sich auf die Jahren 1990 oder 1991, wahrscheinlich auf das Jahr 1991. Der Konflikt war bereits offenkundig. Ich war damals in Kruševac – ich wurde zu einem Philosophentreffen eingeladen, bei dem unterschiedliche Themen behandelt wurden. Ich sprach von den Gefahren, die über unseren Völkern schwebten, von den Gefahren wechselseitiger Konflikte. Bei der Gelegenheit sagte ich, ich wolle weder an einen Konflikt noch an Massenverbrechen glauben, weil ich mir wie ein Schurke vorkäme, wenn ich das täte.

Die Frage der Massenverbrechen hat die politische Philosophie, soweit mir bekannt ist, nicht erörtert. Warum kommt es zu Massenverbrechen, und was bedeuten sie? Wenn wir behaupten, daß sie dem Menschen immanent sind, da der Mensch in sich die Kräfte des Übels birgt, haben wir nichts Neues entdeckt, nur etwas, was allgemein bekannt ist. Diese Frage wurde bisher nicht geklärt, und es ist ungewiß, ob sie jemals geklärt werden kann. So wie die Frage nach der Herkunft des Menschen, und die Frage des Lebens geberell wohl immer ungeklärt bleiben wird. Ein Mensch, in dem das Verbrecherische nicht die Oberhand gewonnen hat, kann Verbrecher, die Kinder und Wehrlose töten, nicht verstehen. Er ist nicht in der Lage, das zu begreifen, denn wenn er es begriffe, würde er in moralische Abgründe und solch eine Finsternis geraten, in denen er entweder verrückt werden oder selbst zum Verbrecher werden müßte. Selbstverständlich denke ich dabei an moralische Menschen. Demzufolge kann man von uns nicht erwarten, daß wir derartige Verbrechen begreifen – das wäre lediglich eine Illusion. Man kann das lediglich in guter Literatur beschreiben, durch die wir diese Abgründe erahnen können, wenngleich unsere Vorstellungen trübe und unklar bleiben müssen. Sie, lieber Freund, haben das Böse erahnt und erkannt, Ihnen blieb jedoch erspart, die menschlichen Ursachen für diese Ungeheuerlichkeiten begreifen zu müssen.

Uns bleibt es nichts anderes übrig, als gegen solche Verbrechen und Verbrecher zu kämpfen.

Zulfikarpašić: Ich dachte ähnlich darüber. Ich habe den Zweiten Weltkrieg erlebt und ich verbrachte einen Teil des Krieges in den Strafanstalten von Zenica und Mitrovica. Als in der Gegend von Fruška Gora eine Säuberungsaktion im Gange war, übernahm der Kommandant von Jasenovac, der Ustascha-Mörder Luburić, die Kontrolle über das Gefängnis, in das dann die bei der Aktion festgenommenen Partisanen und serbische Zivilbevölkerung eingeliefert wurde. Er blieb kurze Zeit dort und führte ein unglaubliches Regime ein, das auch ich durchmachte. Wir mußten uns jeden Morgen in einer Reihe aufstellen, dann erschien er, ging an uns vorbei und sagte nur: „Ja, nein, ja, nein." Denjenigen, bei dem er ja gesagt hatte, packten die Ustasche von hinten an den Schultern und schlachteten ihn an Ort und Stelle mit dem Messer ab. Das waren entsetzliche Erlebnisse, wenn Sie von heißem Blut bespritz wurden, und Ihnen der Todeschrei in den Ohren gellte.

Im Laufe des Krieges war ich Zeuge unvorstellbarer Verbrechen, und ich bekam auch die Folgen dieser Verbrechen zu spüren. Einige Male kam ich in Bosnien in Dörfer, die von Tschetniks niedergebrannt waren, ich sah die noch warmen Leichen erschlagener Kinder und Frauen. Diese Bilder haben sich in mein Gedächtnis eingebrannt. Mein ganzes Leben lang verfolgte mich die Angst, daß derartige Verbrechen erneut in Bosnien geschehen könnten. In dieser Beziehung war ich hypersensibel. ich glaubte, daß sich diese Dinge wiederholen könnten und hatte furchtbare Angst davor. In diesem Punkt haben Sie wirklich recht, Herr Đilas, ich habe nie im Leben erwartet, daß sich derartige Abgründe auftun könnten, hinsichtlich der Quantität und der Qualität des Verbrechens, so daß sie die schwärzesten Ahnungen übertrafen. Die Verbrechen nahmen eine solche Form an, daß sich die Beschreibungen aller bisherigen Höllenqualen nicht mit der Phantasie der Verbrecher messen kann, die diese Untaten in einzelnen Gebieten Bosniens begingen. Gerade davor hatte ich mich gefürchtet und ich hatte auch geschrieben, daß so etwas passieren kann, doch trotz alledem war ich total überrascht über das Ausmaß, die Tiefe und die Totalität dieser Verbrechen. Ich sprach mit einem amerikanischen Journalisten, der sagt, auf der serbischen Seite hätten sich Hunderttausende von Männern und Frauen direkt an Plünderungen und der Vertreibung von Menschen beteiligt. Wissen Sie, das ist ein schweres Trauma. Ich bin ein Fürsprecher des gemeinsamen Lebens und des einheitlichen Bosniens, doch mir läuft es eiskalt den Rücken hinunter, wenn ich daran denke, wie das wohl auf jene Frauen, Kinder und Männer wirken würde, die all das am eigenen Leib oder mit ihren nächsten Angehörigen erlebt haben, wenn sie eines Tages diese Mörder treffen müßten. All das sind Fragen, über die man nicht mehr nachdenken darf, es bleibt nur der Trost, daß das Leben ein seltsames Geheimnis ist, das dazu neigt, der Natur und der Not entsprechend oftmals über alles hinwegzugehen, die Spuren der Verbrecher in uns selbst und in unserer Umwelt zu verwischen und zu vergessen und auf diese Weise zu ermöglichen, daß sich diese Welt erneuert. Doch denken Sie an die Tausende von Verwundeten, Tausende von Krüppeln, Tausende von seelisch und physisch zerstörten Menschen. Es wird viel Zeit vergehen müssen, bevor die Dinge anfangen können, sich zu normalisieren. Wahrscheinlich werden weder wir noch die Generationen nach uns in den kommenden fünfzig Jahren erklären können, wie und weshalb das alles geschehen ist. Am monströsesten für mich ist die Tatsache, daß all dies unnötig war, daß es niemandem einen Vorteil gebracht hat, daß es völlig unlogisch war, und daß wir es hätten verhindern können, wenn wir besser achtgegeben und uns mehr angestrengt hätten. Sehen Sie, ich, der ich dieses Abkommen zustandebrachte, habe mir nichts vorzuwerfen, ich habe alles versucht, um die Gefahr von meinem Volk abzuwenden. Ich brauche mir politisch nichts vorzuwerfen, ich stelle mir jedoch häufig die Frage: Wie betrachten eigentlich die Menschen ihr eigenes Leben, die zu all dem beigetragen und es organisiert haben, die die Verbrechen unterstützten und billigten? Letzten Endes gelangen wir zu jener Wahrheit, über die wir anfangs sprachen, daß alles absolut unnötig war, und daß kein einziges Volk darauf stolz sein oder daraus irgendeinen größeren Nutzen ziehen kann.

All das verdient nicht eine derart große Zahl von geopferten Menschen, weder dieses Land noch diese Gebiete noch sonst irgendetwas ist die Erniedrigungen und Verbrechen wert, die bei uns geschehen sind. Ich schäme mich nicht, aus dieser Gegend zu stammen, ich empfinde es nicht als Schande, doch ich muß zugeben, daß ich eine große Niedergeschlagenheit und großen Zweifel in mir spüre, wenn ich mich frage, ob es sinnvoll ist, unter solchen Menschen zu leben, und ob man seine Energien und Aktivitäten an solch trostlose Dinge verschleudern sollte, wie sie bei uns geschehen können. Ich frage mich das und tröste mich damit, daß wir vielleicht trotzdem nicht der schlimmste Teil der Erdkugel sind, auf jeden Fall aber haben wir die Grenze des gesunden Menschenverstandes und der Menschenwürde überschritten – mit all dem, was sich in unserer Heimat ereignet hat.

Nadežda: Es ist schwer zu akzeptieren, daß all das unabwendbar war, die Geschichte kennt eigentlich keine Unabwendbarkeit, und dennoch ist es geschehen.

Zulfikarpašić: Nicht nur, daß es nicht unabwendbar war, man hätte es ohne große Mühe verhindern können. Ich war in dieser Politik aktiv. Wenn ich daran denke, was ich alles für die Realisierung des Abkommens unternommen habe, zu der es auch beinahe gekommen wäre, dann habe ich das Gefühl, daß es möglich gewesen wäre, den Krieg abzuwenden, und daß dafür nicht einmal gigantische Anstrengungen notwendig gewesen wären. Sehen Sie, die Menschen, die zu Verbrechern wurden, waren früher wahrscheinlich ganz normale Leute, die in ihren Familien lebten und ihre Alltagsprobleme zu lösen hatten. Ungeachtet der Massaker, die Tschetniks und Ustasche im Zweiten Weltkrieg angerichtet hatten, wäre der Wunsch nach Rache verschwunden und wir hätten in unserem Land friedlich für ewige Zeiten gelebt – wäre es nicht in jüngster Zeit zu diesen Konflikten gekommen. Es hätte nur noch eine einzige Generation der Söhne von Mördern und Ermordeten friedlich zusammenleben müssen. Wir waren ja dabei, uns näher zu kommen, wir können ja nicht leugnen, daß wir vierzig Jahre in Frieden zusammengelebt haben, daß die Generationen zusammen aufgewachsen und zusammen in die Schule gegangen waren, daß eine ganze Reihe menschlicher Bindungen entstanden waren, die etwas bedeuten im Leben, und daß Freundschaften in großer Zahl geschlossen wurden. Ich habe zahlreiche Freunde unter Kroaten und Serben, ihre Freundschaft stellt für mich noch immer einen Wert dar, sie verleiht meinem Leben eine zusätzliche Qualität.

Ich glaube, daß wir diese Erschütterung noch durchmachen mußten, nämlich den Übergang vom kommunistischen zum demokratischen System, von der Diktatur zur liberalen Demokratie. Denn in solch einem System ist es nicht mehr wichtig, ob man gehaßt oder geliebt wird, ob jemand für mich und meine Idee Sympathien hegt, sondern hier kann man friedlich nebeneinander leben, ohne die archaische Angst vor Ausrottung haben zu müssen.

Đilas: Ich glaube, ich muß einfach glauben, daß die Völker Bosniens in absehbarer Zeit einsehen werden, in was für eine historische Katastrophe sie leichtfertig geraten sind, an welch schrecklichen Tragödien sie beteiligt waren. Das Volk kann natürlich im juristischen Sinne nicht schuldig sein, doch ethisch und historisch verantwortlich sind nicht allein die Führungen. Die Führungen entstehen im Volk und aus dem Volk: haben wir etwa nicht jene Parolen gehört, oder hören wir sie nicht immer noch, wie sie zur Ausrottung andersgläubiger Nachbarn und der „Verräter" in den eigenen Reihen aufrufen? Ein Volk, das die Zerstörung ethischer Normen zuläßt, zerstört auch das Bewußtsein von der eigenen Zukunft und seinem Platz unter den Völkern.

Doch lassen wir die Philosophie auf sich beruhen! Auf diese Gedanken haben mich die unvorstellbaren Verbrechen in Bosnien gebracht und Ihre nicht gerade fröhliche Geschichte, wie Sie vergeblich versucht haben, diese Verbrechen zu verhindern. Eher durch meine eigene und die bosnische Literatur als durch Politik und Geschichte war ich schon vor langer Zeit mit der Tatsache vertraut, daß die Bosniaken nicht nur mit den Serben und Kroaten verwandt und ihnen ähnlich sind, sondern daß sie auch politische und kulturelle Eigenständigkeit besitzen. Und deshalb erlebe ich die Ausrottungen in Bosnien ähnlich wie Sie als Tragödie ein und desselben Volkes: Die politischen Führer der Serben wie der Kroaten bezeichen die Bosniaken als islamisierte Serben und Kroaten, um sie im gleichen Atemzug jedoch als wahre Todfeinde zu brandmarken und zu behandeln!

Es kommt vor, daß aus dem Guten das Böse hervorgeht, doch niemals erwächst aus dem Bösen das Gute. Aus dem Bösen, das im allerhöchsten Masse die Bosniaken getroffen hat, sind die Bosniaken bereits als politische Identität hervorgegangen. Das kann niemand mehr bestreiten. Ungeachtet dessen, was für ein Bosnien aus diesem ganzen Gemetzel hervorgehen wird – die Bosniaken werden ihren eigenen Staat und ihre Staatsgewalt haben: durch ihr Leiden und ihren Kampf haben sie die Pläne zur Teilung Bosniens, bzw. zur Ausrottung der muslimischen Bosniaken zu Grabe getragen.

Bosnien wird in den Bosniaken überleben: Das ist ein Trost, und das ist ein Funken von Gerechtigkeit angesichts des Bösen, das wir noch zu gewärtigen haben. Mein Schlußwort gerät mir zu lang. Und dennoch muß ich am Ende unseres Gesprächs noch ein paar Sätze darüber sagen, was ich an Ihrer Persönlichkeit und Ihrem Verhalten für das Wesentliche halte. Jeder bestimmt sein Schicksal selbst, doch er ererbt es auch. Als ich Ihnen vier Tage lang zuhörte, gelangte ich zu dem Schluß, daß es auch bei Ihnen wie bei jedem Menschen Abweichungen von der eigentlichen Persönlichkeit und bestimmte Elemente gab, von denen sie sich mit der Zeit befreiten, da sie nicht authentisch die Ihren waren. Durch Ihre Familie und deren ethische Grundhaltung sind Sie zu Ihren eigenen Überzeugungen gelangt. Mit anderen Worten, die Familie war eine wesentliche Komponente, die ihre politischen Einstellungen erheblich beeinflußt hat. So erklärt sich Ihr Weg, der Sie zunächst zum Kommunismus führte, weil diese Bewegung nach absoluter Freiheit strebte – doch wir wissen, daß der Kommunismus nicht in der Lage war, diese Freiheit zu verwirklichen, und daß sie wahrscheinlich niemand verwirklichen kann. Und so war es logisch, daß Sie sich später dem Liberalismus zuwandten. Dieses Erbe ist einer der wesentlichen Züge in Ihrer politischen und menschlichen Persönlichkeit. wesentlich von Ihrer Familie beeinflußt. Sie schlossen sich zunächst dem Kommunismus als Bewegung an, die absolute Freiheit anstrebt, die der Kommunismus allerdings, wie wir wissen, nicht zu erreichen vermochte, um später den Liberalismus zu akzeptieren. Dieses Erbe ist eines der wesentlichen Merkmale Ihrer politischen und menschlichen Persönlichkeit. Sie konnten von Ihrer Familie weder den Kommunismus noch den politischen Liberalismus erben, aber weil Sie eine ganz bestimmte ethische Grundhaltung ererbt hatten, spürten Sie stets den unwiderstehlichen Drang nach Freiheit, Gerechtigkeit und Liebe zu den Menschen.

Personenregister